四川省事业单位

公开招聘工作人员考试辅导教材

综合知识

李永新 主编

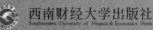

西南财经大学出版社
Southwestern University of Finance & Economics Press
中国·成都

图书在版编目(CIP)数据

综合知识/李永新主编. —成都:西南财经大学出版社,2023.11
(2024版四川省事业单位公开招聘工作人员考试辅导教材)
ISBN 978-7-5504-5994-6

Ⅰ.①综… Ⅱ.①李… Ⅲ.①行政事业单位—招聘—考试—中国—自学
参考资料 Ⅳ.①D630.3

中国国家版本馆CIP数据核字(2023)第219372号

2024版四川省事业单位公开招聘工作人员考试辅导教材·综合知识

2024 Ban Sichuan Sheng Shiye Danwei Gongkai Zhaopin Gongzuo Renyuan Kaoshi Fudao Jiaocai·Zonghe Zhishi

李永新　主编

责任编辑:李　才
责任校对:肖　翀
封面设计:千秋智业图书设计中心
责任印制:朱曼丽

出版发行	西南财经大学出版社(四川省成都市光华村街55号)
网　　址	http://cbs. swufe. edu. cn
电子邮件	bookcj@swufe. edu. cn
邮政编码	610074
电　　话	028-87353785
印　　刷	保定市中画美凯印刷有限公司
成品尺寸	185mm×260mm
印　　张	24
字　　数	540千字
版　　次	2023年11月第1版
印　　次	2023年11月第1次印刷
书　　号	ISBN 978-7-5504-5994-6
定　　价	65.00元

中公教育核心研发团队

李永新 · 中公教育首席研究与辅导专家

毕业于北京大学政府管理学院，具有深厚的公务员考试核心理论专业背景，对中央国家机关和地方各级公务员招录考试有深入研究，具有丰富的公务员考试实战经验。主持并研发了在行业内颇具影响力的深度辅导教材系列和辅导课程、专项突破辅导教材和辅导课程，帮助广大考生成就了梦想，备受考生推崇。

李 琳 · 中公教育研究与辅导专家

中公教育研发团队核心成员，对行政职业能力测验有着系统深入的研究，对公务员考试命题趋势把握准确。在授课过程中，注重学员基础能力的提升，兼顾解题方法技巧的传授，帮助众多考生脱颖而出，圆梦公考。

张红军 · 中公教育研究与辅导专家

北京大学政府管理学院博士，具有深厚的公务员考试核心理论专业背景，对中央国家机关和地方公务员考试有深入的研究，授课深刻、系统、精彩，深受考生欢迎。

金祥波 · 中公教育研究与辅导专家

中公教育研发团队核心成员。曾在国内某高校任教多年，教授职称，研究方向为思想政治理论、马克思主义国际关系等，具有深厚的理论功底与丰富的教学经验。近年来致力于公务员考试、事业单位考试公共基础知识科目的研究，授课风格幽默风趣、旁征博引，授课内容针对性强，精准把握考试规律，深受广大学员的喜爱。

云 哲 · 中公教育研究与辅导专家

对公务员考试命题思路有深入透彻的研究，授课思路清晰，注重培养考生"举一反三"的能力，善于以启发的方式帮助学员发现各类题型的快速解题方法，帮助考生突破瓶颈，深受广大学员的好评。

邢绡红 · 中公教育研究与辅导专家

中公教育研发团队核心成员，法学博士，具有多年高校教学经历，副教授职称。近年来致力于公务员考试、事业单位考试公共基础知识科目、法考的研究，能够深入把握考试的命题规律和趋势，洞悉考试热点，所编写的图书内容精准、逻辑清晰、重点突出、通俗易懂，深受广大学员的好评。

张玲玲 · 中公教育研究与辅导专家

中公教育公基方向研发团队核心成员，具有 10 年以上公职考试辅导经验，尤其对事业单位公共基础知识科目的命题规律和趋势有深入的研究。其研发的产品逻辑清晰、考点突出，紧密贴合考情，深受广大学员的欢迎。

前　言

事业单位是具有公益性质的社会服务组织,是政府公共服务任务的主要承担者,是发展教育、科技、医疗等社会事业,保障和改善民生,促进经济发展的重要力量。事业单位考试考查招聘岗位所需的专业知识、业务能力和工作技能等,考试科目与方式根据行业、专业及岗位特点确定。

综合知识是四川事业单位考试的重要科目,主要测查考生对内容的掌握程度和运用知识分析问题、解决问题的能力等。其涉及的知识难度相对较低,但考查范围广泛、考点庞杂。考生需要利用有限的备考时间,在建立知识体系的同时,从茫茫"学海"中挑选出"有价值的"知识。

本书在充分研究四川事业单位公开招聘考试综合知识科目历年真题的基础上,梳理考点、提炼重点,帮助考生了解考查特点并掌握核心内容。本书具有以下两大特色:

真正契合四川考情的备考教材

本书立足于四川事业单位综合知识科目笔试近五年考情,在仔细分析、研究复习大纲的基础上,结合常考考点,将知识点梳理为法律,公民道德建设,国情省情,公文写作,事业单位基本常识,经济、科技、文化常识,职业能力测试,时事知识,管理,马克思主义基本原理,人文与历史共十一篇内容,搭建了科学、全面的知识体系,帮助考生打牢基础、巩固所学。

综合知识科目考点众多,如果不分主次,胡子眉毛一把抓,考生备考负担极大,只会事倍功半。本书在每篇篇首设置了"开篇明义"版块,立足近五年考情,总结了四川事业单位综合知识科目各篇考试基本情况、重点考查内容和考查特点等,帮助考生把握各篇的复习重点、了解相应的备考策略。

多管齐下助你取得高分的备考教材

学习不能只靠死记硬背,还要能融会贯通、理解运用。考试中能否取得高分,有时就看考生对细节的掌握程度。本书设置有"经典真题""中公锦囊""知识拓展""示例"版块,引导考生多方位理解重难点、扩充知识储备量,多管齐下助力考生高效备考。

"经典真题"版块放置了近五年全国各地事业单位考试中的典型真题,考生可以据此了解知识点的常见考查形式,同时可以及时自测,巩固所学。对于试题所涉及的考点,正文中添加了波浪线,帮助考生快速把握考点、找到答案;对于需要结合正文知识进一步分析才能得出答案的试题,本书还通过"中公解题"点拨解题要点,为考生梳理答题思路。

  "中公锦囊"版块针对事业单位考试的常考考点,总结其中的易错、易混考点,或点拨备考时需要重点记忆、理解的技巧等,意在引导考生在备考时多加思考、举一反三,打通考生理解重点难点的"任督二脉"。

  "知识拓展"版块主要为正文内容的具体解释或要点补充,帮助考生进一步扩充知识储备量。

  "示例"版块主要是对法律、经济、马克思主义基本原理中比较难以理解或是相近易错的内容,以示例的形式加以展示,便于考生更好地理解与掌握。

目 录

第三篇 国情省情

第四篇 公文写作

第五篇 事业单位基本常识

第八篇　时事知识

第九篇　管理

第十篇　马克思主义基本原理

第十一篇　人文与历史

法　律

开篇明义

法律是四川事业单位综合知识科目考试中的必考内容,该部分考查内容包括法理学、宪法、民法及民事诉讼法、刑法、劳动法、劳动合同法、道路交通安全法、治安管理处罚法等,考查题型涉及单项选择题、多项选择题、判断题和案例分析题。

通过分析2019—2023年四川事业单位综合知识科目考试真题可知,法律试题在四川各地事业单位综合知识科目考试中考查占比较大,一般不少于20%,多的可达35%~40%。通过真题分析,我们能够得出本篇各章内容的考查占比情况和高频考点,具体如下所示:

章名	考查占比	高频考点
法理学	2.2%	①法的规范作用;②法律责任的免除
宪法	9.5%	①公民的基本权利;②国家机构
民法及民事诉讼法	35.8%	①民事法律行为;②所有权;③合同的效力;④夫妻共同财产
刑法	28.3%	①犯罪主体;②正当防卫;③单位犯罪;④刑罚的种类;⑤贪污罪
劳动法	5.4%	劳动争议的处理方式
劳动合同法	7.2%	①劳动合同的解除;②劳动合同的终止
道路交通安全法	3.6%	①机动车安全技术检验;②机动车通行规定;③非机动车通行规定
治安管理处罚法	8%	①治安管理处罚的适用;②妨害社会管理的行为和处罚

根据上表,结合试题的考查形式,法律试题的具体考查特点如下:

1.考查范围较固定,考点特殊

四川事业单位综合知识科目考试有明确的大纲,考试范围比较固定,其中民法及民事诉讼法和刑法的考查占比较大。另外,除了事业单位考试中常考的法律规范外,四川事业单位综合知识科目考试还考查道路交通安全法和治安管理处罚法。以下题为例:

2023·四川省属 (多选)下列属于《中华人民共和国治安管理处罚法》规定的妨害社会管理的行为的有(   )。

A.张某冒充国家机关工作人员招摇撞骗

B.无业人员余某非法携带匕首进入博物馆

C.宋某阻碍执行紧急任务的消防车正常通行

D.司机赵某强行冲闯公安机关设置的警戒带

解析:妨害社会管理的行为和处罚在《中华人民共和国治安管理处罚法》(2013年)第五十条至第七十六条中规定。

A项当选。《中华人民共和国治安管理处罚法》(2013年)第五十一条规定,"冒充国家机关工作人员或者以其他虚假身份招摇撞骗的,处五日以上十日以下拘留,可以并处五百元以下罚款;情节较轻的,处五日以下拘留或者五百元以下罚款。冒充军警人员招摇撞骗的,从重处罚"。

B项不选。该法第三十二条规定,"非法携带枪支、弹药或者弩、匕首等国家规定的管制器具进入公共场所或者公共交通工具的,处五日以上十日以下拘留,可以并处五百元以下罚款"。非法携带匕首进入公共场所危害公共安全,属于妨害公共安全的行为。

C、D两项当选。该法第五十条规定,"有下列行为之一的,处警告或者二百元以下罚款;情节严重的,处五日以上十日以下拘留,可以并处五百元以下罚款:(一)拒不执行人民政府在紧急状态情况下依法发布的决定、命令的;(二)阻碍国家机关工作人员依法执行职务的;(三)阻碍执行紧急任务的消防车、救护车、工程抢险车、警车等车辆通行的;(四)强行冲闯公安机关设置的警戒带、警戒区的。阻碍人民警察依法执行职务的,从重处罚"。C项对应第三项情形,D项对应第四项情形,这两项都属于妨害社会管理的行为。

故本题选ACD。

考生在备考四川事业单位综合知识科目考试时,既要深入理解和掌握民法及民事诉讼法、刑法等基础知识,又要对宪法、劳动法、劳动合同法、道路交通安全法、治安管理处罚法等法律规范的基本内容有一定的了解和掌握。

2.考查题型多样,形式灵活

四川事业单位综合知识科目考试中,对于法律试题的考查,不仅涉及单项选择题、多项选择题、判断题等常规题型,还涉及案例分析题这种特殊题型。另外,对于宪法相关知识,多直接考查法条;而对于民法及民事诉讼法、刑法、劳动法、劳动合同法、道路交通安全法、治安管理处罚法等与生活实际联系紧密的法律规范,常以案例的形式进行考查。典型例题如下:

2023·四川省属 (单选)李某在夜市卖公仔玩具,因家中老人突发急病,李某急忙赶回家中。邻摊蒋某见状主动帮李某卖公仔,共收入500元。下列说法错误的是( )。

A.蒋某的行为属于无因管理

B.蒋某的行为属于侵权行为

C.如蒋某将500元收为己有,则构成不当得利

D.如李某离开之前请蒋某为其代卖,则构成委托代理关系

解析: A项说法正确。无因管理是指未受他人委托,也无法律上的义务,为避免他人利益受损失而自愿为他人管理事务或提供服务的事实行为。题干中李某家有急事,邻摊蒋某主动帮李某卖公仔,蒋某的行为属于无因管理。

B项说法错误。侵权行为是指侵犯他人的人身财产或知识产权,依法应承担民事责任的违法行为。侵权行为中,行为人没有为他人谋取利益的意思。题干中蒋某的行为不属于侵权行为。

C项说法正确。不当得利是指没有法律根据,使他人受到损失而自己获得了利益。如蒋某将500元收为己有,则构成不当得利。

D项说法正确。委托代理是代理人根据被代理人授权而进行的代理,即委托代理的代理权产生自本人的授权行为。题干中如李某离开之前请蒋某为其代卖,则构成委托代

理关系。

故本题选 B。

2023·四川泸州 (多选)2023 年春节期间,10 周岁的小明收到了 10 000 元压岁钱。对于该笔压岁钱的归属,下列说法不正确的有( )。

A.小明未成年,故这笔钱应属于其父母

B.小明为限制民事行为能力人,这笔钱应归小明所有

C.小明可视为完全民事行为能力人,这笔钱应归小明所有

D.小明为限制民事行为能力人,故这笔钱只有小部分属于小明,大部分属于其父母

解析:A、D 两项说法错误,B 项说法正确。《中华人民共和国民法典》(2021 年)第十九条规定,"八周岁以上的未成年人为限制民事行为能力人,实施民事法律行为由其法定代理人代理或者经其法定代理人同意、追认;但是,可以独立实施纯获利益的民事法律行为或者与其年龄、智力相适应的民事法律行为"。本题中,小明作为限制民事行为能力人,可以独立实施纯获利益(收到压岁钱)的民事法律行为,这笔钱应归小明所有。

C 项说法错误。《中华人民共和国民法典》(2021 年)第十八条规定,"十六周岁以上的未成年人,以自己的劳动收入为主要生活来源的,视为完全民事行为能力人"。小明不可以被视为完全民事行为能力人。

故本题选 ACD。

相较于直接考查法条的试题,此类试题更加注重考查考生对于相关法律知识的理解和运用能力,试题的综合性更强,难度也更大。考生需要明确的是,法律与社会生活是紧密联系的。因此,在备考法律知识时,切忌死记硬背,要对生活中的法律事件多加关注,借助生活中发生的具体案例来理解相关的法律知识会更加有效。

第一章 法理学

第一节 法的概念和特征

一、法的概念

法是由国家制定、认可并由国家强制力保证实施的，反映由特定物质生活条件所决定的统治阶级（或人民）的意志，以权利和义务为内容，以确认、保护和发展统治阶级（或人民）所期望的社会关系、社会秩序和社会发展目标为目的的行为规范体系。

法是统治阶级意志的体现，维护统治阶级的根本利益。法的本质体现为国家性、阶级性和物质制约性。

二、法的特征

法具有以下特征：①法是调整人的行为的社会规范；②法是由国家制定、认可或解释的具有特定形式的社会规范；③法是具有普遍性的社会规范；④法是以权利和义务为内容的社会规范；⑤法是以国家强制力为后盾，通过法律程序保证实现的社会规范；⑥法是可诉的规范体系，具有可诉性。

国家强制力是指国家通过军队、警察、法庭、监狱等物质形态所体现出的国家暴力，这是法律权威存在的制度基础。

经典真题▷ （多选）法的基本特征是指法和上层建筑的其他形态相比较而言所具有的主要特点。下列属于法的特征的有（　　）。

A.规范人们的思想活动　　　　　　B.由国家制定、认可和解释

C.规定权利和义务　　　　　　　　D.由国家强制力保证实施

【答案】BCD。

中公解题：法是调整人们行为的社会规范，不规范人们的思想活动。A项不属于法的特征，排除。

第二节 法的作用

法的作用泛指法对人的行为及社会关系和社会生活产生的影响。法的作用包括规范作用和社会作用。

一、规范作用

法的规范作用是指法基于其规范性而对人的行为所产生的影响,即法律作为一种行为规范,明确告诉人们行为的模式与标准,对人们的行为起指引、评价、教育、预测和强制的作用。法的规范作用的类型及含义如下表所示:

类型	含义与示例
指引作用	含义:法对本人行为具有的引导作用 示例:小王和小李在喝完酒之后,小李准备开车回家。小王说,醉驾已经入刑,于是两人叫了代驾。小王和小李饮酒不驾车的行为体现了法的指引作用
评价作用	含义:法律作为一种行为标准,具有判断、衡量他人行为是否合法的评判作用 示例:一名乘客搭网约车被司机杀害,某刑法学教授依据事实和法律,认为该司机可能会被判处死刑。该教授的行为体现了法的评价作用
教育作用	含义:通过法的实施使法律对一般人的行为产生影响 示例:民警小陈将某社区一些严重的犯罪行为及其处罚在社区公示栏处进行公示,以示刑罚的严厉程度。在社区进行犯罪行为及其处罚公示,体现了法的教育作用
预测作用	含义:凭借法律的存在,可以预先估计到人们相互之间会如何行为。其主体不仅包括公民、社会组织,也包括国家机关 示例:虽然道路上车辆很多,但是驾驶人在道路上驾车行驶时只要遵守交通法规,还是相当安全的。驾驶人根据遵守交通法规得出即使路上车辆多也相当安全的判断,体现了法的预测作用
强制作用	含义:法可以通过制裁违法犯罪行为来强制人们遵守法律 示例:钱某因多次在公交车上扒窃被人民法院判处有期徒刑六个月。人民法院判处有期徒刑六个月的行为体现了法的强制作用

二、社会作用

法的社会作用是指法作为社会关系调整器对社会所产生的影响,即法的政治职能和社会职能。其中,政治职能是指维护阶级统治的职能;社会职能是指履行社会公共事务的职能。

第三节　法律关系

一、概念与特征

法律关系是在法律规范调整社会关系的过程中所形成的人们之间的权利和义务关系。法律关系具有以下特征:

(1)法律关系是依法建立的社会关系。因此,法律规范是法律关系产生的前提。

(2)法律关系是一种体现意志性的特殊社会关系。社会关系基本上可以划分为物质社会关系和思想社会关系,法律关系就属于思想社会关系。

(3)法律关系是以法律上的权利义务为内容的社会关系。

二、构成要素

法律关系一般由主体、内容和客体构成。

1.主体

法律关系主体是法律关系的参加者,即在法律关系中一定权利的享有者和一定义务的承担者。其中一方是权利的享有者,称为权利人;另一方是义务的承担者,称为义务人。法律关系主体包括自然人(公民)、机构和组织(法人)、国家,具体如下表所示:

主体	简要介绍
自然人 (公民)	既指中国公民,也指居住在中国境内或在境内活动的外国公民和无国籍人
机构和组织 (法人)	包括各种国家机关(立法机关、行政机关和司法机关等),各种企事业组织和在中国领域内设立的中外合资经营企业、中外合作经营企业和外资企业,各政党和社会团体
国家	特殊情况下,国家可以作为一个整体成为法律关系主体

2.内容

法律关系的内容是法律关系主体之间的法律权利和法律义务。其是法律规范的指示内容在社会生活中的具体落实,是法律规范在社会关系中实现的一种状态。

法律权利一般是指国家通过法律赋予法律关系主体可以作出某种行为的能力或资格。法律义务是指国家通过法律限制和约束法律关系主体的行为,包括作为的义务和不作为的义务。

法律权利和法律义务是统一的,没有无义务的权利,也没有无权利的义务,享有权利是履行义务的前提,履行义务是享有权利的基础。两者互为目的,互为手段。

3.客体

法律关系客体是指法律关系主体之间权利和义务所指向的对象,包括物、人身利益、精神产品和行为。

(1)物。法律上所说的物包括一切可以成为财产权利对象的自然之物和人造之物。

(2)人身利益。法律上所说的人身利益就是与人的身体相关的各种权益,如健康权等。

(3)精神产品。作为客体的精神产品指的是人通过某种物体或者大脑记载下来并加以流传的思维成果,也称为智力成果。

(4)行为。在法律关系客体的意义上,行为指的是权利和义务所指向的作为或不作为。

三、法律关系生成、变更和消灭

法律关系处在不断地生成、变更和消灭的运动过程中。它的生成、变更和消灭,需要具备一定的条件。其中,最主要的条件有两个:一是法律规范;二是法律事实。

(1)法律规范是指由国家制定或认可、表现统治阶级意志并由国家强制力保障实施的行为规则。法律规范是法律关系生成、变更和消灭的法律依据,没有一定的法律规范就不会有相应的法律关系。

(2)法律事实是指法律规范所规定的、能够引起法律关系生成、变更和消灭的客观情况或现象,分为法律事件和法律行为。

①法律事件是指法律规范规定的,不以当事人的意志为转移而引起法律关系生成、变更和消灭的客观事实。

②法律行为是指以当事人的主观意志为转移,能够引起法律关系生成、变更和消灭的人的活动。

法律事件和法律行为的区别在于是否以人的意志为转移。

| 示例 |

(1)甲、乙两人签订房屋买卖合同,但暂未办理房屋过户登记。后来当地发生地震,导致该房屋毁损。根据法律规定,因不可抗力,如地震等自然灾害致使不能实现合同目的的,当事人可以解除合同。因此,乙作为买方可以解除该房屋买卖合同。该情形中,地震就属于法律事件。

(2)甲、乙两人签订房屋买卖合同,但暂未办理房屋过户登记,后来因甲找到更好的卖家,欲与乙解除合同。原则上甲不能解除与乙的合同,因为合同已经生效,若甲仍要解除,则需要对乙承担违约责任。该情形中,甲与乙解除合同就属于法律行为。

第四节　法律责任

一、概念与种类

法律责任是指行为人由于违法行为、违约行为或者由于法律规定而应承受的某种不利的法律后果。其主要包括刑事责任、民事责任、行政责任和违宪责任。

二、法律责任的免除

法律责任的免除是指违法者虽然违反了法律,但由于出现法定条件而被部分或全部地免除法律责任。

在我国的法律规定和法律实践中,免责的条件和情形主要有时效免责、不诉免责、自首立功免责、有效补救免责和自助免责。

(1)时效免责是指法律规定违法者在其违法行为发生一定期限后不再承担强制性、惩罚性的法律责任。如民法、刑法、行政处罚法中都有时效的规定,过了时效不追责,这些都属于时效免责。

(2)不诉免责是指法律规定只要当事人不告,国家就不会追究违法者的法律责任。如虐待、侮辱、诽谤构成犯罪的案件,除特殊情形外,当事人不告,法律就不追究。

(3)自首立功免责是指刑法规定犯罪者在犯罪后有自首和立功表现的,可以从轻、减轻或者免除处罚。

(4)有效补救免责是指法律规定违法者在造成一定损害后,在有关国家机关追究其法律责任前及时采取补救措施,可以或应当部分或全部地免除其法律责任。

(5)自助免责是指对自助行为所引起的法律责任的减轻或免除。自助行为是指权利人为保护自己的权利,在情势紧迫而又不能及时请求国家机关予以救助的情况下,对他人的财产或自由采取扣押、拘束或其他措施,且为法律或公共道德所认可的行为。

第二章 宪法

第一节 宪法基本理论

一、宪法的概念

宪法是规定国家制度和社会制度的基本原则，集中表现各种政治力量的对比关系，保障公民基本权利和义务的国家根本法。

二、宪法的基本特征

宪法作为国家的根本法是宪法的基本特征，也是宪法与普通法律最重要的区别之一。作为国家根本法，宪法具有最高的法律地位、法律权威和法律效力。这主要表现在：

第一，在内容上，宪法规定一个国家最根本、最核心的问题。诸如国家的性质、国家的政权组织形式、国家的结构形式、国家的基本国策、公民的基本权利和义务、国家机构的组织和职权等。

第二，在法律效力上，宪法具有最高法律效力。宪法的法律效力高于普通法律，在国家法律体系中处于最高地位。其主要包括三个方面的含义：①宪法是普通法律的制定依据，普通法律是宪法的具体化；②任何普通法律都不得与宪法的内容、原则和精神相违背；③宪法是一切国家机关、社会团体和全体公民的最高行为准则。

第三，在制定和修改的程序上，宪法比普通法律更加严格。严格的制定和修改程序是保障宪法权威的重要环节：①制定和修改宪法的机关往往是特别成立的机关，而非普通立法机关；②通过或批准宪法或者宪法修正案的程序往往严于普通法律。

| 中公锦囊 |

宪法修改程序的规定

事业单位考试除了考查宪法修改的具体内容外，还会考查宪法修改程序的相关规定。宪法的修改程序比普通法律更加严格、复杂，考生要牢记其与普通法律的不同之处，不能混淆。

关于宪法修改的议案，需由全国人民代表大会常务委员会或者 1/5 以上的全国人民代表大会代表提议，并由全国人民代表大会以全体代表的 2/3 以上的多数通过。而法律和其他议案由全国人民代表大会以全体代表的过半数通过。

三、宪法的本质

宪法与其他法律一样，具有阶级性。在制定或修改宪法的时候，掌握国家政权的阶级综合考察各种政治力量的对比关系，并以此为基础规定宪法的基本内容。因此，在宪法制度的设计以及具体运行过程中,政治力量的对比关系会产生重要影响。

在政治力量的对比关系中,存在同一阶级内部不同阶层、派别或集团之间的力量对比。同时,与其他法律相比,宪法所表现的各种政治力量对比关系具有全面性的特点。尽管其他法律也体现一定的政治力量对比关系,但它们只着重于某一具体方面,而宪法则集中体现各种政治力量的对比关系。

四、宪法的作用

宪法的作用是指宪法通过规范调整宪法关系主体的行为从而对最终的社会关系产生影响。

宪法具有以下四个特点:①宪法的作用在本质上是统治阶级根本意志的现实化;②宪法作用的对象是宪法关系主体的行为和社会关系;③宪法对宪法关系主体和社会政治关系可能产生积极作用,也可能产生消极作用;④宪法作用的全面发挥有赖于一定的社会条件。

五、宪法监督

宪法监督是由宪法授权或宪法惯例所认可的机关,以一定的方式进行合宪性审查,预防和解决违宪,追究违宪责任,从而保证宪法实施的一种制度。

就监督对象来说,宪法监督主要包括两方面:

(1)规范的合宪性审查和监督,即审查法律、法规、规章等规范性文件的合宪性,使其与宪法不抵触。宪法是国家法律体系的基础,立法机关制定的一般法律、其他国家机关制定的法规规章和司法解释等规范性文件,都必须以宪法为依据,不得与宪法相抵触。

(2)行为的合宪性审查和监督,即对国家机关及其工作人员和各政党等主体的行为进行审查,追究违宪责任。宪法要求,一切国家机关、社会组织和公民个人都必须将宪法作为自己根本的行为准则。因此,保障国家机关及其工作人员、各政党、武装力量、社会团体、企业事业组织和全体公民的行为的合宪性是宪法实施保障的又一重要内容。

第二节　我国的国体、政体和其他基本制度

一、国体

国体是指国家的性质,亦称国家的阶级本质。中华人民共和国的国体是工人阶级领导的、以工农联盟为基础的人民民主专政的社会主义国家。

二、政体

政体是一个国家的政权组织形式,是实现国体的具体方法。

我国的政权组织形式为人民代表大会制度,其原则是民主集中制,形式是一种民主

的代表制。

三、我国的统一战线和政治协商制度

在长期的革命、建设、改革过程中,已经形成由中国共产党领导的,有各民主党派和各人民团体参加的,包括全体社会主义劳动者、社会主义事业的建设者、拥护社会主义的爱国者、拥护祖国统一和致力于中华民族伟大复兴的爱国者的广泛的爱国统一战线。

中国共产党同各民主党派合作的基本方针是长期共存、互相监督、肝胆相照、荣辱与共。

中国的八个民主党派包括中国国民党革命委员会、中国民主同盟、中国民主建国会、中国民主促进会、中国农工民主党、中国致公党、九三学社、台湾民主自治同盟。

四、国家标志

国家标志又称国家象征,一般是指由宪法和法律规定的,代表国家的主权、独立和尊严的象征和标志,主要包括国旗、国歌、国徽和首都等。

我国国旗是五星红旗;我国国歌是《义勇军进行曲》;我国国徽,中间是五星照耀下的天安门,周围是谷穗和齿轮;我国首都是北京。

五、国家结构形式

国家结构形式是指特定国家的统治阶级根据一定原则采取的调整国家整体与部分、中央与地方相互关系的形式。如果说政权组织形式是从横向角度表现国家政权体系,那么国家结构形式则是从纵向角度表现国家政权体系。

由于各国具体国情不同,因而采取的国家结构形式也不尽相同。概括来说,现代国家的国家结构形式主要有单一制和联邦制两大类。

我国的国家结构形式是单一制。

六、人民代表大会制度

人民代表大会制度是我国的根本政治制度,概括为:第一,国家的一切权力属于人民;第二,人民通过民主选举产生全国人民代表大会和地方各级人民代表大会;第三,国家行政机关、监察机关、审判机关、检察机关都由人民代表大会产生,对它负责,受它监督;第四,全国人民代表大会和地方各级人民代表大会对人民负责,受人民监督。

七、民族区域自治制度

民族区域自治制度是我国的基本政治制度之一,是建设中国特色社会主义政治的重要内容。民族区域自治制度就是在统一的祖国大家庭里,在国家的统一领导下,以少数民族聚居的地区为基础,建立相应的自治地方,设立自治机关,行使自治权,自主地管理本民族、本地区的内部事务,行使当家作主的权利。

民族自治地方是指实行民族区域自治的行政区域。民族自治地方包括自治区、自治

州和自治县。

民族自治地方的自治机关是自治区、自治州和自治县的人民代表大会和人民政府。

> **┤中公锦囊├**
>
> 民族自治地方及其自治机关是经常考查的知识点,也是容易出错的知识点。考生要牢记的易错点有两个:一是民族乡不是民族自治地方;二是民族自治机关只包括人民代表大会和人民政府。

根据宪法的规定,自治区、自治州、自治县的人民代表大会常务委员会中应当有实行区域自治的民族的公民担任主任或副主任。自治区主席、自治州州长、自治县县长由实行区域自治的民族的公民担任。人民政府的其他组成人员以及自治机关所属工作部门的干部,也要合理配备实行区域自治的民族和其他少数民族的人员。另外还规定,民族自治地方的人民法院和人民检察院虽然不属于自治机关的范畴,但其领导成员和工作人员中,也应当有实行区域自治的民族的人员。民族自治地方的人民政府分别实行主席、州长和县长负责制。

八、特别行政区制度

特别行政区是指在我国版图内,根据宪法和基本法的规定而设立的,具有特殊的法律地位,实行特别的政治、经济制度的行政区域。特别行政区与一般行政区一样,都是中华人民共和国不可分离的一部分,都是中华人民共和国的地方行政区域单位。

特别行政区的特点主要表现在:①特别行政区享有高度自治权;②特别行政区保持原有资本主义制度和生活方式50年不变;③特别行政区的行政机关和立法机关由该地区永久性居民依照基本法的有关规定组成;④特别行政区原有的法律基本不变。

第三节 我国公民的基本权利和义务

一、公民的基本权利和义务的概述

公民的基本权利是指由宪法规定的公民享有的重要的、必不可少的权利。公民行使的法律权利内容丰富,宪法无法详尽列举,只对一些最重要、最根本的权利进行规定。

公民的基本义务也称宪法义务,是指由宪法规定的公民必须遵守的法律义务。公民的基本义务是公民对国家具有首要意义的义务,是法律义务的基础。

公民的基本权利与基本义务共同反映并决定着公民在国家中的政治与法律地位,构成法律规定的公民权利义务的基础和原则。

我国公民在依法行使权利时,应坚持以下原则:①公民在法律面前一律平等的原则;②权利与义务相统一的原则;③个人利益与集体利益、国家利益相结合的原则。

二、公民的基本权利

(一)平等权

《中华人民共和国宪法》第三十三条规定,我国公民的第一项权利是"中华人民共和国公民在法律面前一律平等"。

(二)政治权利和自由

1.选举权和被选举权

选举权是指选民依法选举代表的权利;被选举权是指选民依法被选举为代表或国家公职人员的权利。两者通常被合称为选举权。《中华人民共和国宪法》第三十四条规定,中华人民共和国年满十八周岁的公民,不分民族、种族、性别、职业、家庭出身、宗教信仰、教育程度、财产状况、居住期限,都有选举权和被选举权;但是依照法律被剥夺政治权利的人除外。

2.政治自由

政治自由是指公民表达自己政治意愿的自由,包括言论、出版、集会、结社、游行、示威的自由。言论自由的地位要高于其他权利,居于首要的地位。言论自由是出版自由、结社自由、示威自由的基础。

(三)宗教信仰自由

《中华人民共和国宪法》第三十六条第一款规定,中华人民共和国公民有宗教信仰自由。

《中华人民共和国宪法》第三十六条在确认公民的宗教信仰自由的同时,还明确规定,国家保护正常的宗教活动。任何人不得利用宗教进行破坏社会秩序、损害公民身体健康、妨碍国家教育制度的活动。宗教团体和宗教事务不受外国势力的支配。

(四)监督权和获得赔偿权

在我国,公民的监督权包括批评权、建议权、申诉权、控告权、检举权。对于公民的申诉、控告或者检举,有关国家机关必须查清事实,负责处理,任何人不得压制和打击报复。

获得赔偿权是指由于国家机关和国家工作人员侵犯公民权利而受到损失的人,有依照法律规定取得赔偿的权利。

(五)人身自由

人身自由是指公民个人的身体不受非法侵害和限制的自由,是公民具体参加各种社会活动和实际享受其他权利的前提,也是保持和发展公民个性的必要条件。

狭义的人身自由主要是指公民的身体不受非法侵犯;广义的人身自由还包括与狭义的人身自由相关联的人格尊严、住宅不受侵犯、通信自由和通信秘密等与公民个人私生活有关的权利和自由。

（六）社会、经济和文化方面的权利

1.财产权

财产权是指公民对其合法财产享有的不受非法侵犯的所有权。《中华人民共和国宪法》第十三条规定,公民的合法的私有财产不受侵犯。国家依照法律规定保护公民的私有财产权和继承权。

2.劳动权

根据《中华人民共和国宪法》第四十二条第一款的规定,中华人民共和国公民有劳动的权利和义务。

3.劳动者的休息权

劳动者为了保护身体健康、消除疲劳而享有休息和休养的权利。

4.退休人员的生活保障权

根据《中华人民共和国宪法》第四十四条的规定,国家依照法律规定实行企业事业组织的职工和国家机关工作人员的退休制度。退休人员的生活受到国家和社会的保障。

5.物质帮助权

根据《中华人民共和国宪法》第四十五条的规定,中华人民共和国公民在年老、疾病或者丧失劳动能力的情况下,有从国家和社会获得物质帮助的权利。物质帮助权,是公民因失去劳动能力或者暂时失去劳动能力而不能获得必要的物质生活资料时,有从国家和社会获得生活保障,享有集体福利的一种权利。物质帮助权具体包括老年人的物质帮助权、患疾病公民的物质帮助权、丧失劳动能力的公民的物质帮助权等。

6.受教育的权利

根据《中华人民共和国宪法》第四十六条的规定,中华人民共和国公民有受教育的权利和义务。国家培养青年、少年、儿童在品德、智力、体质等方面全面发展。

7.文化权利和自由

根据《中华人民共和国宪法》第四十七条的规定,中华人民共和国公民有进行科学研究、文学艺术创作和其他文化活动的自由。

三、公民的基本义务

公民享受宪法和法律规定的权利,也应履行宪法和法律规定的义务。《中华人民共和国宪法》规定的公民的基本义务主要有下述一些内容:①维护国家统一和民族团结;②遵守宪法和法律;③维护祖国的安全、荣誉和利益;④服兵役;⑤依法纳税;⑥其他基本义务。

劳动和受教育既是公民的权利,也是公民的义务。

经典真题 ▶ （单选）某高校法律基础课堂上,同学们就我国公民所享有的权利进行了热烈讨论。根据我国宪法和法律的规定,下列说法正确的是（   ）。

A.甲同学认为,被剥夺政治权利的公民不再享有科学研究的自由

B.乙同学认为,患有精神疾病的公民不享有宗教信仰的自由

C.丙同学认为,被剥夺政治权利的公民不再享有出版作品的自由

D.丁同学认为,口吃的公民不享有艺术创作的自由

【答案】C。

中公解题:A项,科学研究的自由不属于政治权利;B项,宪法规定的宗教信仰自由并没有限定只能是精神正常的公民的权利;C项,出版自由属于政治权利的内容,因此,被剥夺政治权利的公民不再享有出版作品的自由;D项,口吃与艺术创作没有冲突。

第四节　国家机构

我国的国家机构主要包括全国人民代表大会、中华人民共和国主席、国务院、中央军事委员会、国家监察委员会、人民法院和人民检察院。中华人民共和国的国家机构实行民主集中制的原则。

一、全国人民代表大会

全国人民代表大会是我国的最高国家权力机关。全国人民代表大会常务委员会是全国人民代表大会的常设机关。全国人民代表大会和全国人民代表大会常务委员会行使国家立法权。全国人民代表大会和全国人民代表大会常务委员会的主要职权如下表所示:

国家机构	主要职权
全国人民代表大会	①修改宪法、监督宪法的实施;②制定和修改基本法律;③选举、决定和罢免国家领导人;④审查和批准国民经济计划和国家预算报告;⑤改变或者撤销全国人民代表大会常务委员会不适当的决定;⑥批准省、自治区和直辖市的建置;⑦决定特别行政区的设立及其制度;⑧决定战争和和平的问题;⑨最高监督权;⑩应当由最高国家权力机关行使的其他职权
全国人民代表大会常务委员会	①解释宪法和法律、监督宪法的实施;②人事任免权;③监督权;④撤销权;⑤决定同外国缔结的条约和重要协定的批准和废除;⑥决定特赦;⑦决定全国总动员或者局部动员;⑧决定全国或者个别省、自治区、直辖市进入紧急状态;⑨制定和修改除应当由全国人民代表大会制定的法律以外的其他法律;等等

经典真题 ▶ (单选)全国人大及其常委会不行使(　　)。

A.立法权　　　　　　　　　　　B.任免权

C.司法权　　　　　　　　　　　D.监督权

【答案】C。

中公解题:在我国,司法权包括审判权和检察权。审判权即适用法律处理案件,作出判决和裁定;检察权包括批准逮捕、提起公诉、不起诉、抗诉等。人民法院和人民检察院是代表国家行使司法权的专门机关,其他任何国家机关、社会组织和个人都不得从事这项工作。全国人大及其常委会不行使司法权。

全国人民代表大会每届任期5年。全国人民代表大会常务委员会每届任期同全国人

民代表大会每届任期相同,它行使职权到下届全国人民代表大会选出新的常务委员会为止。委员长、副委员长连续任职不得超过两届。

全国人民代表大会会议每年举行 1 次,由全国人民代表大会常务委员会召集。如果全国人民代表大会常务委员会认为必要,或者有 1/5 以上的全国人民代表大会代表提议,可以临时召集全国人民代表大会会议。

二、中华人民共和国主席

中华人民共和国主席是我国国家机构的重要组成部分,对内对外代表国家。

中华人民共和国主席、副主席由全国人民代表大会选举。每届任期同全国人民代表大会每届任期相同,为五年。

国家主席行使以下职权:①向全国人大提名国务院总理的人选;②根据全国人大的决定和全国人大常委会的决定,公布法律,任免国务院的组成人员,授予国家的勋章和荣誉称号,发布特赦令,宣布进入紧急状态,宣布战争状态,发布动员令;③代表国家,进行国事活动,接受外国使节;④根据全国人大常委会的决定,派遣和召回驻外全权代表,批准和废除同外国缔结的条约和重要协定;等等。

三、国务院

中华人民共和国国务院,即中央人民政府,是最高国家权力机关的执行机关,是最高国家行政机关。国务院由下列人员组成:总理,副总理若干人,国务委员若干人,各部部长,各委员会主任,审计长,秘书长。国务院实行总理负责制;各部、各委员会实行部长、主任负责制。

国务院每届任期同全国人民代表大会每届任期相同,为五年。总理、副总理、国务委员连续任职不得超过两届。

国务院行使以下职权:①根据宪法和法律,规定行政措施,制定行政法规,发布决定和命令;②提案权;③领导权和监督权;④管理权;⑤批准省、自治区、直辖市的区域划分和自治州、县、自治县、市的建置和区域划分;⑥改变或者撤销各部、各委员会不适当的命令、指示、规章和地方各级行政机关的不适当的决定和命令;⑦依照法律规定决定省、自治区、直辖市的范围内部分地区进入紧急状态;⑧其他职权。

四、中央军事委员会

中央军事委员会是全国武装力量的最高领导机关,享有对国家武装力量的决策权和指挥权。中央军事委员会由下列人员组成:主席,副主席若干人,委员若干人。中央军事委员会实行主席负责制。

中央军事委员会每届任期同全国人民代表大会每届任期相同,即五年。中央军事委员会主席对全国人民代表大会和全国人民代表大会常务委员会负责。

需要注意的是,国家主席和中央军事委员会主席的任职不受连任不超两届的限制。

五、国家监察委员会

中华人民共和国国家监察委员会是最高监察机关。监察委员会专司国家监察职能，是行使国家监察职能的专责机关，其他任何机关、团体和个人都无权行使监察权。

监察委员会由下列人员组成：主任，副主任若干人，委员若干人。国家监察委员会主任每届任期同本级人民代表大会每届任期相同，即五年，连续任职不得超过两届。

监察委员会依照法律规定独立行使监察权，不受行政机关、社会团体和个人的干涉。监察机关办理职务违法和职务犯罪案件，应当与审判机关、检察机关、执法部门互相配合，互相制约。

六、人民法院

中华人民共和国人民法院是国家的审判机关，包括：最高人民法院、地方各级人民法院和军事法院等专门人民法院。最高人民法院院长每届任期同全国人民代表大会每届任期相同，连续任职不得超过两届。

最高人民法院是最高审判机关。最高人民法院监督地方各级人民法院和专门人民法院的审判工作，上级人民法院监督下级人民法院的审判工作。

七、人民检察院

中华人民共和国人民检察院是国家的法律监督机关，包括：最高人民检察院、地方各级人民检察院和军事检察院等专门人民检察院。最高人民检察院检察长每届任期同全国人民代表大会每届任期相同，连续任职不得超过两届。

最高人民检察院是最高检察机关。最高人民检察院领导地方各级人民检察院和专门人民检察院的工作，上级人民检察院领导下级人民检察院的工作。

第三章 民法及民事诉讼法

第一节 民法典总则

一、民法调整的范围

民法调整平等主体的自然人、法人和非法人组织之间的人身关系和财产关系。

二、民法的基本原则

根据《中华人民共和国民法典》的规定,民法的基本原则包括平等原则、自愿原则、公平原则、诚信原则、绿色原则、守法和公序良俗原则,具体如下表所示:

基本原则	具体含义
平等原则	民事主体在民事活动中的法律地位一律平等,这也是民法的首要原则
自愿原则	民事主体按照自己的意思设立、变更、终止民事法律关系
公平原则	民事主体从事民事活动,应当遵循公平原则,合理确定各方的权利和义务
诚信原则	民事主体从事民事活动,秉持诚信,恪守承诺
绿色原则	民事主体从事民事活动,应当有利于节约资源、保护生态环境
守法和公序良俗原则	民事主体从事民事活动,不得违反法律,不得违背公序良俗

三、民事主体

民事主体包括自然人、法人和非法人组织。

(一)自然人

1.概念

自然人是指生物学意义上的基于出生而取得民事主体资格的人。

2.民事权利能力

自然人的民事权利能力是自然人成为民事主体,享有民事权利和承担民事义务的资格。自然人的民事权利能力始于出生、终于死亡。自然人的民事权利能力一律平等。

3.民事行为能力

自然人的民事行为能力是自然人以自己的行为取得民事权利、承担民事义务的资格,即自然人依法独立进行民事活动的资格。自然人民事行为能力分为三种类型,具体含义如下表所示:

类型	具体含义
完全民事行为能力	18周岁以上的自然人,可以独立实施民事法律行为。16周岁以上的未成年人,以自己的劳动收入为主要生活来源的,视为完全民事行为能力人
限制民事行为能力	8周岁以上的未成年人和不能完全辨认自己行为的成年人,可以独立实施纯获利益的民事法律行为或者与其年龄、智力、精神健康状况相适应的民事法律行为
无民事行为能力	不满8周岁的未成年人、已满8周岁不能辨认自己行为的未成年人和不能辨认自己行为的成年人,由其法定代理人代理实施民事法律行为

需要注意的是,民事权利能力和民事行为能力从字面上看虽然极为相似,但是其含义完全不同,考生要注意区分。民事权利能力是自出生便享有,而享有民事行为能力是有条件的。例如,刚出生的婴儿就享有民事权利能力,但是此时该婴儿并不享有民事行为能力,只有达到一定的年龄要求,他(她)才具有相应的民事行为能力。

(二)法人

1.概念

法人是具有民事权利能力和民事行为能力,依法独立享有民事权利和承担民事义务的组织。

2.成立条件

法人应当依法成立,有自己的名称、组织机构、住所、财产或者经费。设立法人,法律、行政法规规定须经有关机关批准的,依照其规定。法人以其全部财产独立承担民事责任。

3.民事权利能力与民事行为能力

法人的民事权利能力是法人享有民事权利和承担民事义务,成为民事主体的资格。法人的民事行为能力是法人以自己的行为取得民事权利和承担民事义务的资格。

法人的民事权利能力和民事行为能力从法人成立时产生,到法人终止时消灭。法人的民事行为能力与其民事权利能力的范围一致。

需要注意的是,与自然人的民事权利能力和民事行为能力不同,法人的民事权利能力和民事行为能力是同时产生的。

4.分类

根据创设目的和活动内容的不同,法人分为营利法人、非营利法人和特别法人。

(1)营利法人是指以取得利润并分配给股东等出资人为目的成立的法人。其主要包括有限责任公司、股份有限公司和其他企业法人等。

(2)非营利法人是指为公益目的或者其他非营利目的成立,不向出资人、设立人或者会员分配所取得利润的法人。其主要包括事业单位、社会团体、基金会、社会服务机构等。

(3)特别法人主要是指机关法人、农村集体经济组织法人、城镇农村的合作经济组织法人、基层群众性自治组织法人等。

(三)非法人组织

非法人组织是不具有法人资格,但是能够依法以自己的名义从事民事活动的组织。

非法人组织包括个人独资企业、合伙企业、不具有法人资格的专业服务机构等。

非法人组织的财产不足以清偿债务的,其出资人或者设立人承担无限责任。法律另有规定的,依照其规定。

四、民事权利

民事权利是民事主体依法享有并受法律保护的利益范围或者实施某一行为(作为或不作为)以实现某种利益的可能性。其可以分为人身权和财产权两大类。

1.人身权

人身权是指不直接具有财产的内容,与主体人身不可分离的权利。自然人享有生命权、身体权、健康权、姓名权、肖像权、名誉权、荣誉权、隐私权、婚姻自主权等权利。

2.财产权

财产权是指以财产利益为内容,直接体现财产利益的民事权利。财产权包括物权、债权、继承权和知识产权中的财产权利。

债是按照合同的约定或者依照法律的规定,在当事人之间产生的特定的权利和义务关系,享有权利的人是债权人,负有义务的人是债务人。能够引起债的法律关系发生的事实主要有合同、侵权行为、无因管理和不当得利。

五、民事法律行为

(一)内涵

民事法律行为是民事主体通过意思表示设立、变更、终止民事法律关系的行为。民事法律行为可以采用书面形式、口头形式或者其他形式;法律、行政法规规定或者当事人约定采用特定形式的,应当采用特定形式。

意思表示是民事法律行为的核心要素,是指享有民事行为能力的主体将自己的效果意思自主地表达出来的行为。而此处的"效果意思"即意思需有权利义务内容。

意思表示可以分为明示和默示两种,具体如下:

(1)明示是使用直接语汇实施的表示行为,除常见的口头语言、文字、表情语汇以外,还包括依习惯使用的特定形体语汇。明示的形式包括口头形式和书面形式。

(2)默示是极为特殊的进行意思表示的方式,包括:①作为的默示,又叫推定行为,是指以语言、文字以外的某种积极行为所进行的意思表示;②不作为的默示,又叫沉默,是指当事人的沉默本身在一定条件下被推定为进行了意思表示。以沉默的方式进行意思表示,只有在有法律规定、当事人约定或者符合当事人之间的交易习惯时方可适用。

(二)类型

民事法律行为根据其效力,可以分为有效的民事法律行为、无效的民事法律行为、可撤销的民事法律行为和效力待定的民事法律行为。

1.有效的民事法律行为

民事法律行为自成立时生效,但是法律另有规定或者当事人另有约定的除外。行为人非依法律规定或者未经对方同意,不得擅自变更或者解除民事法律行为。

民事法律行为有效的条件包括:①行为人具有相应的民事行为能力;②意思表示真实;③不违反法律、行政法规的强制性规定,不违背公序良俗。

2.无效的民事法律行为

无效的民事法律行为是指已经成立的民事行为,因严重欠缺民事行为的生效要件,而自始、绝对、确定、当然、永久地不按照行为人设立、变更、终止民事法律关系的意思表示发生预期效力的民事行为。

无效的民事法律行为主要包括:①无民事行为能力人实施的民事法律行为;②意思表示不真实的行为;③恶意串通,损害他人合法权益的行为;④违背公序良俗的行为;⑤违反法律、行政法规的强制性规定的民事法律行为,但是该强制性规定不导致该民事法律行为无效的除外。

3.可撤销的民事法律行为

可撤销的民事法律行为是指由于欠缺有效条件,当事人有权依照法律规定请求人民法院或者仲裁机构予以撤销的民事法律行为。可撤销的民事法律行为的事由包括:①重大误解;②欺诈;③受胁迫;④显失公平。

可撤销的民事法律行为在被撤销前是有效的,在被撤销后同无效的民事法律行为一样,自始不具有民事法律效力。

4.效力待定的民事法律行为

效力待定的民事法律行为是指在第三人作出意思表示之前,效力处于不确定状态的民事法律行为。效力待定的民事法律行为主要包括:①欠缺代理权的代理行为;②限制民事行为能力人待追认的行为;等等。

| 示例 |

(1)某公司授权张某代理购买一批 A 类产品,但是张某购买了一批 B 类产品。该行为已经超越了张某代理权的范围,所以张某购买 B 类产品的行为需要得到该公司的追认才能生效。

(2)9 岁的小明将自己价值 5 000 元的电子手表赠与其同学。小明作为限制民事行为能力人,只可以独立实施纯获利益或者与其年龄、智力、精神健康状况相适应的民事法律行为。9 岁的小明对于赠送同学价值 5 000 元的电子手表这件事并没有清楚的概念,所以该行为既不属于小明纯获利益的行为,也不符合其心智。故该行为属于效力待定的民事法律行为,只有得到其监护人的追认才能生效。

六、代理

1.概念

代理是代理人于代理权限内,以本人(被代理人)名义向第三人(相对人)为意思表示或受领意思表示,而该意思表示直接对本人生效的民事法律行为。

2.法律要件

代理是民事法律行为的代理,除要符合民事法律行为成立的一般要件以外,还有其成立的特别要件,即:①须有三方当事人;②代理的标的须为民事法律行为;③须依代理权;④以被代理人利益为取向。

3.分类

根据不同的分类标准,代理可以分为多种类型。代理的类型如下表所示:

分类标准	具体类型及含义	
代理权产生的原因	委托代理	代理权由被代理人的授权行为产生
	法定代理	代理权由法律规定产生
是否显名	直接代理	代理人以被代理人的名义实施法律行为
	间接代理	代理人在代理权限内为了本人的利益以自己的名义实施法律行为
代理人由谁选任	本代理	由本人选任代理人或者直接依据法律规定产生代理人
	复代理	代理人为了实施其代理权限内的行为,以自己的名义选定他人担任"被代理人的代理人"
有无代理权	有权代理	代理人在代理权限内实施的代理行为
	无权代理	代理人无代理权而实施的代理行为,其还可以分为狭义的无权代理和表见代理
行使代理权的人数	单独代理	代理权属于一人的代理
	共同代理	代理权由数人共同行使的代理

4.表见代理

表见代理是指虽无代理权但表面上有足以使他人相信有代理权的代理。

表见代理的构成要件包括:①行为人没有代理权;②相对人有理由相信行为人有代理权;③相对人主观上善意且无过失;④需以本人的名义实施民事法律行为。

表见代理具有以下法律效果:

(1)相对人有权主张合同有效。本人因此遭受损失的,有权向无权代理人主张损害赔偿。本人有权追认,追认时意思表示到达相对人,变成有权代理。

(2)相对人享有选择权,主要表现在相对人既可以主张有权代理的效果,也可以行使撤销权,撤销与本人之间的合同。相对人行使撤销权,只能请求无权代理人承担责任。相对人撤销的,需在本人追认生效之前撤销。

5.代理权的终止

因委托代理和法定代理发生原因的不同,其代理权终止的原因也有区别,具体如下:

(1)委托代理终止的情形主要包括:①代理期限届满或者代理事务完成;②被代理人取消委托或者代理人辞去委托;③代理人丧失民事行为能力;④代理人或者被代理人死亡;⑤作为代理人或者被代理人的法人、非法人组织终止。

但是,被代理人死亡后,有下列情形之一的,委托代理人实施的代理行为仍然有效:①代理人不知道并且不应当知道被代理人死亡;②被代理人的继承人予以承认;③授权中明确代理权在代理事务完成时终止;④被代理人死亡前已经实施,为了被代理人的继承人利益继续代理。

(2)法定代理终止的情形主要包括：①被代理人取得或者恢复完全民事行为能力；②代理人丧失民事行为能力；③代理人或者被代理人死亡；④法律规定的其他情形。

七、诉讼时效

诉讼时效是指民事权利受到侵害的权利人在法定的时效期间内不行使权利，当时效期间届满时，人民法院对权利人的权利不再进行保护的制度。

(一)期限

一般诉讼时效为 3 年，最长诉讼时效为 20 年。

自权利受到损害之日起超过 20 年的，人民法院不予保护；有特殊情况的，人民法院可以根据权利人的申请决定延长。

需要注意的是，诉讼时效期间届满的，义务人可以提出不履行义务的抗辩。但是，诉讼时效期间届满后义务人同意履行的，不得以诉讼时效期间届满为由抗辩；义务人已经自愿履行的，不得请求返还。

(二)起算、中止和中断

1.起算

诉讼时效期间自权利人知道或者应当知道权利受到损害以及义务人之日起计算。

未成年人遭受性侵害的损害赔偿请求权的诉讼时效期间，自受害人年满 18 周岁之日起计算。

2.中止

在诉讼时效期间的最后 6 个月内，因下列障碍，不能行使请求权的，诉讼时效中止：①不可抗力；②无民事行为能力人或者限制民事行为能力人没有法定代理人，或者法定代理人死亡、丧失民事行为能力、丧失代理权；③继承开始后未确定继承人或者遗产管理人；④权利人被义务人或者其他人控制；⑤其他导致权利人不能行使请求权的障碍。

自中止时效的原因消除之日起满 6 个月，诉讼时效期间届满。

3.中断

有下列情形之一的，诉讼时效中断，从中断、有关程序终结时起，诉讼时效期间重新计算：①权利人向义务人提出履行请求；②义务人同意履行义务；③权利人提起诉讼或者申请仲裁；④与提起诉讼或者申请仲裁具有同等效力的其他情形。

(三)不适用诉讼时效的情形

民法中不适用诉讼时效规定的情形包括：①请求停止侵害、排除妨碍、消除危险；②不动产物权和登记的动产物权的权利人请求返还财产；③请求支付抚养费、赡养费或者扶养费；④依法不适用诉讼时效的其他请求权。

第二节　物权和债权

一、物权

物权是权利人依法对特定的物享有直接支配和排他的权利,包括所有权、用益物权和担保物权。物包括不动产和动产。法律规定权利作为物权客体的,依照其规定。

(一)物权的法律特征

物权的法律特征表现在以下方面:

(1)物权的权利主体是特定的,而义务主体是不特定的。物权是指权利人依法对特定的物享有直接支配和排他的权利。物权的权利主体总是特定的,而物权人以外的其他人都负有不妨碍物权人行使、实现物权的义务,是不特定的。物权是一种对世权、绝对权。

(2)物权的客体是特定的独立之物,不包括行为和精神财富。

(3)物权的内容是对物的直接管理和支配。

(4)物权具有独占性和排他性。

(5)物权具有法定性。

(6)物权具有追及权和优先权效力。

(二)所有权

所有权是物权中最重要的一种权利,是财产所有人在法律规定的范围内,对属于自己的财产享有的占有、使用、收益、处分的权利。

1.所有权的内容

所有权的具体内容如下表所示:

权利	具体含义
占有	所有权人对于财产实际上的占领、控制
使用	依照物的性能和用途,并不毁损或变更物的性质而加以利用,以满足生产、工作、生活的需要
收益	收取所有物的利益,包括孳息和利润
处分	处置物的法律地位的行为,分为事实上的处分和法律上的处分。事实上的处分是指在生产或生活中使物的物质形态发生变更或消灭。法律上的处分是指依照所有人的意志,通过某种民事行为对财产进行处理

2.共有

共有是指某项财产由两个或两个以上的权利主体共同享有所有权,包括公民之间的共有、法人之间的共有以及公民和法人之间的共有。

共有的法律特征表现在:

第一,共有的主体不是单一的,而是两个以上的人,如某一所房屋属于甲、乙两人所有。

第二,共有的客体也是特定的独立物。共有物在共有关系存续期间,不能分割为各个部分由各个共有人分别享有所有权,而是由各个共有人共同享有其所有权,各个共有人的权利及于共有物的全部。

第三,共有人对共有物或者按照各自的份额,或者平等地享有权利。但是,共有人对于自己权利的行使,并不是完全独立的,在许多情况下要体现全体共有人的意志,要受其他共有人的利益的制约。

共有分为按份共有和共同共有。按份共有又称分别共有,是共有人按各自的份额对同一财产享有所有权。共同共有是基于共同关系发生的、各共有人对共有财产享有平等的所有权。

3.业主的建筑物区分所有权

建筑物区分所有权是指业主对于一栋建筑物中自己专有部分的单独所有权、对共有部分的共有权以及因共有关系而产生的管理权所形成的"三位一体"的所有权。其具体内容如下:

(1)业主对其建筑物专有部分享有占有、使用、收益和处分的权利。

(2)对建筑物专有部分以外的共有部分,享有权利,承担义务;不得以放弃权利为由不履行义务。

(3)业主转让建筑物内的住宅、经营性用房,其对共有部分享有的共有和共同管理的权利一并转让。

(三)善意取得

善意取得是指无权处分他人财产的占有人,在不法将财产转让给第三人以后,如果受让人在取得该财产时出于善意,就可以依法取得对该财产的所有权,受让人在取得财产的所有权以后,原所有人不得要求受让人返还财产,而只能请求转让人(占有人)赔偿损失。

1.善意取得的要件

由于善意取得的适用将产生所有权的转移,因此,各国法律都对善意取得规定了严格的条件。从我国的情况来看,适用善意取得应具备如下条件:

(1)受让人取得财产时出于善意。

(2)以合理的价格转让。

(3)转让的不动产或者动产依照法律规定应当登记的已经登记,不需要登记的已经交付给受让人。

2.善意取得的法律后果

适用善意取得制度的后果是所有权的移转。让与人向受让人交付了财产,从受让人实际占有该财产时起,受让人就成为财产的合法所有人,而原所有人的权利归于消灭。

善意取得制度在保护善意的受让人的同时,也应保护原所有人的利益。由于让与人处分他人的财产是非法的,因而其转让财产获得的非法所得,应作为不当得利返还给原所有人。如果返还不当得利仍不足以补偿原所有人的损失,则原所有人有权基于侵权行为,请求让与人赔偿损失以弥补不足部分。如果不法让与人以高于市场的价格让与财产,其超出财产价值部分之所得,也应返还给原所有人。

经典真题▶ (单选)甲将电脑借给乙使用,乙将电脑以二手市价卖给不知情的丙,完成交付后被甲发现。对此( )。

A.甲有权请求丙返还电脑   B.甲无权请求丙返还电脑

C.甲有权请求丙赔偿损失   D.甲有权请求乙与丙共同赔偿损失

【答案】B。

中公解题:本题中,丙受让电脑时不知情,且支付了合理价格,构成善意取得。因此,甲无权请求丙返还电脑或赔偿损失,但可以要求乙赔偿损失。

(四)用益物权

用益物权是用益物权人对他人所有的物,依法享有占有、使用和收益的权利。

我国民法典规定了以下五类用益物权:

(1)土地承包经营权。承包权人因从事种植业、林业、畜牧业、渔业生产或者其他生产经营项目而承包使用、收益集体所有或者国家所有的土地或者森林、山岭、草原、荒地、滩涂的权利。

(2)建设用地使用权。因建筑物或者构筑物及其附属设施而使用国家所有的土地的权利。

(3)宅基地使用权。农村集体经济组织成员依法享有的在集体所有的土地上建造个人住宅的权利。

(4)居住权。为满足生活居住的需要,按照合同约定,对他人的住宅享有占有、使用的权利。

(5)地役权。通过协议确定的,他方的不动产供一方不动产通行、汲水、采光、眺望、电信和其他以特定便宜之用为目的的物权。

(五)担保物权

担保物权是指为了确保特定债权的实现,债务人或者第三人以动产、不动产或者某些权利为客体而设定的,当债务人不履行到期债权或发生当事人约定的实现担保物权的情形时,权利人有就该财产变价并优先受偿的权利。

《中华人民共和国民法典》规定了以下三类担保物权:

(1)抵押权。为担保债务的履行,债务人或者第三人不转移财产的占有,将该财产抵押给债权人的,债务人不履行到期债务或者发生当事人约定的实现抵押权的情形,债权人有权就该财产优先受偿。

(2)质权。为担保债务的履行,债务人或者第三人将其动产或者权利出质给债权人,债务人不履行到期债务或者发生当事人约定的实现质权的情形,债权人有权就该质押物优先受偿。

(3)留置权。债务人不履行到期债务,债权人可以留置已经合法占有的债务人的动产以迫使债务人履行债务,并有权在债务人仍不履行债务时,就该动产优先受偿。

| 示例 |

赵某因生意惨淡,决定将自己的车辆质押换一些资金,在办理质押时,将车辆也一并转移。赵某在其车辆上设立的便是质权。但若赵某并未转移车辆,而是继续由自己占有使用,可以办理抵押,在车辆上设立抵押权。

二、债权

债权是因合同、侵权行为、无因管理、不当得利以及法律的其他规定,权利人请求特定义务人为或者不为一定行为的权利。

(一)债的特征

债作为民事法律关系的一种,除具有民事法律关系的共同属性外,还有其自身特征:债反映财产流转关系,债为特定主体之间的法律关系,债的客体是债务人的特定行为,债的目的须通过债务人的特定行为实现,债的发生原因具有多样性。

(二)债的分类

债根据不同的标准可以划分为不同的种类:

(1)根据债的设定及其内容是否允许当事人以自由意思决定,债可以分为意定之债与法定之债。

(2)根据债的标的物的不同属性,债可以分为特定之债和种类之债。

(3)根据债的主体双方是单一的还是多数的,债可以分为单一之债和多数人之债。

(4)对于多数人之债,根据多数一方当事人之间权利义务关系的不同状态,债可以分为按份之债和连带之债。

(5)根据债的标的有无选择性,债可以分为简单之债和选择之债。

(三)债的发生原因

债的发生根据是引起债的法律关系发生的事实。能够引起债的法律关系发生的事实主要有:

(1)合同,是指平等主体的自然人、法人、其他组织之间设立、变更、终止民事权利义务关系意思表示一致的协议。

(2)侵权行为,是指民事主体违反民事义务,侵害他人合法权益,依法应当承担民事责任的行为。

(3)无因管理,是指没有法定的或者约定的义务,为避免他人利益受损失而进行管理的人,有权请求受益人偿还由此支出的必要费用。其构成要件包括:①为他人管理事务;②有为他人谋利益的意思;③没有法定或约定义务。

(4)不当得利,是指没有法律根据,取得不当利益,受损失的人有权请求其返还不当利益。其构成要件包括:①一方获得财产性利益;②一方受到损失;③获得利益和受到损失之间有因果关系;④没有法律上的根据。

(四)债的履行

债的履行首先是债务人对债权人履行。其次,第三人也可以参与进来,具体表现为:

(1)当事人约定由债务人向第三人履行债务,债务人未向第三人履行债务或者履行债务不符合约定的,应当向债权人承担违约责任。

(2)当事人约定由第三人向债权人履行债务,第三人不履行债务或者履行债务不符合约定的,债务人应当向债权人承担违约责任。

(五)债的终止

有下列情形之一的,债权债务终止:①债务已经履行;②债务相互抵销;③债务人依法将标的物提存;④债权人免除债务;⑤债权债务同归于一人;⑥法律规定或者当事人约定终止的其他情形。

合同解除的,该合同的权利义务关系终止。

第三节　合同

一、合同的概念与特征

合同是民事主体之间设立、变更、终止民事法律关系的协议。

合同具有以下特征:合同是一种民事法律行为,合同以设立、变更、终止民事权利义务关系为目的,合同是当事人之间意思表示一致的结果。

二、合同的订立

当事人订立合同,可以采取要约、承诺方式或者其他方式。

1.要约的构成要件

要约是要约人希望与受要约人订立合同的意思表示。该意思表示应当符合下列条件:①内容具体确定;②表明经受要约人承诺,要约人即受该意思表示约束。

---| 中公锦囊 |---

要约 vs 要约邀请

要约与要约邀请仅有两字之差,但其含义却千差万别,考生要能清楚地分辨。

要约是要约人直接发给他人的想要与之订立合同的表示,而要约邀请是希望他人向自己发出要约的表示,要约邀请比要约多了一个步骤。

常见的要约邀请有拍卖公告、招标公告、招股说明书、债券募集办法、基金招募说明书、商业广告和宣传、寄送的价目表等。若商业广告和宣传的内容符合要约条件的,则构成要约。

2.要约的生效、撤回、撤销、失效

(1)要约的生效时间可分为以下几种情形:①以对话方式作出的,相对人知道其内容时生效;②以非对话方式作出的,到达相对人时生效;③以非对话方式作出的采用数据电文形式的,相对人指定特定系统接收数据电文的,该数据电文进入该特定系统时生效;④以非对话方式作出的采用数据电文形式的,未指定特定系统的,相对人知道或者应当知道该数据电文进入其系统时生效;⑤当事人对采用数据电文形式的生效时间另有约定的,按照其约定。

(2)要约人撤回要约的通知应当在要约到达相对人前或者与要约同时到达相对人。

(3)撤销要约的意思表示以对话方式作出的,该意思表示的内容应当在受要约人作出承诺之前为受要约人所知道;撤销要约的意思表示以非对话方式作出的,应当在受要约人作出承诺之前到达受要约人。有下列情形之一的,要约不得撤销:①要约人确定了承诺期限或者以其他形式明示要约不可撤销;②受要约人有理由认为要约是不可撤销的,并已经为履行合同做了合理准备工作。

(4)要约失效的情形:①要约被拒绝;②要约人依法撤销要约;③承诺期限届满,受要约人未作出承诺;④受要约人对要约的内容作出实质性变更。

3.承诺的构成要件

承诺是受要约人同意要约的意思表示,其需要满足以下要件:

(1)承诺只能由受要约人作出。

(2)承诺必须向要约人作出。

(3)承诺的内容应当与要约的内容一致。受要约人对要约的内容作出实质性变更的,为新要约;承诺对要约的内容作出非实质性变更的,除要约人及时表示反对或者要约表明承诺不得对要约的内容作出任何变更的以外,该承诺有效,合同的内容以承诺的内容为准。

(4)承诺应当在要约确定的期限内到达要约人。受要约人超过承诺期限发出承诺,或者在承诺期限内发出承诺,按照通常情形不能及时到达要约人的,为新要约;但是要约人及时通知受要约人该承诺有效的除外。受要约人于承诺期间作出承诺的通知,按照通常情形能够及时到达要约人,但因其他原因承诺到达要约人时超过承诺期限的,除要约人及时通知受要约人因承诺超过期限不接受该承诺的以外,该承诺有效。

(5)承诺必须表明受要约人决定与要约人订立合同。

4.承诺的撤回

撤回承诺的通知应当在承诺到达相对人前或者与承诺同时到达相对人。

三、格式条款合同

格式条款是当事人为了重复使用而预先拟定,并在订立合同时未与对方协商的条款。

格式条款除须符合有效民事法律行为的法律规定外,有下列情形之一的,则无效:①造成对方人身损害的免责条款;②因故意或者重大过失造成对方财产损失的免责条款;③提供格式条款一方不合理地免除或者减轻其责任、加重对方责任、限制对方主要权利;④提供格式条款一方排除对方主要权利。

四、合同的效力

合同的成立,是指订约当事人就合同的主要条款达成合意。

合同的成立条件包括:①存在双方或多方订约当事人;②订约当事人对主要条款达成合意;③合同的成立应具备要约和承诺阶段。

合同成立的时间是由承诺实际生效的时间决定的。承诺生效的地点为合同成立的地点。采用数据电文形式订立合同的,收件人的主营业地为合同成立的地点;没有主营业地的,其住所地为合同成立的地点。当事人另有约定的,按照其约定。当事人采用合同书形式订立合同的,最后签字、盖章或者按指印的地点为合同成立的地点。

依法成立的合同,自成立时生效,但是法律另有规定或者当事人另有约定的除外。

合同的生效条件包括:①当事人具有相应的民事行为能力;②意思表示真实;③不违反法律和社会公共利益;④具备法律所要求的形式。

合同的效力适用民事法律行为的效力规定。

五、违约责任

当事人一方不履行合同义务或者履行合同义务不符合约定的,应当承担继续履行、采取补救措施或者赔偿损失等违约责任。

(1)当事人一方明确表示或者以自己的行为表明不履行合同义务的,对方可以在履行期限届满前请求其承担违约责任。

(2)当事人一方未支付价款、报酬、租金、利息,或者不履行其他金钱债务的,对方可以请求其支付。

(3)当事人一方不履行非金钱债务或者履行非金钱债务不符合约定的,对方可以请求履行,但是有下列情形之一的除外:①法律上或者事实上不能履行;②债务的标的不适于强制履行或者履行费用过高;③债权人在合理期限内未请求履行。

六、缔约过失责任

缔约过失责任是指在订立合同过程中,一方因违背其依据诚实信用原则所产生的义务而致另一方信赖利益受损失,依法应承担的民事责任。

七、合同的担保

合同的担保,其实质是债的担保,是指为确保债权得到清偿而设立的各种法律措施。

合同的担保,包括人的担保、物的担保和金钱担保。

(1)人的担保,是指在债务人的全部财产之外,又附加第三人的一般财产作为债权实现的担保,主要是指保证。

(2)物的担保,是以债务人或第三人的特定财产作为抵偿债权的标的,在债务人不履行其债务时,债权人可以将财产变价,并从中优先受偿的制度,主要有抵押、质押、留置等。

(3)金钱担保,是债务人在约定给付以外交付一定数额的金钱,该金钱的返还与丧失与债务履行与否联系在一起,从而促其积极履行债务,保障债权实现的制度。其主要有定金。

第四节　知识产权

一、知识产权的概念、内容和特征

知识产权是基于智力的创造性活动而产生的权利,它是法律赋予知识产品所有人对其智力创造成果所享有的某种专有权利。知识产权又称智力成果权,包括著作权、专利权、商标权等。

知识产权的法律特征包括:①它是包括人身权和财产权两方面内容的一种民事权利;②它的客体必须有能为人感知的客观表现形式和首创性、新颖性;③它具有专有性、时间性和地域性。

二、著作权

我国对作品实行自动保护原则,作者在作品完成时即取得著作权,受法律保护。根据《中华人民共和国著作权法》的规定,任意一种侵犯著作权的行为,应当根据情况,承担停止侵害、消除影响、赔礼道歉、赔偿损失等民事责任。

(一)著作权的内容

著作权主要包括以下两种:

(1)著作人身权,与作者的人身不可分离,一般不能继承、转让。它包括发表权、署名权、修改权、保护作品完整权。

(2)著作财产权,可以许可他人行使,可以全部或者部分转让。它包括复制权、发行权、出租权、展览权、表演权、放映权、广播权、信息网络传播权、摄制权、改编权、翻译权、汇编权以及应当由著作权人享有的其他权利。

(二)权利保护期限

有关权利保护期限的内容具体如下:

(1)作者的署名权、修改权、保护作品完整权的保护期不受限制。

(2)公民的作品,其发表权、著作财产权的保护期为作者终生及其死亡后50年,截止于作者死亡后第50年的12月31日;如果是合作作品,截止于最后死亡的作者死亡后第50年的12月31日。

(3)法人或者其他组织的作品、著作权(署名权除外)由法人或者其他组织享有的职务作品,电影作品和以类似摄制电影的方法创作的作品、摄影作品,其发表权、著作财产权的保护期为50年,截止于作品首次发表后第50年的12月31日。但作品自创作完成后50年内未发表的,著作权法不予保护。

(三)合理使用

合理使用,即出版者、表演者、录音录像制作者、广播电台、电视台等使用作品,可以不经著作权人许可,不向其支付报酬,但应当指明作者姓名、作品名称,并且不得侵犯著作权人依法享有的其他权利。

三、专利权

(一)专利权概述

专利权是指国家专利主管机关依法授予专利申请人及其继受人在一定期间内实施利用其发明和创造的独占权利。

专利权的客体是指专利权利和义务共同指向的对象。依《巴黎公约》和《中华人民共和国专利法》之规定,我国专利权的客体包括发明、实用新型和外观设计三类。

1.专利权人的权利

专利权人可以依自己的意志独立行使其专利权。专利申请权或者专利权的共有人对权利的行使有约定的,从其约定。没有约定的,共有人可以单独实施或者以普通许可方式许可他人实施该专利;许可他人实施该专利的,收取的使用费应当在共有人之间分配。除前述情形外,行使共有的专利申请权或者专利权应当取得全体共有人的同意。

根据《中华人民共和国专利法》的规定,专利权人主要享有独占实施权、实施许可权、转让权和标示权。其具体内容如下表所示:

权利	具体内容
独占实施权	发明和实用新型专利权被授予后,除专利法另有规定的以外,任何单位或者个人未经专利权人许可,都不得实施其专利
实施许可权	专利权人可以许可他人实施其专利技术并收取专利使用费
转让权	专利权可以转让,但是中国单位或者个人向外国人、外国企业或者外国其他组织转让专利权的,应当依照有关法律、行政法规的规定办理手续
标示权	专利权人享有在其专利产品或者该产品的包装上标明专利标记和专利号的权利

2.专利权人的义务

专利权人的义务主要是缴纳专利年费。《中华人民共和国专利法》第四十三条规定,专利权人应当自被授予专利权的当年开始缴纳年费。未按规定缴纳年费的,可能导致专利权终止。

专利申请应遵循下面的原则:①一件发明只能授予一件专利的原则;②先申请原则,即出现两个以上申请人时,谁先申请专利就授予谁。

在我国,发明专利权的期限为20年,实用新型专利权的期限为10年,外观设计专利权的期限为15年。以上期限均自申请日,即专利局收到专利申请之日起算。

(二)授予专利权的实质条件

授予专利权的实质条件主要包括以下两点:①发明和实用新型应当具备新颖性、创造性和实用性;②外观设计应当具备新颖性。

(三)专利权的保护

根据《中华人民共和国专利法》的规定,对发明和实用新型的专利权的保护范围以其权利要求的内容为依据,说明书和附图可以用于解释权利要求的内容。外观设计专利权的保护范围以表示在图片或照片中的该外观设计专利产品为准。当专利权受到非法侵害时,专利权人或利害关系人可以请求专利管理机关进行处理,也可以直接向人民法院提起诉讼。其保护方法主要是责令侵权行为人停止侵害、赔偿损失、恢复名誉、消除影响,或者收缴非法制造的商品。在实践中,主要使用行政保护方法,触犯刑法的使用刑事保护方法。

四、商标权

(一)商标权的概念与特征

商标权是指商标注册人对其注册商标所享有的专用权利。它具有时间性、专有性、地域性的特征。

(二)商标权的取得和期限

1.商标权的取得

在我国,商标权的取得应遵守以下原则:

(1)注册原则,即商标专用权的取得必须进行商标注册。《中华人民共和国商标法》第四条规定,自然人、法人或者其他组织在生产经营活动中,对其商品或者服务需要取得商标专用权的,应当向商标局申请商标注册。

(2)先申请原则,即以申请日作为判断申请先后的标准。《中华人民共和国商标法》第三十一条规定,两个或者两个以上的商标注册申请人,在同一种商品或者类似商品上,以相同或者近似的商标申请注册的,初步审定并公告申请在先的商标;同一天申请的,初步审定并公告使用在先的商标。

2.商标权的期限

在我国,注册商标的有效期为10年,自核准注册之日起计算。注册商标有效期满,需要继续使用的,商标注册人应当在期满前12个月内按照规定办理续展手续;在此期间未能办理的,可以给予6个月的宽展期。每次续展注册的有效期为10年,自该商标上一届有效期满次日起计算。期满未办理续展手续的,注销其注册商标。

(三)商标权的保护

注册商标的专用权,以核准注册的商标和核定使用的商品为限。

注册商标专用权的保护方式主要有:

(1)有侵犯注册商标专用权的行为,引起纠纷的,由当事人协商解决;不愿协商或者协商不成的,商标注册人或者利害关系人可以向人民法院起诉,也可以请求市场监督管理部门处理。

(2)对侵犯商标专用权的赔偿数额的争议,当事人可以请求进行处理的市场监督管理部门调解,也可以依照《中华人民共和国民事诉讼法》向人民法院起诉。经市场监督管理部门调解,当事人未达成协议或者调解书生效后不履行的,当事人可以依照《中华人民共和国民事诉讼法》向人民法院起诉。

(3)对侵犯注册商标专用权的行为,市场监督管理部门有权依法查处;涉嫌犯罪的,应当及时移送司法机关依法处理。

(4)在查处商标侵权案件过程中,对商标权属存在争议或者权利人同时向人民法院提起商标侵权诉讼的,市场监督管理部门可以中止案件的查处。中止原因消除后,应当恢复或者终结案件查处程序。

第五节　人身权和继承权

一、人身权

人身权是指民事主体依法享有的与其人身不可分离的、没有直接财产内容的民事权利。

(一)人身权的分类

1.人格权

人格权是法律赋予民事主体以人格利益为内容的, 作为一个独立的法律人格所必须享有且与其主体人身不可分离的权利。人格权包括:①一般人格权,例如人身自由、人格尊严等人格权益;②具体人格权,是指民事主体享有的生命权、身体权、健康权、姓名权、名称权、肖像权、名誉权、荣誉权、隐私权等权利。

2.身份权

身份权是民事主体基于某种特定的身份享有的民事权利。它不是每个民事主体都享有的权利,只有当民事主体从事某种行为或因婚姻、家庭关系而取得某种身份时才能享有。主要的身份权有亲权、配偶权、亲属权。

(二)人身权的保护方法

人身权的保护方法主要包括以下几种:

(1)民事主体自我救济,包括正当防卫和紧急避险。

(2)社会救济。在民事主体的人身权遭受侵害时,我国民法鼓励人们予以防止和制止。《中华人民共和国民法典》第一百八十三条规定,因保护他人民事权益使自己受到损害的,由侵权人承担民事责任,受益人可以给予适当补偿。

(3)法律救济。在人身权受侵害时,受害者有权提起诉讼,请求侵权人承担停止侵害、消除影响、恢复名誉、赔礼道歉以及赔偿损失的民事责任。

二、财产继承权

(一)财产继承的概念

财产继承是公民死亡以后,根据法律的规定,把死者遗留的个人合法财产转移给他人所有的一种法律制度。

(二)财产继承权的法律特征

财产继承权具有以下法律特征:

(1)继承权与财产所有权相联系。继承权是一种财产权,财产所有权是继承权的基础和前提,而继承权是财产所有权的延伸和继续。

(2)继承权与特定的身份相联系。继承权以一定的人身关系为前提。

(3)继承权的实现与一定的法律事实相联系。继承权的实现必须具有引起继承法律关系产生的法律事实,继承从被继承人死亡时开始。

(三)我国继承制度的基本原则

我国继承制度的基本原则包括:①保护公民私有财产继承权的原则;②继承权男女平等原则;③养老育幼照顾病残原则;④互谅互让、团结和睦原则。

(四)继承权的取得、丧失和保护

1.继承权的取得

自然人取得继承权的方式主要有两种:法律直接规定和合法有效的遗嘱指定。前者称为法定继承权的取得,后者称为遗嘱继承权的取得。

(1)法定继承权的取得

根据《中华人民共和国民法典》第一千一百二十七条和第一千一百二十九条的规定,自然人可以基于三种原因而取得继承权,具体内容如下表所示:

原因	具体说明
因婚姻关系而取得	配偶之间有互相继承遗产的权利,并且是第一顺序继承人
因血缘关系而取得	父母子女、兄弟姐妹间相互享有继承权正是基于血缘关系产生的
因抚养、赡养关系而取得	有抚养关系的继父母与继子女间以及有抚养关系的继兄弟姐妹之间有继承权;丧偶儿媳对公、婆,丧偶女婿对岳父母,尽了主要赡养义务的,作为第一顺序继承人

(2)遗嘱继承权的取得

自然人取得遗嘱继承权必须依据被继承人生前立下的合法有效遗嘱。被继承人只能在法定继承人的范围内选定遗嘱继承人或者对法定继承人的继承份额作出规定,而不能任意选定遗嘱继承人。

2.继承权的丧失

继承权的丧失是指本来具有继承资格的人因犯有某些严重违反人伦道德的罪行,或有严重的不道德行为,而丧失作为继承人的资格,不再享有继承遗产的权利。

根据我国法律的规定,继承人有下列行为之一的,丧失继承权:

(1)故意杀害被继承人。

(2)争夺遗产而杀害其他继承人。

(3)遗弃被继承人,或者虐待被继承人情节严重。

(4)伪造、篡改、隐匿或者销毁遗嘱,情节严重。

(5)以欺诈、胁迫手段迫使或者妨碍被继承人设立、变更或者撤回遗嘱,情节严重。

继承人有以上第(3)项至第(5)项行为,确有悔改表现,被继承人表示宽恕或者事后在遗嘱中将其列为继承人的,该继承人不丧失继承权。

3.继承权的保护

继承权的保护是指合法继承人的继承权受到他人侵害时,继承人可以通过诉讼程序请求人民法院予以保护,从而使继承权恢复到继承开始时状态的情形。对继承权的保护实际上是继承恢复请求权的行使。继承恢复请求权的行使必须以继承权受到侵害为前提,它包括请求返还遗产的权利和请求确认继承人的资格的权利。

(五)法定继承、遗嘱继承与遗产的处理

1.法定继承

法定继承,是指继承人范围、继承顺序、遗产分配原则等,均按法律规定进行的继承方式。

(1)法定继承顺序

根据我国相关法律的规定,法定继承顺序及内容如下表所示:

法定继承顺序	内容
第一顺序	①配偶;②子女;③父母;④对公、婆或对岳父、岳母,尽了主要赡养义务的丧偶儿媳或女婿;⑤收养他人为养子女,视为养父、养母与养子、养女的关系的,可互为第一顺序继承人
第二顺序	①兄弟姐妹;②祖父母、外祖父母

(2)代位继承

被继承人的子女先于被继承人死亡的,由被继承人的子女的直系晚辈血亲代位继承。被继承人的兄弟姐妹先于被继承人死亡的,由被继承人的兄弟姐妹的子女代位继承。代位继承人一般只能继承被代位继承人有权继承的遗产份额。

2.遗嘱继承

自然人可以立遗嘱将个人财产指定由法定继承人中的一人或者数人继承。自然人也可以立遗嘱将个人财产赠与国家、集体或者法定继承人以外的组织、个人。

遗嘱的形式及内容如下表所示:

遗嘱的形式	内容
自书遗嘱	自书遗嘱由遗嘱人亲笔书写,签名,注明年、月、日
代书遗嘱	代书遗嘱应当有两个以上见证人在场见证,由其中一人代书,并由遗嘱人、代书人和其他见证人签名,注明年、月、日
打印遗嘱	打印遗嘱应当有两个以上见证人在场见证。遗嘱人和见证人应当在遗嘱每一页签名,注明年、月、日
录音录像遗嘱	以录音录像形式立的遗嘱,应当有两个以上见证人在场见证。遗嘱人和见证人应当在录音录像中记录其姓名或者肖像,以及年、月、日
口头遗嘱	遗嘱人在危急情况下,可以立口头遗嘱。口头遗嘱应当有两个以上见证人在场见证。危急情况消除后,遗嘱人能够以书面或者录音录像形式立遗嘱的,所立的口头遗嘱无效
公证遗嘱	公证遗嘱由遗嘱人经公证机构办理

3.遗产的处理

(1)继承的适用顺序

有遗赠扶养协议的优先适用遗赠扶养协议;没有遗赠扶养协议(包括协议无效)的或者协议未处理的财产适用遗嘱(包括遗赠);没有遗嘱(包括无效)的适用法定继承。

(2)清偿被继承人的债务

继承人以所得遗产实际价值为限清偿被继承人依法应当缴纳的税款和债务。超过遗产实际价值部分,继承人自愿偿还的不在此限。继承人放弃继承的,对被继承人依法应当缴纳的税款和债务可以不负清偿责任。

既有法定继承又有遗嘱继承、遗赠的,由法定继承人清偿被继承人依法应当缴纳的税款和债务;超过法定继承遗产实际价值部分,由遗嘱继承人和受遗赠人按比例以所得遗产清偿。

第六节　婚姻家庭

一、结婚

(一)结婚的法定条件

根据《中华人民共和国民法典》的规定,结婚的法定条件包括:①男女双方完全自愿;②结婚年龄,男不得早于二十二周岁,女不得早于二十周岁;③必须符合一夫一妻制。

同时,法律也规定了禁止结婚的情形,即直系血亲或者三代以内的旁系血亲禁止结婚。

(二)无效婚姻

无效婚姻是指已经办理结婚登记,但欠缺结婚之实质要件,在法律上不具有合法效力的婚姻。婚姻无效的情形包括:①重婚;②有禁止结婚的亲属关系;③未到法定婚龄。

(三)可撤销婚姻

可撤销婚姻是指虽已办理结婚登记,但撤销权人可基于法定事由向人民法院请求撤销的婚姻。

因胁迫结婚的,受胁迫的一方可以向人民法院请求撤销该婚姻。受胁迫的一方撤销婚姻的请求,应当自胁迫行为终止之日起一年内提出。被非法限制人身自由的当事人请求撤销婚姻的,应当自恢复人身自由之日起一年内提出。

一方患有重大疾病的,应当在结婚登记前如实告知另一方;不如实告知的,另一方可以向人民法院请求撤销婚姻。请求撤销婚姻的,应当自知道或者应当知道撤销事由之日起一年内提出。

二、家庭关系

(一)夫妻关系

1.夫妻人身关系

夫妻人身关系是指夫妻双方在婚姻中的身份、地位、人格等多个方面的权利义务关系,是夫妻关系的主要内容。夫妻人身关系的具体内容包括:

(1)夫妻在婚姻家庭中地位平等。

(2)夫妻的姓名权。夫妻双方都有各自使用自己姓名的权利。

(3)夫妻的人身自由权。夫妻双方都有参加生产、工作、学习和社会活动的自由,一方不得对另一方加以限制或者干涉。

(4)夫妻对抚育未成年子女有平等的权利和义务。夫妻双方平等享有对未成年子女抚养、教育和保护的权利,共同承担对未成年子女抚养、教育和保护的义务。

(5)夫妻相互忠实义务。夫妻应当互相忠实,互相尊重。

2.夫妻财产关系

夫妻财产关系是指夫妻在财产方面享有的权利和义务,包括夫妻财产制、夫妻间的相互扶养义务、夫妻间的相互继承权和夫妻间的日常家事代理权。其具体内容如下表所示:

项目		具体说明
法定财产制	法定夫妻共同所有财产	夫妻在婚姻关系存续期间所得的下列财产,为夫妻的共同财产,归夫妻共同所有:①工资、奖金、劳务报酬;②生产、经营、投资的收益;③知识产权的收益;④继承或者受赠的财产,但是遗嘱或者赠与合同中确定只归一方的财产除外;⑤一方以个人财产投资取得的收益;⑥夫妻双方实际取得或者应当取得的住房补贴、住房公积金、基本养老金、破产安置补偿费 夫妻对共同财产,有平等的处理权 需要注意的是,夫妻一方个人财产在婚后产生的收益,除孳息和自然增值外,应认定为夫妻共同财产

(续表)

项目		具体说明
法定财产制	法定夫妻个人特有财产	下列财产为夫妻一方的个人财产：①一方的婚前财产；②一方因受到人身损害获得的赔偿或者补偿；③遗嘱或者赠与合同中确定只归一方的财产；④一方专用的生活用品；⑤其他应当归一方的财产
	约定财产制	约定财产制在适用上具有优先于法定财产制的效力。夫妻对婚姻关系存续期间所得的财产以及婚前财产的约定，对双方具有法律约束力
	夫妻间的相互扶养义务	需要扶养的一方，在另一方不履行扶养义务时，有要求其给付扶养费的权利
	夫妻间的相互继承权	夫妻有相互继承遗产的权利，且互为第一顺位继承人
	夫妻间的日常家事代理权	夫妻一方因家庭日常生活需要而实施的民事法律行为，对夫妻双方发生效力，但是夫妻一方与相对人另有约定的除外。夫妻之间对一方可以实施的民事法律行为范围的限制，不得对抗善意相对人

此外，对于夫妻债务的承担，我国法律也作了更多明确的规定。夫妻双方共同签名或者夫妻一方事后追认等共同意思表示所负的债务，以及夫妻一方在婚姻关系存续期间以个人名义为家庭日常生活需要所负的债务，属于夫妻共同债务。

夫妻一方在婚姻关系存续期间以个人名义超出家庭日常生活需要所负的债务，不属于夫妻共同债务；但是，债权人能够证明该债务用于夫妻共同生活、共同生产经营或者基于夫妻双方共同意思表示的除外。

经典真题▶ （单选）陈某与马某结婚，育有一女，今年10岁。下列说法正确的是（　　）。

A.陈某获得高薪工作后，有权要求马某辞职在家照顾女儿

B.马某文化程度不高，陈某有权限制马某参与孩子的教育

C.马某婚前持有的股票在婚后价值上涨部分属于夫妻共同财产

D.陈某以个人名义找朋友借款购车，用于接送家人，该借款不属于夫妻共同债务

【答案】C。

(二)父母子女关系

根据《中华人民共和国民法典》的规定，夫妻双方平等享有对未成年子女抚养、教育和保护的权利，共同承担对未成年子女抚养、教育和保护的义务。成年子女对父母负有赡养、扶助和保护的义务，不因父母的婚姻关系变化而终止。

对亲子关系有异议且有正当理由的，父或者母可以向人民法院提起诉讼，请求确认或者否认亲子关系。

三、离婚

当事人向人民法院提起离婚诉讼，人民法院应当进行调解，如感情确已破裂，调解无效，应准予离婚。

有下列情形之一，调解无效的，人民法院应当准予离婚：①重婚或者与他人同居；②实

施家庭暴力或者虐待、遗弃家庭成员;③有赌博、吸毒等恶习屡教不改;④因感情不和分居满二年;⑤其他导致夫妻感情破裂的情形。一方被宣告失踪,另一方提起离婚诉讼的,应当准予离婚。经人民法院判决不准离婚后,双方又分居满一年,一方再次提起离婚诉讼的,应当准予离婚。

当事人协议离婚,自婚姻登记机关收到离婚登记申请之日起三十日内(又称"离婚冷静期"),任何一方不愿意离婚的,可以向婚姻登记机关撤回离婚登记申请。前述期限届满后三十日内,双方应当亲自到婚姻登记机关申请发给离婚证;未申请的,视为撤回离婚登记申请。

离婚冷静期制度只适用于协议离婚。对于有家庭暴力等情形的,实践中一般是向法院起诉离婚,起诉离婚不适用离婚冷静期制度。

有下列情形之一,导致离婚的,无过错方有权请求损害赔偿:①重婚;②与他人同居;③实施家庭暴力;④虐待、遗弃家庭成员;⑤有其他重大过错。

需要注意的是,若明知是现役军人的配偶而与之同居或者结婚的,构成破坏军婚罪,还需要承担刑事责任,将被处以 3 年以下有期徒刑或者拘役。

第七节 民事责任

一、民事责任的概念、分类和特征

民事主体依照法律规定和当事人约定,履行民事义务,承担民事责任。民事责任是民法规定的保护民事主体权利的救济措施。

民事责任根据责任发生的原因与法律要件不同,可以分为侵权责任、违约责任和其他责任。

民事责任具有以下特征:①以民事义务的存在为前提;②主要是财产责任;③以恢复被侵害的民事权益为目的;④是一种独立的法律责任。

二、民事责任的归责原则和承担民事责任的方式

民事责任的归责原则,即确定民事责任的依据。归责原则主要有过错责任原则、无过错责任原则和公平责任原则。过错推定责任原则是过错责任原则的特殊形态,侵权人承担责任的归责事由仍然是过错。

《中华人民共和国民法典》第一百七十九条规定,承担民事责任的方式主要有:①停止侵害;②排除妨碍;③消除危险;④返还财产;⑤恢复原状;⑥修理、重作、更换;⑦继续履行;⑧赔偿损失;⑨支付违约金;⑩消除影响、恢复名誉;⑪赔礼道歉。法律规定惩罚性赔偿的,依照其规定。

以上规定的承担民事责任的方式,可以单独适用,也可以合并适用。

三、不承担民事责任和减轻责任的情形

《中华人民共和国民法典》对不承担民事责任和减轻责任的情形作了以下规定：

(1)被侵权人对同一损害的发生或者扩大有过错的，可以减轻侵权人的责任。

(2)损害是因受害人故意造成的，行为人不承担责任。

(3)损害是因第三人造成的，第三人应当承担侵权责任。

(4)自愿参加具有一定风险的文体活动，因其他参加者的行为受到损害的，受害人不得请求其他参加者承担侵权责任；但是，其他参加者对损害的发生有故意或者重大过失的除外。

(5)合法权益受到侵害，情况紧迫且不能及时获得国家机关保护，不立即采取措施将使其合法权益受到难以弥补的损害的，受害人可以在保护自己合法权益的必要范围内采取扣留侵权人的财物等合理措施；但是，应当立即请求有关国家机关处理。

(6)因正当防卫造成损害的，不承担民事责任。正当防卫超过必要的限度，造成不应有的损害的，正当防卫人应当承担适当的民事责任。

(7)因紧急避险造成损害的，由引起险情发生的人承担民事责任。危险由自然原因引起的，紧急避险人不承担民事责任，可以给予适当补偿。紧急避险采取措施不当或者超过必要的限度，造成不应有的损害的，紧急避险人应当承担适当的民事责任。

四、一般侵权责任的构成

侵权行为是指行为人由于过错侵犯他人的财产、人身，依法应承担民事责任的行为，其构成要件及具体内容如下表所示：

构成要件	具体内容
加害行为	侵权行为人只要在客观上侵害了他人的民事权益就构成加害行为，即在没有免责事由的情形下，不管是违法行为还是合法行为，只要侵害了他人的民事权益就需要承担侵权责任
损害事实	指因一定的行为或者事件造成的他人财产上或人身上的不利影响。这种不利影响常表现为财产减少、生命丧失、身体残疾、名誉受损等
因果关系	指行为人的行为及其物件与损害事实之间存在引起与被引起的客观联系
主观过错	一般侵权行为的核心构成要素。过错是指行为人通过违反义务的行为所表现出来的一种应受非难的心理状态。过错通常可以分为故意和过失

五、侵权主体的特殊规定

责任主体的特殊规定包括以下几点：

(1)用人单位的工作人员因执行工作任务造成他人损害的，由用人单位承担侵权责任。用人单位承担侵权责任后，可以向有故意或者重大过失的工作人员追偿。

(2)个人之间形成劳务关系，提供劳务一方因劳务造成他人损害的，由接受劳务一方承担侵权责任。接受劳务一方承担侵权责任后，可以向有故意或者重大过失的提供劳务

一方追偿。

(3)无民事行为能力人、限制民事行为能力人造成他人损害的,由监护人承担侵权责任。监护人尽到监护职责的,可以减轻其侵权责任。

(4)宾馆、商场、银行、车站、机场、体育场馆、娱乐场所等经营场所、公共场所的经营者、管理者或者群众性活动的组织者,未尽到安全保障义务,造成他人损害的,应当承担侵权责任。

(5)无民事行为能力人在幼儿园、学校或者其他教育机构学习、生活期间受到人身损害的,幼儿园、学校或者其他教育机构应当承担侵权责任,但是能够证明尽到教育、管理职责的,不承担侵权责任。

(6)限制民事行为能力人在学校或者其他教育机构学习、生活期间受到人身损害,学校或者其他教育机构未尽到教育、管理职责的,应当承担侵权责任。

(7)网络用户、网络服务提供者利用网络侵害他人民事权益的,应当承担侵权责任。网络服务提供者接到通知后,未及时采取必要措施的,对损害的扩大部分与该网络用户承担连带责任。

六、特殊侵权责任

1.机动车致人损害

因租赁、借用等情形机动车所有人、管理人与使用人不是同一人时,发生交通事故造成损害,属于该机动车一方责任的,由机动车使用人承担赔偿责任;机动车所有人、管理人对损害的发生有过错的,承担相应的赔偿责任。

盗窃、抢劫或者抢夺的机动车发生交通事故造成损害的,由盗窃人、抢劫人或者抢夺人承担赔偿责任。盗窃人、抢劫人或者抢夺人与机动车使用人不是同一人,发生交通事故造成损害,属于该机动车一方责任的,由盗窃人、抢劫人或者抢夺人与机动车使用人承担连带责任。

2.建筑物和物件致人损害

建筑物、构筑物或者其他设施倒塌、塌陷造成他人损害的,由建设单位与施工单位承担连带责任,但是建设单位与施工单位能够证明不存在质量缺陷的除外。建设单位、施工单位赔偿后,有其他责任人的,有权向其他责任人追偿。

从建筑物中抛掷物品或者从建筑物上坠落的物品造成他人损害的,由侵权人依法承担侵权责任;经调查难以确定具体侵权人的,除能够证明自己不是侵权人的以外,由可能加害的建筑物使用人给予补偿。可能加害的建筑物使用人补偿后,有权向侵权人追偿。

┤ 知识拓展 ├

高空抛物

高空抛物致人损害不仅要承担民事侵权责任,也可能会涉及刑事犯罪。

根据《中华人民共和国刑法》的规定,从建筑物或者其他高空抛掷物品,情节严重的,处1年以下有期徒刑、拘役或者管制,并处或者单处罚金。

3.动物致人损害

饲养的动物造成他人损害的,动物饲养人或者管理人应当承担侵权责任;但是,能够证明损害是因被侵权人故意或者重大过失造成的,可以不承担或者减轻责任。

禁止饲养的烈性犬等危险动物造成他人损害的,动物饲养人或者管理人应当承担侵权责任。

遗弃、逃逸的动物在遗弃、逃逸期间造成他人损害的,由动物原饲养人或者管理人承担侵权责任。

动物园的动物造成他人损害的,动物园应当承担侵权责任;但是,能够证明尽到管理职责的,不承担侵权责任。

〔经典真题▶〕(单选)甲养了一只柴犬,不久后又因为厌倦而将它抛弃,后来该柴犬在街边咬伤路人。路人的治疗费用应当由谁承担?(　　)

A.甲　　　　　　　B.路人自己　　　　　　C.政府机关　　　　　　D.都不承担责任

【答案】A。

4.产品侵权

因产品存在缺陷造成他人损害的,生产者应当承担侵权责任。因产品存在缺陷造成他人损害的,被侵权人可以向产品的生产者请求赔偿,也可以向产品的销售者请求赔偿。产品缺陷由生产者造成的,销售者赔偿后,有权向生产者追偿。因销售者的过错使产品存在缺陷的,生产者赔偿后,有权向销售者追偿。

5.医疗损害

患者在诊疗活动中受到损害,医疗机构或者其医务人员有过错的,由医疗机构承担赔偿责任。

医务人员在诊疗活动中未尽到与当时的医疗水平相应的诊疗义务,造成患者损害的,医疗机构应当承担赔偿责任。

医疗机构及其医务人员应当对患者的隐私和个人信息保密。泄露患者的隐私和个人信息,或者未经患者同意公开其病历资料的,应当承担侵权责任。

第八节　民事诉讼法

一、民事诉讼法的概念

民事诉讼法是由国家制定的规定人民法院、当事人及当事人之外的所有诉讼参与人如何进行民事诉讼活动和执行活动的法律规范。

二、民事审判的基本制度

1.合议制度

合议制度是由审判员、人民陪审员共同组成或者由审判员组成的审判集体对民事案件进行审理并作出裁判的制度。

2.独任审理制度

独任审理制度指的是民事案件中由审判员一人独自审理的制度。独任审理适用于以下情形：

(1)适用简易程序审理的民事案件，由审判员一人独任审理。例如，严某起诉白某欠房租3 000元，且有欠条为证，该案可以适用简易程序审理，由审判员一人独任审理。

(2)基层人民法院审理的基本事实清楚、权利义务关系明确的第一审民事案件，可以由审判员一人适用普通程序独任审理。

(3)中级人民法院对第一审适用简易程序审结或者不服裁定提起上诉的第二审民事案件，事实清楚、权利义务关系明确的，经双方当事人同意，可以由审判员一人独任审理。

3.两审终审制度

两审终审制度是指一个民事案件经过两个审级法院进行审判后，即宣告终结的制度。两审终审制度是案件的审级制度，即案件在地方各级人民法院一审审结后，还可以上诉到第二审人民法院进行审判，第二审人民法院的裁判为案件的最终裁判。

两审终审制度有两种情况例外：①最高人民法院作为第一审人民法院所作的裁判，当事人不能上诉；②人民法院按特别程序审理的案件所作的判决，当事人不能上诉。

根据《中华人民共和国民事诉讼法》的规定，在不同的审级，合议庭的组成具有不同的要求。一审合议庭可以由审判员、人民陪审员共同组成，也可以由审判员组成。二审合议庭只能由审判员组成；再审合议庭，如果再审案件原来是第一审的，按第一审程序另行组成；如果再审案件原来是第二审的，按第二审程序另行组成。

4.回避制度

适用回避的人员是在审判活动中具有一定审判职能或代行某种职能的人。

适用回避的对象包括：审判人员、法官助理、书记员、司法技术人员、翻译人员、鉴定人、勘验人。

适用回避的法定情形：①审判人员或上述其他人员是本案当事人或当事人诉讼代理人的近亲属；②审判人员或其他人员与本案当事人有其他关系，可能影响对案件公正审理的；③与本案有利害关系，即本案的审判结果直接关系到审判人员或其他有关人员的某种利益。在此种情况下，审判人员或其他有关人员也应回避。

需要注意的是，属于回避情形中"与本案当事人有其他利害关系，可能影响对案件公正处理的"，前后两个条件必须同时具备。"其他利害关系"可能包括同学、朋友等友好关系，也可能是不睦的关系，即与当事人有过仇隙、纠纷等。但是与当事人有这些关系时并不必然需要回避，而是必须达到影响案件公正处理时，才应当回避。

5.公开审判制度

公开审判制度是指人民法院审理民事案件，除法律规定的情况外，审判过程和内容应向群众公开，向社会公开；不公开审判的案件，应当公开宣判。

根据《中华人民共和国民事诉讼法》的规定，公开审判也有例外。下列案件法定不公开审判：一是涉及国家秘密的案件，包括党的秘密、政府的秘密和军队的秘密；二是涉及个人隐私的案件;三是法律另有规定的案件。离婚案件,涉及商业秘密的案件,当事人申请不公开审理的,可以不公开审理。

三、民事诉讼管辖

民事诉讼管辖,是指确定上下级人民法院之间和同级人民法院之间受理第一审民事案件的分工和权限。我国民事诉讼法结合我国审判实践,规定了下列几种管辖:级别管辖、地域管辖、指定管辖和移送管辖。

1.级别管辖

级别管辖,是指人民法院系统内划分上下级人民法院之间受理第一审民事案件的分工和权限。

我国民事诉讼法关于级别管辖的规定如下:

(1)基层人民法院管辖第一审民事案件,但民事诉讼法另有规定的除外。

(2)中级人民法院管辖下列第一审案件:重大涉外案件、在本辖区有重大影响的案件、最高人民法院确定由中级人民法院管辖的案件。

(3)高级人民法院管辖在本辖区有重大影响的第一审民事案件。

(4)最高人民法院管辖的第一审民事案件有两类:第一,在全国有重大影响的案件;第二,认为应当由本院审理的案件。

2.地域管辖

地域管辖, 是指确定同级而不同区域的人民法院受理第一审民事案件的分工和权限。《中华人民共和国民事诉讼法》规定的地域管辖,包括一般地域管辖、特殊地域管辖、协议管辖、专属管辖、共同管辖和选择管辖。

(1)一般地域管辖

一般地域管辖是指按照当事人所在地与人民法院辖区的隶属关系所确定的管辖。该类管辖遵循"原告就被告"的原则,即原告起诉应到被告所在地的人民法院提出。

│ 知识拓展 │

被告所在地

在诉讼法律规范中,我们常见"被告所在地""被告居住地""被告住所地"等字眼,这些都代表着不同的含义,考生要能够区分开。

根据民事诉讼法律规范可知,民事诉讼案件一般由被告所在地法院管辖。被告所在地一般分为两种:一种是居住地,还有一种是住所地。

(1)居住地是指公民为被告时所居住的地方。公民离开住所地最后连续居住1年以上的地方就是我们常说的经常居住地,住院治病的除外。

(2)住所地是指该公民的户籍登记地或者其他有效身份登记记载地。公民由其户籍所在地迁出后至迁入另一地之前,无经常居住地的,仍以其原户籍所在地为住所。

(3)被告住所地与经常居住地不一致的,由经常居住地人民法院管辖。

(2)特殊地域管辖

特殊地域管辖是指以诉讼标的中所涉及的法律事实的所在地、争执的标的物所在地、被告住所地与法院辖区之间的关系所确定的管辖。

(3)协议管辖

协议管辖是指根据双方当事人的约定确定的管辖,又称合意管辖或约定管辖。

(4)专属管辖

专属管辖是指法律规定某些诉讼标的特殊的案件由特定的人民法院管辖。

适用于专属管辖的案件包括:①因不动产纠纷提起的诉讼,由不动产所在地人民法院管辖;②因港口作业中发生纠纷提起的诉讼,由港口所在地人民法院管辖;③因继承遗产纠纷提起的诉讼,由被继承人死亡时住所地或者主要遗产所在地人民法院管辖。

(5)共同管辖

共同管辖是指对同一诉讼依照法律规定两个或两个以上的人民法院都有管辖权。

(6)选择管辖

选择管辖是指在共同管辖的情况下,当事人应当依据一定的规则,确定其中的一个人民法院对案件行使管辖权。

3.指定管辖与移送管辖

(1)指定管辖

指定管辖,是指上级人民法院在法律规定的情形下,对某个具体的案件,指定其辖区内某个下级人民法院予以管辖。根据《中华人民共和国民事诉讼法》对指定管辖的规定,适用指定管辖的情况有两种:第一,对案件有管辖权的人民法院因特殊原因无法行使管辖权;第二,两个以上的同级人民法院对管辖权发生争议,且协商不成,由其共同的上级人民法院指定管辖。

(2)移送管辖

移送管辖,是指人民法院受理案件后,受诉人民法院发现自己对该案无管辖权,而将案件移送给有管辖权的人民法院。

管辖权转移,是指经上级人民法院的决定或同意,将案件的管辖权由上级人民法院转移给下级人民法院,或者由下级人民法院转移给上级人民法院。

4.管辖权异议

管辖权异议,是指当事人向受诉法院提出的该院对案件无管辖权的主张。

人民法院受理案件后,当事人对管辖权有异议的,应当在提交答辩状期间提出。人民法院对当事人提出的异议,应当审查。异议成立的,裁定将案件移送有管辖权的人民法院;异议不成立的,裁定驳回。当事人未提出管辖异议,并应诉答辩的,视为受诉人民法院有管辖权,但违反级别管辖和专属管辖规定的除外。

四、诉讼参加人

1.诉讼第三人

诉讼第三人,是对他人之间的诉讼标的有独立请求权,或者虽无独立请求权,但案件的处理结果与其有法律上的利害关系,为了维护自己的合法权益而参加到他人之间已开始的诉讼中去的诉讼参加人。

2.共同诉讼人

当事人一方或双方为两人以上的诉讼,称为共同诉讼。原告为两人以上的,称为共同原告;被告为两人以上的,称为共同被告。在共同诉讼中共居于相同诉讼地位的当事人,称为共同诉讼人。

共同诉讼分为以下两类:

(1)必要的共同诉讼——共同诉讼人有共同的诉讼标的,人民法院认为属不可分之诉,而进行统一审理并作出合一判决的诉讼。

(2)普通的共同诉讼——当事人一方或双方为两人以上,其诉讼标的属同一种类,经当事人同意,法院认为可合并审理而将其合并审理的诉讼。

3.当事人

民事诉讼当事人,是指因民事权利义务关系发生争议,以自己的名义进行诉讼,要求法院行使民事裁判权的人。

当事人的基本特征:①以自己的名义进行诉讼;②与案件有直接的利害关系;③受人民法院裁判的约束。

五、民事诉讼证据

民事诉讼证据,是指能够证明民事案件真实情况的客观事实材料。民事诉讼证据有三个最基本的特征,即客观真实性、关联性和合法性。

1.证据的种类

民事诉讼证据的种类包括:①当事人的陈述;②书证;③物证;④视听资料;⑤电子数据;⑥证人证言;⑦鉴定意见;⑧勘验笔录。

2.举证责任

当事人对自己提出的主张,有责任提供证据。当事人及其诉讼代理人因客观原因不能自行收集的证据,或者人民法院认为审理案件需要的证据,人民法院应当调查收集。

当事人对自己提出的主张应当及时提供证据。人民法院根据当事人的主张和案件审理情况,确定当事人应当提供的证据及其期限。当事人在该期限内提供证据确有困难的,可以向人民法院申请延长期限,人民法院根据当事人的申请适当延长。当事人逾期提供证据的,人民法院应当责令其说明理由;拒不说明理由或者理由不成立的,人民法院根据不同情形可以不予采纳该证据,或者采纳该证据但予以训诫、罚款。

六、法院调解

法院调解是指在人民法院审判人员的主持下,双方当事人通过自愿协商,达成协议,解决民事争议的活动和结案方式。

1.法院调解原则的适用范围

无论是第一审程序、第二审程序还是审判监督程序,无论是普通程序还是简易程序,都可以用调解的方式解决民事纠纷;从案件的性质来讲,一般的民事、经济案件的审理,法院均可适用调解原则。根据法律及最高人民法院司法解释的有关规定,适用特别程序、督促程序、公示催告程序的案件,婚姻等身份关系确认案件以及其他根据案件性质不能进行调解的案件,不得调解。

2.调解应遵循的原则

根据《中华人民共和国民事诉讼法》的规定,法院调解必须遵循以下三个原则:①自愿原则;②查明事实、分清是非原则;③合法原则。

3.正确处理调解与判决的关系

调解与判决是人民法院行使审判权、解决民事案件的两种方式。这两种方式不是对立的关系,人民法院应当根据案件的具体情况选择。

七、第一审普通程序

第一审普通程序是指人民法院审理诉讼案件通常所适用的程序,是法院审理民事案件的最基本的程序,它在整个民事诉讼程序中占有十分重要的地位。

第一审普通程序的特点包括:①程序的完整性;②广泛的适用性;③程序的基础性和独立性。

八、第二审程序相关规定

第二审程序是为了保证当事人依法行使上诉权和上一级人民法院依法进行审判而设置的。民事诉讼法关于第二审程序的全部条文,都是针对审判上诉案件所作的规定。所以,第二审程序是审理上诉案件的程序,也称上诉审程序。人民法院适用第二审程序对上诉案件进行审理后所作的判决、裁定,是终审判决、裁定,当事人不得上诉。因此,第二审程序又称终审程序。

九、审判监督程序

审判监督程序是指人民法院、人民检察院对已经发生法律效力的判决和裁定,发现在认定事实或适用法律上确有错误,依法提起并对案件进行重新审判的程序。

第四章 刑法

第一节 犯罪

一、犯罪的概念与特征

犯罪是指严重危害社会、违反刑法并应受刑罚处罚的行为。

犯罪具有以下三个基本特征：

(1)犯罪是严重危害社会的行为，即具有一定的社会危害性。

(2)犯罪是违反刑法的行为，即具有刑事违法性。

(3)犯罪是应当受到刑罚处罚的行为，即具有应受刑罚惩罚性。

二、犯罪构成要件

任何犯罪都包括四个方面的构成要件，即犯罪客体、犯罪客观方面、犯罪主体、犯罪主观方面。

(一)犯罪客体

犯罪客体是指我国刑法所保护的，为犯罪行为所侵犯的社会关系。如故意杀人罪侵犯的客体是他人的生命权，盗窃罪侵犯的客体是公私财产所有权。

(二)犯罪客观方面

犯罪客观方面是指犯罪活动的客观外在表现，具体包括危害行为、危害结果、危害行为与危害结果之间存在的因果关系，以及犯罪的时间、地点和方法。其中，危害行为是一切犯罪构成的客观方面都必须具备的条件。

危害行为的具体表现形式多种多样，但概括起来无非两种基本形式，即作为和不作为。

1.作为

作为，即积极的行为，是指以积极的身体举动实施刑法所禁止的行为。作为是危害行为的主要形式，在我国刑法中绝大部分犯罪一般情况下通常以作为的形式实施，如故意杀人罪、放火罪等；许多犯罪只能以作为形式实施，如抢劫罪、盗窃罪、强奸罪等。

2.不作为

不作为，是指行为人在能够履行自己应尽义务的情况下不履行该义务。不作为犯的成立在客观上必须具备以下条件：行为人负有实施特定积极行为的具有法律性质的义务；行为人能够履行特定义务；行为人不履行特定义务，造成或者可能造成危害结果。

(三)犯罪主体

犯罪主体是指实施了严重危害社会的行为并依法应当承担刑事责任的人,包括自然人和单位。自然人成为犯罪主体,必须达到刑事责任年龄、具有刑事责任能力。

1.刑事责任年龄

已满十二周岁不满十四周岁的人,犯故意杀人、故意伤害罪,致人死亡或者以特别残忍手段致人重伤造成严重残疾,情节恶劣,经最高人民检察院核准追诉的,应当负刑事责任。

已满十四周岁不满十六周岁的人,犯故意杀人、故意伤害致人重伤或者死亡、强奸、抢劫、贩卖毒品、放火、爆炸、投放危险物质罪的,应当负刑事责任。

已满十六周岁的人犯罪,应当负刑事责任。

对依照上述规定追究刑事责任的不满十八周岁的人,应当从轻或者减轻处罚。

已满七十五周岁的人故意犯罪的,可以从轻或者减轻处罚;过失犯罪的,应当从轻或者减轻处罚。

2.特殊人员的刑事责任能力

精神病人在不能辨认或者不能控制自己行为的时候造成危害结果,经法定程序鉴定确认的,不负刑事责任。间歇性的精神病人在精神正常的时候犯罪,应当负刑事责任。

醉酒的人犯罪,应当负刑事责任。

又聋又哑的人或者盲人犯罪,可以从轻、减轻或者免除处罚。

(四)犯罪主观方面

犯罪主观方面是指犯罪主体对自己实施的危害行为及其危害后果所持的心理态度,主要包括犯罪的故意和犯罪的过失。

(1)犯罪的故意是指行为人明知自己的行为会发生危害社会的结果,并且希望或者放任这种结果发生的一种心理态度。犯罪的故意包括直接故意和间接故意。

(2)犯罪的过失是指行为人应当预见自己的行为可能发生危害社会的结果,因为疏忽大意而没有预见,或者已经预见而轻信能够避免,以致这种结果发生的一种心理态度。犯罪的过失包括疏忽大意的过失和过于自信的过失。

犯罪主观方面的具体判断如下图所示:

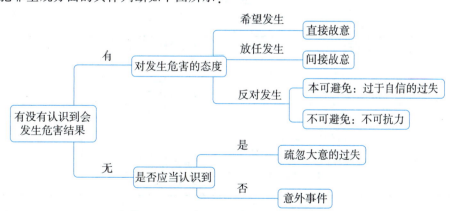

三、正当防卫

正当防卫，是指为了使国家、公共利益，本人或者他人的人身、财产和其他权利免受正在进行的不法侵害，而对不法侵害者所实施的没有明显超过必要限度并且未造成重大损害的行为。正当防卫不仅不构成犯罪，而且受到法律的保护。

防卫过当，是指防卫行为明显超过必要限度并造成重大损害的行为。《中华人民共和国刑法》第二十条规定，防卫过当应当负刑事责任，但是应当减轻或者免除处罚。

另外，《中华人民共和国刑法》第二十条第三款规定："对正在进行行凶、杀人、抢劫、强奸、绑架以及其他严重危及人身安全的暴力犯罪，采取防卫行为，造成不法侵害人伤亡的，不属于防卫过当，不负刑事责任。"这种情况被称为特别防卫权。

经典真题 （单选）某夜，刘某入室盗窃时见室内一女子正处于熟睡状态，遂起歹意，欲实施强奸。当他撕扯该女子衣服时，该女子醒来奋力反抗，随手握起一钳子猛击刘某头部，致其当场死亡。该女子的行为是（　　）。

A.正当防卫　　　　B.防卫过当　　　　　　C.紧急避险　　　　D.故意杀人

【答案】A。

中公题解：根据《中华人民共和国刑法》第二十条的规定，为了使国家、公共利益，本人或者他人的人身、财产和其他权利免受正在进行的不法侵害，而采取的制止不法侵害的行为，对不法侵害人造成损害的，属于正当防卫，不负刑事责任。对正在进行行凶、杀人、抢劫、强奸、绑架以及其他严重危及人身安全的暴力犯罪，采取防卫行为，造成不法侵害人伤亡的，不属于防卫过当，不负刑事责任。因此，该女子的行为属于正当防卫，不负刑事责任。

四、紧急避险

紧急避险，是指为了使国家、公共利益，本人或者他人的人身、财产和其他权利免受正在发生的危险，不得已而采取的损害另一较小合法权益的行为。

《中华人民共和国刑法》第二十一条第二款规定："紧急避险超过必要限度造成不应有的损害的，应当负刑事责任，但是应当减轻或者免除处罚。"

---| **中公锦囊** |---

正当防卫 vs 紧急避险

正当防卫和紧急避险简要比较如下表所示：

侵害或风险		应对措施	结论
人的不法侵害（甲杀乙）		乙反击甲	正当防卫
		乙转嫁危险于丙	紧急避险
动物侵害	甲唆使狗咬乙或甲过失使狗咬乙	乙反击狗	正当防卫
		乙转嫁风险于丙	紧急避险
	野狗自发咬乙	乙转嫁风险于丙	紧急避险
自然灾害		乙防御灾害或转嫁风险于丙	紧急避险

五、单位犯罪

单位犯罪,一般是指公司、企业、事业单位、机关、团体为本单位或者本单位全体成员谋取非法利益,由单位的决策机构按照单位的决策程序决定,由直接责任人员具体实施的犯罪。

对于单位犯罪,原则上实施双罚制,即除了处罚单位本身外,还要处罚单位直接负责的主管人员和其他直接责任人员。不过,也有例外情况,即对有些犯罪,法条表述为单位犯罪,但刑法规定只处罚直接责任人员,而不处罚单位本身,此为单罚制。例如,对单位的过失犯罪仅处罚直接责任人员,而不实行双罚。

第二节　刑罚

一、刑罚的目的

我国适用刑罚的目的在于预防犯罪,具体表现为特殊预防和一般预防两个方面。

特殊预防,是指通过对犯罪分子适用和执行刑罚,预防其再次犯罪。

一般预防,是指国家通过制定、适用和执行刑罚,警戒有可能去犯罪的人,防止他们走上犯罪的道路。

二、刑罚的种类

我国刑法规定的刑罚分为主刑和附加刑两大类,具体内容如下表所示:

类别	含义	特点	包括
主刑	对犯罪分子适用的主要刑罚方法	只能独立适用,不能附加适用	管制、拘役、有期徒刑、无期徒刑、死刑
附加刑	补充主刑适用的刑罚方法	既能独立适用,又能附加适用	剥夺政治权利、罚金、没收财产、驱逐出境

(一)主刑

1.管制

管制,是指对犯罪分子不予关押,但限制其一定的自由的刑罚方法。

(1)管制的期限为3个月以上2年以下。判处管制,可以根据犯罪情况,同时禁止犯罪分子在执行期间从事特定活动,进入特定区域、场所,接触特定的人。对判处管制的犯罪分子,依法实行社区矫正。违反前文所述的禁止令的,由公安机关依照《中华人民共和国治安管理处罚法》的规定处罚。

(2)《中华人民共和国刑法》第四十条规定:"被判处管制的犯罪分子,管制期满,执行机关应即向本人和其所在单位或者居住地的群众宣布解除管制。"

(3)《中华人民共和国刑法》第四十一条规定:"管制的刑期,从判决执行之日起计算;判决执行以前先行羁押的,羁押一日折抵刑期二日。"

2.拘役

拘役,是指短期剥夺犯罪分子的人身自由,由公安机关就近执行的刑罚方法。

拘役的期限为 1 个月以上 6 个月以下,数罪并罚时,最高不能超过 1 年。

| 中公锦囊 |

拘役 vs 拘留

拘役和拘留都是限制他人人身自由的措施,但二者适用的对象不同。

(1)拘役适用于犯罪分子。

(2)拘留根据实施主体的不同可以分为刑事拘留、行政拘留和司法拘留。刑事拘留适用于刑事诉讼法规定的现行犯或者重大嫌疑分子;行政拘留适用于违反治安管理规定,尚未达到犯罪程度的行为人;司法拘留适用于有严重妨碍诉讼行为的诉讼参与人以及其他人员。

3.有期徒刑

有期徒刑,是指剥夺犯罪分子一定期限的人身自由,实行强制劳动和教育改造的刑罚方法。

(1)有期徒刑的期限一般为 6 个月以上 15 年以下。

(2)只犯一个罪,被判处有期徒刑时,其最长刑期只能是 15 年。

(3)在数罪并罚时,有期徒刑可以超过 15 年,但最长不能超过 25 年。

4.无期徒刑

无期徒刑,是指剥夺犯罪分子终身自由,实行强制劳动和教育改造的刑罚方法。

5.死刑

死刑,是指剥夺犯罪分子生命的刑罚方法。

(1)这是最严厉的一种刑罚方法。

(2)死刑只适用于罪行极其严重的犯罪分子。

(3)犯罪的时候不满 18 周岁的人和审判的时候怀孕的妇女,不适用死刑。审判的时候已满 75 周岁的人,不适用死刑,但以特别残忍手段致人死亡的除外。

(二)附加刑

1.罚金

罚金,是指法院判处犯罪人向国家缴纳一定数额金钱的刑罚方法。

2.剥夺政治权利

剥夺政治权利,是指剥夺犯罪分子参加国家管理和政治活动权利的刑罚方法。

根据《中华人民共和国刑法》总则第五十六条、第五十七条的规定,附加适用剥夺政治权利有以下三种情况:①对于危害国家安全的犯罪分子应当附加剥夺政治权利;②对于被判处死刑、无期徒刑的犯罪分子,应当剥夺政治权利终身;③对于故意杀人、强奸、放火、爆炸、投毒、抢劫等严重破坏社会秩序的犯罪分子,可以附加剥夺政治权利。

3.没收财产

没收财产,是指将犯罪分子个人所有财产的一部分或者全部强制无偿地收归国有的刑罚方法。没收全部财产的,应当对犯罪分子个人及其扶养的家属保留必需的生活费用。在判处没收财产的时候,不得没收属于犯罪分子家属所有或者应有的财产。

4.驱逐出境

驱逐出境,是指强迫犯罪的外国人离开中国国(边)境的刑罚方法。对于犯罪的外国人,可以独立适用或者附加适用驱逐出境。

第三节 常考罪名

事业单位考试对于刑法罪名,多以案例的形式进行考查,且常把几个容易混淆的罪名放在一起。因此,考生对于本节中的常考罪名,不仅需要重点掌握理论知识,还需要学会灵活运用,能够清晰地区分和判断相似罪名的异同,如抢劫罪与抢夺罪等。

一、危害公共安全罪

危害公共安全罪是指故意或者过失地实施危害不特定多数人的生命、健康和重大公私财产安全及公共生产、生活安全的行为。其常考的具体罪名如下:

1.以危险方法危害公共安全罪

以危险方法危害公共安全罪是指故意使用放火,决水,爆炸,投放毒害性、放射性、传染病病原体等物质以外的其他危险方法危害公共安全的行为。本罪在主观上要求只能是故意。

与故意放火、决水、爆炸等罪不同的是,以危险方法危害公共安全罪要求是采取放火、决水、爆炸、投放危险物质以外并与之相当的手段。

|示例|

甲某因公司破产,为报复社会而驾车驶入闹市区,造成2人死亡、6人受伤。甲的行为对不特定多数人的生命、财产安全造成了损失,因此,甲构成以危险方法危害公共安全罪。

2.妨害安全驾驶罪

妨害安全驾驶罪是指对行驶中的公共交通工具的驾驶人员使用暴力或者抢控驾驶操纵装置,干扰公共交通工具正常行驶,危及公共安全的行为。

本罪在主观方面表现为故意,包括直接故意和间接故意。

此外,驾驶人员在行驶的公共交通工具上擅离职守,与他人互殴或者殴打他人,危及公共安全的,也依照妨害安全驾驶罪定罪处罚。

3.交通肇事罪

交通肇事罪是指违反交通运输管理法规,因而发生重大交通事故,致人重伤、死亡或者使公私财产遭受重大损失的行为。本罪在主观上表现为过失。

构成交通肇事罪要求必须发生有人员重伤、死亡或者公私财产遭受巨大损失。

交通肇事致一人以上重伤，负事故全部或者主要责任，并具有下列情形之一的，以交通肇事罪定罪处罚：①酒后、吸食毒品后驾驶机动车辆的；②无驾驶资格驾驶机动车辆的；③明知是安全装置不全或者安全机件失灵的机动车辆而驾驶的；④明知是无牌证或者已经报废的机动车辆而驾驶的；⑤严重超载驾驶的；⑥为逃避法律追究逃离事故现场的。

交通肇事后，单位主管人员、机动车辆所有人、承包人或者乘车人指使肇事人逃逸，致使被害人因得不到救助而死亡的，以交通肇事罪的共犯论处。

经典真题▷ （单选）甲驾驶小轿车在高速公路上长时间占据超车道以较慢的速度行驶；乙驾驶小轿车超车时因操作不当，造成甲驾驶的车辆失控撞上防护栏致车毁人亡。乙对本次事故负主要责任。乙的行为构成（　　）。

A.危险驾驶罪　　　　　　　　　B.交通肇事罪

C.妨害安全驾驶罪　　　　　　　D.以危险方法危害公共安全罪

【答案】B。

中公解题：考生在作答本题时，需要分清几类关于交通安全的犯罪行为，如交通肇事罪、妨害安全驾驶罪等。

A项不选。危险驾驶罪的情形包括：①追逐竞驶，情节恶劣的；②醉酒驾驶机动车的；③从事校车业务或者旅客运输，严重超过额定乘员载客，或者严重超过规定时速行驶的；④违反危险化学品安全管理规定运输危险化学品，危及公共安全的。乙的行为并不符合上述情形，不构成危险驾驶罪。

B项当选，C、D两项不选。乙的行为符合交通肇事罪的情形，且犯罪行为实施时无主观的犯罪故意，构成交通肇事罪。

二、侵犯公民人身权利罪

侵犯公民人身权利罪是指非法侵犯公民的人身权利的行为。其常考的具体罪名如下：

1.故意杀人罪

故意杀人罪是指故意非法剥夺他人生命的行为。本罪侵犯的客体是他人的生命权，要求主观上必须是故意。根据《中华人民共和国刑法修正案（十一）》的规定，年满十二周岁，具有辨认控制能力的自然人就能成为本罪的责任主体。

对于一些特殊情形的认定，如相约自杀、被害人请求等，具体规定如下：

（1）相约自杀是指二人以上互相约定自愿共同自杀的行为。如果相约双方均身亡，相互之间自然不产生刑事责任问题；如果相约双方各自实施自杀行为，若是一人死亡，另一方自杀未成功，另一方也不承担刑事责任；但若相约先杀死对方，然后自己再自杀的，后者若自杀未成功，应以故意杀人罪定罪处罚。

（2）被害人请求是指应被害人请求，剥夺其生命权的行为，也按照故意杀人罪定罪处罚。

| 示例 |

周某因身患绝症,被病痛长时间折磨,后周某请求医生帮其解脱,并立下字据说明医生无罪,于是医生为周某注射过量镇静剂导致其死亡。这种情况下医生的行为仍构成故意杀人罪。

2.绑架罪

绑架罪是指利用被绑架人的近亲属或者其他人对被绑架人安危的忧虑,以勒索财物或满足其他不法要求为目的,使用暴力、胁迫或者麻醉方法劫持或以实力控制他人的行为。本罪的客体是他人的人身自由权和财产权。客观方面表现为利用被绑架人的近亲属或其他人对被绑架人安危的忧虑,使用暴力、胁迫或者麻醉方法劫持或以实力控制他人。主观方面表现为直接故意。本罪在认定方面应注意以下问题:

(1)由于绑架罪的客体为复杂客体,故以勒索财物为目的绑架了他人,虽然事实上并没有得到财物,但是也构成绑架罪的既遂。

(2)对于缺乏或者丧失行动能力的被害人,行为人采取偷盗、引诱等方法使其处于行为人或第三者实力支配下的,也可能成立绑架罪。如以勒赎为目的,偷盗婴幼儿的,构成绑架罪。

(3)已满十四周岁不满十六周岁的人,虽然对绑架罪不承担责任,但是如果在绑架中故意伤害致人重伤或死亡、故意杀人的,应当以故意伤害罪、故意杀人罪追究其刑事责任。

三、侵犯财产罪

侵犯财产罪是指以非法占有为目的,攫取公私财物,以及挪用、毁坏公私财物或者破坏生产经营的行为。其常考的具体罪名如下:

1.盗窃罪

盗窃罪是指以非法占有为目的,窃取公私财物数额较大或者多次盗窃、入户盗窃、携带凶器盗窃、扒窃公私财物的行为。本罪的客体是单一客体,即公私财产所有权。盗窃的特殊行为的内涵如下表所示:

行为	内涵
多次盗窃	2年内盗窃3次以上的
入户盗窃	非法进入供他人家庭生活,与外界相对隔离的住所盗窃的
携带凶器盗窃	携带枪支、爆炸物、管制刀具等国家禁止个人携带的器械盗窃,或者为了实施违法犯罪携带其他足以危害他人人身安全的器械盗窃的
扒窃	在公共场所或者公共交通工具上盗窃他人随身携带的财物的

2.抢劫罪

抢劫罪是指以非法占有为目的,以暴力、胁迫或者其他方法,强行劫取公私财物的行为。本罪的客体是复杂客体,不仅侵犯了公民的财产权,还侵犯了公民的人身权。

本罪要求对被害人本人实施暴力、胁迫或者其他方法。暴力方法是指对财物的所有人、占有人、管理人不法行使有形力,使被害人不能反抗的行为,如殴打、捆绑、伤害、禁闭等。实施暴力的对象并不限于财物的直接持有者,对有权处分财物的人以及其他妨碍劫取财物的人使用暴力的,不影响抢劫罪的成立。胁迫方法一般是指以当场立即使用暴力相威胁,使被害人产生恐惧心理,因而不敢反抗的行为。其他方法是指除暴力、胁迫以外的造成被害人不能反抗的强制方法,最典型的是采用药物、酒精等使被害人暂时丧失自由意志,然后劫走财物。

犯盗窃、诈骗、抢夺罪,为窝藏赃物、抗拒抓捕或者毁灭罪证而当场使用暴力或者以暴力相威胁的,以抢劫罪论处。携带凶器抢夺的,以抢劫罪论处。

---| 中公锦囊 |---

抢劫罪 vs 抢夺罪

(1)抢劫罪侵犯的是复杂客体,即公私财产所有权和公民的人身权利;抢夺罪侵犯的是单一客体,即公私财产的所有权。

(2)抢劫罪在客观方面表现为使用暴力、胁迫或者其他方法劫取公私财物的行为;抢夺罪在客观方面表现为公然夺取公私财物的行为。换言之,抢夺行为主要表现为直接对物使用暴力;而抢劫行为往往是对人使用暴力。行为人实施抢夺行为时,被害人通常来不及抗拒,而不是被暴力压制不能抗拒,也不是受胁迫不敢抗拒。这是抢夺罪与抢劫罪的关键区别。

(3)抢劫罪对财物的数额没有要求;而构成抢夺罪要求抢夺的财物数额较大,即1 000元以上。

3.诈骗罪

诈骗罪是指以非法占有为目的,以虚构事实、隐瞒真相的方法,骗取数额较大的公私财物的行为。本罪的客观方面表现为行为人虚构事实或隐瞒真相,使被害人陷入错误,信以为真,从而"自愿"将财物由被害人转移到行为人一方。

虚构事实是指捏造客观上并不存在的事实。虚构事实可以是全部虚构,也可以是部分虚构。隐瞒真相是指对受害人掩盖某种客观事实,使之陷入错误认识,从而交出财物。骗取的财物数额较大的才构成犯罪。

| 示例 |

章某为避免缴纳高速公路通行费用,故意取下车内ETC设备,领取通行卡驶入高速,后在出口谎称是从ETC入口上的高速,向收费员隐瞒真实高速入口,谎报上高速时间、地点,逃缴高速通行费用合计7万余元。章某的行为构成诈骗罪。

4.敲诈勒索罪

《中华人民共和国刑法》第二百七十四条规定,敲诈勒索公私财物,数额较大或者多次敲诈勒索的,处三年以下有期徒刑、拘役或者管制,并处或者单处罚金;数额巨大或者有其他严重情节的,处三年以上十年以下有期徒刑,并处罚金;数额特别巨大或者有其他特别严重情节的,处十年以上有期徒刑,并处罚金。

四、贪污贿赂罪

贪污贿赂罪是指国家工作人员利用职务上的便利,贪污、挪用、私分公共财物,索取、收受贿赂,破坏公务行为的廉洁性,或者以国家机关、国有单位为对象进行贿赂,收买公务行为的犯罪的总称。其常考的具体罪名如下:

1.贪污罪

贪污罪是指国家工作人员利用职务上的便利,侵吞、窃取、骗取或者以其他手段非法占有公共财物的行为。本罪的主体必须是国家工作人员,但是根据《中华人民共和国刑法》第三百八十二条第二款的规定,受国家机关、国有公司、企业、事业单位、人民团体委托管理、经营国有财产的人员,利用职务上的便利,侵吞、窃取、骗取或者以其他手段非法占有国有财物的,以贪污论。

> **┤ 知识拓展 ├**
>
> **职务侵占罪**
>
> 考生在认定贪污罪时需要注意其与职务侵占罪的区别。
>
> 《中华人民共和国刑法》第二百七十一条规定,职务侵占罪是指公司、企业或者其他单位的工作人员,利用职务上的便利,将本单位财物非法占为己有,数额较大的行为。
>
> 贪污罪与职务侵占罪都有利用职务上的便利非法占有财物的特点,犯罪手段都是采用侵吞、窃取、骗取等方式。二者的主要区别在于:①主体不同。贪污罪的主体是国家工作人员,职务侵占罪的主体是公司、企业或者其他单位的人员。②客体不同。贪污罪的客体是公共财物所有权,对象是公共财物;职务侵占罪的客体是单位财物的所有权,对象是本单位的公私财物。

2.受贿罪

受贿罪是指国家工作人员利用职务上的便利,索取他人财物,或者非法收受他人财物并为他人谋取利益的行为。受贿行为在客观上必须利用职务上的便利。"利用职务上的便利",既包括利用本人职务上主管、负责、承办某项公共事务的职权,也包括利用职务上有隶属、制约关系的其他国家工作人员的职权。

3.行贿罪

《中华人民共和国刑法》第三百八十九条规定,为谋取不正当利益,给予国家工作人员以财物的,是行贿罪。在经济往来中,违反国家规定,给予国家工作人员以财物,数额较大的,或者违反国家规定,给予国家工作人员以各种名义的回扣、手续费的,以行贿论处。因被勒索给予国家工作人员以财物,没有获得不正当利益的,不是行贿。

4.挪用公款罪

挪用公款罪是指国家工作人员利用职务上的便利,挪用公款归个人使用,进行非法活动的,或者挪用公款数额较大、进行营利活动的,或者挪用公款数额较大、超过三个月未还的行为。

第五章 劳动法

第一节　劳动法概述

一、劳动法的概念和调整对象

1.劳动法的概念

劳动法有广义和狭义之分。狭义上的劳动法，一般是指国家最高立法机构制定颁布的全国性、综合性的劳动法，即《中华人民共和国劳动法》；广义上的劳动法，是指调整劳动关系以及与劳动关系有密切联系的其他社会关系的法律规范的总称。

2.劳动法的调整对象

劳动法的调整对象为劳动关系和与劳动关系密切联系的其他社会关系。

劳动法的主要调整对象是劳动关系，狭义上是指劳动者与用人单位之间实现劳动过程中发生的社会关系，广义上的主体还应包括劳动者的团体组织。

二、劳动法的基本原则

劳动法的基本原则包括：

(1)劳动既是公民权利，又是公民义务原则。劳动是公民的权利，意味着每个具有劳动能力的公民都有从事劳动的平等权利。在我国，劳动权利能力和劳动行为能力是在公民年满十六周岁时同时产生的。劳动是公民的义务，是从劳动还尚未普遍成为人们第一需要的现实和社会主义制度固有的反剥削性质引申出来的。

(2)保护劳动者合法权益原则。劳动法应当具体落实宪法对劳动者权益的保护，使劳动者的合法权益受到全面、平等、优先和最基本的保护。

(3)劳动资源合理配置原则。奉行兼顾效率和公平双重价值取向。在劳动法中，应当摆正劳动者利益与劳动效率的位置，使两者相互依存、相互促进。一方面，应通过保护劳动者利益，来调动劳动者的积极性，提高劳动者的素质，改善劳动者的劳动条件，从而提高劳动效率；另一方面，应通过提高劳动效率，并使劳动效率与劳动利益挂钩，从而为增进劳动者利益创造价值。

三、劳动法的适用范围

《中华人民共和国劳动法》的适用范围如下：

(1)中华人民共和国境内的企业、个体经济组织、民办非企业单位等组织与劳动者建立劳动关系，适用劳动法。

(2)国家机关、事业单位、社会团体和与其建立劳动关系的劳动者，订立、履行、变更、解除或者终止劳动合同关系,依照《中华人民共和国劳动法》的有关规定执行。

四、劳动者的权利和义务

根据《中华人民共和国劳动法》的规定,劳动者享有平等就业和选择职业的权利、取得劳动报酬的权利、休息休假的权利、获得劳动安全卫生保护的权利、接受职业技能培训的权利、享受社会保险和福利的权利、提请劳动争议处理的权利以及法律规定的其他劳动权利。劳动者应当完成劳动任务,提高职业技能,执行劳动安全卫生规程,遵守劳动纪律和职业道德。

第二节 促进就业

一、国家和地方各级人民政府促进就业的职责

根据《中华人民共和国劳动法》的规定,国家通过促进经济和社会发展,创造就业条件,扩大就业机会。国家鼓励企业事业组织、社会团体在法律、行政法规规定的范围内兴办产业或者拓展经营,增加就业。国家支持劳动者自愿组织起来就业和从事个体经营实现就业。

二、劳动者享有平等的就业权利和就业的特别规定

劳动者就业,不因民族、种族、性别、宗教信仰不同而受歧视。

妇女享有与男子平等的就业权利。在录用职工时,除国家规定的不适合妇女的工种或者岗位外,不得以性别为由拒绝录用妇女或者提高对妇女的录用标准。

残疾人、少数民族人员、退出现役的军人的就业,法律、法规有特别规定的,从其规定。

禁止用人单位招用未满十六周岁的未成年人。文艺、体育和特种工艺单位招用未满十六周岁的未成年人,必须依照国家有关规定,履行审批手续,并保障其接受义务教育的权利。

第三节 法定劳动管理保护制度

一、工作时间和休息休假

1.工作时间

国家实行劳动者每日工作时间不超过八小时、平均每周工作时间不超过四十四小时的工时制度。对实行计件工资的劳动者,用人单位应当根据《中华人民共和国劳动法》第三十六条规定的工时制度合理确定其劳动定额和计件报酬标准。

用人单位由于生产经营需要,经与工会和劳动者协商后可以延长工作时间,一般每日不得超过一小时;因特殊原因需要延长工作时间的,在保障劳动者身体健康的条件下延长工作时间每日不得超过三小时,但是每月不得超过三十六小时。

《中华人民共和国劳动法》第四十二条规定,有下列情形之一的,延长工作时间不受本法第四十一条的限制:①发生自然灾害、事故或者因其他原因,威胁劳动者生命健康和财产安全,需要紧急处理的;②生产设备、交通运输线路、公共设施发生故障,影响生产和公众利益,必须及时抢修的;③法律、行政法规规定的其他情形。第四十三条规定,用人单位不得违反本法规定延长劳动者的工作时间。

2.休息休假

《中华人民共和国劳动法》对休息休假的规定主要包括:

(1)用人单位应当保证劳动者每周至少休息一日。

(2)用人单位在下列节日期间应当依法安排劳动者休假:元旦、春节、国际劳动节、国庆节、法律法规规定的其他休假节日。

(3)国家实行带薪年休假制度。职工累计工作已满1年不满10年的,年休假5天;已满10年不满20年的,年休假10天;已满20年的,年休假15天。

经典真题▶ (判断)某私营企业规定职工每周一至周五每天工作8小时,星期天还要工作半天(4小时),这种做法符合法律规定。   ( )

【答案】判断正确。

二、工资

工资分配应当遵循按劳分配原则,实行同工同酬。工资水平在经济发展的基础上逐步提高。国家对工资总量实行宏观调控。用人单位根据本单位的生产经营特点和经济效益,依法自主确定本单位的工资分配方式和工资水平。国家实行最低工资保障制度。最低工资的具体标准由省、自治区、直辖市人民政府规定,报国务院备案。用人单位支付劳动者的工资不得低于当地最低工资标准。

三、劳动安全卫生

用人单位必须建立、健全劳动安全卫生制度,严格执行国家劳动安全卫生规程和标准,对劳动者进行劳动安全卫生教育,防止劳动过程中的事故,减少职业危害。

劳动安全卫生设施必须符合国家规定的标准。新建、改建、扩建工程的劳动安全卫生设施必须与主体工程同时设计、同时施工、同时投入生产和使用。

用人单位必须为劳动者提供符合国家规定的劳动安全卫生条件和必要的劳动防护用品,对从事有职业危害作业的劳动者应当定期进行健康检查。

从事特种作业的劳动者必须经过专门培训并取得特种作业资格。

劳动者在劳动过程中必须严格遵守安全操作规程。劳动者对用人单位管理人员违章指挥、强令冒险作业,有权拒绝执行;对危害生命安全和身体健康的行为,有权提出批评、检举和控告。

国家建立伤亡事故和职业病统计报告和处理制度。县级以上各级人民政府劳动行政部门、有关部门和用人单位应当依法对劳动者在劳动过程中发生的伤亡事故和劳动者的职业病状况,进行统计、报告和处理。

四、女职工和未成年工劳动保护

1.对女职工的特殊保护

劳动法对女职工的保护,主要有以下规定:

(1)禁止安排女职工从事矿山井下、国家规定的第四级体力劳动强度的劳动和其他禁忌从事的劳动。

(2)不得安排女职工在经期从事高处、低温、冷水作业和国家规定的第三级体力劳动强度的劳动。

(3)不得安排女职工在怀孕期间从事国家规定的第三级体力劳动强度的劳动和孕期禁忌从事的劳动。对怀孕七个月以上的女职工,不得安排其延长工作时间和夜班劳动。

(4)女职工生育享受不少于九十天的产假。

(5)不得安排女职工在哺乳未满一周岁的婴儿期间从事国家规定的第三级体力劳动强度的劳动和哺乳期禁忌从事的其他劳动,不得安排其延长工作时间和夜班劳动。

2.对未成年工的特殊保护

用人单位不得安排未成年工从事矿山井下、有毒有害、国家规定的第四级体力劳动强度的劳动和其他禁忌从事的劳动。

用人单位应当对未成年工定期进行健康检查。

五、职业培训

国家通过各种途径,采取各种措施,发展职业培训事业,开发劳动者的职业技能,提高劳动者素质,增强劳动者的就业能力和工作能力。

各级人民政府应当把发展职业培训纳入社会经济发展的规划,鼓励和支持有条件的企业事业组织、社会团体和个人进行各种形式的职业培训。

用人单位应当建立职业培训制度,按照国家规定提取和使用职业培训经费,根据本单位实际,有计划地对劳动者进行职业培训。从事技术工种的劳动者,上岗前必须经过培训。

国家确定职业分类,对规定的职业制定职业技能标准,实行职业资格证书制度,由经过政府批准的考核鉴定机构负责对劳动者实施职业技能考核鉴定。

六、社会保险和福利

1.社会保险

国家发展社会保险事业,建立社会保险制度,设立社会保险基金,使劳动者在年老、患病、工伤、失业、生育等情况下获得帮助和补偿。

社会保险水平应当与社会经济发展水平和社会承受能力相适应。

社会保险基金按照保险类型确定资金来源,逐步实行社会统筹。用人单位和劳动者必须依法参加社会保险,缴纳社会保险费。

劳动者依法享受社会保险待遇的情形包括:①退休;②患病、负伤;③因工伤残或者患职业病;④失业;⑤生育。劳动者死亡后,其遗属依法享受遗属津贴。劳动者享受社会保险待遇的条件和标准由法律、法规规定。劳动者享受的社会保险金必须按时足额支付。

社会保险基金经办机构依照法律规定收支、管理和运营社会保险基金,并负有使社会保险基金保值增值的责任。社会保险基金监督机构依照法律规定,对社会保险基金的收支、管理和运营实施监督。社会保险基金经办机构和社会保险基金监督机构的设立和职能由法律规定。任何组织和个人不得挪用社会保险基金。

国家鼓励用人单位根据本单位实际情况为劳动者建立补充保险。国家提倡劳动者个人进行储蓄性保险。

2.社会福利

国家发展社会福利事业,兴建公共福利设施,为劳动者休息、休养和疗养提供条件。用人单位应当创造条件,改善集体福利,提高劳动者的福利待遇。

第四节 劳动争议

一、受案范围

《最高人民法院关于审理劳动争议案件适用法律若干问题的解释(一)》规定,劳动者与用人单位之间发生的下列纠纷,属于劳动争议,当事人不服劳动争议仲裁机构作出的裁决,依法提起诉讼的,人民法院应予受理:

(1)劳动者与用人单位在履行劳动合同过程中发生的纠纷。

(2)劳动者与用人单位之间没有订立书面劳动合同,但已形成劳动关系后发生的纠纷。

(3)劳动者与用人单位因劳动关系是否已经解除或者终止,以及应否支付解除或者终止劳动关系经济补偿金发生的纠纷。

(4)劳动者与用人单位解除或者终止劳动关系后,请求用人单位返还其收取的劳动合同定金、保证金、抵押金、抵押物发生的纠纷,或者办理劳动者的人事档案、社会保险关系等移转手续发生的纠纷。

(5)劳动者以用人单位未为其办理社会保险手续,且社会保险经办机构不能补办导致其无法享受社会保险待遇为由,要求用人单位赔偿损失发生的纠纷。

(6)劳动者退休后,与尚未参加社会保险统筹的原用人单位因追索养老金、医疗费、工伤保险待遇和其他社会保险待遇而发生的纠纷。

(7)劳动者因为工伤、职业病,请求用人单位依法给予工伤保险待遇发生的纠纷。

(8)劳动者依据《中华人民共和国劳动合同法》第八十五条规定,要求用人单位支付加付赔偿金发生的纠纷。

(9)因企业自主进行改制发生的纠纷。

二、解决劳动争议的处理原则

解决劳动争议,应当根据合法、公正、及时处理的原则,依法维护劳动争议当事人的合法权益。

三、处理方式

用人单位与劳动者发生劳动争议,当事人可以依法申请调解、仲裁、提起诉讼,也可以协商解决。调解原则适用于仲裁和诉讼程序。

劳动争议发生后,当事人可以向本单位劳动争议调解委员会申请调解;调解不成,当事人一方要求仲裁的,可以向劳动争议仲裁委员会申请仲裁。当事人一方也可以直接向劳动争议仲裁委员会申请仲裁。对仲裁裁决不服的,可以向人民法院提起诉讼。

第六章 劳动合同法

第一节 劳动合同及劳动合同法概述

一、劳动合同的概念、特征

劳动合同是劳动者与用人单位之间确立劳动关系,明确双方权利和义务的书面协议。"建立劳动关系应当订立劳动合同",劳动合同是确立劳动关系的普遍性法律形式,是明确劳动者与用人单位履行劳动权利和义务的重要依据,劳动合同区别于民商事合同,具有以国家意志为主导、以当事人意志为主体的特征。

二、劳动合同法的宗旨、适用范围

《中华人民共和国劳动合同法》第一条规定,为了完善劳动合同制度,明确劳动合同双方当事人的权利和义务,保护劳动者的合法权益,构建和发展和谐稳定的劳动关系,制定本法。第二条规定,中华人民共和国境内的企业、个体经济组织、民办非企业单位等组织(以下称用人单位)与劳动者建立劳动关系,订立、履行、变更、解除或者终止劳动合同,适用本法。国家机关、事业单位、社会团体和与其建立劳动关系的劳动者,订立、履行、变更、解除或者终止劳动合同,依照本法执行。

第二节 劳动合同的订立

一、订立原则

订立劳动合同,应当遵循合法、公平、平等自愿、协商一致、诚实信用的原则。依法订立的劳动合同具有约束力,用人单位与劳动者应当履行劳动合同约定的义务。

二、基本规定

用人单位自用工之日起即与劳动者建立劳动关系。用人单位应当建立职工名册备查。

用人单位招用劳动者时,应当如实告知劳动者工作内容、工作条件、工作地点、职业危害、安全生产状况、劳动报酬,以及劳动者要求了解的其他情况;用人单位有权了解劳动者与劳动合同直接相关的基本情况,劳动者应当如实说明。

用人单位招用劳动者,不得扣押劳动者的居民身份证和其他证件,不得要求劳动者提供担保或者以其他名义向劳动者收取财物。

建立劳动关系,应当订立书面劳动合同。已建立劳动关系、未同时订立书面劳动合同的,应当自用工之日起一个月内订立书面劳动合同。用人单位与劳动者在用工前订立劳动合同的,劳动关系自用工之日起建立。

三、种类

劳动合同分为固定期限劳动合同、无固定期限劳动合同和以完成一定工作任务为期限的劳动合同,具体说明如下表所示:

类别	具体说明
固定期限劳动合同	是指用人单位与劳动者约定合同终止时间的劳动合同
无固定期限劳动合同	是指用人单位与劳动者约定无确定终止时间的劳动合同
以完成一定工作任务为期限的劳动合同	是指用人单位与劳动者约定以某项工作的完成为合同期限的劳动合同。用人单位与劳动者协商一致,可以订立以完成一定工作任务为期限的劳动合同

四、必备条款

劳动合同应当具备以下条款:①用人单位的名称、住所和法定代表人或者主要负责人;②劳动者的姓名、住址和居民身份证或者其他有效身份证件号码;③劳动合同期限;④工作内容和工作地点;⑤工作时间和休息休假;⑥劳动报酬;⑦社会保险;⑧劳动保护、劳动条件和职业危害防护;⑨法律、法规规定应当纳入劳动合同的其他事项。劳动合同除前款规定的必备条款外,用人单位与劳动者可以约定试用期、培训、保守秘密、补充保险和福利待遇等其他事项。

五、试用期

《中华人民共和国劳动合同法》第十九条规定,劳动合同期限三个月以上不满一年的,试用期不得超过一个月;劳动合同期限一年以上不满三年的,试用期不得超过二个月;三年以上固定期限和无固定期限的劳动合同,试用期不得超过六个月。同一用人单位与同一劳动者只能约定一次试用期。以完成一定工作任务为期限的劳动合同或者劳动合同期限不满三个月的,不得约定试用期。试用期包含在劳动合同期限内。劳动合同仅约定试用期的,试用期不成立,该期限为劳动合同期限。

经典真题 ▶ (多选)A 公司与小王签订了一份为期 2 年的劳动合同,该劳动合同的试用期可约定为(   )。

A.1 个月   B.2 个月

C.3 个月   D.4 个月

【答案】AB。

该法第二十条规定,劳动者在试用期的工资不得低于本单位相同岗位最低档工资或者劳动合同约定工资的百分之八十,并不得低于用人单位所在地的最低工资标准。

第三节　劳动合同的无效、履行、变更、解除和终止

一、劳动合同的无效

以下劳动合同无效或者部分无效：①以欺诈、胁迫的手段或者乘人之危，使对方在违背真实意思的情况下订立或者变更劳动合同的；②用人单位免除自己的法定责任、排除劳动者权利的；③违反法律、行政法规强制性规定的。劳动合同部分无效，不影响其他部分效力的，其他部分仍然有效。

二、劳动合同的履行

劳动合同的履行是指劳动合同的双方当事人按照合同规定，履行各自应承担义务的行为。劳动合同依法订立即具有法律约束力，用人单位与劳动者应当按照劳动合同的约定，全面履行各自的义务。履行劳动合同应保障劳动者劳动报酬权的实现，用人单位应当按照劳动合同约定和国家规定，向劳动者及时足额支付劳动报酬；用人单位拖欠或者未足额支付劳动报酬的，劳动者可以依法向当地人民法院申请支付令，人民法院应当依法发出支付令；用人单位安排加班的，应当按照国家有关规定向劳动者支付加班费。

三、劳动合同的变更

劳动合同的变更是指当事人双方对尚未履行或尚未完全履行的劳动合同，依照法律规定的条件和程序，对原劳动合同进行修改或增删的法律行为。劳动合同变更应遵守平等自愿、协商一致的原则，不得违反法律、行政法规的规定。用人单位与劳动者协商一致，可以变更劳动合同约定的内容。变更劳动合同，应当采用书面形式。变更后的劳动合同文本由用人单位和劳动者各执一份。劳动合同变更的条件应为订立劳动合同的主、客观情况发生变化；其变更程序应与订立劳动合同的程序相同。

四、劳动合同的解除

（一）通知

根据《中华人民共和国劳动合同法》的规定，劳动者提前 30 日以书面形式通知用人单位，可以解除劳动合同；劳动者在试用期内提前 3 日通知用人单位，可以解除劳动合同。

（二）劳动者解除劳动合同的情形

根据《中华人民共和国劳动合同法》的规定，用人单位有以下情形之一的，劳动者可以解除劳动合同：①未按照劳动合同约定提供劳动保护或者劳动条件的；②未及时足额支付劳动报酬的；③未依法为劳动者缴纳社会保险费的；④用人单位的规章制度违反法律、法规的规定，损害劳动者权益的；⑤以欺诈、胁迫的手段或者乘人之危，使对方在违背

真实意思的情况下订立或者变更劳动合同致使劳动合同无效的;⑥法律、行政法规规定的其他情形。

劳动者可以立即解除劳动合同的情形:用人单位以暴力、威胁或者非法限制人身自由的手段强迫劳动者劳动的,或者用人单位违章指挥、强令冒险作业危及劳动者人身安全的。

(三)用人单位解除劳动合同的情形

1.可以解除

劳动者有下列情形之一的,用人单位可以解除劳动合同:①在试用期间被证明不符合录用条件的;②严重违反用人单位的规章制度的;③严重失职,营私舞弊,给用人单位造成重大损害的;④劳动者同时与其他用人单位建立劳动关系,对完成本单位的工作任务造成严重影响,或者经用人单位提出,拒不改正的;⑤以欺诈、胁迫的手段或者乘人之危,使对方在违背真实意思的情况下订立或者变更劳动合同致使劳动合同无效的;⑥被依法追究刑事责任的。

2.提前通知可以解除

用人单位提前 30 日以书面形式通知劳动者本人或者额外支付劳动者 1 个月工资后,可以解除劳动合同的情形包括:①劳动者患病或者非因工负伤,在规定的医疗期满后不能从事原工作,也不能从事由用人单位另行安排的工作的;②劳动者不能胜任工作,经过培训或者调整工作岗位,仍不能胜任工作的;③劳动合同订立时所依据的客观情况发生重大变化,致使劳动合同无法履行,经用人单位与劳动者协商,未能就变更劳动合同内容达成协议的。

3.不得解除

劳动者有下列情形之一的,用人单位不得依照《中华人民共和国劳动合同法》第四十条、第四十一条的规定解除劳动合同:①从事接触职业病危害作业的劳动者未进行离岗前职业健康检查,或者疑似职业病病人在诊断或者医学观察期间的;②在本单位患职业病或者因工负伤并被确认丧失或者部分丧失劳动能力的;③患病或者非因工负伤,在规定的医疗期内的;④女职工在孕期、产期、哺乳期的;⑤在本单位连续工作满 15 年,且距法定退休年龄不足 5 年的;⑥法律、行政法规规定的其他情形。

五、劳动合同的终止

劳动合同的终止包括以下情形:①劳动合同期满的;②劳动者开始依法享受基本养老保险待遇的;③劳动者死亡,或者被人民法院宣告死亡或者宣告失踪的;④用人单位被依法宣告破产的;⑤用人单位被吊销营业执照、责令关闭、撤销或者用人单位决定提前解散的;⑥法律、行政法规规定的其他情形。

第四节　集体合同、竞业限制、劳务派遣

一、集体合同

企业职工一方与用人单位通过平等协商,可以就劳动报酬、工作时间、休息休假、劳动安全卫生、保险福利等事项订立集体合同。集体合同草案应当提交职工代表大会或者全体职工讨论通过。集体合同由工会代表企业职工一方与用人单位订立;尚未建立工会的用人单位,由上级工会指导劳动者推举的代表与用人单位订立。

集体合同订立后,应当报送劳动行政部门;劳动行政部门自收到集体合同文本之日起15日内未提出异议的,集体合同即行生效。依法订立的集体合同对用人单位和劳动者具有约束力。行业性、区域性集体合同对当地本行业、本区域的用人单位和劳动者具有约束力。

集体合同中劳动报酬和劳动条件等标准不得低于当地人民政府规定的最低标准;用人单位与劳动者订立的劳动合同中劳动报酬和劳动条件等标准不得低于集体合同规定的标准。

用人单位违反集体合同,侵犯职工劳动权益的,工会可以依法要求用人单位承担责任;因履行集体合同发生争议,经协商解决不成的,工会可以依法申请仲裁、提起诉讼。

二、竞业限制

用人单位与劳动者可以在劳动合同中约定保守用人单位的商业秘密和与知识产权相关的保密事项。对负有保密义务的劳动者,用人单位可以在劳动合同或者保密协议中与劳动者约定竞业限制条款,并约定在解除或者终止劳动合同后,在竞业限制期限内按月给予劳动者经济补偿。劳动者违反竞业限制约定的,应当按照约定向用人单位支付违约金。竞业限制的人员限于用人单位的高级管理人员、高级技术人员和其他负有保密义务的人员。

三、劳务派遣

劳务派遣又称人才派遣、人才租赁、劳动派遣、劳动力租赁、雇员租赁,是指由劳务派遣机构与派遣劳工订立劳动合同,并支付报酬,把劳动者派向其他用工单位,再由其用工单位向派遣机构支付一笔服务费用的一种用工形式。

第五节　事业单位的聘用合同和劳动合同的关系

聘用合同是劳动合同的一种,是确立聘用单位与应聘的劳动者之间权利义务关系的协议。这种协议,是指以招聘或聘请在职和非在职劳动者中有特定技术业务专长者为专职或兼职的技术专业人员或管理人员为目的的一种合同。按照用人方式不同来划分,劳动合同可以分为录用合同、聘用合同和借调合同。聘用合同亦称聘任合同,是事业单位与职工按照国家的有关法律、政策,在平等自愿、协商一致的基础上,订立的关于履行有关工作职责的权利义务关系的协议。聘用合同一般适用于招聘有技术业务专长的特定劳动者。例如,企业、事业单位组织聘请专家、技术顾问、法律顾问等。

聘用合同的法律特征如下:

(1)聘用合同是双方当事人意思表示一致的法律行为,而不是单方的法律行为。聘用合同与一般合同成立的条件一样,只有事业单位和拟聘用人员双方意思表示一致,自愿达成协议时,聘用合同才成立。

(2)聘用合同中双方当事人的法律地位是平等的,这一点是双方自由表达意愿的前提,也是双方实现权利义务的重要基础。事业单位是用人的一方,但不等于单位的法律地位高于聘用人员的地位,可以任意将其意志强加于对方。聘用合同又不同于一般合同,根据合同法的规定,合同是平等主体的自然人、法人、其他组织之间设立、变更、终止民事权利义务关系的协议;有关身份关系的协议,适用其他法律规定。聘用合同是单位与受聘人员订立的有隶属关系的协议,属于身份关系协议的范畴。因此,聘用合同与调整民事权利义务关系的合同有重要区别。

第七章 道路交通安全法

第一节 道路交通安全法概述

一、立法目的

《中华人民共和国道路交通安全法》第一条规定,为了维护道路交通秩序,预防和减少交通事故,保护人身安全,保护公民、法人和其他组织的财产安全及其他合法权益,提高通行效率,制定本法。这说明本法立法的最根本目的在于保护人身安全,保护公民、法人和其他组织的财产安全及其合法权益。

二、适用对象

《中华人民共和国道路交通安全法》,顾名思义,是为了保障道路交通的安全而制定的法律,所以其适用的对象应该是所有道路交通的参与人。《中华人民共和国道路交通安全法》第二条规定,中华人民共和国境内的车辆驾驶人、行人、乘车人以及与道路交通活动有关的单位和个人,都应当遵守本法。

第二节 车辆和驾驶人

作为道路交通的重要组成部分,车辆和驾驶人是必不可少的两个元素。在《中华人民共和国道路交通安全法》中,自然也对这两个重要元素进行了详尽的规定,主要从机动车登记制度、机动车安全技术检验、特殊机动车的管理、禁止性行为、非机动车的管理、机动车驾驶人的驾驶证管理、驾驶要求等几个方面对车辆和驾驶人进行了规定。

一、机动车登记制度

机动车是指以动力装置驱动或者牵引,上道路行驶的供人员乘用或者用于运送物品以及进行工程专项作业的轮式车辆。

《中华人民共和国道路交通安全法》第八条规定,国家对机动车实行登记制度。机动车经公安机关交通管理部门登记后,方可上道路行驶。尚未登记的机动车,需要临时上道路行驶的,应当取得临时通行牌证。

在申请机动车登记时,申请人应当提交以下证明、凭证:

(1)机动车所有人的身份证明。

(2)机动车来历证明。

(3)机动车整车出厂合格证明或者进口机动车进口凭证。

(4)车辆购置税的完税证明或者免税凭证。

(5)法律、行政法规规定应当在机动车登记时提交的其他证明、凭证。

公安机关交通管理部门应当自受理申请之日起五个工作日内完成机动车登记审查工作,对符合前款规定条件的,应当发放机动车登记证书、号牌和行驶证;对不符合前款规定条件的,应当向申请人说明不予登记的理由。

公安机关交通管理部门以外的任何单位或者个人不得发放机动车号牌或者要求机动车悬挂其他号牌,道路交通安全法另有规定的除外。

二、机动车安全技术检验

机动车安全技术检验是对于机动车的质量是否符合正常上路的要求而进行的检查。《中华人民共和国道路交通安全法》第十条规定,准予登记的机动车应当符合机动车国家安全技术标准。申请机动车登记时,应当接受对该机动车的安全技术检验。但是,经国家机动车产品主管部门依据机动车国家安全技术标准认定的企业生产的机动车型,该车型的新车在出厂时经检验符合机动车国家安全技术标准,获得检验合格证的,免予安全技术检验。这样的检验使得登记过的机动车在质量上有足够的保证,能够安全行驶。

为了保证登记以后的机动车在之后的运行中能拥有足够的安全保障,《中华人民共和国道路交通安全法》还规定了机动车定期安全检验的制度。《中华人民共和国道路交通安全法》第十三条规定,对登记后上道路行驶的机动车,应当依照法律、行政法规的规定,根据车辆用途、载客载货数量、使用年限等不同情况,定期进行安全技术检验。对提供机动车行驶证和机动车第三者责任强制保险单的,机动车安全技术检验机构应当予以检验,任何单位不得附加其他条件。对符合机动车国家安全技术标准的,公安机关交通管理部门应当发给检验合格标志。

国家根据机动车的安全技术状况和不同用途,规定不同的报废标准。对于达到报废标准的机动车实行强制报废制度。应当报废的机动车必须及时办理注销登记。达到报废标准的机动车不得上道路行驶。

三、特殊机动车的管理

特殊机动车是指外廓尺寸、重量等方面超过设计车辆界限的及特殊用途的车辆,经特制或专门改装,配有固定的装置设备,主要功能不是用于载人或运货的机动车辆。例如,警车、消防车、救护车、工程救险车等。

《中华人民共和国道路交通安全法》第十五条规定,警车、消防车、救护车、工程救险车应当按照规定喷涂标志图案,安装警报器、标志灯具。其他机动车不得喷涂、安装、使用上述车辆专用的或者与其相类似的标志图案、警报器或者标志灯具。警车、消防车、救护车、工程救险车应当严格按照规定的用途和条件使用。公路监督检查的专用车辆,应当依照《中华人民共和国公路法》的规定,设置统一的标志和示警灯。

四、禁止性行为

禁止性行为是指在机动车使用的过程中,法律所禁止的活动。《中华人民共和国道路交通安全法》第十六条规定,任何单位或者个人不得有下列行为:

(1)拼装机动车或者擅自改变机动车已登记的结构、构造或者特征。

(2)改变机动车型号、发动机号、车架号或者车辆识别代号。

(3)伪造、变造或者使用伪造、变造的机动车登记证书、号牌、行驶证、检验合格标志、保险标志。

(4)使用其他机动车的登记证书、号牌、行驶证、检验合格标志、保险标志。

经典真题 ▶ (多选)根据《中华人民共和国道路交通安全法》的规定,机动车在使用过程中,任何单位或个人不得( )。

A.驾驶拼装的机动车   B.使用伪造的机动车登记证书

C.使用变造的保险标志   D.使用其他机动车的号牌

【答案】ABCD。

五、非机动车的管理

非机动车是指以人力或者畜力驱动,上道路行驶的交通工具,以及虽有动力装置驱动但设计最高时速、空车质量、外形尺寸符合有关国家标准的残疾人机动轮椅车、电动自行车等交通工具。

《中华人民共和国道路交通安全法》第十八条规定,依法应当登记的非机动车,经公安机关交通管理部门登记后,方可上道路行驶。依法应当登记的非机动车的种类,由省、自治区、直辖市人民政府根据当地实际情况规定。非机动车的外形尺寸、质量、制动器、车铃和夜间反光装置,应当符合非机动车安全技术标准。

六、机动车驾驶人的驾驶证管理

机动车驾驶人是指可以动力装置驱动或者牵引,上道路行驶的供人员乘用或者用于运送物品以及进行工程专项作业的轮式车辆的人。驾驶证是指符合国务院公安部门规定的驾驶许可条件的机动车驾驶人,经考试合格后,由公安机关交通管理部门发给的相应类别的机动车驾驶资格证明。驾驶人应当按照驾驶证载明的准驾车型驾驶机动车;驾驶机动车时,应当随身携带机动车驾驶证。公安机关交通管理部门依照法律、行政法规的规定,定期对机动车驾驶证实施审验。

对于机动车驾驶人的处罚,法律也有明确的规定。《中华人民共和国道路交通安全法》第二十四条规定,公安机关交通管理部门对机动车驾驶人违反道路交通安全法律、法规的行为,除依法给予行政处罚外,实行累积记分制度。公安机关交通管理部门对累积记分达到规定分值的机动车驾驶人,扣留机动车驾驶证,对其进行道路交通安全法律、法规教育,重新考试;考试合格的,发还其机动车驾驶证。对遵守道路交通安全法律、法规,在一年内无累积记分的机动车驾驶人,可以延长机动车驾驶证的审验期。具体办法由国务院公安部门规定。

七、驾驶要求

驾驶要求是对于机动车驾驶人驾驶机动车时最基本的要求。

《中华人民共和国道路交通安全法》规定，驾驶人驾驶机动车上道路行驶前，应当对机动车的安全技术性能进行认真检查；不得驾驶安全设施不全或者机件不符合技术标准等具有安全隐患的机动车。机动车驾驶人应当遵守道路交通安全法律、法规的规定，按照操作规范安全驾驶、文明驾驶。饮酒、服用国家管制的精神药品或者麻醉药品，或者患有妨碍安全驾驶机动车的疾病，或者过度疲劳影响安全驾驶的，不得驾驶机动车。任何人不得强迫、指使、纵容驾驶人违反道路交通安全法律、法规和机动车安全驾驶要求驾驶机动车。

第三节　道路通行条件

道路是指供各种无轨车辆和行人通行的基础设施。道路通行条件是这些基础设施可以供公众使用的最基本要求。《中华人民共和国道路交通安全法》对于道路通行条件的规定一般可以分为交通信号管理、交通道路管理以及其他管理。

一、交通信号管理

交通信号分为交通信号灯、交通标志、交通标线和交通警察的指挥。其作用是科学分配道路上车辆、行人的通行权，使之有秩序地顺利通行。全国实行统一的道路交通信号。

《中华人民共和国道路交通安全法》第二十六条规定，交通信号灯由红灯、绿灯、黄灯组成。红灯表示禁止通行，绿灯表示准许通行，黄灯表示警示。第二十八条规定，任何单位和个人不得擅自设置、移动、占用、损毁交通信号灯、交通标志、交通标线。道路两侧及隔离带上种植的树木或者其他植物，设置的广告牌、管线等，应当与交通设施保持必要的距离，不得遮挡路灯、交通信号灯、交通标志，不得妨碍安全视距，不得影响通行。

二、交通道路管理

交通道路管理是指对于交通道路日常活动以及在交通道路上进行的非交通活动进行的管理。在一般情况下，未经许可，任何单位和个人不得占用道路从事非交通活动。

道路出现坍塌、坑槽、水毁、隆起等损毁或者交通信号灯、交通标志、交通标线等交通设施损毁、灭失的，道路、交通设施的养护部门或者管理部门应当设置警示标志并及时修复。公安机关交通管理部门发现以上情形，危及交通安全，尚未设置警示标志的，应当及时采取安全措施，疏导交通，并通知道路、交通设施的养护部门或者管理部门。

对于在道路上进行施工活动的，《中华人民共和国道路交通安全法》第三十二条规定，因工程建设需要占用、挖掘道路，或者跨越、穿越道路架设、增设管线设施，应当事先征得道路主管部门的同意;影响交通安全的,还应当征得公安机关交通管理部门的同意。施工作业单位应当在经批准的路段和时间内施工作业,并在距离施工作业地点来车方向安全距离处设置明显的安全警示标志,采取防护措施;施工作业完毕,应当迅速清除道路上的障碍物,消除安全隐患,经道路主管部门和公安机关交通管理部门验收合格,符合通行要求后,方可恢复通行。对未中断交通的施工作业道路,公安机关交通管理部门应当加强交通安全监督检查,维护道路交通秩序。

三、其他管理

其他管理是指对于保证道路通行的其他项目的管理,主要包括对于停车设施以及人行道路的管理。

《中华人民共和国道路交通安全法》第三十三条规定,新建、改建、扩建的公共建筑、商业街区、居住区、大(中)型建筑等,应当配建、增建停车场;停车泊位不足的,应当及时改建或者扩建;投入使用的停车场不得擅自停止使用或者改作他用。在城市道路范围内,在不影响行人、车辆通行的情况下,政府有关部门可以施划停车泊位。

人行道路是指道路中用路缘石或护栏及其他类似设施加以分隔的专供行人通行的部分。《中华人民共和国道路交通安全法》第三十四条规定,学校、幼儿园、医院、养老院门前的道路没有行人过街设施的,应当施划人行横道线,设置提示标志。城市主要道路的人行道,应当按照规划设置盲道。盲道的设置应当符合国家标准。

第四节　道路通行规定

一、一般规定

我国的机动车、非机动车实行右侧通行。根据道路条件和通行需要,道路划分为机动车道、非机动车道和人行道的,机动车、非机动车、行人实行分道通行。没有划分机动车道、非机动车道和人行道的,机动车在道路中间通行,非机动车和行人在道路两侧通行。《中华人民共和国道路交通安全法》第三十七条规定,道路划设专用车道的,在专用车道内,只准许规定的车辆通行,其他车辆不得进入专用车道内行驶。第三十八条规定,车辆、行人应当按照交通信号通行;遇有交通警察现场指挥时,应当按照交通警察的指挥通行;在没有交通信号的道路上,应当在确保安全、畅通的原则下通行。

公安机关交通管理部门根据道路和交通流量的具体情况,可以对机动车、非机动车、行人采取疏导、限制通行、禁止通行等措施。遇有大型群众性活动、大范围施工等情况,需要采取限制交通的措施,或者作出与公众的道路交通活动直接有关的决定,应当提前向社会公告。

当遇到自然灾害、恶劣气象条件或者重大交通事故等严重影响交通安全的情形,采取其他措施难以保证交通安全时,公安机关交通管理部门可以实行交通管制。

二、机动车通行规定

机动车上道路行驶，不得超过限速标志标明的最高时速。在没有限速标志的路段，应当保持安全车速。夜间行驶或者在容易发生危险的路段行驶，以及遇有沙尘、冰雹、雨、雪、雾、结冰等气象条件时，应当降低行驶速度。这是机动车通行的最基本的规定。

《中华人民共和国道路交通安全法》第四十七条规定，机动车行经人行横道时，应当减速行驶；遇行人正在通过人行横道，应当停车让行。机动车行经没有交通信号的道路时，遇行人横过道路，应当避让。第四十八条规定，机动车载物应当符合核定的载量，严禁超载；载物的长、宽、高不得违反装载要求，不得遗洒、飘散载运物。机动车运载超限的不可解体的物品，影响交通安全的，应当按照公安机关交通管理部门指定的时间、路线、速度行驶，悬挂明显标志。在公路上运载超限的不可解体的物品，并应当依照公路法的规定执行。机动车载运爆炸物品、易燃易爆化学物品以及剧毒、放射性等危险物品，应当经公安机关批准后，按指定的时间、路线、速度行驶，悬挂警示标志并采取必要的安全措施。

当机动车在道路上发生故障，需要停车排除故障时，驾驶人应当立即开启危险报警闪光灯，将机动车移至不妨碍交通的地方停放；难以移动的，应当持续开启危险报警闪光灯，并在来车方向设置警告标志等措施扩大示警距离，必要时迅速报警。

三、非机动车通行规定

驾驶非机动车在道路上行驶应当遵守有关交通安全的规定。非机动车应当在非机动车道内行驶；在没有非机动车道的道路上，应当靠车行道的右侧行驶。

《中华人民共和国道路交通安全法》第五十八条规定，残疾人机动轮椅车、电动自行车在非机动车道内行驶时，最高时速不得超过十五公里。第五十九条规定，非机动车应当在规定地点停放。未设停放地点的，非机动车停放不得妨碍其他车辆和行人通行。第六十条规定，驾驭畜力车，应当使用驯服的牲畜；驾驭畜力车横过道路时，驾驭人应当下车牵引牲畜；驾驭人离开车辆时，应当拴系牲畜。

四、行人和乘车人通行规定

行人应当在人行道内行走，没有人行道时应靠路边行走。《中华人民共和国道路交通安全法》第六十二条规定，行人通过路口或者横过道路，应当走人行横道或者过街设施；通过有交通信号灯的人行横道，应当按照交通信号灯指示通行；通过没有交通信号灯、人行横道的路口，或者在没有过街设施的路段横过道路，应当在确认安全后通过。

根据《中华人民共和国道路交通安全法》的规定，行人在道路上不得有以下行为：①不得跨越、倚坐道路隔离设施；②不得扒车、强行拦车；③实施妨碍道路交通安全的其他行为。

对于学龄前儿童以及不能辨认或者不能控制自己行为的精神疾病患者、智力障碍者在道路上通行，应当由其监护人、监护人委托的人或者对其负有管理、保护职责的人带领。盲人在道路上通行，应当使用盲杖或者采取其他导盲手段，车辆应当避让盲人。

对于乘车人而言,乘车人不得携带易燃易爆等危险物品,不得向车外抛洒物品,不得有影响驾驶人安全驾驶的行为。

五、高速公路的特别规定

高速公路在我国是指能适应年平均昼夜小客车交通量为 25 000 辆以上、专供汽车分道高速行驶并全部控制出入的公路。由于高速公路的特殊性,《中华人民共和国道路交通安全法》对于高速公路的通行有着特殊的规定。

《中华人民共和国道路交通安全法》第六十七条规定,行人、非机动车、拖拉机、轮式专用机械车、铰接式客车、全挂拖斗车以及其他设计最高时速低于七十公里的机动车,不得进入高速公路。高速公路限速标志标明的最高时速不得超过一百二十公里。第六十八条规定,机动车在高速公路上发生故障时,除按照相关规定办理之外,警告标志应当设置在故障车来车方向一百五十米以外,车上人员应当迅速转移到右侧路肩上或者应急车道内,并且迅速报警。机动车在高速公路上发生故障或者交通事故,无法正常行驶的,应当由救援车、清障车拖曳、牵引。第六十九条规定,任何单位、个人不得在高速公路上拦截检查行驶的车辆,公安机关的人民警察依法执行紧急公务除外。

第五节 交通事故

交通事故是指车辆在道路上因过错或者意外造成的人身伤亡或者财产损失的事件。

一、交通事故处理方法

当在道路上发生交通事故时,车辆驾驶人应当立即停车,保护现场;造成人身伤亡的,车辆驾驶人应当立即抢救受伤人员,并迅速报告执勤的交通警察或者公安机关交通管理部门。因抢救受伤人员变动现场的,应当标明位置。乘车人、过往车辆驾驶人、过往行人应当予以协助。

在道路上发生交通事故,未造成人身伤亡,当事人对事实及成因无争议的,可以即行撤离现场,恢复交通,自行协商处理损害赔偿事宜;不即行撤离现场的,应当迅速报告执勤的交通警察或者公安机关交通管理部门。

在道路上发生交通事故,仅造成轻微财产损失,并且基本事实清楚的,当事人应当先撤离现场再进行协商处理。

《中华人民共和国道路交通安全法》第七十二条规定,公安机关交通管理部门接到交通事故报警后,应当立即派交通警察赶赴现场,先组织抢救受伤人员,并采取措施,尽快恢复交通。交通警察应当对交通事故现场进行勘验、检查,收集证据;因收集证据的需要,可以扣留事故车辆,但是应当妥善保管,以备核查。对当事人的生理、精神状况等专业性较强的检验,公安机关交通管理部门应当委托专门机构进行鉴定。鉴定结论应当由鉴定人签名。

二、交通事故认定书

交通事故认定书是指公安交通管理部门通过对交通事故现场勘察、技术分析和有关检验、鉴定结论,分析查明交通事故的基本事实、成因和当事人责任后所作的技术性结论,该结论不具有拘束力和执行力。

《中华人民共和国道路交通安全法》第七十三条规定,公安机关交通管理部门应当根据交通事故现场勘验、检查、调查情况和有关的检验、鉴定结论,及时制作交通事故认定书,作为处理交通事故的证据。交通事故认定书应当载明交通事故的基本事实、成因和当事人的责任,并送达当事人。

三、交通事故争议的解决

《中华人民共和国道路交通安全法》第七十四条规定,对交通事故损害赔偿的争议,当事人可以请求公安机关交通管理部门调解,也可以直接向人民法院提起民事诉讼。经公安机关交通管理部门调解,当事人未达成协议或者调解书生效后不履行的,当事人可以向人民法院提起民事诉讼。

四、交通事故损害赔付

《中华人民共和国道路交通安全法》第七十六条规定,机动车发生交通事故造成人身伤亡、财产损失的,由保险公司在机动车第三者责任强制保险责任限额范围内予以赔偿;不足的部分,按照下列规定承担赔偿责任:

(1)机动车之间发生交通事故的,由有过错的一方承担赔偿责任;双方都有过错的,按照各自过错的比例分担责任。

(2)机动车与非机动车驾驶人、行人之间发生交通事故,非机动车驾驶人、行人没有过错的,由机动车一方承担赔偿责任;有证据证明非机动车驾驶人、行人有过错的,根据过错程度适当减轻机动车一方的赔偿责任;机动车一方没有过错的,承担不超过10%的赔偿责任。

交通事故的损失是由非机动车驾驶人、行人故意碰撞机动车造成的,机动车一方不承担赔偿责任。

第八章 治安管理处罚法

第一节 治安管理处罚概述

《中华人民共和国治安管理处罚法》是 2005 年 8 月 28 日由第十届全国人民代表大会常务委员会第十七次会议决议通过,自 2006 年 3 月 1 日起开始施行的。现行的《中华人民共和国治安管理处罚法》是 2012 年 10 月 26 日由第十一届全国人民代表大会常务委员会第二十九次会议通过的修正案修改后的。

一、治安管理处罚的概念

治安管理处罚是公安机关给予实施治安违法行为的公民、法人和其他组织的行政制裁。治安违法行为是公民、法人和其他组织违反治安管理秩序,依照治安管理处罚法和行政处罚法应当给予行政处罚的危害社会的行为。

确定违反治安管理行为的社会危害性、行政违法性和应受行政处罚性,是给予治安管理处罚的前提。

二、治安管理处罚的基本原则

《中华人民共和国治安管理处罚法》第五条规定,治安管理处罚必须以事实为依据,与违反治安管理行为的性质、情节以及社会危害程度相当。实施治安管理处罚,应当公开、公正,尊重和保障人权,保护公民的人格尊严。办理治安案件应当坚持教育与处罚相结合的原则。这是治安管理处罚应当遵循的三个基本原则。

三、治安管理处罚的调整范围

根据《中华人民共和国治安管理处罚法》的规定,我国治安管理处罚的调整范围包括以下几个方面:

(1)扰乱公共秩序,妨害公共安全,侵犯人身权利、财产权利,妨害社会管理,具有社会危害性,尚不够刑事处罚的;

(2)治安管理处罚的程序,适用本法的规定的;

(3)在中华人民共和国领域内发生的违反治安管理行为,除法律有特别规定外的;

(4)在中华人民共和国船舶和航空器内发生的违反治安管理行为,除法律有特别规定外的。

第二节 治安管理处罚的种类和适用

一、治安管理处罚的种类

《中华人民共和国治安管理处罚法》第十条规定,治安管理处罚的种类分为:①警告;②罚款;③行政拘留;④吊销公安机关发放的许可证。对违反治安管理的外国人,可以附加适用限期出境或者驱逐出境。其中警告、罚款、行政拘留和吊销公安机关发放的许可证是主刑;限期出境或者驱逐出境是附加刑,适用对象仅限于违反治安管理规定的外国人。除了法律规定的上述处罚之外,公安机关不得采取其他处罚措施,如不得采取没收和责令停产停业处罚措施。

【经典真题】 (多选)下列各项中,属于治安管理处罚法规定的处罚种类的是( )。

A.警告、罚款
B.行政拘留
C.吊销公安机关发放的许可证
D.责令停止违法活动

【答案】ABC。

二、治安管理处罚的适用

治安管理处罚的适用是公安机关根据违法行为人的责任能力和行为情节,决定是否给予处罚、给予何种处罚和给予何种程度处罚程序的活动,是执行违法行为与处罚相适应原则保证处罚公正的重要制度。

1.应受处罚的违法行为主体

违法行为主体有自然人和单位两种,对符合法定条件的违法行为主体应当给予治安行政处罚。

对违反治安管理的自然人进行处罚,自然人应当具备责任年龄和责任能力两方面的条件。

责任年龄是承担行政违法责任必须达到的年龄。《中华人民共和国治安管理处罚法》第十二条规定,已满十四周岁不满十八周岁的人违反治安管理的,从轻或者减轻处罚;不满十四周岁的人违反治安管理的,不予处罚,但是应当责令其监护人严加管教。

责任能力是行为人对自己行为的辨认能力和控制能力。《中华人民共和国治安管理处罚法》第十三条规定,精神病人在不能辨认或者不能控制自己行为的时候违反治安管理的,不予处罚,但是应当责令其监护人严加看管和治疗。间歇性的精神病人在精神正常的时候违反治安管理的,应当给予处罚。第十四条规定,盲人或者又聋又哑的人违反治安管理的,可以从轻、减轻或者不予处罚。

单位违反治安管理的,对其直接负责的主管人员和其他直接责任人员依照本法的规定处罚。其他法律、行政法规对同一行为规定给予单位处罚的,依照其规定处罚。

2.多个违法行为和共同违法行为

多个违法行为是指一个违法人实施了两种以上违反治安管理的行为。《中华人民共和国治安管理处罚法》第十六条规定,有两种以上违反治安管理行为的,分别决定,合并执行。行政拘留处罚合并执行的,最长不超过二十日。

共同违法行为是指两个以上行为人共同实施的违反治安管理行为。《中华人民共和国治安管理处罚法》第十七条规定,共同违反治安管理的,根据违反治安管理行为人在违反治安管理行为中所起的作用,分别处罚。教唆、胁迫、诱骗他人违反治安管理的,按照其教唆、胁迫、诱骗的行为处罚。

3.减轻处罚、不予处罚、从重处罚和不执行处罚

减轻处罚是低于法定处罚的处罚;不予处罚是宣告行为违法但不给予处罚。有下列情形之一的,减轻处罚或者不予处罚:①情节特别轻微的;②主动消除或者减轻违法后果,并取得被侵害人谅解的;③出于他人胁迫或者诱骗的;④主动投案,向公安机关如实陈述自己的违法行为的;⑤有立功表现的。

从重处罚是在法定处罚幅度内给予严厉程度较高的处罚。《中华人民共和国治安管理处罚法》第二十条规定,违反治安管理有下列情形之一的,从重处罚:①有较严重后果的;②教唆、胁迫、诱骗他人违反治安管理的;③对报案人、控告人、举报人、证人打击报复的;④六个月内曾受过治安管理处罚的。

不执行行政拘留处罚是放弃执行应当给予的行政拘留处罚。《中华人民共和国治安管理处罚法》第二十一条规定,违反治安管理行为人有下列情形之一,依照本法应当给予行政拘留处罚的,不执行行政拘留处罚:①已满十四周岁不满十六周岁的;②已满十六周岁不满十八周岁,初次违反治安管理的;③七十周岁以上的;④怀孕或者哺乳自己不满一周岁婴儿的。

4.调解与处罚

违反治安管理是危害社会的行为,应当依法予以处罚,原则上不实行以当事人之间达成协议为中心内容的行政调解。但是治安管理处罚法规定了例外,《中华人民共和国治安管理处罚法》第九条规定,对于因民间纠纷引起的打架斗殴或者损毁他人财物等违反治安管理行为,情节较轻的,公安机关可以调解处理。经公安机关调解,当事人达成协议的,不予处罚。经调解未达成协议或者达成协议后不履行的,公安机关应当依照本法的规定对违反治安管理行为人给予处罚,并告知当事人可以就民事争议依法向人民法院提起民事诉讼。

5.追究时效

追究时效是公安机关追究行政违法责任给予治安行政处罚的有效期限,是行政处罚消灭的制度之一。《中华人民共和国治安管理处罚法》第二十二条规定,违反治安管理行为在六个月内没有被公安机关发现的,不再处罚。前款规定的期限,从违反治安管理行为发生之日起计算;违反治安管理行为有连续或者继续状态的,从行为终了之日起计算。

第三节 违反治安管理的行为和处罚

按照依法行政的原则,治安管理处罚法规定了各种具体违反治安管理行为的法律特征和状况,并规定了各种具体违法行为应当受到的治安管理行政处罚的种类和幅度。对于治安管理处罚法没有明文规定的行为,不得进行治安管理处罚。

治安管理处罚法规定的各种具体违反治安管理的行为主要有扰乱公共秩序的行为,妨害公共安全的行为,侵犯人身权利、财产权利的行为与妨害社会管理的行为。法律将这四部分行政违法行为纳入治安管理的范畴,通过治安管理处罚保护国家公共利益和公民、法人和其他组织的合法权益。

一、扰乱公共秩序的行为和处罚

扰乱公共秩序的行为,是对生产和生活等正常社会活动秩序的侵害。《中华人民共和国治安管理处罚法》规定的扰乱公共秩序的行为主要有以下七种:①扰乱公共场所秩序;②扰乱文化、体育等大型群众性活动秩序;③散布谣言与虚假信息扰乱公共秩序;④寻衅滋事;⑤组织迷信活动;⑥故意干扰无线电业务正常进行;⑦非法侵入、破坏计算机信息系统,造成危害的。

对于以上扰乱公共秩序的行为,根据《中华人民共和国治安管理处罚法》第二十三条至第二十九条的规定,依据情节的严重程度,处以警告或者二百元以下罚款;五日以上十日以下拘留,可以并处五百元以下罚款;十日以上十五日以下拘留,可以并处一千元以下罚款不等的处罚。

二、妨害公共安全的行为和处罚

妨害公共安全的行为,是对不特定多数人生命健康和财产安全的危害。《中华人民共和国治安管理处罚法》规定的妨害公共安全的行为主要有以下八种:①违反危险物资管理的;②非法携带枪支与管制器具的;③盗窃损毁公共设施,妨害边境标志的;④妨害航空器飞行安全的;⑤妨害铁路运行与列车行车安全的;⑥损害施工防护设施和公共设施的;⑦举办文化、体育等大型群众性活动,有发生安全事故危险的;⑧经营社会公共场所,有发生安全事故危险,拒不更正的。

对于以上妨害公共安全的行为,根据《中华人民共和国治安管理处罚法》第三十条至第三十九条的规定,依据情节的严重程度,处以警告或者二百元以下罚款、五日以上十日以下拘留,可以并处五百元以下罚款以及十日以上十五日以下拘留。

三、侵犯人身权利、财产权利的行为和处罚

侵犯人身权利、财产权利的行为,是对特定人和特定财产的侵害。

《中华人民共和国治安管理处罚法》规定的侵犯人身权利的行为主要有以下七种:

①侵犯他人身心健康的行为;②侵犯他人人身自由的行为;③侵犯他人人格、名誉的行为;④侵犯他人通信自由的行为;⑤侵犯他人隐私的行为;⑥遗弃无行为能力人的行为;⑦煽动民族仇恨、民族歧视的行为。

侵犯财产权利的行为主要有以下三种:①强买强卖商品,强迫他人提供服务或者强迫他人接受服务的行为;②行为人以非法占有为目的,通过各种手段攫取公私财物,使被害人事实上丧失财物所有权的行为;③行为人故意毁坏公私财物,使其价值全部或者部分丧失的行为。

对于以上侵犯人身权利、财产权利的行为,根据《中华人民共和国治安管理处罚法》第四十条至第四十九条的规定,依据情节的严重程度,处五日以下拘留或者警告、五日以上十日以下拘留,可以并处二百元以上五百元以下罚款,或者处十日以上十五日以下拘留,可以并处五百元以上一千元以下罚款等处罚。

四、妨害社会管理的行为和处罚

妨害社会管理的行为是以危害国家机关正常管理为中心内容的其他违反治安管理的行为。《中华人民共和国治安管理处罚法》规定的妨害社会管理的行为主要包括:①影响政府、公安机关正常依法执行职务的行为;②冒充国家机关工作人员或者以其他虚假身份招摇撞骗的行为;③伪造国家证照、文件、有价票证的行为;④煽动、策划非法集会、游行、示威,不听劝阻的行为;⑤违反关于社会生活噪声污染防治的法律规定,制造噪声干扰他人正常生活的行为;⑥隐藏、转移、变卖或者损毁已冻结物品,伪造、隐匿、毁灭证据,窝藏赃物的行为;⑦破坏文物的行为;⑧卖淫、嫖娼,制作或传播淫秽物品与信息的行为;⑨聚众赌博的行为;⑩买卖、吸食、持有毒品的行为。

对于以上妨害社会管理的行为,根据《中华人民共和国治安管理处罚法》第五十条至第七十六条的规定,依据情节的严重程度,处以警告、罚款、拘留不等的处罚。

第二篇

02

公民道德建设

开篇明义

公民道德建设试题在四川事业单位综合知识科目考试中比较常见。该部分的考查内容包括公民道德建设概述和社会主义公民道德建设规范。

通过分析 2019—2023 年四川事业单位综合知识科目考试真题可知,公民道德建设试题的考查占比较为稳定,在 3% 左右。通过真题分析,我们能够得出本篇各章内容的考查占比情况和高频考点,具体如下所示:

章名	考查占比	高频考点
公民道德建设概述	31.3%	①公民道德建设的方针原则;②新时代公民道德建设的重点任务
社会主义公民道德建设规范	68.7%	①社会公德;②社会主义职业道德

根据上表,结合试题的考查形式,公民道德建设试题的具体考查特点如下:

1.直接考查《新时代公民道德建设实施纲要》的内容

四川事业单位综合知识科目考试常直接考查《新时代公民道德建设实施纲要》的内容,尤其是新时代公民道德建设的重点任务等。此类试题比较基础,但需要考生准确识记相关考点。以下题为例:

2022·四川省属 (单选)下列表述中,与新时代公民道德建设总体要求不符的是( )。

A.以为人民服务为核心

B.以集体主义为原则

C.以党纪国法为引领

D.以爱祖国、爱人民、爱劳动、爱科学、爱社会主义为基本要求

解析: A、B、D 三项不选。《新时代公民道德建设实施纲要》指出,坚持马克思主义道德观、社会主义道德观,倡导共产主义道德,以为人民服务为核心,以集体主义为原则,以爱祖国、爱人民、爱劳动、爱科学、爱社会主义为基本要求,始终保持公民道德建设的社会主义方向。

C 项当选。《新时代公民道德建设实施纲要》指出,要以社会主义核心价值观为引领,将国家、社会、个人层面的价值要求贯穿到道德建设各方面,引导人们明大德、守公德、严私德。

故本题选 C。

备考此类试题需要考生熟记《新时代公民道德建设实施纲要》的重点内容,如新时代公民道德建设的重点任务,社会公德、职业道德、家庭美德和个人品德的主要内容等。

2.常结合案例考查社会主义公民道德建设规范

社会主义公民道德建设规范中的社会公德、职业道德、家庭美德和个人品德的主要内容在四川事业单位综合知识科目考试中考查较多。此类试题考查相对灵活,常结合案例或诗词,要求考生选出相应的道德规范。以下题为例:

2023·四川泸州 (单选)下列语句中,最能体现"办事公道"职业精神的是( )。

A.理必求真,事必求是,言必守信

B.拼却老红一万点,换将新绿百千重

C.横眉冷对千夫指,俯首甘为孺子牛

D.衡之于左右,无私轻重,故可以为平

解析:A 项不选。"理必求真,事必求是,言必守信"体现了诚实守信的职业道德。

B 项不选。"拼却老红一万点,换将新绿百千重"的意思是除去枝头上的万片残花,换来成百成千的新生绿叶。该诗句体现了奉献社会的职业道德。

C 项不选。"横眉冷对千夫指,俯首甘为孺子牛"的意思是对敌人决不屈服,对人民大众甘愿服务,体现了奉献社会的职业道德。

D 项当选。"衡之于左右,无私轻重,故可以为平"的意思是秤杆对于左右悬挂的物体,既不偏向轻的,也不偏向重的,所以可以用它来取平。这句话体现了办事公道的职业道德。

故本题选 D。

不同于直接考查《新时代公民道德建设实施纲要》内容的试题,作答此类试题需要考生从题目所给的诗词或案例中去推断答案。以上题为例,"办事公道"主要体现为从业者站在公正的立场上办事,对当事各方公平合理、不偏不倚。D 项中"衡"对于左右两边的物体,既不偏向轻的,也不偏向重的,体现的正是这一职业精神。

第一章 公民道德建设概述

一、公民道德建设的重要性、紧迫性和长期性

坚持和发展中国特色社会主义,需要物质文明和精神文明全面发展、人民物质生活和精神生活水平全面提升。中国特色社会主义进入新时代,加强公民道德建设、提高全社会道德水平,是全面建设社会主义现代化强国的战略任务,是适应社会主要矛盾变化、满足人民对美好生活向往的迫切需要,是促进社会全面进步、人的全面发展的必然要求。

加强公民道德建设是一项长期而紧迫、艰巨而复杂的任务,要适应新时代新要求,坚持目标导向和问题导向相统一,进一步加大工作力度,把握规律、积极创新,持之以恒、久久为功,推动全民道德素质和社会文明程度达到一个新高度。

二、公民道德建设的指导思想

要以习近平新时代中国特色社会主义思想为指导,紧紧围绕进行伟大斗争、建设伟大工程、推进伟大事业、实现伟大梦想,着眼构筑中国精神、中国价值、中国力量,促进全体人民在理想信念、价值理念、道德观念上紧密团结在一起,在全民族牢固树立中国特色社会主义共同理想,在全社会大力弘扬社会主义核心价值观,积极倡导富强民主文明和谐、自由平等公正法治、爱国敬业诚信友善,全面推进社会公德、职业道德、家庭美德、个人品德建设,持续强化教育引导、实践养成、制度保障,不断提升公民道德素质,促进人的全面发展,培养和造就担当民族复兴大任的时代新人。

三、公民道德建设的方针原则

坚持马克思主义道德观、社会主义道德观,倡导共产主义道德,以为人民服务为核心,以集体主义为原则,以爱祖国、爱人民、爱劳动、爱科学、爱社会主义为基本要求,始终保持公民道德建设的社会主义方向。

坚持以社会主义核心价值观为引领,将国家、社会、个人层面的价值要求贯穿到道德建设各方面,以主流价值建构道德规范、强化道德认同、指引道德实践,引导人们明大德、守公德、严私德。

坚持在继承传统中创新发展,自觉传承中华传统美德,继承我们党领导人民在长期实践中形成的优良传统和革命道德,适应新时代改革开放和社会主义市场经济发展要求,积极推动创造性转化、创新性发展,不断增强道德建设的时代性、实效性。

坚持提升道德认知与推动道德实践相结合,尊重人民群众的主体地位,激发人们形成善良的道德意愿、道德情感,培育正确的道德判断和道德责任,提高道德实践能力尤其是自觉实践能力,引导人们向往和追求讲道德、尊道德、守道德的生活。

坚持发挥社会主义法治的促进和保障作用,以法治承载道德理念、鲜明道德导向、弘

扬美德义行,把社会主义道德要求体现到立法、执法、司法、守法之中,以法治的力量引导人们向上向善。

坚持积极倡导与有效治理并举,遵循道德建设规律,把先进性要求与广泛性要求结合起来,坚持重在建设、立破并举,发挥榜样示范引领作用,加大突出问题整治力度,树立新风正气、祛除歪风邪气。

要把社会公德、职业道德、家庭美德、个人品德建设作为着力点。推动践行以文明礼貌、助人为乐、爱护公物、保护环境、遵纪守法为主要内容的社会公德,鼓励人们在社会上做一个好公民;推动践行以爱岗敬业、诚实守信、办事公道、热情服务、奉献社会为主要内容的职业道德,鼓励人们在工作中做一个好建设者;推动践行以尊老爱幼、男女平等、夫妻和睦、勤俭持家、邻里互助为主要内容的家庭美德,鼓励人们在家庭里做一个好成员;推动践行以爱国奉献、明礼遵规、勤劳善良、宽厚正直、自强自律为主要内容的个人品德,鼓励人们在日常生活中养成好品行。

四、公民道德建设的主要内容

根据中共中央、国务院于 2019 年 10 月印发的《新时代公民道德建设实施纲要》,新时代公民道德建设的主要内容如下:

(一)重点任务

推进新时代公民道德建设,需要明确的重点任务主要有:

(1)筑牢理想信念之基。人民有信仰,国家有力量,民族有希望。信仰信念指引人生方向,引领道德追求。

(2)培育和践行社会主义核心价值观。社会主义核心价值观是当代中国精神的集中体现,是凝聚中国力量的思想道德基础。

(3)传承中华传统美德。中华传统美德是中华文化精髓,是道德建设的不竭源泉。

(4)弘扬民族精神和时代精神。以爱国主义为核心的民族精神和以改革创新为核心的时代精神,是中华民族生生不息、发展壮大的坚实精神支撑和强大道德力量。

(二)方法途径

1.深化道德教育引导

学校是公民道德建设的重要阵地,把立德树人贯穿学校教育全过程。用良好家教家风涵育道德品行。以先进模范引领道德风尚。以正确舆论营造良好道德环境。以优秀文艺作品陶冶道德情操。发挥各类阵地道德教育作用。抓好重点群体的教育引导。

2.推动道德实践养成

广泛开展弘扬时代新风行动。深化群众性创建活动。持续推进诚信建设。深入推进学雷锋志愿服务。广泛开展移风易俗行动。充分发挥礼仪礼节的教化作用。积极践行绿色生产生活方式。在对外交流交往中展示文明素养。

3.抓好网络空间道德建设

加强网络内容建设。培养文明自律网络行为。丰富网上道德实践。营造良好网络道德环境。

4.发挥制度保障作用

强化法律法规保障。彰显公共政策价值导向。发挥社会规范的引导约束作用。深化道德领域突出问题治理。

经典真题▶ (判断)家庭是社会的基本细胞,是公民道德建设的重要阵地。　（　）

【答案】判断错误。

第二章 社会主义公民道德建设规范

一、公民基本道德规范

(一)道德的基本内涵

道德是人类社会所特有的,以善恶为标准,依靠宣传教育、社会舆论、传统习俗和内心信念调整人与人、人与社会以及人与自然之间相互关系的行为规范的总和。道德具有认识、规约、调节、教育和激励等功能。

道德作为一种特殊的社会意识形态,归根结底是由经济基础决定的。因此,传统道德的现代化必然成为社会主义现代化的基本组成要素。

(二)公民基本道德规范的内涵

中共中央于2001年9月颁布的《公民道德建设实施纲要》提出了"爱国守法、明礼诚信、团结友善、勤俭自强、敬业奉献"二十字的公民基本道德规范。其具体内容如下表所示:

公民基本道德规范	具体内容
爱国守法	公民对国家首要的道德规范,指的是爱国主义和遵纪守法,"守法"是公民道德最低层次的要求
明礼诚信	公民如何待人的道德规范,指的是文明礼貌和诚实守信,"诚信"是人与人之间交往关系中最基本的道德
团结友善	公民之间相处的基本规范,指的是人与人之间团结合作、互相帮助、友好相处、与人为善等
勤俭自强	公民对待生活与自身的道德规范,指的是勤劳节俭和自主自强、自尊自励、生命不止、奋斗不息
敬业奉献	公民对待职业活动的道德规范,指的是爱岗敬业和奉献社会

二、社会主义公民道德建设规范的具体内容

《新时代公民道德建设实施纲要》指出,新时代公民道德建设要把社会公德、职业道德、家庭美德、个人品德建设作为着力点。

(一)社会公德

1.社会公德概述

社会公德是公民道德的重要环节,对其他道德建设起着引领作用。在公民道德中,社会公德是一种基本的道德要求,是社会生活中最简单、最起码、最普通的行为准则。

社会公德是维持良好人际关系的条件,是衡量一个民族进步的标志,具有基础性、全

民性、相对稳定性、简明性和渗透性等基本特征。

2.社会公德的主要内容

社会公德是全体公民在社会交往和公共生活中应该遵循的行为准则，涵盖了人与人、人与社会、人与自然之间的关系。

《新时代公民道德建设实施纲要》指出，要推动践行以文明礼貌、助人为乐、爱护公物、保护环境、遵纪守法为主要内容的社会公德，鼓励人们在社会上做一个好公民。其中，文明礼貌是公民在公共场合应当遵守的最基础的道德准则，是人际交往中的一种道德信息，表明了一个人对别人尊严和人格的尊重；遵纪守法是社会公德最基本的要求，是维护公共生活秩序的重要条件。

(二)职业道德

1.职业道德概述

职业道德是指与人的职业活动紧密联系，在一定的社会经济关系中，从事各种不同职业的人们在其特定的职业活动中应当遵循的职业行为规范的总和。职业道德是所有从业人员在职业活动中应该遵循的行为准则，涵盖了从业人员与服务对象、职业与职工、职业与职业之间的关系。

职业道德的基本特征包括：①鲜明的行业性(最显著的特征)；②适用范围的有限性；③表现形式的多样性；④一定的强制性；⑤相对的稳定性与连续性；⑥与物质利益具有直接关联的特性。

职业道德的基本要求有：①忠于职守，乐于奉献；②实事求是，不弄虚作假；③依法行事，严守秘密；④公正透明，服务社会。

2.职业道德的主要内容

《新时代公民道德建设实施纲要》指出，要推动践行以爱岗敬业、诚实守信、办事公道、热情服务、奉献社会为主要内容的职业道德，鼓励人们在工作中做一个好建设者。

(1)爱岗敬业是指从业人员在特定的社会形态中，尽职尽责、一丝不苟地履行自己所从事的社会事务的行为，以及在职业生活中表现出来的兢兢业业、埋头苦干、任劳任怨的强烈事业心和忘我精神。爱岗敬业是对各行各业工作人员最普通、最基本的要求，是为人民服务和集体主义精神的具体体现，是职业道德基本规范的核心和基础。

(2)诚实守信是指个人安身立命的基础，也是企业赖以生存和发展的基础，更是社会主义市场经济发展的内在要求。诚实守信是各行各业的行为准则，是做人做事的基本准则，也是社会主义最基本的道德规范之一，具体体现在诚实劳动、遵守合同和契约、维护单位的信誉、保守单位秘密等。

(3)办事公道是指从业者在办事情、处理问题时，站在公正的立场上，对当事各方公平合理、不偏不倚，都按照一个标准办事；要求各行各业的劳动者在本职工作中，做到公平、公开、公正，不以私损公，不出卖原则。

(4)热情服务是指职业行为的本质，是社会主义道德建设的核心在职业活动中的具体运用。

(5)奉献社会是指全心全意为社会做贡献、为人民谋福祉,是为人民服务和集体主义精神的最高体现,是社会主义职业道德的最高要求和最高境界,也是从业人员应具备的最高层次的职业修养。

经典真题 ▶ (单选)唐代医学家孙思邈在《大医精诚》里写道:"医人不得恃己所长,专心经略财物,但作救苦之心。"这就要求医生需要具备的职业道德是(   )。

A.遵纪守法   B.奉献社会
C.爱岗敬业   D.诚实守信

【答案】C。

中公解题:"医人不得恃己所长,专心经略财物,但作救苦之心"强调医生应当把救死扶伤作为重点,而不是敛财。这体现了爱岗敬业的职业道德。

3.社会主义职业道德

(1)社会主义职业道德的内涵

社会主义职业道德是社会主义社会各行各业的劳动者在职业活动中必须共同遵守的基本行为准则,是判断人们职业行为优劣的具体标准,是社会主义道德在职业生活中的反映。

社会主义职业道德的基本特征是:①继承性和创造性相统一;②阶级性和人民性相统一;③先进性和广泛性相统一。

(2)社会主义职业道德的核心规范

为人民服务是社会主义职业道德的核心规范,是贯穿全社会共同职业道德规范的基本精神,是社会主义职业道德规范体系的核心。

社会主义职业道德包括三个层次:①第一层次是各行各业都具有的职业道德的要求;②第二层次是各行各业共同遵守的五项基本规范,即爱岗敬业、诚实守信、办事公道、热情服务、奉献社会;③第三层次是为人民服务。其中,第三层次既是每一项职业活动的出发点和落脚点,也是从业人员在进行具体职业活动中应该遵守的最根本准则,更是进行职业活动的根本指导思想。

(3)社会主义职业道德的基本原则

集体主义是各个职业领域所必须贯彻的职业道德的基本原则,是正确处理从业者个人与集体之间利益关系的核心原则。

贯彻集体主义基本原则,要引导人们正确认识和处理国家、集体、个人的利益关系,提倡个人利益服从集体利益、局部利益服从整体利益、当前利益服从长远利益,反对小团体主义、本位主义和损人利己、损公肥私,要把个人理想与奋斗融入广大人民的共同理想与奋斗之中。

(三)家庭美德

1.家庭美德概述

家庭是最基本的社会群体,它是由婚姻关系、血缘关系或收养关系组成的一种特殊的社会生活组织形式。家庭是社会的"细胞",是人类社会延续、发展的基础之一。

家庭美德是每个公民在家庭生活中应该遵循的行为准则,涵盖了夫妻、长幼、邻里之间的关系。

弘扬家庭美德有助于社会公德的建设,有助于社会和谐、民族进步,有助于中华民族的伟大复兴。

2.家庭美德的主要内容

《新时代公民道德建设实施纲要》指出,要推动践行以尊老爱幼、男女平等、夫妻和睦、勤俭持家、邻里互助为主要内容的家庭美德。

(1)尊老爱幼既是社会主义道德的要求,也是子女应尽的法律义务。父母要以健康的心态和科学的方法来教育孩子,尊重子女,获得子女发自内心的敬爱;子女也应以相同的方式尊重父母,自觉接受父母的帮助和教育,获得父母的慈爱。

(2)男女平等是我国重要的法律原则和道德规范,是我国的基本国策,也是社会主义家庭婚姻制度的基本原则。男女平等既表现为夫妻权利义务的平等、人格地位的平等,又表现为对待子女的平等。

(3)夫妻关系是家庭关系的核心,忠于爱情、互敬互爱,是夫妻和睦、婚姻美满的基础。在日常生活中,要做到互敬互爱、和睦相处,首先要相互尊重人格,其次要相互信任,最后要正确看待对方的缺点。

(4)勤俭是家庭兴旺的保证,也是社会富足的保证。勤俭持家是保持家庭团结和睦、健康发展的重要条件,是中华民族的优良传统。古语"一粥一饭,当思来之不易;半丝半缕,恒念物力维艰",意在劝谏人们要做到勤俭持家。

(5)邻里之间应当以礼相待,做到互谅互让、互相帮助、宽以待人、团结友爱。古语"远水难救近火,远亲不如近邻""见穷苦亲邻,须多温恤",意在劝谏人们要做到邻里团结。

(四)个人品德

1.个人品德概述

个人品德是通过个人自觉的社会道德教育、个人自觉的道德修养和法律修养所形成的稳定的心理状态和行为习惯。它是个体对某种道德要求认同和践履的结果,集中体现了道德认知、道德情感、道德意志和道德行为的内在统一。

个人品德具有实践性、综合性和稳定性的特点。

2.个人品德的主要内容

《新时代公民道德建设实施纲要》指出,要推动践行以爱国奉献、明礼遵规、勤劳善良、宽厚正直、自强自律为主要内容的个人品德,鼓励人们在日常生活中养成好品行。

第三篇

03

国情省情

开篇明义

国情省情试题在四川事业单位综合知识科目考试中考查较少,相较之下,四川省属事业单位综合知识科目考试对于相关内容的考查要更多一些。该部分考查内容包括国情知识和省情知识。

通过分析 2019—2023 年四川事业单位综合知识科目考试真题可知,四川省属事业单位综合知识科目考试中国情省情试题的考查占比较为稳定,约占 5%。通过真题分析,我们能够得出本篇各章内容的考查占比情况和高频考点,具体如下所示:

章名	考查占比	高频考点
国情知识	21.7%	①我国的疆域;②我国的河流和湖泊;③民族概况
省情知识	78.3%	①民族分布;②地理位置;③国家重点风景名胜区

根据上表,结合试题的考查形式,国情省情试题的具体考查特点为:

侧重考查基础知识

四川事业单位综合知识科目考试侧重考查考生对国情省情知识的掌握。此部分内容主要涉及我国的疆域、河流、民族、中国特色社会主义理论体系,四川的民族、地理位置、旅游资源,等等。此部分内容或直接设问"……是××",或采取挖空形式考查,或直接判断正误。其考查范围广泛,以考查记忆性内容为主。典型真题如下:

`2021·四川省属` (单选)下列关于我国疆域的说法,错误的是( )。

A.最南端位于南沙群岛的曾母暗沙

B.最西端位于新疆维吾尔自治区乌恰县乌孜别里山口

C.最北端位于黑龙江省漠河市北端的松花江主航道中心线

D.最东端位于黑龙江省抚远市黑龙江与乌苏里江交汇处的黑瞎子岛

解析:我国最北端在黑龙江省漠河市北端的黑龙江主航道中心线上,最东端在黑龙江与乌苏里江主航道中心线汇合处的黑瞎子岛,最南端在海南省南沙群岛的曾母暗沙附近,最西端在新疆维吾尔自治区乌恰县乌孜别里山口。故本题选 C。

`2022·四川省属` (单选)彝族分布在我国西南高原与东南沿海丘陵之间,主要分布在滇、川、黔、桂四省(区),其中,( )有全国最大的彝族聚居区。

A.云南　　　　　　　　　　　　B.四川

C.贵州　　　　　　　　　　　　D.广西

解析:彝族主要分布在滇、川、黔、桂四省(区)的高原与沿海丘陵之间,主要聚集在楚雄、红河、凉山、毕节、六盘水和安顺等地。其中,四川凉山彝族自治州是全国最大的彝族聚居区。故本题选 B。

2022·四川省属 （多选）我省气候复杂多样,根据水热条件和光照条件差异,我省气候区主要分为(　　)。

A.四川盆地中亚热带湿润气候区

B.川西南山地亚热带半湿润气候区

C.川西北高山高原高寒气候区

D.川北高山丘陵温带季风气候区

解析:四川气候复杂多样,且地带性和垂直变化明显。根据水热条件和光照条件差异,全省分为三大气候区,即四川盆地中亚热带湿润气候区、川西北高山高原高寒气候区、川西南山地亚热带半湿润气候区。故本题选ABC。

此类试题考查形式常规,难度不大,但需要考生牢固掌握基础知识,努力扩充知识储备。在复习时,考生也可以通过浏览四川省人民政府网、四川省情网等获取更多相关信息,拓展知识覆盖面。

第一章 国情知识

第一节 国土和资源概况

一、自然地理

（一）我国的疆域

我国疆域的具体内容如下表所示：

疆域	具体内容			
位置	位于北半球、东半球，亚欧大陆东部，东临太平洋			
陆地面积	约960万平方千米，居世界第3位。仅次于俄罗斯、加拿大			
领土四端	东	南	西	北
	黑龙江和乌苏里江的主航道中心线的相交处	曾母暗沙	帕米尔高原	漠河以北黑龙江主航道的中心线上
陆疆	我国陆上疆界从中朝边界的鸭绿江起，到中越边界的北仑河止，长达2万多千米，共有14个陆上邻国："朝俄蒙哈吉塔阿，巴印尼泊和不丹，缅甸老挝接越南，陆上邻国依次连"			
海疆	我国有1.8万多千米的海岸线，自北向南濒临的海洋有渤海（中国内海）、黄海、东海和南海。韩国、日本、菲律宾、马来西亚、文莱和印度尼西亚6个国家与我国隔海相望			

（二）我国的地势

我国地势西高东低，呈三级阶梯状分布。西部以山地、高原和盆地为主，东部以平原和丘陵为主。我国的地势分布具体如下表所示：

地势阶梯	海拔	主要地形区
第一级阶梯	4 000米以上	青藏高原；柴达木盆地
	界线：昆仑山脉—阿尔金山脉—祁连山脉—横断山脉一线	
第二级阶梯	1 000~2 000米	内蒙古高原、黄土高原、云贵高原；准噶尔盆地、塔里木盆地、四川盆地
	界线：大兴安岭—太行山脉—巫山—雪峰山一线	
第三级阶梯	多在500米以下	东北平原、华北平原、长江中下游平原；山东丘陵、辽东丘陵、东南丘陵

（三）我国的地形

我国地形复杂多样，山区面积广大。山区包括山地、丘陵和崎岖的高原，占国土总面积的2/3。

山地、高原、盆地、平原和丘陵五种基本地形,在我国都有分布,其中比较典型的地形如下表所示:

典型地形	具体分布
四大高原	青藏高原、内蒙古高原、黄土高原、云贵高原
三大丘陵	山东丘陵、辽东丘陵、东南丘陵
四大盆地	塔里木盆地、准噶尔盆地、柴达木盆地、四川盆地
三大平原	东北平原、华北平原、长江中下游平原

(四)我国的山脉

我国的山脉众多,其中最主要的山脉分布如下表所示:

山脉走向	具体分布
东北—西南走向	主要分布在中国东部。其中,西列是大兴安岭—太行山—巫山—雪峰山;中列是长白山—武夷山;东列是台湾山脉
南北走向	主要分布在中偏西部,有贺兰山脉、横断山脉等
西北—东南走向	主要分布在中国西部,有阿尔泰山、祁连山、巴颜喀拉山等
东西走向	北列是天山—阴山,中间一列是昆仑山—秦岭,南列是南岭
弧形山系	喜马拉雅山,其主峰珠穆朗玛峰海拔8 848.86米,为世界最高山峰,位于中国与尼泊尔交界处

(五)我国的河流和湖泊

1.主要河流

我国主要的河流有长江、黄河、珠江。长江、黄河、珠江的总体走向均是自西向东。

(1)长江

长江发源于青藏高原唐古拉山脉主峰各拉丹冬峰,干流流经11个省级行政区,最终注入东海。长江全长6 300多千米(世界第三长河),流域面积180多万平方千米,年径流量约10 000亿立方米,占全国河流年径流量的1/3以上,是中国长度最长、水量最大、流域面积最广的河流。

长江流域水能资源丰富,有"水能宝库"之称。其水能资源理论蕴藏量占全国的40%,可利用水能资源占全国的一半以上,是中国水能资源最丰富的河流。

长江支流主要有雅砻江、岷江、嘉陵江、乌江、湘江、汉江、赣江。

(2)黄河

黄河发源于巴颜喀拉山北麓,干流流经9个省级行政区,最后注入渤海。黄河全长约5 464千米,是中国第二长河、世界上含沙量最大的河流(泥沙主要来源于黄土高原)。

黄河支流主要有洮河、湟水、汾河、渭河。

(3)珠江

珠江发源于云南省东部,干流流经4个省级行政区,最后注入南海。珠江是中国汛期最长、流量第二的河流。

珠江支流主要有西江、北江、东江。

2.主要湖泊

中国湖泊众多,分布范围广而不均匀,主要集中在青藏高原和长江中下游地区。

(1)淡水湖

淡水湖是指以淡水形式积存在地表上的、每升水中含盐度小于1克的湖泊。中国的淡水湖主要有:江西的鄱阳湖(中国最大的淡水湖)、湖南的洞庭湖、地跨江苏和浙江两省的太湖、江苏的洪泽湖和安徽的巢湖。

(2)咸水湖

咸水湖是指每升水中含盐度超过1克的湖泊。咸水湖通常是由于湖水不排出或排出不畅,水分蒸发导致盐分富集形成的,因此多形成于蒸发量大的干燥地区。青海的青海湖是中国面积最大的内陆咸水湖,也是中国第一大湖;西藏的纳木错是世界上海拔最高的咸水湖;山西运城盐湖因其盐水含量类似西亚的死海,人在水中可以漂浮不沉,故被誉为"中国死海"。

经典真题 (单选)下列关于中国湖泊的说法中错误的是( )。

A.位于新疆的艾丁湖是中国海拔最低的湖

B.中国最大的内陆湖是青海湖

C.中国最大的淡水湖是呼伦湖

D.被誉为"中国死海"的是运城盐湖

【答案】C。

二、资源状况

(一)我国的资源

1.基本特征

我国的资源主要有下列几个特征:

(1)自然资源总量大、种类齐全。我国不仅是世界资源大国,还是世界上少数几个矿种比较齐全的国家之一。

(2)人均资源占有量不多,许多资源人均占有量居世界后列。

(3)自然资源形势严峻。由于利用不当、管理不善,自然资源遭到破坏和浪费的现象严重。

2.主要资源

(1)水资源

我国水资源总量丰富,时空分布不均。我国是世界上缺水严重的国家之一,人均水资源占有量仅为世界平均水平的1/4。

从空间分布看,我国水资源南多北少,东多西少。从时间变化看,我国水资源季节变化大,夏秋多、冬春少。

解决我国水资源不足的主要措施包括:①跨流域调水;②兴修水库;③节约用水,防治水污染。

(2)土地资源

我国土地资源绝对数量大,人均占有少;类型复杂多样,耕地比重小;利用情况复杂,生产力地区差异明显;地区分布不均,保护和开发问题突出。

我国土地资源的分布具有如下特点:①耕地和林地主要分布在气候湿润的东部季风区。耕地主要分布在东部平原、盆地及低缓丘陵地区;林地主要分布在东北、西南、东南的山地。②草地主要分布在年平均降水量不足400毫米的西部内陆地区。

(3)矿产资源

我国矿产资源的特点:①矿产资源总量大、种类多。②分布广泛,相对集中。例如,煤、铁、石油产区以北方居多;有色金属矿则以南方居多。③伴生矿多,某些重要矿种(例如铁矿)贫矿多、富矿少。我国三大伴生矿是四川攀枝花钒钛铁矿、甘肃金昌的镍铜矿、内蒙古白云鄂博的稀土铁矿(世界上最大的稀土矿山)。④矿产资源形势严峻,一方面人均占有量少;另一方面,采富弃贫,滥采滥挖,破坏环境、破坏矿山,浪费严重,利用率低。

(二)我国的能源

1.地热能

我国的地热资源丰富,已发现的温泉有2 000多处。我国东南沿海和西藏、云南一带,有许多温泉和热泉,是地热资源丰富的地区。

地热发电是地热利用的最重要方式。地热发电和火力发电的原理是一样的,都是利用蒸汽的热能在汽轮机中转变为机械能,然后带动发电机发电。不同的是,地热发电不像火力发电需要装备庞大的锅炉,也不需要消耗燃料,它所用的能源就是地热能。地热发电的过程,就是把地下热能首先转变为机械能,然后再把机械能转变为电能的过程。

2.太阳辐射能

青藏高原日照时间及辐射量均居全国之冠。大西北的新疆、内蒙古、甘肃、宁夏一带因气候干燥、降水少、晴天多、日照时数多,是我国第二个辐射能量高值区。

长江流域虽然纬度低,但降水多,雨日多,云雾、阴天多,反而成为相对低值区。其中,云雾、阴天特多的四川盆地和有"天无三日晴"之称的贵州高原是我国辐射能低值中心。

第二节 人口和民族

一、我国的人口

我国人口的基本特征:①我国人口的突出特点是人口基数大、保持低速增长态势;②我国人口的分布特点是人口分布不均,以黑龙江黑河至云南腾冲一线为界,东南多,西北少。

二、民族与宗教

(一)民族概况

1.概况

我国共有 56 个民族,是一个统一的多民族社会主义国家。其中汉族人口最多,约占91%。其他 55 个民族被称为少数民族。我国少数民族中壮族人口最多。

汉族的分布遍及全国,主要集中在东部和中部;少数民族多分布在西南、西北和东北等边疆地区。我国的民族分布具有"大散居、小聚居、交错杂居"的特点。

我国现有的社会主义民族关系是在社会主义制度下建立起来的新型民族关系。社会主义民族关系的基本特征是平等、团结、互助与和谐。

2.部分少数民族风俗习惯和文化传统

我国部分少数民族风俗习惯和文化传统的具体内容如下表所示:

民族	传统乐器	重大节日活动或传统活动
朝鲜族	长鼓	跳板、长鼓舞
蒙古族	马头琴	那达慕大会
哈萨克族	冬不拉	古尔邦节、肉孜节
傣族	两面鼓	泼水节
藏族	神鼓	雪顿节
壮族	合欢箫	三月三
苗族	芦笙	芦笙节
彝族	葫芦丝	火把节
回族	牛头埙	开斋节

(二)民族政策

我国关于民族的基本政策包括以下几个方面:

(1)坚持民族平等与团结的原则。

(2)实行民族区域自治。在统一的祖国大家庭内,在国家统一领导下,以少数民族聚居的地区为基础,建立相应的自治地方,设立自治机关,行使自治权,自主管理本民族内部地方性事务,行使当家做主的权利,这是党和政府解决国内民族问题的基本政策和基本制度。

(3)大力培养和使用少数民族干部,大力培养各少数民族行业人才。

(4)大力发展少数民族的经济和文化。

(三)我国的宗教

我国是个多宗教的国家,我国宗教徒信奉的主要有佛教、道教、伊斯兰教、天主教和基督教。我国公民可以自由地选择、表达自己的信仰和表明宗教身份。

我国法律规定,公民在享有宗教信仰自由权利的同时,必须承担法律所规定的义务。在中国,任何人、任何团体,包括任何宗教,都应当维护人民利益,维护法律尊严,维护民族团结,维护国家统一。

第三节　综合国力

一、经济实力

坚持以经济建设为中心,不断解放和发展社会生产力。我国主要农产品产量跃居世界前列,建立了全世界最完整的现代工业体系,科技创新和重大工程捷报频传。我国基础设施建设成就显著,信息畅通,公路成网,铁路密布,高坝矗立,西气东输,南水北调,高铁飞驰,巨轮远航,飞机翱翔,天堑变通途。现在,我国是世界第二大经济体、制造业第一大国、货物贸易第一大国、商品消费第二大国、外资流入第二大国,我国外汇储备连续多年位居世界第一。

二、科技实力

近年来,在党中央坚强领导下,在全国科技界和社会各界共同努力下,我国科技实力正在从量的积累迈向质的飞跃、从点的突破迈向系统能力提升,科技创新取得新的历史性成就。

(一)航天领域

1.火星探测

火星探测是指人类通过向火星发射空间探测器,对火星进行的科学探测活动。中国行星探测任务被命名为"天问"系列。该名称源于屈原的长诗《天问》。

2020年7月,"天问一号"探测器在海南文昌由"长征五号"遥四运载火箭发射成功。"天问一号"是中国首次用于火星探测任务的探测器。

2021年5月,"天问一号"探测器搭载的"祝融号"火星车成功着陆火星,这是中国首次实现地外行星着陆。"祝融号"是中国首辆火星车。

2.太阳探测

2021年10月,中国首颗太阳探测科学技术试验卫星"羲和号"在太原卫星发射中心采用"长征二号"丁运载火箭发射成功,实现太阳探测零的突破。这标志着中国正式步入"探日时代"。"羲和号"取义"效法羲和驭天马,志在长空牧群星",象征中国对太阳探索的缘起与拓展。

2022年10月,先进天基太阳天文台"夸父一号"在酒泉卫星发射中心采用"长征二号"丁运载火箭发射升空。它是由中国太阳物理学家自主提出的综合性太阳探测专用卫星,实现了中国天基太阳探测卫星跨越式突破。

3.空间站

2010年,中国载人空间站工程立项,分为空间实验室任务和空间站任务两个阶段实施。空间实验室开展空间科学实验和技术试验,为空间站建造和运营奠定基础、积累经验。此外,空间站任务规划分为关键技术验证、组装建造和运营三个阶段。

2018年9月,"天宫二号"空间实验室圆满完成了在轨运行2年的目标。2019年7月,"天宫二号"空间实验室受控离轨再入大气层,标志着中国载人航天工程空间实验室阶段全部任务圆满完成。

中国空间站以天和核心舱、问天实验舱和梦天实验舱三舱形成"T"字基本构型,长期在轨运行。2021年4月,天和核心舱发射成功,标志着中国空间站建造进入全面实施阶段;2022年7月,问天实验舱成功发射,这是中国空间站第二个舱段,也是首个科学实验舱;2022年10月,梦天实验舱的成功发射,标志着中国空间站"T"字基本构型组装完成。

4.载人飞船

2021年10月,"神舟十三号"载人飞船在酒泉卫星发射中心发射成功,顺利将翟志刚、王亚平、叶光富三名航天员送入太空。11月17日,航天员翟志刚、王亚平成功出舱,王亚平成为中国首位进行出舱活动的女航天员。

2022年6月,"神舟十四号"载人飞船在酒泉卫星发射中心发射成功,顺利将陈冬、刘洋、蔡旭哲三名航天员送入太空。这标志着中国空间站任务转入建造阶段后的首次载人飞行任务正式开启。

2022年11月,"神舟十五号"载人飞船在酒泉卫星发射中心发射成功,顺利将费俊龙、邓清明、张陆三名航天员送入太空。这是中国空间站建造阶段的最后一次飞行任务。11月30日,"神舟十五号"航天员乘组与"神舟十四号"航天员乘组的"首次太空会师",开启中国空间站长期有人驻留时代。

2023年5月,"神舟十六号"载人飞船在酒泉卫星发射中心发射成功,顺利将景海鹏、朱杨柱、桂海潮三名航天员送入太空。这是中国载人航天工程进入空间站应用与发展阶段的首次载人飞行任务。

(二)科学考察领域

1.深海

2017年,"海斗号"自主遥控水下潜水器突破万米级长距离微细光纤传输及控制的技术瓶颈,在中国首次实现了万米海底的巡航遥控和实时视频影像传输播放。

2020年,万米级载人深潜器"奋斗者号"成功坐底"地球第四极"——西太平洋马里亚纳海沟的"挑战者深渊",深度10 909米,创造了中国载人深潜新的深度纪录。

2020年,全海深自主遥控潜水器"海斗一号"成功完成了首次海试与试验性应用任务,填补了中国万米级作业型无人潜水器的空白。

2021年,中国自主研发的"海牛Ⅱ号"钻机在南海超2 000米深水中成功下钻231米,填补了中国海底钻深大于100米、具有保压取芯功能的深海海底钻机装备的空白,刷新了世界深海海底钻机的钻深纪录。

2021 年,中国万米级载人潜水器"奋斗者号"在"探索一号"TS-21-2 航次中 23 次下潜采集深渊样本,实现了人类首次抵达雅浦海沟 8 919 米的深渊底部。

2023 年,"探索一号"科考船携"奋斗者号"载人潜水器顺利抵达三亚母港。这标志着"奋斗者号"完成了国际首次环大洋洲载人深潜科考航次任务。

2.极地

2019 年,"雪龙 2 号"极地考察船(H2560)在上海正式交付。"雪龙 2 号"极地考察船是中国首艘自主建造的极地科学考察破冰船。

2019 年,"雪龙 2 号"和"雪龙号"先后从深圳和上海出发,奔赴南极。这是中国南极科考首次"双龙探极"。

(三)其他领域

1.交通

2017 年,中国标准动车组被正式命名为"复兴号"。这是具有完全自主知识产权、达到世界先进水平的动车组列车。

2018 年,世界上最长的跨海大桥——港珠澳大桥正式开通。港珠澳大桥全长 55 千米,拥有世界最长海底沉管隧道,是世界最长的钢结构桥梁。

2019 年,中国首条基于北斗卫星和地理信息系统(GIS)技术、设计时速为 350 千米的智能高铁——京张高铁开通,这是中国"八纵八横"高铁网的重要组成部分。

2021 年,中国首座跨海高铁桥——福厦高铁泉州湾跨海大桥主桥成功合龙。福厦高铁是国内首条跨海高铁,也是国内首座跨海高速铁路桥。

2021 年,中国时速 600 千米高速磁浮交通系统在山东青岛成功下线,这是世界首套设计时速达 600 千米的高速磁浮交通系统,标志着中国已具备高速磁浮成套技术和工程化能力。时速 600 千米高速磁浮列车是当前可实现的速度最快的地面交通工具。

2.天文

2016 年,被誉为"中国天眼"的 500 米口径球面射电望远镜(FAST)在贵州落成。其由中国天文学家南仁东于 1994 年提出构想,是世界上最大的单口径射电望远镜,具有中国独立自主知识产权,于 2021 年正式向全球天文学家开放,并捕获世界最大快速射电暴样本。需要注意的是,与传统射电望远镜采用独立分块反射面单元技术不同,"中国天眼"主动反射面的主要支撑结构采用了创新性的索网技术。

2019 年,中国科学院国家天文台发布,中国自主创新研制的郭守敬望远镜(LAMOST)7 年巡天共获取 1 125 万条光谱。郭守敬望远镜是世界上口径最大的光谱巡天望远镜。

3.生物医学

2015 年,屠呦呦因先驱性地发现了青蒿素,获得了 2015 年诺贝尔生理学或医学奖。值得注意的是,青蒿素是中国首先发现并成功提取的特效抗疟药,2022 年是其问世 50 周年。问世 50 年来,青蒿素帮助中国完全消除了疟疾。

2019 年,中国科学家首次对单细胞分辨率绘制的转录组和 DNA 甲基化组动态变化过程进行了重构,再现了人类胚胎着床过程。这是人类胚胎着床过程首次被解析。

2021年,国药集团的新冠病毒灭活疫苗获得世卫组织紧急使用授权,纳入全球"紧急使用清单",这是世卫组织批准的首个中国新冠疫苗紧急使用认证。

2021年,由陈薇领衔的团队研发的中国重组新冠病毒疫苗(腺病毒载体)获国家药品监督管理局附条件批准上市注册申请。这是中国首家获批的腺病毒载体新冠病毒疫苗。

2021年,中国科学家成功合成淀粉,在国际上首次实现了二氧化碳到淀粉的全合成。

2021年,中国首次实现了从一氧化碳到蛋白质的合成,对中国降低和逐步替代对大豆蛋白的依赖战略意义重大。

三、军事实力

进入新时代以来,中国军事方面取得了举世瞩目的巨大成就,例如:

2016年,中国空军"歼-20"战机在第十一届中国航展上首次公开亮相。这是一款具备高隐身性、高态势感知、高机动性等能力的隐形第五代制空战斗机。值得注意的是,隐形飞机的"隐形"并非肉眼看不到,而是综合采用了隐身外形技术、隐身材料技术等,避开了雷达的侦查。

2019年,中国海军首艘国产航空母舰"山东舰"在海南三亚某军港交付海军,标志着中国自主设计建造的航空母舰正式投入使用。

2020年,055型驱逐舰首舰"南昌舰"归建入列仪式在山东青岛某军港码头举行。该舰的入列,标志着海军驱逐舰实现由第三代向第四代的跨越。

2022年,中国第三艘航空母舰"福建舰"在上海江南造船厂下水。这是中国完全自主设计建造的首艘弹射型航空母舰。

四、软实力

"软实力"的概念最早由美国新自由主义国际关系学派学者约瑟夫·奈于20世纪90年代提出。约瑟夫·奈认为,软实力是相对于硬实力而言的,是指能够影响他国意愿的无形的精神力,包括政治制度的吸引力、价值观的感召力、文化的感染力、外交的说服力、国际信誉以及领导人与国民形象的魅力。

1.制度方面

党的十八大以来,以习近平同志为核心的党中央紧紧围绕完善和发展中国特色社会主义制度、推进国家治理体系和治理能力现代化这个总目标全面深化改革,加强党的领导,坚持问题导向,突出重点领域,深化党和国家机构改革,在一些重要领域和关键环节取得重大进展,为党和国家事业取得历史性成就、发生历史性变革提供了有力保障。

2.外交方面

党的十九大以来,中国特色大国外交全面推进。习近平主席等党和国家领导人出访多国,通过线上和线下方式出席二十国集团领导人峰会、亚太经合组织领导人非正式会议、联合国成立75周年系列高级别会议、东亚合作领导人系列会议、中欧领导人会晤等一系列重大外交活动。成功举办上合组织青岛峰会、金砖国家领导人会晤、全球发展高层对话会、"一带一路"国际合作高峰论坛、中非合作论坛北京峰会等多场重大主场外交活动。中国作为负责任大国,在解决全球性挑战和地区热点问题上发挥了重要建设性作用,为促进世界和平与发展作出重要贡献。

3.文化方面

改革开放以来,我们始终坚持发展社会主义先进文化,加强社会主义精神文明建设,培育和践行社会主义核心价值观,传承和弘扬中华优秀传统文化,坚持以科学理论引路指向,以正确舆论凝心聚力,以先进文化塑造灵魂,以优秀作品鼓舞斗志,爱国主义、集体主义、社会主义精神广为弘扬,时代楷模、英雄模范不断涌现,文化艺术日益繁荣,网信事业快速发展,全民族理想信念和文化自信不断增强,国家文化软实力和中华文化影响力大幅提升。

第四节　社会主义初级阶段特征

一、社会主义初级阶段的科学含义

社会主义初级阶段,特指我国从进入社会主义到基本实现社会主义现代化的整个历史阶段。这意味着:①我国已经进入社会主义社会,我们必须坚持而不能离开社会主义;②我国的社会主义社会正处于并将长期处于初级阶段,我们必须正视而不能超越这个阶段。

二、我国社会主义初级阶段理论基本内容

(一)社会主义初级阶段的主要矛盾变化

党的十九大报告指出,中国特色社会主义进入新时代,我国社会主要矛盾已经转化为人民日益增长的美好生活需要和不平衡不充分的发展之间的矛盾。

(二)党在社会主义初级阶段的基本路线与基本纲领

《中国共产党章程》规定,中国共产党在社会主义初级阶段的基本路线是领导和团结全国各族人民,以经济建设为中心,坚持四项基本原则,坚持改革开放,自力更生,艰苦创业,为把我国建设成为富强民主文明和谐美丽的社会主义现代化强国而奋斗。

党的十五大制定了党在社会主义初级阶段的基本纲领:①政治纲领是在中国共产党的领导下,在人民当家作主的基础上,依法治国,发展社会主义民主政治;②经济纲领是在社会主义条件下发展市场经济,不断解放和发展生产力;③文化纲领是以马克思主义为指导,以培育有理想、有道德、有文化、有纪律的公民为目标,发展面向现代化、面向世界、面向未来的,民族的、科学的、大众的社会主义文化。

三、建设中国特色社会主义

(一)建设中国特色社会主义的进程

我国建设中国特色社会主义的进程及其具体说明如下表所示:

进程	具体说明
党的十二届六中全会	提出了社会主义现代化建设的总体布局：以经济建设为中心，坚定不移地进行经济体制改革、政治体制改革，加强精神文明建设，并且使这几个方面互相配合，互相促进
党的十三大	确立了党在社会主义初级阶段的基本路线
党的十四大	提出建立社会主义市场经济体制
党的十五大	提出党在社会主义初级阶段的基本纲领，进一步明确了建设中国特色社会主义经济、政治、文化的基本目标和基本政策
党的十六大	明确提出，全面建设小康社会，就是要使经济更加发展、民主更加健全、科教更加进步、文化更加繁荣、社会更加和谐、人民生活更加殷实，不断促进社会主义物质文明、政治文明、精神文明协调发展，推动社会全面进步和促进人的全面发展
党的十七大	明确提出，中国特色社会主义伟大旗帜，是当代中国发展进步的旗帜，是全党全国各族人民团结奋斗的旗帜
党的十八大	明确提出，全面落实经济建设、政治建设、文化建设、社会建设、生态文明建设"五位一体"总体布局
党的十九大	明确提出，中国特色社会主义进入了新时代
党的二十大	明确提出，从现在起，中国共产党的中心任务就是团结带领全国各族人民全面建成社会主义现代化强国、实现第二个百年奋斗目标，以中国式现代化全面推进中华民族伟大复兴

(二)中国特色社会主义理论体系

中国特色社会主义理论体系是包括邓小平理论、"三个代表"重要思想、科学发展观在内的科学理论体系，是对马克思列宁主义、毛泽东思想的坚持和发展。

1.邓小平理论

邓小平理论的精髓是解放思想、实事求是。解放思想是实事求是的内在要求和前提，实事求是是解放思想的目的和归宿。

邓小平理论的首要问题是"什么是社会主义、怎样建设社会主义"。

社会主义的本质是解放生产力，发展生产力，消灭剥削，消除两极分化，最终达到共同富裕。

社会主义的根本任务是解放生产力和发展生产力。

2."三个代表"重要思想

"三个代表"是指中国共产党始终代表中国先进生产力的发展要求，始终代表中国先进文化的前进方向，始终代表中国最广大人民的根本利益。

"三个代表"重要思想是中国共产党的立党之本、执政之基、力量之源，也是我们党先进性的集中体现。

3.科学发展观

科学发展观的第一要义是发展；科学发展观的核心是以人为本；科学发展观的基本

要求是全面协调可持续;科学发展观的根本方法是统筹兼顾。

(三)习近平新时代中国特色社会主义思想

习近平新时代中国特色社会主义思想是当代中国马克思主义、21世纪马克思主义,是中华文化和中国精神的时代精华,实现了马克思主义中国化新的飞跃。

1.回答的时代课题

习近平同志对关系新时代党和国家事业发展的一系列重大理论和实践问题进行了深邃思考和科学判断,就新时代坚持和发展什么样的中国特色社会主义、怎样坚持和发展中国特色社会主义,建设什么样的社会主义现代化强国、怎样建设社会主义现代化强国,建设什么样的长期执政的马克思主义政党、怎样建设长期执政的马克思主义政党等重大时代课题,提出一系列原创性的治国理政新理念新思想新战略。习近平同志是习近平新时代中国特色社会主义思想的主要创立者。

2.核心内容——"十个明确"

党的十九届六中全会通过《中共中央关于党的百年奋斗重大成就和历史经验的决议》,提出了"十个明确"的战略思想和创新理念:

(1)明确中国特色社会主义最本质的特征是中国共产党领导,中国特色社会主义制度的最大优势是中国共产党领导,中国共产党是最高政治领导力量,全党必须增强"四个意识"、坚定"四个自信"、做到"两个维护"。

(2)明确坚持和发展中国特色社会主义,总任务是实现社会主义现代化和中华民族伟大复兴,在全面建成小康社会的基础上,分两步走在21世纪中叶建成富强民主文明和谐美丽的社会主义现代化强国,以中国式现代化推进中华民族伟大复兴。

(3)明确新时代我国社会主要矛盾是人民日益增长的美好生活需要和不平衡不充分的发展之间的矛盾,必须坚持以人民为中心的发展思想,发展全过程人民民主,推动人的全面发展、全体人民共同富裕取得更为明显的实质性进展。

(4)明确中国特色社会主义事业总体布局是经济建设、政治建设、文化建设、社会建设、生态文明建设五位一体,战略布局是全面建设社会主义现代化国家、全面深化改革、全面依法治国、全面从严治党四个全面。

(5)明确全面深化改革总目标是完善和发展中国特色社会主义制度、推进国家治理体系和治理能力现代化。

(6)明确全面推进依法治国总目标是建设中国特色社会主义法治体系、建设社会主义法治国家。

(7)明确必须坚持和完善社会主义基本经济制度,使市场在资源配置中起决定性作用,更好发挥政府作用,把握新发展阶段,贯彻创新、协调、绿色、开放、共享的新发展理念,加快构建以国内大循环为主体、国内国际双循环相互促进的新发展格局,推动高质量发展,统筹发展和安全。

(8)明确党在新时代的强军目标是建设一支听党指挥、能打胜仗、作风优良的人民军队,把人民军队建设成为世界一流军队。

(9)明确中国特色大国外交要服务民族复兴、促进人类进步,推动建设新型国际关系,推动构建人类命运共同体。

(10)明确全面从严治党的战略方针,提出新时代党的建设总要求,全面推进党的政治建设、思想建设、组织建设、作风建设、纪律建设,把制度建设贯穿其中,深入推进反腐败斗争,落实管党治党政治责任,以伟大自我革命引领伟大社会革命。

经典真题▶ (单选)习近平主席指出:"亲仁善邻、协和万邦是中华文明一贯的处世之道。"在新时代,体现上述思想的治国理念是( )。

A.构建人类命运共同体的理念   B.金山银山的理念

C.绿色发展的理念   D.自由贸易的理念

【答案】A。

中公解题:习近平主席指出的"亲仁善邻、协和万邦"强调的是人与人之间的友好关系,以及国家与国家之间的友好关系,属于外交层面的治国理念。在习近平新时代中国特色社会主义思想的指导下,中国特色大国外交要推动构建新型国际关系,推动构建人类命运共同体,始终做世界和平的建设者、全球发展的贡献者、国际秩序的维护者。A项中"构建人类命运共同体"属于外交层面的治国理念,当选。B项中"金山银山"属于生态文明层面的治国理念。C项中"绿色发展"属于新发展理念之一,与经济相关。D项中"自由贸易"属于经济层面的治国理念。

第五节　外交政策

中国外交政策的宗旨是维护世界和平、促进共同发展。中国坚持独立自主的和平外交政策,始终不渝走和平发展道路,始终不渝奉行互利共赢的开放战略,愿意在和平共处五项原则的基础上同所有国家建立和发展友好合作关系,推动建设持久和平、共同繁荣的和谐世界。

党的十八大以来,以习近平同志为核心的党中央逐渐形成了中国特色大国外交系列新理念。我国外交新理念及主要成果如下表所示:

新理念	主要成果
"真、实、亲、诚"	2013 年 3 月,习近平同志在坦桑尼亚尼雷尔国际会议中心的演讲中提出:对待非洲朋友,我们讲一个"真"字;开展对非合作,我们讲一个"实"字;加强中非友好,我们讲一个"亲"字;解决合作中的问题,我们讲一个"诚"字
正确义利观	2013 年 3 月,习近平同志在访问非洲时首次提出要坚持"正确义利观"的重要外交思想。其内容包括:在国际关系中践行"正确义利观",政治上秉持公道正义、坚持平等相待,经济上坚持互利共赢、共同发展;要做到义利兼顾,讲信义、重情义、扬正义、树道义;要做好对外援助工作,真正做到弘义融利

（续表）

新理念	主要成果
新型国际关系	2013 年 3 月，习近平同志在俄罗斯的莫斯科国际关系学院演讲时提出各国应共同推动建立以合作共赢为核心的新型国际关系 党的十九大报告指出，推动建设相互尊重、公平正义、合作共赢的新型国际关系
"一带一路"	2013 年 9 月，习近平同志在哈萨克斯坦纳扎尔巴耶夫大学演讲时首次提出共建丝绸之路经济带的构想 2013 年 10 月，习近平同志在印度尼西亚国会上首次提出共同建设 21 世纪"海上丝绸之路"的倡议
"亲、诚、惠、容"	2013 年 10 月，习近平同志在周边外交工作座谈会上指出，我国周边外交的基本方针，就是坚持与邻为善、以邻为伴，坚持睦邻、安邻、富邻，突出体现"亲、诚、惠、容"的理念
亚洲安全观	2014 年 5 月，习近平同志在亚洲相互协作与信任措施会议第四次峰会上的讲话中强调，要积极倡导共同、综合、合作、可持续的亚洲安全观，搭建地区安全和合作新架构，努力走出一条共建、共享、共赢的亚洲安全之路
新发展观	2015 年 9 月，习近平同志在联合国可持续发展峰会上，倡导共同走出一条公平、开放、全面、创新的发展之路，努力实现各国共同发展
构建人类命运共同体	2011 年发表的《中国的和平发展》白皮书指出，形成"你中有我、我中有你"的命运共同体。这是中国首次提出"命运共同体"的概念 2017 年 1 月，习近平同志在日内瓦万国宫出席"共商共筑人类命运共同体"高级别会议，从历史和哲学高度为世界释疑解惑：构建人类命运共同体，建设一个持久和平、普遍安全、共同繁荣、开放包容、清洁美丽的世界 2017 年 3 月，"构建人类命运共同体"重要理念首次载入联合国安理会决议
习近平外交思想	2018 年 6 月，习近平同志在中央外事工作会议上强调，我们要全面贯彻落实新时代中国特色社会主义外交思想，不断为实现中华民族伟大复兴的中国梦、推动构建人类命运共同体创造良好外部条件。自此，习近平新时代中国特色社会主义外交思想正式形成 习近平外交思想，主要体现为"十个坚持"：①坚持以维护党中央权威为统领加强党对对外工作的集中统一领导。②坚持以实现中华民族伟大复兴为使命推进中国特色大国外交。③坚持以维护世界和平、促进共同发展为宗旨推动构建人类命运共同体。④坚持以中国特色社会主义为根本增强战略自信。⑤坚持以共商共建共享为原则推动"一带一路"建设。⑥坚持以相互尊重、合作共赢为基础走和平发展道路。⑦坚持以深化外交布局为依托打造全球伙伴关系。⑧坚持以公平正义为理念引领全球治理体系改革。⑨坚持以国家核心利益为底线维护国家主权、安全、发展利益。⑩坚持以对外工作优良传统和时代特征相结合为方向塑造中国外交独特风范

第二章 省情知识

第一节 社会历史简况

一、行政区划、人口与民族分布概况

(一)行政区划

四川省地处我国西南内陆腹地,西临青藏高原,北拥秦巴山地,东据长江三峡,南依云贵高原,全省面积为 48.6 万平方千米,辖 21 个市(州),分别是成都市、自贡市、攀枝花市、泸州市、德阳市、绵阳市、广元市、遂宁市、内江市、乐山市、南充市、宜宾市、广安市、达州市、巴中市、雅安市、眉山市、资阳市、阿坝藏族羌族自治州、甘孜藏族自治州、凉山彝族自治州。四川省是我国的资源大省、人口大省、经济大省。

(二)人口

2022 年年末,四川省常住人口为 8 374 万人,比上年年末增加 2 万人,其中城镇人口为 4 886.2 万人,乡村人口为 3 487.8 万人。常住人口城镇化率为 58.35%,比上年年末提高 0.53 个百分点。2022 年年末,全省户籍人口为 9 067.5 万人,比上年年末减少 27 万人。

(三)民族分布

四川为多民族聚居地,素有"民族走廊"之称。彝族、藏族、羌族、苗族、回族、蒙古族、土家族、傈僳族、满族、纳西族、布依族、白族、壮族、傣族为省内世居少数民族。

四川有全国唯一的羌族聚居区、最大的彝族聚居区和全国第二大藏族聚居区。少数民族主要聚居在凉山彝族自治州、甘孜藏族自治州、阿坝藏族羌族自治州、乐山市的马边彝族自治县和峨边彝族自治县、绵阳市的北川羌族自治县。

二、悠久的历史与古蜀文明

(一)悠久的历史

考古证明,旧石器时期今四川境内就有人类活动,在距今 4 000~5 000 年,成都平原地区是长江上游区域文化的起源中心,其中广汉三星堆和成都金沙遗址,是古蜀国政治、经济和文化中心。农业文明和城市文明兴起很早,历史上四川的农业、冶金、丝织、建筑等都得到了一定发展。

四川简称"川"或"蜀"。在商周时期,四川地区建立了两个国家:一个是在今川西地区,以古蜀族为中心建立的蜀国;另一个是在今川东地区(包括今重庆市),由古巴族为中心建立的巴国。所以,四川地区古称"巴蜀"。

公元前 316 年,秦灭巴蜀,置巴、蜀二郡。汉时,其属益州。唐时,其属剑南道及山南东、西等道。宋置川陕路,后分置益、梓、利、夔四路,总称四川路,至此始有"四川"之名。元设四川行中书省,简称"四川行省"。明置四川布政使司,辖区内还包括今贵州遵义和云南东北部及贵州西北部。清时,其为四川省,并对川、滇、黔三省省界进行较大调整,基本确定了现在四川的南部省界。

(二)古蜀文明

在历史的长河中,蜀人创造了与中原文化不同的、光灿夺目的古蜀文明,三星堆和金沙遗址文化就是其鼎盛时期的代表。

德阳市发现的三星堆遗址文化堆积距今约 4 500~2 800 年,为古蜀国都城遗址,年代约为商代。

成都市区发现的金沙遗址是公元前 12 世纪至公元前 7 世纪（距今约 3 200~2 900 年）长江上游古代文明中心——古蜀王国的都邑。

三、四川文化与近代史上的主要历史事件

(一)四川文化特点

四川文化的特点及其具体说明如下表所示:

特点	具体说明
文明渊源深厚	宋代出现了全世界最早的纸币"交子"。巴蜀的科技在历史上很发达,在青铜冶炼、种植、天文学、数学、医学等方面均有巨大成就
地方特色显著	四川主要属于巴蜀文化区,如川剧、川菜、蜀绣、蜀锦、漆器等带有强烈的地方特色
文化珍品荟萃	广汉三星堆和成都金沙遗址出土的大量金器、铜器、玉器和陶器都属文物精品。金沙遗址出土的"太阳神鸟"被国家文物局批准为"中国文化遗产"标志
兼容多元文化	四川文化在发展过程中,本土文化与四方文化不断融合,逐渐形成巴蜀文化多元、兼容、开放的特点

(二)四川文化符号

1.川剧

川剧是四川文化的一大特色。成都是戏剧之乡。清代乾隆时,在本地车灯戏基础上,吸收融汇苏、赣、皖、鄂、陕、甘各地声腔,形成含有高腔、胡琴、昆腔、灯戏、弹戏五种声腔的用四川话演唱的"川剧"。

变脸是川剧表演艺术的特殊技巧之一,是揭示剧中人物内心思想感情的一种浪漫主义手法,把不可见、不可感的抽象的东西变成可见、可感的具体的东西。变脸的手法大体上分为三种,它们是"抹脸""吹脸""扯脸",此外,还有一种"运气"变脸。

2.川茶

川茶历史悠久,四川是我国茶的原产地之一。四川盆地周围具有较广阔的丘陵地

带,这里气候湿润,降水丰富,丘陵的排水性较好,土壤呈酸性,适宜茶树生长。

3.川酒

四川自古就是名酒的故乡。四川的名酒有五粮液、泸州老窖、剑南春、全兴大曲、郎酒、沱牌、水井坊等。

(三)近代史上的主要历史事件

1.四川辛亥保路运动

1911年秋发生的保路运动,是四川人民反对清王朝对四川铁路权的出卖和帝国主义对四川铁路权的抢夺的一次革命。此次革命使清王朝的专制统治首先在四川被冲破,加速了全国革命运动的发展进程,为武昌起义创造了条件,成为辛亥革命的前奏,是中国资产阶级民主革命的先导和重要一环。

2.川陕革命根据地

川陕革命根据地是中国工农红军第四方面军于1932年12月战略转移到四川、陕西边界地区, 在川陕边区党组织和广大劳动群众的配合支持下建立的一块苏维埃区域,其是中华苏维埃共和国的第二个大区域。

3.长征经过四川

长征途中,毛泽东同志领导中国工农红军声东击西,四渡赤水(川贵间),打乱敌人的"追剿"计划,然后渡过金沙江(云川间),冲出了敌人的包围圈。红军继续北上,强渡大渡河(川内),翻越冰封雪盖的夹金山(川内),穿过渺无人烟的大草地(川内),进入甘肃、陕西。整个长征在四川境内停留时间最长,大多数重大的军事行动在四川展开。

四、科技教育优势与杰出人才

(一)科技教育优势

四川省是国家系统推进全面创新改革试验的八个区域之一,拥有中国(四川)自由贸易试验区、成都国家自主创新示范区、天府新区、绵阳科技城、攀西战略性资源创新开发试验区等多个重大区域创新平台。有各级各类学校2.39万所,高等学校134所,有国家重点实验室16个,128家省级重点实验室。

(二)杰出人才

四川古代杰出人才的代表主要有司马相如、落下闳、扬雄、常璩、陈寿、陈子昂、李白、苏东坡、秦九韶、杨慎、李调元等。唐宋时期的杜甫、黄庭坚和陆游等人,在第二故乡四川留下的踪迹(如成都杜甫草堂),甚至成为他们留在中华大地上的主要纪念地。

四川近代杰出人才的代表主要有吴玉章、张澜、晏阳初、郭沫若、巴金、张大千、李劼人等。此外,我国改革开放的总设计师邓小平同志出生于四川广安,老一辈无产阶级革命家朱德(仪陇人)、陈毅(乐至人)、罗瑞卿(南充人),开国上将张爱萍(达县人)、陈伯钧(达县人)等也都出生在四川。

第二节　自然地理概况

一、自然地理

(一)地理位置

四川位于中国西南,地处长江上游,东西长 1 000 余千米,南北宽 900 余千米。其东连重庆,南邻云南、贵州,西接西藏,北接青海、甘肃、陕西三省。

(二)地形地貌

四川地貌东西差异大,地形复杂多样。

四川位于我国大陆地势三大阶梯中的第一级和第二级,高低悬殊、西高东低的特点特别明显。

四川可分为四川盆地、川西北高原和川西南山地三大部分。

(三)气候

四川地处我国青藏高原向东部平原过渡地带,气候复杂,地带性和垂直变化十分明显,东西部差异很大,分为三大气候区:四川盆地中亚热带湿润气候区、川西南山地亚热带半湿润气候区、川西北高山高原高寒气候区。

四川气候总的特点是:①季风气候明显,雨热同季;②区域间差异显著,东部冬暖、春早、夏热、秋雨、多云雾、少日照、生长季长,西部则寒冷、冬长、基本无夏、日照充足、降水集中、干雨季分明;③气候垂直变化大,气候类型多;④气象灾害种类多,发生频率高且范围大,主要有干旱,其次是暴雨、洪涝和低温等。

二、自然资源

(一)土地资源

四川由于人口众多,人均土地面积低于全国平均水平,人多地少的矛盾十分突出。

四川地貌复杂多样,有山地、丘陵、平原和高原 4 种地貌类型,分别占全省总面积的77.1%、12.9%、5.3% 和 4.7%。

四川土地利用以林牧业为主,林牧地集中分布于盆周山地和西部高山高原,占总土地面积的 68.9%;耕地则集中分布于东部盆地和低山丘陵区,占全省耕地的 85% 以上;园地集中分布于盆地丘陵和西南山地,占全省园地的 70% 以上;交通用地和建设用地集中分布在经济较发达的平原区和丘陵区。

(二)生物资源

四川生物资源十分丰富,保存有许多珍稀、古老的动植物种类,是全国乃至世界的珍贵物种基因库之一。

四川有高等植物 1 万余种,占全国总数的 1/3,仅次于云南,居全国第 2 位。

四川动物资源丰富。全省有脊椎动物近 1 300 种,占全国总数的 45% 以上,兽类和鸟类约占全国的 53%。四川有国家重点保护野生动物 145 种,居全国第 1 位。

(三)水资源与水能资源

四川水资源丰富,居全国前列。水资源以河川径流最为丰富,境内共有大小河流近 1 400 条,号称"千河之省"。

四川水能资源理论蕴藏量达 1.43 亿千瓦,占全国的 21.2%,仅次于西藏。其中,技术可开发量达 1.03 亿千瓦,占全国的 27.2%;经济可开发量达 7 611.2 万千瓦,占全国的 31.9%。技术可开发量和经济可开发量均居全国首位,是全国最大的水电开发和西电东送基地。

(四)矿产资源

四川地质构造复杂,成矿条件有利,矿产资源丰富,矿产种类齐全。

四川矿产资源的特点:一是资源总量丰富,但人均占有量低于全国水平;资源种类齐全,但多数矿种储量不足。二是大型或特大型矿床分布集中,区域特色明显,有利于形成综合性的矿物原料基地。三是部分重要矿产以贫矿和低品质矿为主,富矿不足。除铅、锌、镉、银、岩盐、钙芒硝等品位稍高外,其他矿产多为中、贫矿。四是矿床的共生、伴生矿多,具有重要的综合利用价值,但增加了采矿和选冶工艺难度。

三、"天府之国"与长江上游生态屏障

(一)"天府之国"

四川被称为"天府之国"是由于它自身所处的独特地理位置和优越的自然环境。

历史上所说的"天府之国"主要是指四川盆地,并不包括现今的川西北高原和川西南山地。四川盆地土地肥沃,气候温和、雨量充沛,特别是秦国修建了都江堰水利工程之后,成都平原成了"水旱从人,不知饥馑"的"天府之土"。因而,成都平原成了中国历史上农业和手工业都十分发达的地区,成了中央王朝的主要粮食供给基地和赋税的主要来源,故称"天府"。

四川盆地周围都是崇山峻岭,西北面是龙门山和青藏高原,北面是米仓山和大巴山,东面是巫山,南面是大娄山和云贵高原,西面是大凉山和邛崃山等山脉,交通闭塞,古称"四塞之国"。在冷兵器时代,它具有易守难攻的特殊战略地位,因而避免了历史上很多次战争的破坏,得到了一个相对安定的社会环境,这就更有利于其社会经济的发展。

历史上最早称四川为"天府"的文章是诸葛亮的《隆中对》:"益州险塞,沃野千里,天府之土,高祖因之,以成帝业。"

(二)长江上游生态屏障

四川地处长江上游,除川西北草地的白河、黑河注入黄河外,96.5% 的土地均属长江水系。

长江上游金沙江及主要支流雅砻江、大渡河、岷江、嘉陵江纵贯全境。西部天然林主要集中在以上江河水源头和周围山脉地带。这个区域内的天然林对涵养水源、保持水土、

改善人类自身及众多野生动物的生存环境，庇护长达 6 380 千米的整个长江流域的生态平衡和国土安全，都具有其他任何工程措施所不可替代的功能，被视为长江的绿色屏障。

四川珍贵的森林资源，是中华民族生存繁衍的重要依托。四川既有丰富的天然林，又有茂盛的人工林，是中国重点林区和林业发展的重点省份之一。

四、大熊猫的故乡

大熊猫是中国特产的野生动物，主要生活在中国青藏高原东部边缘、四川盆地西缘一带的高山峡谷中。全国有 1 000 余只大熊猫，大部分生活在四川，因此四川素有"熊猫故乡"之称。西方世界对大熊猫的认识开始于四川宝兴。

---| 知识拓展 |---

四川省文化与旅游名片的口号是"天府三九大，安逸走四川"，其中，"三"即三星堆，"九"即九寨沟，"大"即大熊猫。

五、世界自然文化遗产

四川拥有的世界自然文化遗产如下表所示：

名称	具体说明
青城山—都江堰旅游景区	位于成都平原西北部，是"国家级重点风景名胜区""国家 5A 级旅游区""全国重点文物保护单位""国家级文明风景区""全国爱国主义教育示范基地"
九寨沟风景名胜区	四川六大景区"世界遗产最佳旅游精品线"的龙头，先后获得"世界自然遗产""人与生物圈保护区"等国际桂冠
黄龙风景名胜区	获得世界生物圈保护区和"绿色环球 21"认证、国家地质公园、国家 5A 级旅游景区等殊荣，是中国唯一保护完好的高原湿地
成都大熊猫栖息地	成都大熊猫繁育研究基地以造园手法模拟了大熊猫野外生态环境，营建了适宜大熊猫及多种珍稀野生动物生息繁衍的生态环境
峨眉山—乐山大佛	中国佛教圣地，被誉为"佛国天堂"，是普贤菩萨的道场。以其"雄、秀、神、奇、灵"的自然景观和深厚的佛教文化，被联合国教科文组织列入《世界文化与自然遗产名录》

六、国家重点风景名胜区（部分）

四川拥有的国家重点风景名胜区（部分）如下表所示：

名称	具体说明
北川羌城旅游区	由北川地震遗址区、北川新县城、北川地震纪念馆、北川羌族民俗博物馆、吉娜羌寨等景点组成
四姑娘山风景区	位于四川省阿坝藏族羌族自治州小金县与汶川县交界处，是横断山脉东部边缘邛崃山系的最高峰。举世闻名的卧龙大熊猫自然保护区就坐落在四姑娘山东坡
三星堆博物馆	是迄今为止在西南地区发现的范围最大、延续时间最长、文化内涵最丰富的古城、古国、古蜀文化遗址

七、四川战胜了两次特大地震灾害

2008年以来,四川省在党中央、国务院的坚强领导和省委、省政府的有力指挥下,不惧危难,战胜了汶川地震、芦山地震两次特大地震灾害。这两次地震灾害的具体情况如下:

2008年5月12日,四川汶川遭遇8级地震。汶川大地震是中国自1949年以来破坏性最强、波及范围最大的一次地震,地震的强度、烈度都超过了1976年的唐山大地震。

2013年4月20日,四川雅安芦山发生7级地震。震源深度13千米。震中距成都约100千米。成都、重庆及陕西的宝鸡、汉中、安康等地均有较强震感。

第三节　经济发展和人民生活

一、综合实力

2022年四川省地区生产总值(GDP)56 749.8亿元,按可比价格计算,比上年增长2.9%。其中,第一产业增加值5 964.3亿元,增长4.3%;第二产业增加值21 157.1亿元,增长3.9%;第三产业增加值29 628.4亿元,增长2.0%。人均地区生产总值67 777元,增长2.9%。

二、民族自治地方经济

2022年四川省民族自治地方(包括阿坝藏族羌族自治州、甘孜藏族自治州、凉山彝族自治州和北川羌族自治县、峨边彝族自治县、马边彝族自治县)实现地区生产总值3 236.7亿元,比上年增长4.8%。其中,第一产业增加值687.6亿元,增长4.2%;第二产业增加值1 055.8亿元,增长7.1%;第三产业增加值1 493.3亿元,增长3.6%。

三、民营经济

2022年四川省民营经济增加值30 467.9亿元,比上年增长1.2%,占地区生产总值的比重为53.7%。其中,第一产业增加值1 463.9亿元,增长3.9%;第二产业增加值13 378.4亿元,增长1.2%;第三产业增加值15 625.6亿元,增长1.0%。

四、人民生活概况

2022年四川省全体居民人均可支配收入30 679元,比上年增长5.5%。

按常住地分,城镇居民人均可支配收入43 233元,比上年增加1 789元,比上年增长4.3%。其中,工资性收入25 053元,增长4.7%;经营净收入4 999元,增长4.2%;财产净收入3 381元,增长1.8%;转移净收入9 801元,增长4.4%。城镇居民人均消费支出27 637元,增长2.5%。

2022年四川省农村居民人均可支配收入18 672元,比上年增加1 097元,比上年增长6.2%。农村居民人均消费支出17 199元,增长4.6%。

第四篇

04

公文写作

开篇明义

公文写作是四川事业单位综合知识科目考试的常考内容,考查内容主要包括公文基础知识和公文的撰写,考查题型除一般学科涉及的单项选择题、多项选择题、判断题之外,还包括案例分析题或公文实务题。

通过分析 2019—2023 年四川事业单位综合知识科目考试真题可知,公文写作试题在四川各地事业单位综合知识科目考试中占比不一,少的占 7%~9%,多的可达 15%。通过真题分析,我们能够得出本篇各章内容的考查占比情况和高频考点,具体如下所示:

章名	考查占比	高频考点
公文基础知识	19.5%	①公文的主要分类方法及分类;②公文主体的格式规范;③公文办理
公文的撰写	80.5%	①通知;②函;③意见;④感谢信

根据上表,结合四川事业单位综合知识科目考试的考查形式,公文写作试题的具体考查特点如下:

1.多考查公文格式以及法定公文的撰写

四川事业单位综合知识科目考试对于公文写作的考查,主要涉及公文基础知识和公文的撰写。其中,又以考查公文格式规范、公文处理和常用法定公文的撰写为主。此类试题难度不大,设问方式简单,经常直接考查相关内容,需要考生准确记忆要点。以下题为例:

2023·四川省属 (单选)××市人民政府拟制关于表彰青少年科技创新市长奖的公文。下列不属于该公文拟制程序的是( )。

A.起草
B.审核
C.登记
D.签发

解析:《党政机关公文处理工作条例》(2012 年)第十八条规定,"公文拟制包括公文的起草、审核、签发等程序"。故本题选 C。

公文写作试题涉及内容范围广泛,要点繁杂,但其考点基本出自《党政机关公文格式》和《党政机关公文处理工作条例》两个文件。因此在备考时,考生应熟练掌握上述两个文件,尤其是关于公文种类、公文处理以及公文格式的内容。

2.重视对公文知识的实际应用

在四川事业单位综合知识科目考试的公文写作试题中,常涉及一类特殊题型,在省属综合知识科目考试中叫作案例分析题,在个别地区综合知识科目考试中叫作公文实务题。这类题目常结合一则公文考查考生对公文写作知识的掌握和运用程度。以下题为例:

✕✕市人民政府办公室关于2022年全市政府系统"好公文"评选结果的通报

✕✕新区管委会,各县(区)人民政府,市政府工作部门,有关企事业单位:

为提高公文写作水平,提升全市政府系统办文质量,根据《✕✕市政府系统"好公文"申报评选办法》,市政府办公室组织对各县(区)政府办公室、市政府工作部门、重点企事业单位报送的参选公文逐一进行了综合评审,评选出一等三篇、二等八篇、三等十五篇。经市政府领导同意,决定对《✕✕市气象局关于8月极端高温干旱气象服务工作开展情况的报告》(✕气〔2022〕50号)等二十六篇好公文予以通报表扬。

希望获得表扬的单位再接再厉、精益求精、多出精品。全市政府系统办公室要以获奖单位为榜样,加强公文处理、公文写作人才队伍建设,不断优化完善公文处理制度机制。广大文秘工作人员要进一步增强责任感和使命感,守正创新、实干争先,不断提高公文写作和处理水平,努力推动全市政府系统公文质量再上新台阶。

✕✕市人民政府

2023年3月2日

2023·四川省属 (多选)下列关于该公文的说法,正确的有( )。

A.文种使用得当

B.采用条文式结构

C.行文方向为下行文

D.表达方式以议论为主,叙述为辅

解析: A项说法正确。通报适用于表彰先进、批评错误、传达重要精神和告知重要情况。通报按其内容性质可分为:①表彰性通报;②批评性通报;③情况通报。✕✕市人民政府办公室通报表扬二十六篇好公文,属于表彰性通报。

B项说法错误。条文式结构下的款或项独立成段,各段之间的内容具有相关性。该公文属于两段式结构。两段式是内容简单、篇幅简短的公文常用的形式,即行文的缘由和行文事项为一段,希望、要求等结尾语为一段。

C项说法正确。根据材料中"经市政府领导同意"可知该公文属于下行文。

D项说法错误。通报侧重说明与叙述,通过平实而具体地叙事与入情入理地分析,使读者心悦诚服,从而使通报达到倡导和鉴戒的作用。

故本题选AC。

此类试题一般提供一则公文材料,并配有2至3道选择题,要求考生根据公文材料,选出符合该公文的说法或公文存在的错误,等等。想要作答此类试题,考生需要在掌握公文知识的基础上,做到熟练运用。

第一章 公文基础知识

第一节 公文概述

一、公文的含义

公文是公务文书的简称,是指在公务活动中按一定程序和格式形成和使用的、表述社会集团意志的文字材料。

广义的公文包括法定公文、专用公文和事务文书。狭义的公文是指法定公文和专用公文。

公文的适用范围和具体分类如下表所示:

公文种类	适用范围	具体分类
法定公文 (通用公文)	在党政机关、团体、企事业单位中普遍通行适用	《党政机关公文处理工作条例》规定的 15 种公文
专用公文	局限在一定的工作部门和特定的业务范围内根据特殊需要而使用的公文	外交公文、军事公文、司法公文、经济公文、科技公文等
事务文书 (业务文书或日用文书)	机关、团体、企事业单位处理日常事务所使用的非正式文件,因为它们不属于法定文件所规定的正式公文,所以不能单独行文,也不具有法定效力,仅在制发机关内部具有一定效力	计划、总结、简报、报表、记录、调查报告等

二、公文的主要分类方法及分类

公文可以从不同的角度进行分类。常用的分类方法有以下几种:

1.按适用范围分类

《党政机关公文处理工作条例》第八条将公文分为 15 类:决议、决定、命令(令)、公报、公告、通告、意见、通知、通报、报告、请示、批复、议案、函、纪要。该工作条例在《国家行政机关公文处理办法》(2012 年已废止)的基础上新增了公报和决议,并将会议纪要改为纪要。

经典真题▷ (单选)为了推进党政机关公文处理工作科学化、制度化、规范化,我国从 2012 年 7 月 1 日起施行了新修订的《党政机关公文处理工作条例》。根据该条例,我国法定行政机关公文由以前的 13 种增至 15 种。新增的两种公文的文种是( )。

A.公报、决议
B.公报、议案
C.纪要、决议
D.纪要、公告

【答案】A。

2.按公文来源分类

按公文的来源,公文可分为收文和发文两种。收文,是指本机关收到上级、下级及不相隶属机关单位所制发的文件。发文,是指本机关拟制并向外发送的文件。

3.按行文方向分类

按行文方向区分,公文可分为下行文、平行文、上行文三种。其具体内容如下表所示:

类别	含义	常用文种
下行文	向所属下级机关发送的公文	命令(令)、决定、公告、通告、通报、批复
平行文	同级机关或不相隶属机关之间往来的公文	函
上行文	向所属上级机关呈送的公文	报告、请示

4.按性质作用分类

按公文的性质作用,公文可分为法规性公文、指挥性公文、报请性公文、公布性公文、通联性公文和记录性公文六种。其具体内容如下表所示:

类别	含义	常用文种
法规性公文	国家权力机关、行政机关根据法定权限制发的、对人们或组织的行为规范和准则作出规定的公文,带有明显的强制性和约束力	条例、规定、办法、细则
指挥性公文	上级机关根据法定的职能权限,对下级机关宣布决策、部署工作,实施指挥、协调和管理的公文	命令(令)、决定、决议、通知、意见、批复
报请性公文	汇报工作、反映情况、提出建议、请示问题的公文	报告、请示
公布性公文	通过报纸、广播、电视等新闻媒体或公开张贴等形式传递信息、告知事项与要求的公文	公告、通告、公报、通报
通联性公文	机关或单位之间相互联系商洽工作、询问和答复问题的公文	函
记录性公文	记载会议情况、归纳会议议定事项的公文	纪要、会议记录

5.按保密程度分类

保密公文是指涉及党和国家机密内容,需要控制知密范围、知密对象的公文。按涉及机密的程度,保密公文分为绝密公文、机密公文、秘密公文三种。其具体内容如下表所示:

类别	涉及机密的程度
绝密公文	内容涉及最重要的党和国家机密,一旦泄露会使党和国家的安全和利益遭受特别严重损害的公文
机密公文	内容涉及重要的党和国家秘密,一旦泄露会使党和国家的安全和利益遭受严重损害的公文
秘密公文	内容涉及一般的党和国家秘密,一旦泄露会使党和国家的安全和利益遭受一定损害的公文

经典真题▶ (单选)公文的密级按照程度由低到高排列依次为( )。

A.绝密、机密和秘密　　　　　　　B.机密、绝密和秘密

C.绝密、秘密和机密　　　　　　　D.秘密、机密和绝密

【答案】D。

6.按办文时限要求分类

按办文时限要求,公文分为<u>特急件、加急件和平件</u>。特急件是指需急速传递、随到随办的文件。加急件是指需迅速传递办理的文件。平件是指不需要紧急办理的文件。<u>特急件和加急件被合称为紧急文件</u>。

7.按形成和使用过程分类

按其形成和使用过程,公文可以分为不同的文稿和文本,其中文稿分为草稿和定稿,文本分为正本、试行本、暂行本、修订本和副本。其具体内容如下表所示:

稿本类型	含义	法定效用
草稿	公文形成过程中原始的非正式文稿	不具备公文现行效用
定稿	内容已确定、已履行法定生效程序的最后完成稿	具备正式公文的现行效用
正本	根据定稿制作的、供主要受文者使用的正式文本	具备正式公文的现行效用
试行本	规范公文正本的一种特殊形式,用于作者认为公文内容经一段时间和一定范围内的实践检验后可能被修改的情况	在规定的试行期和试行空间范围、机构人员范围内具有正式公文的现行效用
暂行本	规范公文正本的一种特殊形式,用于作者认为因时间紧迫,公文中有关内容有可能存在不够周详等方面欠缺,一段时间后可能将被修订或确认的情况	在暂行期间具有正式公文的现行效用
修订本	规范公文正本的一种特殊形式,是已经发布生效的公文,经实践检验重新予以修正补充后再发布施行的文本	自修订本生效之日起,原文本即行废止
副本	再现公文正本内容及全部或部分外形特征的公文复制本或正本的复份	只要文中有各种法定的生效标记(用印、签署等),即具备现行效用

三、公文的主要作用

公文的作用主要包括以下几点:

(1)策令作用:党和国家机关的公文,所表现的策令是十分突出的。领导机关通过公文把自己的决策意图、要求、内容,把党和国家的方针、政策,以策令形态的实体形式传递给它的下层组织及广大干部群众,统一思想、统一行动,以达到建设国家、治理国家、保卫国家之目的。

(2)规范作用:公文中的相当一部分内容,用以制定和发布全国性和地方性的各种法律、法令和行政法规,它规范着亿万人民的行为,要求人民必须坚决执行,国家以强制力保证它的权威。它还用以制发一些章程、准则、守则等,这些虽不是法规,但对所属成员同样起着规范和准绳的作用。

(3)计划作用:计划是党和国家管理的中心环节,要有效地实施管理,就要对工作的目的和任务作出设想和安排,对重大问题做出决策,通过计划和决策,确定任务的内容、工作步骤、工作方法和各种要求,而党和国家各项计划活动所形成的文字材料就是公文的一个重要方面。

(4)组织作用:党和国家将计划和决策制订出来之后,就要付诸实施,化为具体的执行活动。在具体的组织活动中,除了使用语言手段外,就是使用公文这一文字手段,因此说公文是实现党和国家进行组织活动的一个重要工具。

(5)协调作用:协调就是改善和调整各机关、各人员、各项活动之间的关系,使各项管理活动分工合作、密切配合、步调一致,实现共同的目标。而公文正是实现这种协调作用很重要的一种手段。

(6)调控作用:要使党和国家的管理活动顺利进行并取得预想效果,对管理活动的进程和结果必须加以控制。控制就是监督、检查、规范,而公文中的绝大多数内容是起这种作用的。

(7)宣传作用:为了保证党和国家的路线及各项方针、政策顺利贯彻实施,各级党政机关要经常制定一些着眼于对干部、群众进行思想教育的公文,以提高人们的思想认识,调动人们建设社会主义的积极性。

(8)联系作用:机关之间、企业之间、部队之间通过公文往来,可以相互联系工作、交流信息、沟通情况、商量问题、取得配合,它是联系左右的纽带。

(9)凭证作用:某些公文在发挥了它的现行效用之后,要被立卷归档,成为历史,对今后工作起着记载、凭证和查考的作用。

四、公文的文种

1.含义

公文是一个独立的文体,它由若干具体的种类组成,由于具体的公文性质有别、用途不同,故为每一个具体的公文规定了专门的名称,一般将这种具体的公文名称称为文种。

2.作用

公文文种的作用主要包括以下几点:

(1)明确了文件的不同性质。例如,通知、通报,都有一个"通"字,"通"即传达的意思,"知"和"报"包含着知道的意思,所以使用通知、通报等作为文种名称的文件,基本上属于告知性、周知性的文件。

(2)反映了文件的不同行文方向。例如,决定、决议,都有一个"决"字,"决"就是决策的意思,而决策主要产生于各级机关的首脑核心部位,决策之后要由下属部门去执行、办理,所以,它们的行文方向必然是自上而下的。

(3)表达了文件的不同目的或要求。例如,公告、通告、报告,均有一个"告"字,"告"即将事情向人陈述、告知的意思,因而这些文种的行文目的在于向人们(或组织)周知、告知某一事项。

(4)揭示了文件的各自特点。以公告、报告两个文种为例,虽然它们都有一个"告"字,均属陈述、告知性文件的文种名称,但"公"字包括公开的意思,"报"在此可视为向上汇报。所以,公告是面向全社会的告知性文件,它的对象是广大人民群众及各个机关单位;报告是向上级汇报,它是面向上级的申述性文件。

3.文种的选择依据

公文文种的选择依据如下表所示:

选择依据	含义	详解
发文机关与主要受文者间的工作关系	明确双方本来的工作关系,选取为这种关系所允许的文种	当双方存在领导与被领导、指导与被指导关系时,可分别选用下行文种或上行文种;当双方存在的只是平行关系(同系统中的同级机关之间)或不相隶属关系(非同一系统的任何机关之间)时,只能选用平行文种
发文机关的法定或规定权限	明确作者的职责、权力范围,选择与之相符合的文种	这是因为有一部分公文文种对使用者的权限有明确规定,只有具备相应地位和权力的机关才能选用
行文目的、行文要求和表现公文主题的需要	在相同性质的文种中,选取有助于实现行文目的、达到行文要求,有助于使主题得到正确、鲜明表现的具体文种	在公文文种体系中,有一部分是性质相近或相同但具体用途各异的,它们分别适用于表现不同的公文主题,适用于表明不同的行文目的和对公文阅读、办理、答复、执行等方面的不同要求

4.文种的确定

公文文种的确定和使用,应当注意把握以下几点:

(1)必须按照公文管理法规的统一规定使用,不能乱起名称。党政机关法定公文中,按规定只能单独使用,不能加以合并。

(2)要依据制文机关的权限加以选用,不可超越职权。

(3)要依据行文的关系加以选用,考虑与收文机关的组织关系。

(4)要考虑发文的具体目的与要求。

第二节　公文的格式规范

《党政机关公文格式》将版心内的公文格式各要素划分为版头、主体、版记三部分。其中,公文首页红色分隔线以上的部分称为版头;公文首页红色分隔线(不含)以下、公文末页首条分隔线(不含)以上的部分称为主体;公文末页首条分隔线以下、末条分隔线以上的部分被称为版记。

一、版头

版头一般由份号、密级和保密期限、紧急程度、发文机关标志、发文字号、签发人和版头中的分隔线组成。

1.份号

份号一般用 6 位 3 号阿拉伯数字,顶格编排在版心左上角第一行。

2.密级和保密期限

密级和保密期限一般用 3 号黑体字,顶格编排在版心左上角第二行;保密期限中的数字用阿拉伯数字标注。

3.紧急程度

紧急程度一般用 3 号黑体字,顶格编排在版心左上角;如需同时标注份号、密级和保密期限、紧急程度,按照份号、密级和保密期限、紧急程度的顺序自上而下分行排列。

4.发文机关标志

发文机关标志由发文机关全称或者规范化简称加"文件"二字组成,也可以使用发文机关全称或者规范化简称。发文机关标志居中排布,上边缘至版心上边缘为 35 mm,推荐使用小标宋体字,颜色为红色,以醒目、美观、庄重为原则。

联合行文时,如需同时标注联署发文机关名称,一般应当将主办机关名称排列在前;如有"文件"二字,应当置于发文机关名称右侧,以联署发文机关名称为准上下居中排布。

> **中公锦囊**
>
> 联合行文是指以两个或两个以上同级机关的名义共同发布公文的一种行文方式。联合行文既可以联合向下行文,也可以联合向上行文。联合行文应当确有必要,并遵循以下规则:
>
> (1)同级党政机关、党政机关与其他同级机关必要时可以联合行文。
>
> (2)属于党委、政府各自职权范围内的工作,不得联合行文。
>
> 联合行文必须满足两个条件:①联合行文的组织应是"同级"组织。联合行文的组织是行政层级相同或相当的平级机构或者不相隶属的机构。②联合行文应遵循协商一致的原则。联合行文前,应当明确主办部门,各部门须就有关行文内容协商一致后,方可行文。此外,为了坚持党政分开行文的原则,应尽量减少党政组织联合行文。

5.发文字号

发文字号编排在发文机关标志下空二行位置,居中排布。发文字号由发文机关代字、年份、发文顺序号组成。年份、发文顺序号用阿拉伯数字标注;年份应标全称,用六角括号"〔〕"括入(如"〔2022〕");发文顺序号不加"第"字,不编虚位(即 1 不编为 01),在阿拉伯数字后加"号"字。

发文字号中发文机关代字和六角括号之间一般用嵌字来连接:上行文时,嵌字一般用"报""呈",或者不限嵌字;下行文嵌字一般用"发";平行文嵌字一般用"函"或者"字"。

上行文的发文字号居左空一字编排,与最后一个签发人姓名处在同一行。联合行文时,应使用主办机关的发文字号。

经典真题 (单选)某市政府办公厅 2023 年所发的、排序编为 5 号的公文,其发文字号的正确写法是( )。

A.×政办发(2023)第 5 号　　　　B.×厅发(2023)5 号

C.×政办发〔2023〕5 号　　　　D.×政发〔2023〕5 号

【答案】C。

6.签发人

签发人由"签发人"三字加全角冒号和签发人姓名组成,居右空一字,编排在发文机关标志下空二行位置。"签发人"三字用3号仿宋体字,签发人姓名用3号楷体字。

如有多个签发人,签发人姓名按照发文机关的排列顺序从左到右、自上而下依次均匀编排,一般每行排两个姓名,回行时与上一行第一个签发人姓名对齐。

需要注意的是,若公文是上行文,应当标注签发人姓名。

7.版头中的分隔线

版头中的分隔线,即发文字号之下4 mm处居中印一条与版心等宽的红色分隔线。

二、主体

主体一般由标题,主送机关,正文,附件说明,发文机关署名、成文日期和印章,附注,附件组成。

1.标题

标题一般用2号小标宋体字,编排于红色分隔线下空二行位置,分一行或多行居中排布;回行时,要做到词意完整、排列对称、长短适宜、间距恰当,标题排列应当使用梯形或菱形。

> **中公锦囊**
>
> 公文标题中经常会出现这样或那样的问题,考生在平时的学习中,对公文的标题要能够准确判断,并要会书写正确的公文标题。常见的公文标题的问题主要有以下几种:
>
> (1)要素不全。完整规范的公文标题应具备三要素,即发文机关名称+事由+文种。在一定的情况下可以省略一个或两个要素,但文种是必不可少的。常见的病例有两种:一是随意省略事由,使受文者看不出标题所反映的主要内容、事项和基本观点;二是随意省略发文机关。
>
> (2)乱用文种。乱用文种主要表现为混用文种和错用文种。混用文种,如《全国人大常委会党组关于县乡换届选举问题的请示报告》,这里把"请示""报告"混淆。错用文种,如请示与报告混用,函与通知混用;使用《党政机关公文处理工作条例》没有列出的文种,如条例、规定、办法、总结等。
>
> (3)隶属不清。隶属不清是指分不清批转、印发、转发的隶属关系和词性,如《××市政府办公厅关于批转××省长在××会议上讲话的通知》,这里的"批转"使用不当,应用"印发"或"转发"。
>
> (4)提炼不精。提炼不精主要表现为标题冗长。
>
> (5)用词重叠。用词重叠多出现在转发、印发式公文中,如"××县人民政府关于转发《××市人民政府关于转发〈××省人民政府关于加快畜牧养殖业发展的通知〉的通知》",这里的介词"关于"、动词"转发"、文种"通知"在一个标题内反复出现,造成标题冗长。
>
> (6)标注不规范。标注不规范主要表现在回行提示不规范。回行时要做到词意完整,不能将完整的词或者词意拆开。
>
> (7)滥用标点符号。公文标题中除法规、规章名称加书名号外,一般不用标点符号。

2.主送机关

主送机关编排于标题下空一行位置,居左顶格,回行时仍顶格,最后一个机关名称后标全角冒号。如主送机关名称过多导致公文首页不能显示正文时,应当将主送机关名称移至版记。

3.正文

公文首页必须显示正文。一般用 3 号仿宋体字,编排于主送机关名称下一行,每个自然段左空二字,回行顶格。文中结构层次序数依次可以用"一、""(一)""1.""(1)"标注;一般第一层用黑体字、第二层用楷体字、第三层和第四层用仿宋体字标注。

4.附件说明

如有附件,在正文下空一行左空二字编排"附件"二字,后标全角冒号和附件名称。

如有多个附件,使用阿拉伯数字标注附件顺序号(如"附件:1.×××××");附件名称后不加标点符号。附件名称较长需回行时,应当与上一行附件名称的首字对齐。

5.发文机关署名、成文日期和印章

发文机关署名、成文日期和印章的格式又分为以下三种情况:

(1)加盖印章

加盖印章的公文,成文日期一般右空四字编排,印章用红色,不得出现空白印章。其主要分为单一机关行文和联合行文两种形式,其格式如下图所示:

单一机关行文时,成文日期右空四字,发文机关以日期为准居中,印章端正、居中下压发文机关署名和成文日期,印章顶端应当上距正文(或附件说明)一行之内。

联合行文时,成文日期右空四字,发文机关署名按照发文机关顺序整齐排列在相应位置,并将印章一一对应、端正、居中下压发文机关署名,最后一个印章下压发文机关署名和成文日期,首排印章顶端应当上距正文(或附件说明)一行之内。

（2）不加盖印章

不加盖印章的公文，格式如下图所示：

单一机关行文时，在正文（或附件说明）下空一行右空二字编排发文机关署名，在发文机关署名下一行编排成文日期，首字比发文机关署名首字右移二字，如成文日期长于发文机关署名，应当使成文日期右空二字编排，并相应增加发文机关署名右空字数。

联合行文时，应当先编排主办机关署名，其余发文机关署名依次向下编排。

```
××××××××××××××××
××××××××××××××××
××××××。

            ×××××××××××
            2012 年 7 月 1 日

附件:1.×××××××××××××
      ×××
    2.×××××××××××××

            ×××××××
            × × × ×
            2012 年 7 月 1 日
```

（3）加盖签发人签名章

加盖签发人签名章的公文，格式如下图所示：

单一机关制发的公文加盖签发人签名章时，在正文（或附件说明）下空二行右空四字加盖签发人签名章，签名章左空二字标注签发人职务，以签名章为准上下居中排布。在签发人签名章下空一行右空四字编排成文日期。联合行文时，先排主办机关，其余依次向下编排。签名章一般用红色。

```
××××××××××××××××
×××××××××××××××××。

        部 长  ×××

        2012 年 7 月 1 日
```

6.附注

附注应居左空两字加圆括号编排在成文日期下一行。

7.附件

附件应当另面编排，并在版记之前，与公文正文一起装订。"附件"二字及附件顺序号用 3 号黑体字顶格编排在版心左上角第一行。附件标题居中编排在版心第三行。附件顺序号和附件标题应当与附件说明的表述一致。附件格式要求同正文。

如附件与正文不能一起装订，应当在附件左上角第一行顶格编排公文的发文字号并在其后标注"附件"二字及附件顺序号。

三、版记

版记一般由版记中的分隔线、抄送机关、印发机关和印发日期组成。

（一）版记中的分隔线

版记中的分隔线与版心等宽，首条分隔线和末条分隔线用粗线（推荐高度为 0.35 mm），中间的分隔线用细线(推荐高度为 0.25 mm)。首条分隔线位于版记中第一个要素之上,末条分隔线与公文最后一面的版心下边缘重合。

(二)抄送机关

抄送机关,一般用 4 号仿宋体字,在印发机关和印发日期之上一行、左右各空一字编排。"抄送"二字后加全角冒号和抄送机关名称,回行时与冒号后的首字对齐,最后一个抄送机关名称后标句号。

如需把主送机关移至版记,除将"抄送"二字改为"主送"外,编排方法同抄送机关。既有主送机关又有抄送机关时,应当将主送机关置于抄送机关之上一行,之间不加分隔线。

(三)印发机关和印发日期

印发机关和印发日期一般用 4 号仿宋体字,编排在末条分隔线之上,印发机关左空一字,印发日期右空一字,用阿拉伯数字将年、月、日标全,年份应标全称,月、日不编虚位(即 1 不编为 01),后加"印发"二字。版记中如有其他要素,应当将其与印发机关和印发日期用一条细分隔线隔开。

四、页码

页码一般用 4 号半角宋体阿拉伯数字,编排在公文版心下边缘之下,数字左右各放一条一字线;一字线上距版心下边缘 7 mm。单页码居右空一字,双页码居左空一字。公文的版记页前有空白页的,空白页和版记页均不编排页码。公文的附件与正文一起装订时,页码应当连续编排。

五、公文用纸幅面尺寸及版面要求

公文用纸幅面尺寸及版面要求的具体说明如下表所示:

要素	具体说明
幅面尺寸	公文用纸采用 GB/T 148 中规定的 A4 型纸,其成品幅面尺寸为 210 mm×297 mm
页边与版心尺寸	公文用纸天头(上白边)为 37 mm±1 mm,公文用纸订口(左白边)为 28 mm±1 mm,版心尺寸为 156 mm×225 mm
字体和字号	如无特殊说明,公文格式各要素一般用 3 号仿宋体字。特定情况可以做适当调整
行数和字数	一般每面排 22 行,每行排 28 个字,并撑满版心。特定情况可以做适当调整
文字的颜色	如无特殊说明,公文中文字的颜色均为黑色

第三节 公文处理

公文处理是指公文拟制、办理、管理等一系列相互关联、衔接有序的工作。公文处理应当坚持实事求是、准确规范、精简高效、安全保密的原则。各级党政机关办公厅(室)主管本机关的公文处理工作,并对下级机关的公文处理工作进行业务指导和督促检查。

一、公文拟制

公文拟制包括公文的起草、审核与签发等程序。

1.起草

公文起草是指撰稿者按照领导或领导机关的指示精神,从领命、准备、构思到写完公文初稿的过程。机关负责人应当主持、指导重要公文起草工作。

2.审核

审核也称核稿,即在撰拟的文稿送交领导签发之前,对其所做的全面检查和修改。审核是对文稿内容、表述和体式等方面所做的全面审改,是关系文稿质量的关键环节,应当由发文机关办公厅(室)进行。

需要发文机关审议的重要公文文稿,审议前由发文机关办公厅(室)进行初核。

经审核不宜发文的公文文稿,应当退回起草单位并说明理由;符合发文条件但内容需做进一步研究和修改的,由起草单位修改后重新报送。

经典真题 ▶ (单选)需要发文机关审议的重要公文文稿,审议前由(　　)进行初核。

A.单位负责人 　　　　　　　　　　B.发文机关办公厅(室)

C.文秘部门 　　　　　　　　　　　D.本部门负责人

【答案】B。

3.签发

签发是制文阶段的最后决定性环节。公文应当经本机关负责人审批签发。重要公文和上行文由机关主要负责人签发。党委、政府的办公厅(室)根据党委、政府授权制发的公文,由受权机关主要负责人签发或者按照有关规定签发。

签发人签发公文,应当签署意见、姓名和完整日期;圈阅或者签名的,视为同意。联合发文由所有联署机关的负责人会签。

二、公文办理

公文办理包括收文办理、发文办理、涉密公文的传递和整理归档。

1.收文办理

收文办理主要程序的具体要求如下表所示:

程序	具体要求
签收	对收到的公文应当逐件清点,核对无误后签字或者盖章,并注明签收时间
登记	为了对收进的公文进行有效管理,应对公文的主要信息和办理情况详细记载(登记能够起到查找和检查、统计和催办、责任和证据、管理和保护作用)
初审	对收到的公文应当进行初审。初审的重点有:是否应当由本机关办理,是否符合行文规则,文种、格式是否符合要求,涉及其他地区或者部门职权范围内的事项是否已经协商、会签,是否符合公文起草的其他要求
承办	承办是公文处理程序的核心环节,也是公文发挥现实效用的基本保证

（续表）

程序	具体要求
传阅	应根据领导批示和工作需要将公文及时送传阅对象阅知或者批示,具体要求有:①传阅应分轻重缓急及时处理,并随时掌握公文去向,避免漏传、误传和延误,控制传阅周期;②对于特急件和绝密件这两种公文,在传阅时采用专传(专人送传)的方式
催办	及时了解掌握公文的办理进展情况,督促承办部门按期办结。紧急公文或者重要公文应当由专人负责催办
答复	公文的办理结果应当及时答复来文单位,并根据需要告知相关单位

2.发文办理

发文办理主要程序的具体要求如下表所示:

程序	具体要求
复核	经发文机关负责人签批的公文,印发前应当对公文的审批手续、内容、文种、格式等进行复核;需做实质性修改的,应当报原签批人复审
登记	对复核后的公文,应当确定发文字号、分送范围和印制份数并详细记载
印制	公文印制必须确保质量和时效。涉密公文应当在符合保密要求的场所印制
核发	公文印制完毕,应当对公文的文字、格式和印刷质量进行检查后分发

3.涉密公文的传递

涉密公文应当通过机要交通、邮政机要通信、城市机要文件交换站或者收发件机关机要收发人员进行传递,通过密码电报或者符合国家保密规定的计算机信息系统进行传输。

4.整理归档

需要归档的公文及有关材料,应当根据有关档案法律法规以及机关档案管理规定,及时收集齐全、整理归档。

两个以上机关联合办理的公文,原件由主办机关归档,相关机关保存复制件。

机关负责人兼任其他机关职务的,在履行所兼职务过程中形成的公文,由其兼职机关归档。

三、公文管理

公文管理包括公文的保管,公文的印发、复制与汇编,公文的撤销与废止,公文的清退与销毁,立户申请。

1.公文的保管

党政机关公文由文秘部门或者专人统一管理。设立党委(党组)的县级以上单位应当建立机要保密室和机要阅文室,并按照有关保密规定配备工作人员和必要的安全保密设施设备。

公文确定密级前,应当按照拟定的密级先行采取保密措施。确定密级后,应当按照所定密级严格管理。绝密级公文应当由专人管理。

公文的密级需要变更或者解除的,由原确定密级的机关或者其上级机关决定。

机关合并时,全部公文应当随之合并管理;机关撤销时,需要归档的公文经整理后按照有关规定移交档案管理部门。

2.公文的印发、复制与汇编

公文的印发传达范围需要变更的,应当经发文机关批准。涉密公文公开发布前应当履行解密程序。公开发布的时间、形式和渠道,由发文机关确定。经批准公开发布的公文,同发文机关正式印发的公文具有同等效力。

复制、汇编机密级、秘密级公文,应当符合有关规定并经本机关负责人批准。绝密级公文一般不得复制、汇编,确有工作需要的,应当经发文机关或者其上级机关批准。复制、汇编的公文视同原件管理。

复制件应当加盖复制机关戳记。翻印件应当注明翻印的机关名称、日期。汇编本的密级按照编入公文的最高密级标注。

3.公文的撤销与废止

公文的撤销与废止,由发文机关、上级机关或者权力机关根据职权范围和有关法律法规决定。公文被撤销的,视为自始无效;公文被废止的,视为自废止之日起失效。

经典真题 ▶ (单选)下列有关公文废止的表述,错误的是(   )。

A.可由发文机关决定   B.可由上级机关决定

C.可由权力机关决定   D.应视为自始无效

【答案】D。

4.公文的清退与销毁

涉密公文应当按照发文机关的要求和有关规定进行清退或者销毁。

不具备归档和保存价值的公文,经批准后可以销毁。销毁涉密公文必须严格按照有关规定履行审批登记手续,确保不丢失、不漏销。个人不得私自销毁、留存涉密公文。

5.立户申请

新设立的机关应当向本级党委、政府的办公厅(室)提出发文立户申请。

第二章 公文的撰写

第一节 公文撰写的要求

公文撰写有其基本要求和具体要求。

公文撰写的基本要求,要做到合"法"、求实、合体、简明、严谨、准确、规范、完整、清晰、耐久。

公文撰写的具体要求如下表所示:

具体要求	含义
文约事丰	公文写作必须注意文字的简明扼要,条理清楚,便于阅读理解
篇前撮要	篇前撮要是公文写作的一条基本要求,也是一种显旨技法。"篇前"即篇头,"撮"是文字简短,"要"即要领,指全篇文章的中心思想与基本内容。它的基本意思是在一篇公文的开头处,用简明扼要的语言,把全文的结论、总的观点、中心内容概括表达出来,达到纲举目张的目的
开门见山	开门见山是公文开头的一种基本写法,即单刀直入,除弃铺陈,直接揭示主题
贵在直笔	"贵在直笔"是公文写作的一条基本要求。直笔即直截了当地表达内容,公文撰写应提倡直笔写作

第二节 常用法定公文撰写

一、决定

决定,适用于对重要事项作出决策和部署、奖惩有关单位及人员、变更或者撤销下级机关不适当的决定事项。决定具有全局性、指令性、规范性的特点。

决定的正文结构分为决定依据、决定事项和执行要求三部分。其具体说明如下表所示:

正文结构	具体说明
决定依据	交代行文的背景、依据和目的、意义,要求依据充分,文字简练。用"为此,特作如下决定"或"现就××××作如下决定"等语过渡到下文
决定事项	主要针对提出的问题作出决策部署,通常采用分条列项法,以决断有力、准确明了的用语阐述政策界限,提出切实可行的措施和办法
执行要求	以希望或号召作结,作为对决定事项的强调与补充

┤ 中公锦囊 ├

　　决定与决议的辨析:两者同属指挥性公文。决议用于经会议讨论通过的重大决策事项。决定与决议二者格式要求大体相同,只是决议行文时必须在标题下标注会议通过日期。另外,在文中常用"会议认为""会议号召"等惯用语领起各段,这一点与纪要的写法有相似之处。

　　两者的区别如下表所示:

区别	决定	决议
产生程序不同	可由领导机关在法定权限内直接做出,不一定经过会议表决程序	必须经会议表决通过,才能正式行文
内容特征不同	相对来说比较集中单一,多用于布置工作,提出要求,不一定要展开充分的议论,开头直接阐明行文缘由	涉及面往往较为宽泛,且不作具体的工作部署,有些决议还带有较强的议论色彩,开头部分往往简要叙述会议概况
作用不同	有较强的指令性,要求认真执行	既有需贯彻执行的指挥性决议,也有大量用于统一思想、提高认识的认可性决议

二、通知

　　通知,适用于发布、传达要求下级机关执行和有关单位周知或者执行的事项,批转、转发公文。通知具有使用面宽、用途广泛、使用频率高的特点。

　　通知是现行公文种类中使用频率最高的一种公文,约占各级机关收发文总数的半数以上,故通知有"公文轻骑兵"之称。

　　通知按内容和用途,可分为发布性通知、指示性通知、知照性通知和转发性通知四类。其具体特点如下表所示:

类别	特点
发布性通知	用于发布规范性文件、下达计划和印发领导讲话等。发布性通知的正文结构简单,篇幅短,一般只需写明发布对象名称及执行要求即可
指示性通知	用于向下级机关作指示,部署工作任务。正文的结构包括通知缘由、通知事项和执行要求三部分
知照性通知	用于告知一些不需要直接执行或办理的事项,主要起交流情况、传递信息的作用,一般无执行效用,所以除下行外,也可以发给平行机关
转发性通知	用于转发上级机关或不相隶属机关的公文或批转下级机关的公文,这类通知的正文,实际上是针对被批转、转发公文所加的按语

三、公告

　　公告,适用于向国内外宣布重要事项或者法定事项。公告具有郑重性、周知性和新闻性的特点。公告分为向国内外宣布重要事项的公告和宣布法定事项的公告。

公告的写法：

(1)公告的标题可以是发文机关名称加文种,也可以只写"公告"二字。公告不列主送、抄送机关,但落款和日期不可忽视。

(2)公告正文一般由公告缘由、公告事项和尾语三部分组成。事项内容比较简单的公告,可以直陈其事项,不必说明依据和理由。公告结尾常用"现予公告""特此公告"等惯用语,也可以不用尾语。公告总体来说结构较为简单,往往采用篇段合一式。

┤ 中公锦囊 ├

公告与公报的异同点如下表所示:

异同点	公告	公报
相同点	公告和公报都是向国内外公开发布、宣布重要事项的文件,且制发单位级别高,行文严肃庄重	
不同点	公告宣布事项行文简约,篇幅较短,有的甚至只有一两句话	公报内容较详尽,有时有过程的交代和分析议论的成分,篇幅较长

四、通告

通告适用于在一定范围内公布社会各有关方面应当遵守或者周知的事项。通告主要有广泛性、规定性和专业性的特点。通告可以分为法规性通告和事务性通告。

通告的写法：

(1)通告的标题通常使用发文机关名称、事由、文种三项要素齐全的标题,根据需要,前两个要素也可以省去其中一项或者两项均省略,只标明文种。

(2)通告的正文由通告缘由、通告事项和结尾构成。缘由部分阐明发布原因、目的和依据,要力求简约。事项部分要做到具体明了,含义准确,通俗易懂,便于群众理解和执行。结尾可以提希望要求,也可使用"特此通告"等尾语,还可以不写结语而自然结束,这应根据行文具体情况酌定。

┤ 中公锦囊 ├

公告与通告的异同点如下表所示:

异同点		公告	通告
相同点		作为知照性公文,两者都具有公开性和可广泛传播性的特征	
不同点	知照范围	面向国内外	面向一定辖区范围的群众
	性质特征	内容属重要事项或法定事项,重在知照性	内容专业性较强,或宣布行政措施,或告知具体事务,兼有知照和约束的性质
	发布方式	一般通过新闻媒体发布	采用在相关地区张贴或登报、广播的方式

五、通报

通报,适用于表彰先进、批评错误、传达重要精神和告知重要情况。通报具有典型性、说理性的特点。

按内容,通报可以分为表彰性通报、批评性通报和情况通报;按形式,通报可以分为直述性通报和转述性通报。

通报的正文结构可以分为主要事实、分析评论、决定与要求三个部分。其具体说明如下表所示:

正文结构	具体说明
主要事实	叙述的文字要详略得当,与主题有关的重要事实、情节要明确具体地交代清楚
分析评论	表彰性通报,需分析可贵精神,指出主要经验;批评性通报,需阐述实质、原因、危害及其教训;情况通报,需揭示问题的性质和影响;等等
决定与要求	宣布决定事项,提出希望、号召、告诫,或作出工作部署

六、报告

报告,适用于向上级机关汇报工作,反映情况,回复上级机关的询问。报告具有沟通性、陈述性和单向性的特点。按写作时间,报告可分为定期报告和不定期报告;按内容性质,报告可分为工作报告、情况报告、答复报告和随文报告。

报告的正文结构可以分为报告缘由、情况与问题、今后工作打算、尾语四个部分。其具体说明如下表所示:

正文结构	具体说明
报告缘由	交代背景,引述上级指示精神,说明行文目的和意义,或概括全文主旨
情况与问题	主要阐述工作的进展情况,方针、政策贯彻情况,采取的方法措施,成绩与经验,问题与原因、教训等,总结性报告在汇报工作的同时,把重点放在总结经验教训上
今后工作打算	针对存在的问题,提出今后工作的设想、安排
尾语	多以"特此报告""以上报告,请审阅""以上报告如有不妥,请指正"作结

七、请示

请示,适用于向上级机关请求指示、批准。请示有单一性、期复性和紧迫性的特点。请示可以分为请求上级予以指示、裁决的求示性请示,请求上级予以支持、帮助的求助性请示,以及请求上级批准、允许的求准性请示。

请示的正文结构包括请示缘由、请示事项和尾语三个部分。其具体说明如下表所示:

正文结构	具体说明
请示缘由	交代背景,提出请示的理论依据或事实依据,阐明必要性和可行性
请示事项	就某一事项或问题提出看法、建议或处理方案。要写得明确具体,所提解决办法要符合政策法规,实事求是,切实可行
尾语	任何请示都必须在末尾明确提出请求,通常使用"特此请示,请批复""妥否,请批示""可否,请予审核批准"等惯用语

┤ 中公锦囊 ├

请示与报告的异同点如下表所示:

异同点		请示	报告
相同点		请示和报告均属上行文,都有必要的情况叙述	
不同点	行文目的	听取上级决策意见,解决工作中亟待处理但又无权或无力处理的问题,故请上级答复	使下情上传,得到上级的支持与指导,并不要求直接批复。目的不同,使用的尾语也不相同
	行文时间	必须在事前行文,否则就是"先斩后奏"	不受时间限制,事前、事中和事后都可以行文
	内容含量	一文一事,篇幅相对较短	不限一文一事,内容较复杂,篇幅较长
	处理办法	上级机关受文后,对请示有答复的责任	上级机关受文后,对报告则一般不作答复

八、批复

批复,适用于答复下级机关请示事项。批复具有针对性、结论性、及时性的特点。

批复的标题通常由发文机关名称、事由和文种三部分组成,其中事由部分比较复杂,有时除概括请示的主要内容外,还标出发文机关的态度,如"同意""不同意"等。

批复的主送机关一般只写一个,即报送请示的机关,如需其他单位了解或执行批复意见,可以抄送。

批复的正文结构一般包括批复引语、批复意见和尾语三部分。其具体说明如下表所示:

正文结构	具体说明
批复引语	开头引述来文标题并于其后括注文号,然后用"悉""收悉"表示已收文阅知。引语要清楚明白,不能笼统称"来文收悉"
批复意见	内容单一的,可用"经研究,同意……"直接作复;内容较多的,可用"经研究,现批复如下"领起,再分项答复;业务部门受权批复的,应说明"经……批准"
尾语	一般用"此复""特此批复"等惯用语作结,也可以不写尾语,自然结束

九、函

函,适用于不相隶属机关之间商洽工作、询问和答复问题、请求批准和答复审批事项。函具有多向性、灵活性和有效性的特点。根据行文往来,函可分为发函和复函;根据内容和作用,函可分为商洽函、询问答复函和求批审批函。

经典真题► (单选)某高等学校的文物建筑测绘研究基地计划组织本校专业人员赴灾区协助当地文物部门进行调查、测绘记录工作,拟向国家文物局重点科研管理办公室行文,应使用的文种是( )。

A.通知 B.函 C.请示 D.报告

【答案】B。

中公解题:题中"某高等学校的文物建筑测绘研究基地"和"国家文物局重点科研管理办公室"这两个机关为不相隶属关系,适用于函这一文种。

(一)函的结构

函的正文结构一般由函请(复)缘由、函请(复)事项和尾语三部分组成。其具体说明如下表所示:

正文结构	具体说明
函请(复)缘由	发函的开头简述原因和目的;复函则以引述来函的日期、文号或标题为起首语
函请(复)事项	发函是写告知、询问、商洽或请求的内容,事项要明确具体,语气要委婉恳切;复函则针对来函提出的问题明确作答,切忌模棱两可,答非所问
尾语	发函一般用"盼复""专此函达""即请函复""请研究函复为盼""请予大力协助是荷"等作结;复函多用"特此函复"等结语,也可以不写尾语

(二)撰写函的注意事项

撰写函时应该注意:①主旨要单一,做到一函一事。②直陈其事,不绕弯子,不讲空话,也无须客套寒暄。③在语言运用方面,要根据受文对象把握好分寸,符合自己的身份;态度要诚恳,尊重对方,不卑不亢;措辞要得体,多用雅语,如"承蒙""烦请""敬希""请予考虑""谨致谢忱""如蒙惠允,不胜感荷"等。

从当前公文实践看,有一些函是用来答复请示的,这主要是指收到请示的上级机关授权办公部门,以复函的形式答复报送请示的机关。例如,国务院授权国务院办公厅函复一些省市或部委的请示,省政府授权省政府办公厅函复一些地市或厅局的请示,等等。必须强调的是,在函复请示时,务必在引述请示标题及文号之后,写上"经×××同意"或"经×××批示同意",表明依据,再写函复事项。

十、意见

意见,适用于对重要问题提出见解和处理办法。意见具有指导性、针对性、原则性和多向性的特点。按照用途不同,意见可以分为指导性意见、呈请性意见和评估性意见;按照行文方向不同,意见可以分为上行意见、下行意见、平行意见。

意见可以采用完全式标题,也可以采用省略发文机关名称的省略式标题。如果意见内容较多,可以在文种名称前加上"几点"或"若干""指导"等文字。意见的结语可以采用"以上意见,如无不妥,请批转有关部门执行""以上意见,请予考虑"等结语。

十一、纪要

纪要,适用于记载会议主要情况和议定事项。纪要具有纪实性、提要性、指导性的特点。根据会议的性质,纪要可分为例行办公会议纪要和专题性工作会议纪要两类。

纪要的正文结构一般由会议概况、会议精神、结尾三部分构成。其具体说明如下表所示:

正文结构	具体说明
会议概况	该部分简要记述会议背景、目的、时间、地点、召集单位、出席人员、会议宗旨、主要议程等
会议精神	这是纪要的主体和核心。其内容包括以下两方面:一是通过会议讨论达成的共识,包括对前期工作的回顾与评价,对议题范围内若干重大问题的看法,以及开展下一步工作的指导思想等。二是议定事项,即对今后工作作出的部署,包括目标任务、措施办法和实施步骤等
结尾	该部分或对会议作出总体评价,或对贯彻落实会议精神的关键问题予以强调,或提出希望号召;也可以不写结束语,写完分述事项后便自然收结

第三节 信息反馈文书撰写

一、调查报告

调查报告是对某些情况、某个事件或问题进行深入调查,并经分析综合后写成的书面报告。调查报告可以是内部材料,供上级领导参考;也可以在报刊上发表,让广大群众知晓。其具有针对性(就某一具体事物、情况进行研究)、真实性、时效性和规律性的特点。

调查报告由标题、正文和落款三部分组成,具体如下表所示:

结构	内容要求
标题	公文式标题:事由(调查的对象、范围或事项)+文种("调查报告""考察报告""调查"),如《关于×××的调查报告》 新闻式标题:有单标题式的标题和正副标题式的标题两种,如《中学生应该养成合理消费的好习惯》《合理消费——××中学调查报告》
正文	导语(前言):可以介绍调查对象的基本情况,也可以交代背景或提示主旨 主体:调查报告的核心部分,包括事实真相、收获、经验和教训、意见和建议等,采取横式(并列式)、纵式(递进式)、纵横结合式(综合式)的结构方式 结语:写法灵活多样,主要有总结全文、提出展望、提出解决办法和建议、提出问题等
落款	一般写在正文的右下方,要写明调查单位的名称或调查人的姓名。如在报刊上发表,可将调查单位的名称或调查人的姓名及成文日期写在标题下面。成文日期一律写在署名下面

二、简报

简报是传递某方面信息的简短的内部小报,用以反映情况、沟通信息、交流经验和指导工作,具有快、新、简、实的特点。

简报按内容性质可分为工作简报和会议简报;按内容范围可分为综合性简报和专题性简报。

简报重在传递消息,要求简明精练,突出重点,字数一般在千字左右。

简报由报头、正文和报尾三部分组成,具体如下表所示:

结构	内容要求
报头	简报名称:居中排布,要醒目大方 期数:位于简报名称正下方 编发单位:位于横隔线左上方 印发日期:位于横隔线右上方
正文	前言:简明概括全文主题或主要事实(包括时间、地点、人物、起因、结果等),一般有叙述、提问、结论、描述式写法 主体:简报的主干、重点,是前言的具体化,可采用小标题和序数法展开
报尾	居简报最末一页的尾端,左侧自上而下写明"报:××""送:××""发:××",右侧注明印发份数

三、政务信息

政务信息包括党务、政务、纪检等综合信息。信息是指由上级机关(党委、政府、组织、纪检及相关部门)采集、通过特定载体反映与经济、社会管理及公共服务相关的活动情况或数据方面的消息。

政务信息的主要内容包括:

(1)中央、人大、国务院、政协领导到本地区的重要讲话。

(2)各地贯彻中央、国务院、省委、省政府各项方针、政策的情况以及各单位执行上级机关一个时期重要工作部署的情况。

(3)上级机关交办有关事项的落实情况。

(4)下级单位重要工作决定、举措及其自身建设方面需要上级单位领导了解并掌握的情况。

(5)两个文明建设和改革开放重大成就。

(6)本地区、本部门、本单位推广的重要经验。

(7)工作中的重大问题、灾情、事故、社情以及其他突发事件等。

(8)一些反映倾向性、苗头性、趋势性的材料。

(9)社会各阶层的思想动态、群众情绪、要求、意见、建议以及国外友人的意见、建议,与人民群众生活密切相关的情况,重大的群访事件。

(10)本地区经济、社会发展中的热点、难点、重点问题以及相关的举措、对策。

政务信息具有政治性、综合性、真实性、有效性、针对性、超前性、内向性的特点。

政务信息是决策的依据,是领导的"耳目",是沟通上下关系的桥梁和渠道,其作用、效果往往是大块头的报告不能取代的。概括起来就是"下情上传,上情下达"。

四、总结

(一)总结概述

总结是用于回顾和分析已经完成的工作,肯定成绩,找出不足,以便更好地进入下一阶段工作的事务性文书。总结在事后撰写,具有客观性、自身性、理论性和过程性的特点。

总结按时间可分为年度总结、季度总结、月度总结等;按范围可分为地区总结、部门总结、个人总结等;按内容可分为全面总结、专题总结等;按性质可分为工作总结、学习总结、生产总结、会议总结等。

(二)总结的结构

总结通常由标题、正文、署名和成文日期组成,具体如下表所示:

结构	内容要求
标题	①公文式标题:总结者名称+时限+事由+文种,如《××厂××××年上半年工作总结》 ②新闻式标题:有单标题式的标题和正副标题式(正题明确文章主题、副题表示文章种类)的标题两种,如《推行目标成本管理,提高经济效益》《售后服务是企业的命根子——××集团技术服务中心××××年工作总结》
正文	主要包括引语、主体和结尾。①引语,简要说明要总结的是什么样的任务或工作;②主体,"总结三要素",即基本情况(说明"做了什么"和"做得怎样")、经验(介绍"如何做的",是总结的重要内容)、不足(提出存在的问题和改进意见);③结尾,常以"总之""总而言之"收尾,要用简短、坚定的语言,表明工作信心和努力方向
署名和成文日期	一般编排在正文结尾的右下方

┤ 知识拓展 ├

撰写总结的注意事项

(1)在人称的使用上,撰写个人总结一般使用第一人称,撰写单位总结一般使用第一人称复数(我们)。

(2)在内容上:①撰写总结前应充分收集材料,熟悉工作过程,表述要实事求是,叙议得当,并得出规律性认识,从而指导下一阶段的工作;②不能完全照搬工作实践活动的全过程,须注意发掘事物的本质及规律,使感性认识上升为理性认识;③总结中不仅要介绍工作业绩和优点,还要撰写缺点和不足,这样才能总结经验教训,为以后的工作开展提供借鉴。

第四节 日常事务文书撰写

一、慰问信

慰问信是指以单位或个人的名义向对方表示慰问的书信。慰问信的内容根据被慰问的对象的具体情况而定。用电报形式表示慰问称为慰问电。

慰问信的写作要点包括以下三点：

(1)行正中写"慰问信"三个字，也可写成"×××致×××慰问信"。"慰问信"三字应较正文大些。

(2)慰问对象的称呼。

(3)先说明写慰问信的背景、原因；再概括叙述对方的先进事迹或高贵品德，向对方表示慰问和学习；最后写共同的愿望和决心以及表示祝愿的话，要分别另起一行写，并写慰问单位或个人名称和写慰问信的日期。

二、表扬信

表扬信是指特定受信者表达对被表扬者优秀品行颂扬之情的一种专用书信。它主要用于作者在日常工作、生活中受益于被表扬者的高尚品行(或被其品行感动)，特向被表扬者所在单位或其上级领导致信，以期使其受到表彰、奖励，使其精神发扬光大。

表扬信通常由标题、称谓、正文、结尾和落款五部分构成。其具体说明如下表所示：

结构	具体说明
标题	一般而言，表扬信标题单独由文种名称"表扬信"组成，位置在第一行正中
称谓	表扬信应在开头顶格写上被表扬的机关、单位、团体或个人的名称、姓名。写给个人的表扬信，应在姓名之后加上"同志""先生"等字样，后边加冒号。若直接张贴到某机关、单位、团体的表扬信，开头可不必再写受文单位
正文	正文的内容要另起一行，空两格写。一般要求写出下列内容：①交代表扬的理由。用概括叙述的语言，重点叙述人物事迹的发生、发展、结果及意义。叙述要清楚，要突出最本质的方面，要让实事说话，少讲空道理。②指出行为的意义。在叙事的基础上进行评价、议论，赞颂该人所作所为的道德意义，如指出这种行为属于哪种好思想、好风尚、好品德
结尾	该部分要提出对对方的表扬，或者向对方的单位提出建议，希望对某人给予表扬。写给本单位人的表扬信，则应适当谈些"深受感动""值得我们学习"等方面的内容。结尾处还应写上"此致敬礼"等结束用语。但"此致""祝""谨表""向你"等字写在末尾，其余的字，要另起一行，顶格写
落款	落款应写明发文单位名称或个人姓名，并在右下方注明成文日期

三、感谢信

感谢信是向帮助、关心和支持过自己的集体或个人表示感谢的专用书信,多采用议论、叙事、抒情相结合的方法表达感谢之情、表彰之意。其特点包括确指性、事实性和感激性。

感谢信一般由标题、称谓、正文和落款组成,具体如下表所示:

结构	内容要求
标题	第一行居中书写,一般有三种形式:①只写文种,如"感谢信";②"感谢对象+文种",如《写给老师的感谢信》;③"感谢双方+文种",如《××公司致××的感谢信》
称谓	即受文对象,标题下空一行顶格写明感谢的机关、单位、团体或个人的姓名,然后加上冒号,感谢对象为个人时,个人姓名后可加上"同志""先生"等称呼
正文	首先概述感谢事由,简述对方的事迹,说明何时何地因何事获得对方的帮助;其次阐述对方的帮助对自己起到的作用与意义;最后向对方表示感谢以及表示要向对方学习 结尾要写明表示敬意、感激的话语,如"此致敬礼""致以最真诚的敬礼"等,也可自然结束
落款	标明写感谢信的个人姓名或单位名称,签上年、月、日

四、祝贺信

祝贺信是指对他人取得的成就、获得某种职位,或者组织的成立、纪念日期表示祝贺的公文。

祝贺信一般由标题、称谓、正文、结尾和落款五部分构成。其具体说明如下表所示:

结构	具体说明
标题	祝贺信的标题通常由文种名构成
称谓	顶格写明被祝贺单位或个人的名称或姓名。写给个人的,要在姓名后加上相应的礼仪名称,如"同志"。称谓之后要用冒号
正文	祝贺信的正文要交代清楚以下几项内容: 第一,结合当前的形势状况,说明对方取得成绩的大背景或者某个重要会议召开的历史条件 第二,概括说明对方都在哪些方面取得了成绩,分析其成功的主观、客观原因。这一部分是祝贺信的中心部分,一定要交代清楚祝贺的原因 第三,表示热烈的祝贺。要写出自己祝贺的心情,由衷地表达自己真诚的慰问和祝福。要写些鼓励的话,提出希望和共同理想
结尾	结尾要写上祝愿的话
落款	写明发文的单位或个人的姓名、名称,并署上成文日期

五、邀请函(邀请信、请柬)

邀请函又叫邀请信、邀请书、请柬等,是邀请有关单位或人员前来参加某项会议或活动的专用书信。邀请函语言要恳切、热情、朴实,注意礼节礼貌,以使受邀方参加活动。

邀请函一般由标题、称谓、正文和落款组成,具体如下表所示:

结构	内容要求
标题	第一行居中,一般有两种形式:①只写文种,如《邀请函》;②采用"事由+文种"的格式,如《××公司年终客户答谢会邀请函》
称谓	标题下空一行顶格写被邀请者的个人姓名或单位名称,个人姓名要加敬语,如"尊敬的××先生";称谓后加冒号
正文	①要简述邀请的事由、活动时间、活动地点,以及有关要求或注意事项。如向单位发出邀请,还须写明被邀对象和人数 ②结尾要表示出希望接受邀请、欢迎前来的诚意,一般用"欢迎指导""敬请光临""恭请莅临""请届时光临指导""恳请光临""致以敬意"等问候语来表示对被邀请方的恭敬和礼貌
落款	在正文右下方写发出邀请的个人姓名或单位名称。单位要加盖公章。署名下一行写发出邀请的年、月、日

六、聘请书

聘请书是指某个单位聘请某人担任某项职务或承担某项工作时所使用的一种文书,一般是在与被聘请一方商量妥当后发出,具有证明的作用。

聘请书由标题、称谓、正文、结尾、落款五部分组成。其具体说明如下表所示:

结构	具体说明
标题	聘请书往往在正中写上"聘书"或"聘请书"字样,有的聘请书也可以不写标题。已印制好的聘请书标题常用烫金或大写的"聘书"或"聘请书"字样组成
称谓	聘请书上被聘者的姓名、称呼可以在开头顶格写,然后再加冒号;也可以在正文中写明受聘人的姓名、称呼
正文	首先,交代聘请的原因和请去所干的工作,或所要去担任的职务 其次,写明聘任期限 最后,聘任待遇。聘任待遇可直接写在聘请书之上,也可另附详尽的聘约或公函写明具体的待遇,这要视情况而定 另外,正文还要写上对被聘者的希望。这一点一般可以写在聘请书上,也可以不写,而通过其他的途径使受聘人切实明白自己的职责
结尾	聘请书的结尾一般写上表示敬意和祝颂的结束用语
落款	落款要署上发文单位名称或单位领导的姓名、职务,并署上发文日期,同时要加盖公章

七、倡议书

倡议书是个人或组织基于推进某项工作、开展某项活动等需要,向社会或者有关方面公开提出某种做法、要求,并希望得到附和响应的常用文书。

倡议书一般包括倡议事由、倡议事项、呼吁和号召三部分。其具体说明如下表所示:

结构	具体说明
倡议事由	这是倡议书的开头部分,要开宗明义,阐明倡议事由,包括背景(形势)、原因(依据)、目的、意义等。这是说服受众响应倡议的关键,倡议事由要具体、充分、真实
倡议事项	这是倡议书的重点部分,倡议事项要有针对性和可行性,内容和要求一定要具体化,包括开展怎样的活动、要做哪些事情、具体要求是什么、有哪些价值和意义等,均需一一写明
呼吁和号召	这是倡议书的结尾部分,一般是呼吁号召,表明倡议者的决心和希望,或者写出某种建议,要彰显感染力。同时,还需注意,倡议书结尾一般不写表示敬意或祝愿的话

第五节 告启文书撰写

一、启事

启事是指机关单位、社会团体、企事业单位或公民个人公开申明某件事情,希望有关人员参与或者协助办理而使用的告知性应用文。启事具有公开性、广泛性、实用性、随意性的特点。

按其内容,启事可分为不同类型的多种启事,主要有招生启事、寻物启事、招聘启事、挂失启事、征集启事、庆典启事等。

启事一般由标题、正文和尾部三部分组成。其具体说明如下表所示:

结构	具体说明
标题	公务性启事的标题构成形式比较灵活。可以由事由和文种构成,也可以由启事机关单位的名称和事由组成
正文	正文是启事的主体部分,主要说明启事事项。具体包括发出启事的目的、意义,办理启事事项的方式、方法、要求等内容
尾部	包括署名、时间和附项等内容。附项即在正文左下方注明联系地址、邮编、电话及联系人等内容

二、声明

声明是就有关事项或问题向社会表明自己立场、态度的应用文体。政党和国家的领导机关及其领导人、机关单位、社会团体、企事业单位、其他组织或公民个人均可发表声明。声明具有表明立场、观点、态度,警告、警示,保护自己合法权益的作用。

声明一般分为两类:一类是当自己的某种合法权益受到侵害,为维护自己的合法权益、引起公众关注,并要求侵权方停止侵害行为的声明;另一类是在自己遗失了支票、证件等重要凭据或证明文件时,为防止他人冒领冒用而发表的声明。

声明一般由标题、正文和尾部组成。其具体说明如下表所示:

结构	具体说明
标题	一般只写文种"声明";另一种由事由和文种构成;还有一种采用发文机关名称、授权事由、文种三项结构形式
正文	简明扼要地写明发表声明的原因,表明对有关事件的立场、态度
尾部	包括署名、时间和附项三项内容。有的声明正文内容中写有希望公众检举揭发侵权者的意思,还应在署名项目的右下方附注自己单位的地址、电话、电传号码以及邮政编码,以便联系

三、海报

海报是主办单位向公众报道举行文化、娱乐、体育等活动的一种事务文书。

从内容分,海报有演出海报、讲演海报、比赛海报、展览海报等;从形式分,海报有文字海报和美术海报两种。

海报由标题、正文、尾部三部分组成。其具体说明如下表所示:

结构	具体说明
标题	海报的写法多种多样,标题的位置也可根据排版设计随意摆放 标题的内容有如下分类:①用文种作标题;②用内容作标题;③用主办单位的名称作标题
正文	海报的正文要用简洁的文字写清楚活动内容、时间、地点、参加办法等,一般包括一段式、项目排列式、附加标语式
尾部	结尾的内容有主办单位、海报制作时间等。正文已把有关内容写清楚了,可以不设结尾。有的结尾还加上一些吸引人的口号

经典真题 ▶ (判断)某商场拟在内部公开招聘两名中层干部,用海报广而告之。( )

【答案】判断错误。

中公解题:此种情况下招聘干部应当用招聘启事,用海报是错误的。

四、公示

公示是党政机关、企事业单位、社会团体等预告群众,用以征询意见、改善工作的一种应用文文体。公示具有公开性、周知性、科学性、民主性等特点。

公示一般由标题和正文两部分组成。

标题一般为"公示"或"关于××的公示"。

正文一般包括:①进行公示的原因。②事物的基本情况。党员发布公示一般要包括有关人员的姓名、性别、出生年月、工作单位、职务、入党时间等。③公示的起始及截止日期(以工作日计),意见反馈单位地址及联系方式。④发布公示的单位名称(加盖公章)及发布时间。

第五篇

05

事业单位基本常识

开篇明义

事业单位基本常识是四川事业单位综合知识科目考试的必考内容。该部分考查内容涉及事业单位及其改革、事业单位人事管理制度。

通过分析2019—2023年四川事业单位综合知识科目考试真题可知,事业单位基本常识试题在四川各地事业单位综合知识科目考试中的占比不一,少的有5%,多的可达10%。通过真题分析,我们能够得出本篇各章内容的考查占比情况和高频考点,具体如下所示:

章名	考查占比	高频考点
事业单位及其改革	12.5%	①事业单位的内涵;②事业单位的特征;③事业单位分类改革的基本原则
事业单位人事管理制度	87.5%	①公开招聘;②应聘人员应具备的基本条件;③聘用合同的主要内容、类型和期限;④考核的主要内容、结果与运用;⑤事业单位的奖励;⑥事业单位工作人员的处分

根据上表,结合试题的考查形式,事业单位基本常识试题的具体考查特点如下:

1.以直接考查基础知识为主

四川事业单位综合知识科目考试对事业单位相关内容的考查以直接考查基础知识为主。此类试题常就事业单位某一方面的相关规定进行考查,如事业单位聘用合同的订立与解除、事业单位的考核、事业单位的奖励和处分等。以下题为例:

2022·四川省属 (单选)某事业单位对全体工作人员开展了年度考核。下列做法错误的是( )。

A.参考工作人员平时考核情况

B.重点考核工作人员的工作绩效

C.将考核结果作为该单位岗位调整的依据

D.考核结果分为优秀、称职、基本称职、不称职四个等次

解析: A项做法正确。《事业单位工作人员考核暂行规定》(1995年)第十三条规定:"考核分为平时考核和年度考核。……年度考核以平时考核为基础。"

B项做法正确。《事业单位人事管理条例》(2014年)第二十条规定:"事业单位应当根据聘用合同规定的岗位职责任务,全面考核工作人员的表现,重点考核工作绩效。"

C项做法正确。《事业单位人事管理条例》(2014年)第二十二条规定:"考核结果作为调整事业单位工作人员岗位、工资以及续订聘用合同的依据。"

D项做法错误。《事业单位人事管理条例》(2014年)第二十一条规定:"考核分为平时考核、年度考核和聘期考核。年度考核的结果可以分为优秀、合格、基本合格和不合格等档次,聘期考核的结果可以分为合格和不合格等档次。"

故本题选 D。

此类试题虽然难度不大,但需要考生准确掌握相关知识点。考生可通过表格等形式归纳整理近似知识点来帮助记忆。

2.部分试题结合案例进行考查

除直接考查事业单位基础知识外,四川事业单位综合知识科目考试中还涉及以案例形式考查事业单位相关内容的试题。此类试题的考查内容虽然比较常规,但试题的综合性更强,难度也更大。以下题为例:

2023·四川省属 (单选)某省属高校开展了公开招聘辅导员的工作,下列做法不符合事业单位人事管理相关规定的是( )。

A.在学校官方网站公开发布招聘信息,明确招聘范围、条件及程序

B.对报考人员采取考试与考核相结合的方式进行选拔

C.对拟聘人员进行公示,公示期为 7 个工作日

D.与聘用人员签订聘用合同,约定试用期满转正后开始缴纳社会养老保险

解析: A 项符合规定。《事业单位人事管理条例》(2014 年)第九条规定,"事业单位公开招聘工作人员按照下列程序进行:(一)制定公开招聘方案;(二)公布招聘岗位、资格条件等招聘信息;(三)审查应聘人员资格条件;(四)考试、考察;(五)体检;(六)公示拟聘人员名单;(七)订立聘用合同,办理聘用手续"。

B 项符合规定。事业单位招聘原则为坚持公开、平等、竞争、择优方针,按照德才兼备的标准,采取考试与考核相结合的方式进行。

C 项符合规定。《事业单位公开招聘人员暂行规定》(2006 年)第二十三条规定,"对拟聘人员应在适当范围进行公示,公示期一般为 7 至 15 日"。

D 项不符合规定。试用期包含在聘用合同期限内,用人单位应当为处于试用期的员工依法缴纳社会保险(社会保险包括养老保险)。

故本题选 D。

本题通过案例形式将事业单位公开招聘工作人员的相关内容串联起来考查,需要考生对相关规定有全面、系统的掌握。可见考生在复习时,对于此类常结合案例考查的知识点,如事业单位的奖励、事业单位工作人员的处分、事业单位聘用合同的订立与解除等内容要做到准确把握,烂熟于心。

第一章 事业单位及其改革

一、事业单位概述

(一)事业单位的内涵

事业单位是指国家为了社会公益目的,由国家机关举办或者其他组织利用国有资产举办的,从事教育、科技、文化、卫生等活动的社会服务组织。

事业单位应当具备四个条件:一是依法设立,二是从事公益服务,三是不以营利为目的,四是社会组织。

我国的事业单位是与行政机关、企业单位相对应的一个概念。它们的异同点如下表所示:

异同点	事业单位与行政机关	事业单位与企业单位
相同点	二者都属于公共部门,都为社会提供公共产品	
不同点	事业单位:主要从事公共服务活动,一般不具有对外公共管理的职能;事业单位之间不存在领导或者指导关系 行政机关:主要从事行政管理和社会管理,它是国家权力机关的执行机构,具有外在的公共管理职能;上级政府机关对下级政府机关有领导或者指导关系	事业单位:大部分事业单位由于为社会提供服务产品,因此可以获得相应的货币收入,并且也注重自身的经济效益;其存在和发展的根本目的是社会公益,其利润不能在单位职工或者管理者中间进行分配 企业单位:是以营利为目的的经济组织,资产的所有者可以参与剩余产品的分配

(二)事业单位的特征

事业单位的特征具体包括以下几个方面。

(1)提供公共服务:事业单位的功能是提供公共事业产品,即必需的公共服务。提供公共服务(服务性)是事业单位最基本、最鲜明的特征。

(2)属于非公共权力机构:事业单位不属于公共权力机构,不具有公共行政权力。事业单位只能利用自身的专业知识和专业技术向社会提供服务。专业性服务是事业单位基本的社会职能。

(3)属于知识密集型组织:绝大多数事业单位是以脑力劳动为主体的知识密集型组织,其劳动成果一般是知识和精神产品。专业人才是事业单位的主要人员构成,利用科技文化知识为社会各方面提供服务是事业单位的主要手段。

(4)经费来源的国家化:我国的事业单位基本上由国家财政统一拨给各项事业经费。随着事业单位体制改革的深化和发展,事业单位的经费来源日益呈现多元化的态势,但来自国家的财政拨款在事业单位的经费中仍然占主导地位。

(5)兼具社会和经济双重效益:事业单位是带有一定公益性质的机构,通常以社会公益为主要发展方向,具有社会和经济双重属性,兼具社会和经济双重效益。事业单位的公益性是由其社会功能和市场经济体制的要求决定的。

(6)范围的广泛性:事业单位的范围具有广泛性,涉及教育、科技、文化、卫生、体育等行业部门和领域。其主体具有多元性,其规模具有宏大性。

经典真题▶ (单选)事业单位是指国家以社会公益为目的,由国家机关举办或者其他组织利用国有资产举办的,从事教育、科技、文化、卫生等活动的社会服务组织。以下关于事业单位说法错误的是( )。

A.事业单位的范围具有广泛性　　　　B.事业单位提供公共事业产品

C.事业单位最基本的特征是服务性　　D.事业单位属于政府机构

【答案】D。

(三)事业单位存在的社会基础

事业单位存在的社会基础主要有:①满足公共需要;②弥补市场缺陷;③节制政府失灵;④防止契约失效;⑤弥补志愿不足。

(四)事业单位的人事管理

为了规范事业单位的人事管理,保障事业单位工作人员的合法权益,建设高素质的事业单位工作人员队伍,促进公共服务发展,2014年国务院第40次常务会议通过《事业单位人事管理条例》,并于2014年7月1日起正式施行。

1.基本内容

《事业单位人事管理条例》指出,事业单位人事管理,坚持党管干部、党管人才原则,全面准确贯彻民主、公开、竞争、择优方针。国家对事业单位工作人员实行分级分类管理。

中央事业单位人事综合管理部门负责全国事业单位人事综合管理工作。县级以上地方各级事业单位人事综合管理部门负责本辖区事业单位人事综合管理工作。事业单位主管部门具体负责所属事业单位人事管理工作。

事业单位制定或者修改人事管理制度,应当通过职工代表大会或者其他形式听取工作人员意见。

2.基本规定

(1)岗位设置和管理

国家建立事业单位岗位管理制度,明确岗位类别和等级。事业单位根据职责任务和工作需要,按照国家有关规定设置岗位。岗位应当具有明确的名称、职责任务、工作标准和任职条件。事业单位拟订岗位设置方案,应当报人事综合管理部门备案。

(2)公开招聘和竞聘上岗

事业单位新聘用工作人员,应当面向社会公开招聘。但是,国家政策性安置、按照人事管理权限由上级任命、涉密岗位等人员除外。

(3)培训和考核

事业单位应当根据不同岗位的要求,编制工作人员培训计划,对工作人员进行分级分类培训。工作人员应当按照所在单位的要求,参加岗前培训、在岗培训、转岗培训和为完成特定任务的专项培训。培训经费按照国家有关规定列支。

事业单位应当根据聘用合同规定的岗位职责任务,全面考核工作人员的表现,重点考核工作绩效。考核应当听取服务对象的意见和评价。

(4)工资福利和社会保险福利

《事业单位人事管理条例》指出,国家应建立激励与约束相结合的事业单位工资制度,并且要建立事业单位工作人员工资的正常增长机制。事业单位工作人员工资包括基本工资、绩效工资和津贴补贴。事业单位在工资分配上应当结合不同行业事业单位特点,体现岗位职责、工作业绩、实际贡献等因素。同时,事业单位工作人员的工资水平应当与国民经济发展相协调、与社会进步相适应。

《事业单位人事管理条例》指出,事业单位工作人员享受国家规定的福利待遇,并且事业单位执行国家规定的工时制度和休假制度。事业单位及其工作人员依法参加社会保险,工作人员依法享受社会保险待遇。同时,事业单位工作人员符合国家规定退休条件的,应当退休。

(5)人事争议处理

事业单位工作人员与所在单位发生人事争议的,依照《中华人民共和国劳动争议调解仲裁法》等有关规定处理。事业单位工作人员对涉及本人的考核结果、处分决定等不服的,可以按照国家有关规定申请复核、提出申诉。

对事业单位人事管理工作中的违法违纪行为,任何单位或者个人可以向事业单位人事综合管理部门、主管部门或者监察机关投诉、举报,有关部门和机关应当及时调查处理。

(6)法律责任

事业单位违反《事业单位人事管理条例》规定的,由县级以上事业单位人事综合管理部门或者主管部门责令限期改正;逾期不改正的,对直接负责的主管人员和其他直接责任人员依法给予处分。

对事业单位工作人员的人事处理违反《事业单位人事管理条例》规定,给当事人造成名誉损害的,应当赔礼道歉、恢复名誉、消除影响;造成经济损失的,依法给予赔偿。

事业单位人事综合管理部门和主管部门的工作人员在事业单位人事管理工作中滥用职权、玩忽职守、徇私舞弊的,依法给予处分;构成犯罪的,依法追究刑事责任。

二、事业单位改革

(一)事业单位分类改革

1.意义

《关于分类推进事业单位改革的指导意见》指出,事业单位是经济社会发展中提供公益服务的主要载体,是我国社会主义现代化建设的重要力量。改革开放特别是党的十六大以来,各地区各有关部门积极探索事业单位改革,不断创新事业单位体制机制,稳步推进教育、科技、文化、卫生等行业体制改革,积累了有益经验,取得了明显成效,为进一步推进改革奠定了基础。事业单位提供公益服务总量不断扩大,服务水平逐步提高,在促进经济社会发展、改善人民群众生活方面发挥了重要作用。

分类推进事业单位改革,是深入贯彻落实科学发展观、构建社会主义和谐社会的必然要求,是推进政府职能转变、建设服务型政府的重要举措,是提高事业单位公益服务水平、加快各项社会事业发展的客观需要。必须从改革开放和社会主义现代化建设全局的高度,充分认识分类推进事业单位改革的重大意义,切实增强责任感和紧迫感,坚定不移地把这项改革推向深入。

2.指导思想和基本原则

(1)指导思想

高举中国特色社会主义伟大旗帜,以邓小平理论和"三个代表"重要思想为指导,深入贯彻落实科学发展观,按照政事分开、事企分开和管办分离的要求,以促进公益事业发展为目的,以科学分类为基础,以深化体制机制改革为核心,总体设计、分类指导、因地制宜、先行试点、稳步推进,进一步增强事业单位活力,不断满足人民群众和经济社会发展对公益服务的需求。

(2)基本原则

坚持以人为本,把提高公益服务水平、满足人民群众需求作为出发点和落脚点;坚持分类指导,根据不同类别事业单位的特点,实施改革和管理;坚持开拓创新,破除影响公益事业发展的体制机制障碍,鼓励进行多种形式的探索和实践;坚持着眼发展,充分发挥政府主导、社会力量参与和市场机制的作用,实现公益服务提供主体多元化和提供方式多样化;坚持统筹兼顾,充分发挥中央和地方两个积极性,注意与行业体制改革、政府机构改革等相衔接,妥善处理改革发展稳定的关系。

3.事业单位的类别划分

《关于分类推进事业单位改革的指导意见》科学地划分了事业单位类别。清理规范现有事业单位,对未按规定设立或原承担特定任务已完成的,予以撤销。对布局结构不合理、设置过于分散、工作任务严重不足或职责相同相近的,予以整合。

划分现有事业单位类别:在清理规范的基础上,按照社会功能将现有事业单位划分为承担行政职能、从事生产经营活动和从事公益服务三个类别。对承担行政职能的,逐步将其行政职能划归行政机构或转为行政机构;对从事生产经营活动的,逐步将其转为企业;对从事公益服务的,继续将其保留在事业单位序列,强化其公益属性。今后,不再批准设立承担行政职能的事业单位和从事生产经营活动的事业单位。

细分从事公益服务的事业单位:根据职责任务、服务对象和资源配置方式等情况,将从事公益服务的事业单位细分为两类,将承担义务教育、基础性科研、公共文化、公共卫生及基层的基本医疗服务等基本公益服务,不能或不宜由市场配置资源的,划入公益一类;将承担高等教育、非营利医疗等公益服务,可部分由市场配置资源的,划入公益二类。具体由各地结合实际研究确定。

(二)事业单位人事制度改革

1.指导思想、基本原则和目标任务

根据《关于进一步深化事业单位人事制度改革的意见》,事业单位人事制度改革的指导思想、基本原则和目标任务如下表所示:

类别	具体说明
指导思想	深化事业单位人事制度改革,要以邓小平理论、"三个代表"重要思想为指导,深入贯彻落实科学发展观,根据完善社会主义市场经济体制和发展社会事业的需要,坚持科学化、民主化、制度化方向,全面推行聘用制度和岗位管理制度,创新管理体制,转换用人机制,整合人才资源,凝聚优秀人才,充分调动事业单位各类人才的积极性、主动性、创造性,为促进社会公益事业发展、构建社会主义和谐社会提供人才保障
基本原则	贯彻落实党的干部路线方针政策,坚持党管干部和党管人才;坚持德才兼备、以德为先用人标准;坚持民主、公开、竞争、择优;坚持分类推进,充分体现不同类型、不同行业的特点;坚持责、权、利相结合,维护事业单位和工作人员的合法权益
目标任务	按照中央关于深化干部人事制度改革和分类推进事业单位改革的总体要求,以转换用人机制和搞活用人制度为核心,以健全聘用制度和岗位管理制度为重点,形成权责清晰、分类科学、机制灵活、监管有力,符合事业单位特点和人才成长规律的人事管理制度,实现由固定用人向合同用人转变,由身份管理向岗位管理转变

2.着力推进事业单位用人机制转换

着力推进事业单位用人机制转换要做到以下几点:

(1)全面推行聘用制度,加快完成聘用制度推行工作,事业单位与其工作人员应按照国家有关规定签订聘用合同。要把聘用合同作为事业单位人事管理的基本依据,通过聘用合同规范单位和工作人员的人事关系,建立起以合同管理为基础的用人机制。

(2)全面实施岗位管理制度,事业单位专业技术人员、管理人员、工勤技能人员都要实行岗位管理。

(3)全面实行公开招聘制度,事业单位新进人员,除国家政策性安置、按干部人事管理权限由上级任命及涉密岗位等确需使用其他方法选拔任用人员外,全面实行公开招聘。

(4)大力推行竞聘上岗制度,研究制定事业单位竞聘上岗规定。竞聘上岗要成为事业单位内部人员选拔聘用的主要方式。

(5)健全考核奖惩制度,完善事业单位工作人员考核制度,建立健全以聘用合同和岗位职责为依据、以工作绩效为重点内容、以服务对象满意度为基础的考核办法,将考核结果作为调整人员岗位、工资以及解除、续订聘用合同的基本依据。

(6)完善人员退出机制,畅通人员出口,拓展人员正常退出渠道。规范解除、终止聘用合同的条件、程序和经济补偿方面的规定。

(7)完善权益保障机制,加强事业单位人事争议处理制度建设,健全人事争议处理机制,公平公正、及时有效地处理人事争议,维护单位和工作人员双方的合法权益。

(8)健全领导人员选拔任用和管理监督制度,坚持正确用人导向,探索完善多种选拔方式。

第二章 事业单位人事管理制度

第一节 事业单位公开招聘制度

一、公开招聘和竞聘上岗

事业单位新聘用工作人员,应当面向社会公开招聘。但是,国家政策性安置、按照人事管理权限由上级任命、涉密岗位等人员除外。

1.公开招聘

为实现事业单位人事管理的科学化、制度化和规范化,规范事业单位招聘行为,提高人员素质,事业单位新进人员实行公开招聘制度。公开招聘制度的具体说明如下表所示:

要素	具体说明
范围	单位专业技术人员、管理人员和工勤人员。其中,参照公务员制度进行管理和转为企业的事业单位除外
原则	坚持德才兼备的用人标准,贯彻公开、平等、竞争、择优的原则 公开招聘要坚持政府宏观管理与落实单位用人自主权相结合,统一规范、分类指导、分级管理
主要方式	考试、考察
程序	①制订公开招聘方案;②公布招聘岗位、资格条件等招聘信息;③审查应聘人员资格条件;④考试、考察;⑤体检;⑥公示拟聘人员名单(公示期一般为7至15日);⑦订立聘用合同,办理聘用手续

2.竞聘上岗

事业单位内部产生岗位人选,需要竞聘上岗的,按照下列程序进行:①制订竞聘上岗方案;②在本单位公布竞聘岗位、资格条件、聘期等信息;③审查竞聘人员资格条件;④考评;⑤在本单位公示拟聘人员名单;⑥办理聘任手续。

除此之外,事业单位工作人员可以按照国家有关规定进行交流。

二、应聘人员应具备的基本条件

应聘人员应具备的基本条件包括:①具有中华人民共和国国籍;②遵守宪法和法律;③具有良好的品行;④岗位所需的专业或技能条件;⑤适应岗位要求的身体条件;⑥岗位所需要的其他条件。

三、回避制度和违纪处理

1.回避制度

事业单位人事管理回避种类分为岗位回避和履职回避。

(1)岗位回避

事业单位工作人员之间凡存在近亲属等关系的,不得在同一事业单位聘用至具有直接上下级领导关系的管理岗位,不得在其中一方担任领导人员的事业单位聘用至从事组织(人事)、纪检监察、审计、财务工作的岗位,也不得聘用至双方直接隶属于同一领导人员的从事组织(人事)、纪检监察、审计、财务工作的内设机构正职岗位。同时,回避规定授权省级以上事业单位人事综合管理部门、中央和国家机关各部门,针对因地域、专业、工作性质特殊等因素,需要灵活执行岗位回避政策的,可以结合实际做出具体规定。

(2)履职回避

事业单位、主管部门的工作人员以及外请专家等相关人员,参与岗位设置、公开招聘、聘用解聘(任免)、考核考察、奖励、处分、交流、人事争议处理、出国(境)审批、人事考试、职称评审、人才评价、招生考试、项目评审、成果评选、资金审批与监管等工作时,对于其中涉及与本人或本人亲属有利害关系的履职活动,应当回避,不得参加相关调查、考察、讨论、评议、投票、评分、审核、决定等活动,也不得以任何方式施加影响。

2.违纪处理

事业单位违反《事业单位人事管理条例》规定的,由县级以上事业单位人事综合管理部门或者主管部门责令限期改正;逾期不改正的,对直接负责的主管人员和其他直接责任人员依法给予处分。

对事业单位工作人员的人事处理违反《事业单位人事管理条例》规定给当事人造成名誉损害的,应当赔礼道歉、恢复名誉、消除影响;造成经济损失的,依法给予赔偿。

事业单位人事综合管理部门和主管部门的工作人员在事业单位人事管理工作中滥用职权、玩忽职守、徇私舞弊的,依法给予处分;构成犯罪的,依法追究刑事责任。

第二节　事业单位聘用制度

一、聘用制度的招聘原则和招聘范围

1.招聘原则

公开招聘要坚持德才兼备的用人标准,贯彻公开、平等、竞争、择优的原则;坚持政府宏观管理与落实单位用人自主权相结合,统一规范、分类指导、分级管理。

2.招聘范围

公开招聘范围包括专业技术人员、管理人员和工勤人员。其中,参照公务员制度进行管理和转为企业的事业单位除外。

二、聘用合同的主要内容、类型和期限

1.主要内容

聘用合同由聘用单位的法定代表人或者其委托的人与受聘人员以书面形式订立。

聘用合同必须具备下列条款：①聘用合同期限；②岗位及其职责要求；③岗位纪律；④岗位工作条件；⑤工资待遇；⑥聘用合同变更和终止的条件；⑦违反聘用合同的责任。经双方当事人协商一致，可以在聘用合同中约定试用期、培训和继续教育、知识产权保护、解聘提前通知时限等条款。

2.类型

事业单位的聘用合同类型主要有四种：①短期合同，即3年（含）以下的合同，对流动性强、技术含量低的岗位一般签订短期合同；②中期合同，即3年（不含）以上的合同；③长期合同，即至职工退休的合同；④项目合同，即以完成一定工作为期限的合同。

合同期限最长不得超过应聘人员达到国家规定的退休年龄的年限。聘用单位与受聘人员经协商一致，可以订立上述任何一种期限的合同。

3.期限

事业单位与工作人员订立的聘用合同，期限一般不低于3年。初次就业的工作人员与事业单位订立的聘用合同期限3年以上的，试用期为12个月。事业单位工作人员在本单位连续工作满10年且距法定退休年龄不足10年，提出订立聘用至退休的合同的，事业单位应当与其订立聘用至退休的合同。

三、聘用合同的订立、变更、终止、解除和争议处理

1.订立

事业单位与职工应当按照国家有关法律、政策和《关于在事业单位试行人员聘用制度的意见》的要求，在平等自愿、协商一致的基础上，通过签订聘用合同，明确聘用单位和受聘人员与工作有关的权利和义务。

聘用单位与受聘人员订立聘用合同时，不得收取任何形式的抵押金、抵押物或者其他财物。

2.变更、终止

聘用合同依法签订后，双方必须履行合同规定的义务，任何一方不得擅自变更合同内容。聘用单位法定代表人变更后，原合同仍然有效，由新的法定代表人继续履行。聘用合同确需变更时，双方应协商一致，并按原签订程序变更合同，双方未达成一致的，原合同继续有效。

聘用合同期满或者双方约定的合同终止条件出现，聘用合同即行终止。聘用单位被撤销，聘用合同自行终止。

3.解除

自聘用合同依法解除、终止之日起，事业单位与被解除、终止聘用合同人员的人事关系终止。聘用合同可以解除的具体情况如下：①事业单位工作人员连续旷工超过15个工作日，或者1年内累计旷工超过30个工作日的。②事业单位工作人员年度考核不合格且不同意调整工作岗位，或者连续两年年度考核不合格的，事业单位提前30日书面通知，可以解除聘用合同。③事业单位工作人员提前30日书面通知事业单位，可以解除聘用合同。但是，双方对解除聘用合同另有约定的除外。④事业单位工作人员受到开除处分的。

4.争议处理

受聘人员与聘用单位在公开招聘、聘用程序、聘用合同期限、定期或者聘期考核、解聘辞聘、未聘安置等问题上发生争议的,当事人可以申请当地人事争议仲裁委员会仲裁。仲裁结果对争议双方具有约束力。

四、违约责任和聘用单位解除合同责任

1.违约责任

聘用合同签订并经鉴证机构鉴证后,双方当事人均应当认真履行合同,任何一方违反聘用合同,都应当承担违约责任,违约责任由双方当事人在聘用合同中自行约定。受聘人员经聘用单位出资培训后解除聘用合同,对培训费用的补偿在聘用合同中有规定的,按照合同的约定补偿。

2.聘用单位解除合同责任

有下列解除聘用合同情形之一的,聘用单位应根据受聘人员在本单位的实际工作年限向被解聘者支付经济补偿金:①聘用单位提出解除聘用合同,受聘人员同意解除的;②受聘人员患病或者非因工负伤,医疗期满后,不能从事原工作也不能从事由聘用单位安排的其他工作,聘用单位单方面解除聘用合同的;③受聘人员年度考核不合格或者聘期考核不合格,又不同意聘用单位调整其工作岗位的,或者虽同意调整工作岗位,但到新岗位后考核仍不合格,聘用单位单方面解除聘用合同的。

经济补偿金以被解聘人员在该聘用单位每工作一年,支付其本人一个月的上年月平均工资为标准;月平均工资高于当地月平均工资三倍以上的,按当地月平均工资的三倍计算。聘用单位分立、合并、撤销的,应当妥善安置受聘人员;不能安置受聘人员到相应单位就业而解除聘用合同的,应当按照上述规定给予经济补偿。

第三节　事业单位岗位管理制度

一、岗位的概念、分类和设置原则

1.概念

岗位是指事业单位根据其社会功能、职责任务和工作需要设置的工作岗位。其应具有明确的岗位名称、职责任务、工作标准和任职条件。

2.分类

事业单位岗位分为管理岗位、专业技术岗位和工勤技能岗位三种类别。

管理岗位是指担负领导职责或管理任务的工作岗位。管理岗位的设置要适应增强单位运转效能、提高工作效率、提升管理水平的需要。

专业技术岗位是指从事专业技术工作,具有相应专业技术水平和能力要求的工作岗位。专业技术岗位的设置要符合专业技术工作的规律和特点,适应发展社会公益事业与

提高专业水平的需要。

工勤技能岗位是指承担技能操作和维护、后勤保障、服务等职责的工作岗位。工勤技能岗位的设置要适应提高操作维护技能、提升服务水平的要求,满足单位业务工作的实际需要。鼓励事业单位后勤服务社会化,已经实现社会化服务的一般性劳务工作,不再设置相应的工勤技能岗位。

经典真题▶ (单选)事业单位的人员岗位类别有( )。

①管理岗 　　　　　　②专业技术岗
③教师岗 　　　　　　④教辅岗
⑤工勤技能岗

A.①②③④ 　　　　　　B.①②⑤
C.②③④⑤ 　　　　　　D.①③⑤

【答案】B。

3.设置原则

事业单位要按照科学合理、精简效能的原则进行岗位设置,坚持按需设岗、竞聘上岗、按岗聘用、合同管理。

事业单位人员原则上不得同时在两类岗位上任职,因行业特点确需兼任的,须按人事管理权限审批。

二、岗位设置管理的单位范围和人员范围

1.单位范围

根据《〈事业单位岗位设置管理试行办法〉实施意见》,为了社会公益目的,由国家机关举办或者其他组织利用国有资产举办的事业单位, 包括经费来源主要由财政拨款、部分由财政支持以及经费自理的事业单位,都要按照《事业单位岗位设置管理试行办法》和该实施意见实施岗位设置管理。

2.人员范围

根据《〈事业单位岗位设置管理试行办法〉实施意见》,事业单位管理人员(职员)、专业技术人员和工勤技能人员,都要纳入岗位设置管理。岗位设置管理中涉及事业单位领导人员的,按照干部人事管理权限的有关规定执行。使用事业编制的各类学会、协会、基金会等社会团体工作人员,参照试行办法和实施意见,纳入岗位设置管理。

三、可以申请设置特设岗位的情形

特设岗位是事业单位根据事业发展聘用急需的高层次人才等特殊需要, 经批准设置的工作岗位,是事业单位中的非常设岗位。特设岗位的等级根据具体情况确定。特设岗位不受事业单位岗位总量、最高等级和结构比例限制,在完成工作任务后,按照管理权限予以核销。

根据《四川省事业单位岗位设置管理实施意见》,事业单位有下列情形之一且无相应等级岗位设置或者设置的相应等级岗位无空缺的,可以申请设置特设岗位:

(1)承担国家或者省(部)级重大、重点项目的研究与开发,本单位工作人员无法满足

工作需要,急需引进高层次人才作为主要完成人(主研人员)的。

(2)引进专业技术一级、二级岗位任职人员和国家有突出贡献的中青年专家、享受国务院政府特殊津贴人员、百千万人才工程国家级人选、长江学者奖励计划特聘(讲座)教授,以及省(部)级有突出贡献专家等高层次人才的。

(3)符合行业岗位设置管理指导意见特设岗位设置具体规定的。

(4)其他确需设置的。

特设岗位的设置按照管理权限逐级审核后,报设区的市(州)以上政府人事行政部门核准,其中,特设专业技术二级岗位报省人事厅核准。

四、管理岗位、专业技术岗位和工勤技能岗位的等级及内部结构比例

《〈事业单位岗位设置管理试行办法〉实施意见》指出,根据事业单位的社会功能、职责任务、工作性质和人员结构特点等因素,综合确定事业单位管理岗位、专业技术岗位、工勤技能岗位(以下简称三类岗位)总量的结构比例。事业单位三类岗位的结构比例由政府人事行政部门和事业单位主管部门确定,控制标准如下:

(1)主要以专业技术提供社会公益服务的事业单位,应保证专业技术岗位占主体,一般不低于单位岗位总量的70%。

(2)主要承担社会事务管理职责的事业单位,应保证管理岗位占主体,一般应占单位岗位总量的一半以上。

(3)主要承担技能操作维护、服务保障等职责的事业单位,应保证工勤技能岗位占主体,一般应占单位岗位总量的一半以上。

(4)事业单位主体岗位之外的其他两类岗位,应保持相对合理的结构比例。

(5)鼓励事业单位后勤服务社会化,逐步扩大社会化服务的覆盖面。已经实现社会化服务的一般性劳务工作,不再设置相应的工勤技能岗位。

五、管理岗位、专业技术岗位和工勤技能岗位的聘用条件

1.基本任职条件

事业单位管理岗位、专业技术岗位和工勤技能岗位的基本条件,主要根据岗位的职责任务和任职条件确定。事业单位三类岗位的基本任职条件是:①遵守宪法和法律;②具有良好的品行;③具有岗位所需的专业、能力或者技能条件;④具有适应岗位要求的身体条件。

2.聘用管理岗位的学历条件和年限规定

(1)学历条件

职员岗位一般应具有中专(中技、高中)以上学历,其中,六级以上职员岗位一般应具有大学专科以上学历,四级以上职员岗位一般应具有大学本科以上学历。

(2)年限规定

各等级职员岗位的基本任职年限:①三级、五级职员岗位,须分别在四级、六级职员岗位上任职满2年以上;②四级、六级职员岗位,须分别在五级、七级职员岗位上任职满3年以上;③七级、八级职员岗位,须分别在八级、九级职员岗位上任职满3年以上。

3.聘用专业技术岗位的基本条件

根据《〈事业单位岗位设置管理试行办法〉实施意见》,专业技术岗位的基本任职条件按照现行专业技术职务评聘的有关规定执行.实行职业资格准入控制的专业技术岗位的基本条件,应包括准入控制的要求。各省(自治区、直辖市)、国务院各有关部门以及事业单位在国家规定的专业技术高级、中级、初级岗位基本条件基础上,根据行业指导意见,结合实际情况,制定本地区、本部门以及本单位的具体条件。

《四川省事业单位岗位设置管理实施意见》规定如下:

专业技术一级岗位是国家专设的特级岗位,由国家实行总量控制和管理,其人员的确定按照国家有关规定执行。

专业技术二级岗位是省重点设置的专任岗位,由省实行总量控制和管理,其任职应具有正高级专业技术职务且具有下列条件之一:

(1)国家"杰出专业技术人才"荣誉称号获得者。

(2)四川省学术和技术带头人。

(3)符合行业岗位设置管理指导意见以及行业对专业技术二级岗位任职条件具体规定的。

(4)其他在科技进步、经济建设、文化建设和社会发展领域取得重大成就,做出重大贡献,同行公认的省内一流人才。

4.聘用工勤技能岗位的基本条件

聘用工勤技能岗位的基本条件包括以下几点:

(1)一级、二级工勤技能岗位,须在本工种下一级工勤技能岗位工作满5年,并分别通过高级技师、技师技术等级考评。

(2)三级、四级工勤技能岗位,须在本工种下一级工勤技能岗位工作满5年,并分别通过高级工、中级工技术等级考核。

(3)新招聘参加工作的工勤技能人员试用期(学徒期、熟练期)满,并通过初级工技术等级考核后,可以确定为五级工勤技能岗位。

5.岗位设置的基本程序和作用

根据《四川省事业单位岗位设置管理实施意见》,四川省事业单位岗位设置按照以下程序进行:

(1)制订岗位设置方案,并填写《四川省事业单位岗位设置审核表》。

(2)岗位设置方案经主管部门审核后,报政府人事行政部门核准。

(3)在核准的岗位总量、结构比例和最高等级限额内,制订岗位设置实施方案,编制岗位说明书。

(4)岗位设置实施方案在广泛征求本单位工作人员意见的基础上,由单位领导人员集体研究通过。

(5)公布岗位实施方案和岗位说明书并组织实施。

6.事业单位岗位设置方案变更

根据《四川省事业单位岗位设置管理实施意见》,四川省事业单位的岗位总量、结构

比例、最高等级应保持相对稳定。有下列情形之一的,岗位设置方案可以按规定申请变更:

(1)经机构编制部门批准,事业单位出现分设、合并,变更机构规格,须重新进行岗位设置的。

(2)经机构编制部门批准,事业单位增减机构编制的。

(3)根据业务发展和实际情况,为完成工作任务确需变更岗位设置的。

7.岗位聘用的基本要求和规定

根据《四川省事业单位岗位设置管理实施意见》,事业单位应按照国家和四川省的有关规定,以及核准的岗位设置方案,根据"按需设岗、竞聘上岗、按岗聘用、合同管理"的原则,确定具体岗位,明确岗位等级,聘用工作人员,签订聘用合同。

事业单位聘用工作人员应根据岗位的职责任务和任职条件,在岗位有空缺的条件下,按照公开招聘、竞聘上岗的有关规定择优聘用。聘用条件不得低于国家和四川省规定的基本条件。对确有真才实学、成绩显著、贡献突出,岗位急需且符合破格条件的,可以按照有关规定和程序破格聘用。

事业单位工作人员原则上不得同时在两类岗位上任职。因行业特点和工作需要确需兼任,且符合兼任岗位任职条件,并能履行兼任岗位职责,完成兼任岗位工作任务的,须在所兼任岗位核准的结构比例内按照岗位设置管理权限审批。

专业技术二级岗位人员的聘用,由事业单位按照隶属关系,将符合专业技术二级岗位条件的人选逐级上报,经设区的市(州)政府或者省级部门审核后报省人事厅,省人事厅会商有关部门后核准(核准后,该单位专业技术三级以下高级岗位的数量应相应减少),由单位聘用。

事业单位应按照聘用合同管理的有关规定与聘用的工作人员按照所聘岗位签订聘用合同。聘用合同期限内调整岗位的,应对聘用合同的相关内容做出相应变更。

事业单位按照核准的岗位设置方案完成岗位设置和岗位聘用,并签订聘用合同后,应及时写出书面工作总结报告,经主管部门审核后,报县(市、区)以上政府人事行政部门对其完成岗位设置、组织岗位聘用并签订聘用合同的情况进行认定。对符合政策规定,完成规范的岗位设置和岗位聘用并签订聘用合同的,方可兑现各岗位聘用人员的相应工资待遇。

第四节 事业单位人员考核制度

一、考核的原则与方式

事业单位工作人员考核的原则:党管干部、党管人才;德才兼备、以德为先;事业为上、公道正派;注重实绩、群众公认;分级分类、简便有效;考用结合、奖惩分明。

事业单位工作人员考核的方式:主要是年度考核和聘期考核,根据工作实际开展平时考核、专项考核。

二、考核的主要内容

对事业单位工作人员的考核,以岗位职责和所承担的工作任务为基本依据,全面考核德、能、勤、绩、廉,突出对德和绩的考核。各考核项目的具体内容如下表所示:

项目	具体要求
德	坚持将政治标准放在首位,全面考核政治品质和道德品行,重点了解学习贯彻习近平新时代中国特色社会主义思想,坚定拥护"两个确立",增强"四个意识"、坚定"四个自信"、做到"两个维护",坚定理想信念,坚守初心使命,忠于宪法、忠于国家、忠于人民的情况;做到坚持原则、敢于斗争、善于斗争的情况;模范践行社会主义核心价值观,胸怀祖国、服务人民,恪守职业道德,遵守社会公德、家庭美德和个人品德等情况
能	全面考核适应新时代要求履行岗位职责的政治能力、工作能力、专业素养和技术技能水平,重点了解政治判断力、政治领悟力、政治执行力和学习调研能力、依法办事能力、群众工作能力、沟通协调能力、贯彻执行能力、改革创新能力、应急处突能力等情况
勤	全面考核精神状态和工作作风,重点了解爱岗敬业、勤勉尽责、担当作为、锐意进取、勇于创造、甘于奉献等情况
绩	全面考核践行以人民为中心的发展思想,依法依规履行岗位职责、承担急难险重任务、为群众职工办实事等情况,重点了解完成工作的数量、质量、时效、成本,产生的社会效益和经济效益,服务对象满意度等情况
廉	全面考核廉洁从业情况,重点了解落实中央八项规定及其实施细则精神,执行本系统、本行业、本单位行风建设相关规章制度,遵规守纪、廉洁自律等情况

三、考核的结果与运用

1.考核的结果

年度考核的结果一般分为优秀、合格、基本合格和不合格四个档次。

聘期考核的结果一般分为合格和不合格等档次。

平时考核和专项考核的结果可以采用考核报告、评语、档次或者鉴定等形式确定。

平时考核、专项考核的结果作为年度考核、聘期考核的重要参考。

2.考核结果运用

坚持考用结合,将考核结果与选拔任用、培养教育、管理监督、激励约束、问责追责等结合起来,作为事业单位工作人员调整岗位、职务、职员等级、工资和评定职称、奖励,以及变更、续订、解除、终止聘用(任)合同等的依据。

第五节 事业单位的奖励和处分

一、事业单位的奖励

1.奖励的情形、原则

《事业单位人事管理条例》第二十五条规定,事业单位工作人员或者集体有下列情形之一的,给予奖励:①长期服务基层,爱岗敬业,表现突出的;②在执行国家重要任务、应对重大突发事件中表现突出的;③在工作中有重大发明创造、技术革新的;④在培养人才、传播先进文化中做出突出贡献的;⑤有其他突出贡献的。

《事业单位人事管理条例》第二十六条规定,奖励坚持精神奖励与物质奖励相结合、以精神奖励为主的原则。

2.奖励的种类和对象

《事业单位人事管理条例》第二十七条规定,奖励分为嘉奖、记功、记大功、授予荣誉称号。

奖励的对象既包括事业单位工作人员,也包括事业单位集体。

二、事业单位工作人员的处分

1.给予处分的行为

《事业单位人事管理条例》第二十八条规定,事业单位工作人员有下列行为之一的,给予处分:①损害国家声誉和利益的;②失职渎职的;③利用工作之便谋取不正当利益的;④挥霍、浪费国家资财的;⑤严重违反职业道德、社会公德的;⑥其他严重违反纪律的。

2.处分的种类与期间

处分分为警告、记过、降低岗位等级或者撤职、开除。

受处分的期间为:警告,6个月;记过,12个月;降低岗位等级或者撤职,24个月。

给予工作人员处分,应当事实清楚、证据确凿、定性准确、处理恰当、程序合法、手续完备。

工作人员受开除以外的处分,在受处分期间没有再发生违纪行为的,处分期满后,由处分决定单位解除处分并以书面形式通知本人。

> **| 中公锦囊 |**
>
> 事业单位工作人员与公务员的处分种类及相应期间容易混淆,考生在备考时要重点关注并准确记忆。
>
> 公务员的处分有:警告、记过、记大过、降级、撤职、开除。
>
> 公务员受处分的期间为:警告,6个月;记过,12个月;记大过,18个月;降级、撤职,24个月。

3.处分的权限与程序

对事业单位工作人员的处分,按照以下权限决定:①警告、记过、降低岗位等级或者撤职处分,按照干部人事管理权限,由事业单位或者事业单位主管部门决定。其中,由事业单位决定的,应当报事业单位主管部门备案。②开除处分由事业单位主管部门决定,并报同级事业单位人事综合管理部门备案。

给予事业单位工作人员处分,应当自批准立案之日起6个月内做出决定;案情复杂或者遇有其他特殊情形的可以延长,但是办案期限最长不得超过12个月。

4.处分的解除程序

事业单位工作人员处分的解除或者提前解除,按照以下程序办理:

（1）按照干部人事管理权限，事业单位或者有关部门对受处分事业单位工作人员在受处分期间的表现情况，进行全面了解，并形成书面报告。

（2）按照处分决定权限，做出解除或者提前解除处分的决定。

（3）印发解除或者提前解除处分的决定。

（4）将解除或者提前解除处分的决定以书面形式通知本人，并在原宣布处分的范围内宣布。

（5）将解除或者提前解除处分的决定存入该工作人员的档案。

解除处分决定自做出之日起生效。

第六节　人事争议处理

一、人事争议的概念和分类

1.人事争议的概念

事业单位人事争议是指事业单位的人事关系双方当事人因实现人事权利和履行人事义务而发生的纠纷。它有三个基本特征：一是人事争议主体必须是已经建立人事关系的双方，即一方是事业单位，另一方是该事业单位的职工；二是人事争议的客体必须是一方当事人对另一方当事人的行为是否符合国家规定或聘用合同约定提出的异议；三是人事争议的内容必须是人事关系双方由于实现劳动权利和履行劳动义务发生的纠纷。

2.人事争议的分类

对于人事争议，可以从不同的角度分类，具体内容如下表所示：

类别		具体内容
按照人事争议涉及的职工人数	个人争议	单个职工与单位之间的争议
	集体争议	多个职工就同一类行为或基于共同的理由与单位发生的争议
按照人事争议的性质	权利争议	因国家规定或聘用合同规定的权利义务发生的争议
	利益争议	对没有规定、约定的权利义务双方存在不同的要求发生的争议
按照人事争议的内容	因职工流动产生的争议	包括职工辞职的争议，单位辞退职工的争议，等等
	履行聘用合同产生的争议	包括执行聘用合同条款的争议，聘用合同变更、终止、续订的争议，解聘、辞聘的争议，违约责任的争议，以及事业单位人事管理中发生的其他争议

二、人事争议处理的工作渠道和基本原则

1.人事争议处理的工作渠道

人事争议处理的工作渠道主要包括人事争议协商、人事争议调解、人事争议仲裁、人

事争议诉讼。

事业单位的人事争议协商不是人事争议调解的前置程序,也不是人事争议仲裁的前置程序。但进入人事仲裁程序后,人事争议调解就是人事争议仲裁的必经程序,而人事争议仲裁是人事争议诉讼的前置程序。

2.人事争议处理的基本原则

人事争议的调解、仲裁、诉讼等处理工作虽然性质不同、各有特点,但都遵循一些基本原则,具体内容如下表所示:

类别	具体内容
合法原则	在人事争议处理过程中,必须坚持以法律为准绳,依法处理人事争议,处理的依据、程序和结果要符合国家法律及政策规定
公正原则	人事争议的处理要以事实为基础,在查明事实、分清是非后,提出处理意见,做出处理决定,切实维护双方的合法权益,不能有所偏袒
及时原则	处理人事争议要在规定时间内结束,不能无故拖延不决、增加当事人的诉累、损害当事人的利益

三、人事争议协商与人事争议调解

1.人事争议协商

人事争议协商是指事业单位和职工因客观人事权利和履行人事义务发生争议后,当事人双方就解决争议、化解矛盾、协调人事关系共同进行商谈以达成和解协议的行为。经过协商所达成的协议体现了双方当事人的共同意志,应当自觉履行。

人事争议协商的原则包括:①双方自愿原则;②平等互信原则;③合法原则。

2.人事争议调解

人事争议调解是指人事争议调解组织,根据法律法规和政策规定,对申请仲裁的人事争议案件,在查明事实、分清责任的基础上,促使双方当事人互识互谅,达成协议,从而有效解决争议的活动。

人事争议调解的特点如下:

(1)人事争议调解是在第三者即人事争议仲裁机构或调解机构主持下进行的,这就区别于没有第三者主持的人事争议协商活动。

(2)人事争议调解是自愿活动,必须始终基于双方当事人的意愿,不能强迫当事人进行调解。

(3)人事争议调解是通过教育、疏导的方式来解决争议的,调解组织的意见只有在双方当事人都接受的情况下才起作用。调解应遵循自愿、合法、合理、合情和尊重当事人申请仲裁裁决和诉讼权利的原则。

四、人事争议仲裁

1.人事争议仲裁的概念

仲裁作为一种解决民事纠纷的方式,在世界范围内得到普遍应用,从字面解释,"仲"

是地位居中的意思,"裁"是评断的意思。两者结合在一起就是指居中裁断。人事争议仲裁就是仲裁机构居中对人事争议进行裁断。

人事争议仲裁概念应从以下几方面理解:

第一,人事争议仲裁是人事争议仲裁机构就人事关系主体之间的争议进行仲裁。

第二,人事争议仲裁是"自愿提交"。

第三,仲裁机构是居于人事争议双方当事人之间,依法享有人事争议仲裁权的机构。

第四,人事争议仲裁的调解和裁决结果对双方当事人都具有同等约束力,并且具有强制性。

2.人事争议仲裁的特点

人事争议仲裁的特点包括:①单方申请,双方地位平等;②机构独立,一级仲裁;③先行调解,及时裁决;④性质特殊。

3.人事争议仲裁的原则

在人事争议仲裁过程中,仲裁庭和仲裁员须遵循人事争议处理的基本原则,包括以事实为依据、以法律为准绳的原则,着重调解、及时处理的原则,当事人在法律上一律平等的原则,等等。此外,还应遵循人事争议仲裁的特有原则,具体说明如下表所示:

原则	具体说明
仲裁机构独立办案的原则	人事争议仲裁委员会处理人事争议案件具有独立性,任何组织和个人无权干预
合议原则	在仲裁过程中案件要经过充分讨论和研究。这是民主集中制原则在仲裁工作中的具体体现,有利于避免主观臆断,保证公正处理人事争议案件
回避原则	当仲裁员是案件的当事人、代理人的近亲属或与案件有利害关系,或与当事人有其他关系,可能影响公正裁决时,不得参加该案的仲裁活动,以防止徇私舞弊的问题发生

4.人事争议仲裁的依据

根据人事争议仲裁的性质和特点,人事争议仲裁的依据有以下几个方面:

(1)人事工作的政策规定。人事工作的政策规定是人事争议仲裁的主要依据,包括在事业单位推行聘用制的政策和事业单位辞职、辞退规定等实体性依据,有关人事争议仲裁的规定等程序性依据。

(2)相关的法律法规。虽然目前还没有专门的事业单位人事管理的法律法规,但在有些其他方面的法律法规中涉及人事管理规范问题,也须作为人事争议仲裁的依据,如劳动法、教师法、妇女权益保障法、著作权法等。

(3)单位内部的规章制度。事业单位的人事管理在一定程度上是根据内部的规章制度进行的,人事争议的发生往往与这些规章制度有关系,所以仲裁应参考单位的规章制度。与其他依据不同的是,单位的规章制度在作为仲裁的依据前,仲裁机构要对其是否合法有效进行审查。

5.人事争议仲裁的受案范围

人事争议仲裁的受案范围,是指对人事仲裁受理的人事争议案件的界定。人事争议仲裁受案范围包括对象范围和案件范围两个方面。

根据《人事争议处理规定》，人事争议仲裁处理事业单位人事争议的受案范围主要是：事业单位与工作人员之间因解除人事关系、履行聘用合同发生的争议。

国务院各部委、国务院直属事业单位以及各部委直属在京事业单位的人事争议，跨省(自治区、直辖市)的人事争议，由人事部人事仲裁公正厅(现已撤销)负责处理。

省(自治区、直辖市)、副省级市、地(市)、县(市、区)仲裁委员会的管辖范围，由省(自治区、直辖市)确定。

6.仲裁申请时效和条件

当事人应当在争议发生之日起60日内，以书面形式向仲裁委员会申请仲裁，并按被申请人数递交副本。仲裁申请书应当载明下列事项：

(1)申请人姓名、性别、年龄、职业、工作单位和住所。如果申请人是单位，则应写明单位的名称、住所、法定代表人或者主要负责人的姓名、职务。被申请人的姓名、性别、年龄、职业、工作单位和住所。如果被申请人是单位，则应写明单位的名称、住所、法定代表人或者主要负责人的姓名、职务。

(2)仲裁请求和所根据的事实、理由。

(3)证据和证据来源、证人姓名和住所。

五、人事争议诉讼

1.人事争议诉讼的概念

人事争议诉讼是人事争议当事人不服仲裁裁决寻求司法救助，从而保护其合法权益的法律制度。具体地讲，就是指人民法院依法对人事争议案件进行审理和判决的司法活动，包括人事争议案件的起诉、受理、调查取证、审判和执行等一系列诉讼程序。

2.人事争议诉讼的特点

人事争议诉讼属于民事诉讼的范围。与其他民事诉讼活动相比，人事争议诉讼有如下特点：①人事争议仲裁是人事争议诉讼的前置程序。人事争议诉讼当事人向人民法院提起诉讼，必须是不服人事争议仲裁机构的处理结果。没有经过人事争议仲裁机构裁决的人事争议案件，人民法院一般不予受理。②人事争议诉讼的当事人是事业单位和职工。③人事争议诉讼的标的主要是人事权益。

3.人事争议诉讼的依据

根据《最高人民法院关于人民法院审理事业单位人事争议案件若干问题的规定》和《最高人民法院关于事业单位人事争议案件适用法律等问题的答复》，人民法院审理事业单位人事争议案件的程序运用《中华人民共和国劳动法》的相关规定。人民法院对事业单位人事争议案件的实体处理应当适用人事方面的法律规定，但涉及事业单位工作人员劳动权利的内容在人事法律中没有规定的，适用《中华人民共和国劳动法》的有关规定。

第六篇

06

经济、科技、文化常识

开篇明义

经济、科技、文化常识是四川事业单位综合知识科目考试的常考内容,主要涉及经济常识、科学技术及环保常识、文化常识等内容。

通过分析 2019—2023 年四川事业单位综合知识科目考试真题可知,经济、科技、文化常识在四川事业单位综合知识科目考试中整体占比不大,在四川各地区事业单位综合知识科目考试中占比一般在 5%左右, 四川省属事业单位综合知识科目考试的考查占比稍高,通常在 10%~15%。通过真题分析, 我们能够得出本篇各章内容的考查占比情况和高频考点,具体如下所示:

章名	考查占比	高频考点
经济常识	64.2%	①市场机制;②通货膨胀;③财政政策
科学技术及环保常识	31.6%	①信息技术;②新材料技术
文化常识	4.2%	社会主义核心价值观

根据上表可知,四川事业单位综合知识科目考试对于经济常识、科学技术及环保常识、文化常识的考查以经济常识为主。对于科学技术及环保常识的考查,考点则主要集中在信息技术和新材料技术等高新技术上;对于文化常识的考查,考点主要集中在社会主义核心价值观等相关内容上。这两类考点重识记,理解难度不大,因此不对其考查特点做过多说明。下面我们对考查较多的经济常识的考查特点进行分析,具体如下:

1.以考查基础知识为主

经济常识在四川事业单位综合知识科目考试中以考查基础知识为主,社会主义市场经济体制、微观经济和宏观经济常识等均有涉及,试题侧重考查考生对基础知识的理解和运用简单经济学原理分析问题的能力。此类考点偏识记,试题难度不大。以下题为例:

2023·四川泸州 (单选)市场机制是一个有机的整体,它的核心是( ),表现了市场的导向作用。

A.供求机制 　　　　　　　　　　B.竞争机制

C.风险机制 　　　　　　　　　　D.价格机制

解析:市场机制即市场经济的运行机制,是指各种市场要素之间的相互制约和互为因果的联系与作用。市场机制是一个有机的整体,它的构成要素主要包括价格机制、竞争机制、供求机制和风险机制等。其中,价格机制是市场机制的核心机制,市场的导向作用也是通过它来表现的。故本题选 D。

作答此类试题,考生需要准确掌握经济学相关概念的内涵、类别、特点、影响因素,以及因素变动的分析等,如上述试题中涉及的市场机制的分类。需要注意的是,经济学中有部分概念名称相近,但含义差别较大甚至相反,容易混淆,考生在复习时可以将此类知识点整理成表格,进行对比记忆,并把握要点、强化理解。

2.部分题目与生活情境联系紧密

在四川事业单位综合知识科目考试中,经济试题除考查基础知识外,也常结合生活情境进行考查。如2022年11月四川省属事业单位考试结合生活情境考查考生对"外部性"的理解。虽然此类试题的考点仍为基础知识,但考查方式更加灵活,需要考生对经济常识做到熟练运用。以下题为例:

2022·四川省属 (单选)下列选项中,与经济学中的"外部性"无关的是( )。

A.赵某天天在家里大声放音乐,邻居钱某不得不买了个耳塞

B.李某在自家院子栽了一棵树,正好帮王某挡住了西晒的阳光

C.宋某今年种的玉米被老鼠啃食了,伍某家的玉米也被这些老鼠祸害了

D.周某在自家田里施肥过量,田里的水流到陈某的鱼塘,导致鱼塘水质变坏

解析:外部性又称外部影响,是指某一经济主体(生产者或消费者)的经济活动对社会上的其他人的福利造成了影响,却没有为此付出代价或得到利益。外部影响分为正外部性(或称外部经济)和负外部性(或称外部不经济)。

A项有关。赵某大声放音乐给邻居钱某增加了购入耳塞的成本,属于负外部性。

B项有关。李某家的树帮王某挡住了西晒的阳光,使王某受益,属于正外部性。

C项无关。宋、伍两家的玉米都被老鼠啃食,非任何一家的经济行为,也无任何一家受益,双方都受损,不符合经济学上外部性的定义。

D项有关。周某施肥导致陈某的鱼塘水质变坏,使陈某经济受损,属于负外部性。

故本题选C。

对于此类试题,考生在备考时要透彻理解理论知识,做好知识积累,同时要关注生活中的经济现象,做生活的有心人,挖掘社会现象、生活情境背后的经济理论知识,并能灵活运用。

第一章 经济常识

第一节 社会主义市场经济体制

一、经济体制和市场经济

(一)经济体制

1.经济体制的内涵

经济体制是一种社会经济组织内部资源配置的机制、方式和结构的总和,是对一定社会经济运行模式的概括。区分不同经济体制的根本标志是劳动者与生产资料的结合方式。劳动者掌握生产资料的经济体制是社会主义经济体制,反之则是资本主义经济体制。

2.经济体制的类别

(1)计划经济体制

计划经济的资源配置是通过政府行政手段即命令、指令和法令而实现的。正是在这个意义上,计划经济也被称为"命令经济"。计划经济体制的主要优点是能够最大限度地动员、集中稀缺资源服务于一些明确的国家目标,满足国家紧急的和压倒一切的需要,如国家的工业化、战后经济的重建以及战时经济等,使整个国家资源配置符合特定的国家目标。

(2)市场经济体制

市场经济体制是依靠市场手段对资源进行配置的经济体制。市场经济体制的主要优点是为人们提供了平等竞争的机会,促进技术进步和制度创新,提高了资源利用效率。

(3)我国特色的经济体制

基于以上两种体制的优劣,在资源配置上,我国既非采取单纯的市场经济体制,也非采取单纯的计划经济体制,而是两者兼而有之。这种体制有利于促进我国生产力的发展,促进我国社会经济的快速发展。

(二)市场经济

市场经济是由市场机制配置资源的经济,即通过市场中的供求机制、价格机制和竞争机制对资源进行配置。市场经济是一种资源配置方式,是发达的商品经济。

1.市场经济的特征

市场经济的根本特征就是市场对资源配置起决定性作用。

市场经济的一般特征有市场主体的自主性、市场关系的平等性、市场活动的竞争性、市场运行的法制性、市场体系的开放性。

2.市场经济的功能

市场经济的功能包括利益刺激功能、优化资源配置功能、调节供求平衡功能、优胜劣汰功能、自动调节收入分配功能、信息传递功能、资源导向功能。

（1）利益刺激功能是指在市场经济条件下，企业追求利润最大化的动机能够刺激其改变生产规模、改进生产技术，争取更多利润，最终会刺激社会技术进步和生产力发展。

（2）优化资源配置功能是指市场经济通过供求关系的变化引发价格变动，从而影响市场利益关系的调整，进而引导商品或要素在市场主体间的流动，达到合理分配资源的目的。优化资源配置是市场经济最基本的内在功能。

（3）调节供求平衡功能是指市场经济通过供求和价格的相互作用来实现供求的平衡。商品供大于求，价格下降，产量减少；商品供不应求，价格上升，产量增加。

（4）优胜劣汰功能是指企业作为独立自主、自负盈亏的主体，在市场经济激烈的竞争下，为使自己处于有利地位，都力求提高劳动生产率。只有持续获得利润的企业才能长久生存和发展，而落后的企业将不可避免地遭到淘汰。

（5）自动调节收入分配功能是指市场经济通过价格波动来实现企业与消费者之间经济利益的再分配。

（6）信息传递功能是指市场经济通过价格波动传递供求状况的信息，企业与消费者根据信息做出生产决策和消费决策。

（7）资源导向功能是指市场主体做出的分散决策是以市场为导向的，这种导向可以及时引导各类市场主体保持投资和效益的大致平衡。

[经典真题▶] （单选）受经济下行影响，全球闻名的美国食品公司健安喜由于无法获得可持续利润而几乎关闭了所有门店，申请了破产保护。这主要体现了市场经济的哪项基本功能？（　　）

A.利益刺激功能   B.优化资源配置功能

C.调节供求平衡功能   D.优胜劣汰功能

【答案】D。

二、社会主义市场经济

（一）概念和特殊性

社会主义市场经济是社会主义制度与市场经济体制的结合。社会主义市场经济体制作为市场经济的一种，虽然具有市场经济的共性，但同一般市场经济体制相比，它又有其特殊性，具体说明如下表所示：

特殊性	具体说明
所有制结构	以公有制为主体、多种所有制经济共同发展，国有企业在市场运行中发挥主导作用
分配制度	按劳分配为主体、多种分配方式并存，把按劳分配和按生产要素分配结合起来
宏观调控	坚持在国家宏观调控下让市场对资源配置起决定性作用
政治制度	最重要的是坚持中国共产党的领导

（二）基本经济制度

党的十八届三中全会强调："公有制为主体、多种所有制经济共同发展的基本经济制度，是中国特色社会主义制度的重要支柱，也是社会主义市场经济体制的根基。"党的十九届四中全会明确指出："公有制为主体、多种所有制经济共同发展，按劳分配为主体、多种分配方式并存，社会主义市场经济体制等社会主义基本经济制度，既体现了社会主义制度优越性，又同我国社会主义初级阶段社会生产力发展水平相适应，是党和人民的伟大创造。"

坚持社会主义经济制度，必须坚持公有制为主体、多种所有制经济共同发展的所有制结构。对这一所有制结构，要有充分的认识：

1.公有制经济

生产资料公有制是社会主义的根本经济特征，是社会主义经济制度的基础。公有制经济包括国有经济、集体经济以及混合所有制经济中的国有成分和集体成分。其中，国有经济控制国民经济命脉，对经济发展起主导作用(主要体现在控制力和影响力上)。

坚持公有制为主体是社会主义的一条根本原则，要毫不动摇巩固和发展公有制经济。

2.非公有制经济

非公有制经济，即除公有制经济以外的其他经济形式，包括个体经济、私营经济和外资经济等，其具有经营灵活、适应市场、竞争激烈和效益较高等特点。非公有制经济是我国社会主义市场经济的重要组成部分，要鼓励、支持和引导非公有制经济发展。

需要注意的是，外资经济在性质上属于社会主义条件下的国家资本主义经济，发展外资经济对我国加强对外经济合作和技术交流、促进经济现代化起着重要作用。

第二节　微观经济常识

一、经济学的基础知识

（一）资源的配置

资源是指经济活动的投入，是物力、人力、财力、技术和信息等各种物质要素和非物质要素的总称。由于资源是有限的，而人的需求是无限的，因此资源具有稀缺性。经济学研究的核心问题就是如何实现合理而有效地配置资源。

资源的配置方式有两种——计划方式和市场方式。

(1)计划方式是按照行政指令计划，以政府为主进行资源配置。

(2)市场方式主要是通过市场机制在市场中实现资源配置。

计划和市场都只是实现资源配置的手段，选择何种手段最有效，是由客观经济条件决定的，与社会制度无关。计划与市场配置方式的多少并不是社会主义与资本主义的本质区别。

(二)"经济人"假设

"经济人"假设,又叫"理性人"假设,全称为"合乎理性的人"假设,最早由英国经济学家亚当·斯密提出,是对在经济社会中从事经济活动的所有人的基本特征的一般抽象。"经济人"的基本特征是每一个从事经济活动的人都是利己的。也就是说,每一个从事经济活动的人所采取的行为都是力图以自己最小的经济代价去获取自己最大的经济利益。

(三)市场体系概述

市场有各种各样的类型,各类市场及市场要素的总和构成有机的整体。市场体系是由多个相互关联的市场组织组成的有机整体,包括从消费资料到生产资料的一切要素以及各种服务在内的完整体系。商品市场、劳动市场、资本市场是现代市场体系的三大支柱。市场体系具有统一性、开放性、竞争性和有序性的特征。

(四)市场主体

市场主体是指市场运行过程中进入市场从事经营活动,具有自主经营、自负盈亏、自我约束、自我发展,从而享受权利、承担义务的社会组织或经济体。

市场主体既包括自然人,也包括以一定组织形式出现的法人;既包括营利性机构,也包括非营利性机构;此外也包括一些中介机构。

市场主体、市场体系和宏观调控体系是构成现代市场经济的基本要素。

(五)现代企业制度

现代企业制度是指符合社会化大生产的特点,适应市场经济的需求,以完善的企业法人制度为主体,以公司制为核心,以公司法人治理结构为主要形态,以产权清晰、权责明确、政企分开、管理科学为基本特征的新型企业制度。

(六)成本理论

1.机会成本

机会成本是指如果一种生产要素被用于某一特定用途,便放弃了它在其他替代用途上可能获取的种种收益,所放弃的收益中最大的收益就是这一特定用途的机会成本。机会成本只是一种对生产要素使用上的不同用途选择而产生的相对成本,并不是企业经营活动中实际发生的真实成本。机会成本是经济分析和经济决策中常用的概念,故又称经济成本。

2.显性成本

显性成本是指企业从事一项经济活动时所花费的货币支出,包括雇员工资、购买原材料、燃料及添置或租用设备的费用、利息、保险费、广告费以及税金等。这些成本都会在企业的会计账册上反映出来,因此又称会计成本。

3.隐性成本

隐性成本是指企业使用自有生产要素时所花费的成本。这种成本之所以被称为隐性成本,是因为看起来企业使用企业主自有生产要素时不用花钱,即不发生货币费用支出。

然而,不付费用使用自有要素不等于没有成本。因为这些要素如果不自用,完全可以给别人使用而得到报酬。这种报酬是企业使用自有要素的机会成本。

经济成本不仅包含会计成本即显性成本,还包括隐性成本。由于人们在经济活动中,不但隐性成本要合于机会成本原则,显性成本也要合于机会成本原则,因此通常把会计成本加隐性成本当作经济成本。

经典真题 ▶ (单选)小李先后报名参加了两场考试,考试时间正好在同一天。"选一弃一"是经济学中( )的体现。

A.沉没成本   B.边际成本

C.固定成本   D.机会成本

【答案】D。

(七)效用理论

效用即消费者的收益,是消费者从消费某种商品或劳务中得到的主观上的享受或有用性。

消费者进行消费的目标是追求效用最大化。效用最大化就是指消费者把有限的资源(收入)分配在能给他们带来最大满足的商品上。

边际效用是指消费者在一定时间内增加一单位某种商品和劳务的消费带来的满足或效用。在一定时间内,在其他商品的消费数量保持不变的条件下,随着消费者对某种商品消费量的增加,消费者从该商品中所得到的边际效用是递减的,这就是边际效用递减规律。当消费者的产品多到成为负担,必须扔掉一部分时,其边际效用就变为负值。

当消费者决定一种商品的购买数量,只要满足边际效用大于或等于市场价格的原则,换句话说,当消费者对某商品愿意支付的价格大于或等于该商品的市场价格,就能实现总效用最大。

二、市场机制与竞争

(一)市场机制

1.市场机制的概念

市场机制,即市场经济运行机制,是指市场经济机体内的价格、供求、竞争、风险等机制之间互为因果、相互制约的联系和运动过程。

2.市场机制的分类

(1)供求机制

供求机制是调节市场供给与需求的矛盾的机制。

①供给及其影响因素

供给是指生产者一定时期内在各种可能的价格下愿意而且能够提供出售的某种商品数量。既有出售欲望又有出售能力的供给才是有效供给。

影响商品供给量的因素主要包括:商品的自身价格、生产成本、生产技术水平、相关商品的价格、生产者对未来价格的预期等.

②需求及其影响因素

需求是指在其他条件不变的情况下,消费者在一定时期内在各种可能的价格下愿意而且能够购买的某种商品数量。既有购买欲望又有购买能力的需求才是有效需求。

影响商品需求量的因素主要包括:商品的自身价格、消费者的收入水平、替代品的价格、互补品的价格、消费者的偏好、消费者对未来价格的预期等。此外,一些其他因素也会影响商品的需求量,如同一商品的购买者数量、宗教信仰等。

(2)价格机制

价格机制是指在竞争过程中,与供求相互联系、相互制约的市场价格的形成和运行的机理与功能。价格机制是市场机制的核心机制。

价格机制的四大功能包括信息功能、调节功能、竞争工具和分配功能。

价格机制包括价格形成机制、价格运行机制、价格调节机制。

(3)竞争机制

竞争机制是指竞争同供求关系、价格变动、生产要素流动与组合,以及市场成果分配诸因素之间的有机联系和运动趋向。

(4)风险机制

任何机制活动都会遇到风险,市场经济的风险机制明确了企业对自己的经营行为承担风险,自负盈亏。为了避免风险,企业将把资源配置到效率最高的地区和部门,实现资源最佳配置。

(二)竞争

竞争是市场主体为获取各自的经济利益而在各种经济活动中展开的角逐。竞争是商品经济、市场经济的产物。

1.竞争的特征

竞争的特征表现在以下方面:①竞争的主体主要是经营者,即以营利为目的的企业法人、非法人团体或自然人;②竞争的直接目的是追求自身利益;③竞争的手段是采用各种方法和营销策略排除对手的争夺;④竞争总是发生在一定的市场范围内;⑤竞争使用的手段要合乎商业道德和法律规定。

2.完全竞争市场

完全竞争市场是指竞争不受任何阻碍和干扰的市场结构。

完全竞争市场必须具备以下特征:①有数量极多的小规模买者和卖者;②产品是同质的、无差别的,且买卖双方只能接受而不能影响价格;③各种生产资源可以自由流动,企业可以自由进入和退出该行业;④买者和卖者都充分掌握着市场信息。

在现实经济生活中,完全竞争市场是不存在的,人们通常将一些农产品市场如大米市场、小麦市场等看成是比较接近完全竞争市场的市场。

┤ 知识拓展 ├

垄断与不完全竞争市场

垄断是指在一个产品市场上只有少数买家或少数卖家，他们为了获得高额利润，对相应部门产品的生产、销售和价格进行独占和操控。形成垄断的原因主要包括：①资源垄断；②对某些产品的专利权带来的完全垄断；③政府的特许；④自然垄断。

不完全竞争市场是与完全竞争市场相对的概念，指除完全竞争市场以外的所有的或多或少带有一定垄断因素的市场。

按照垄断程度由高到低，不完全竞争市场可以分为垄断市场（又称完全垄断市场）、寡头市场（又称寡头垄断市场）和垄断竞争市场，具体如下表所示：

类型	特征	接近的市场
垄断市场	①整个行业只有唯一的企业生产和销售唯一的产品，且无相近的替代品；②进出行业极为困难；③垄断企业可以控制和操纵市场价格	公用事业，如水、电等
寡头市场	①市场中有少数生产企业，销售的产品有一定差别（如汽车）或无差别（如钢铁、石油）；②进出行业比较困难；③企业对价格有很大控制力	钢铁、飞机、汽车、石油等
垄断竞争市场	垄断竞争市场与完全竞争市场比较接近 ①市场中有很多生产企业，销售的产品有差别；②进出行业比较容易；③企业对价格有一些控制力；④企业之间存在价格竞争和非价格竞争（通过改进产品品质、精心设计商标和包装、改善售后服务以及进行广告宣传来扩大市场份额）	服装市场、日用工业品市场、副食品市场等

三、收入分配

（一）按劳分配

在社会主义制度下，以劳动作为分配个人收入的尺度，按照劳动者提供的劳动数量和质量分配个人收入，等量劳动领取等量报酬，多劳多得，少劳少得，不劳动者不得。

按劳分配是社会主义的分配原则，它体现着个人消费品分配领域中社会主义性质的分配关系。

（二）按生产要素分配

按生产要素分配是一种总产品在扣除资本耗费与劳动力耗费后，所有剩余被劳动力要素所有者与资本要素所有者依照等量投入得等量剩余的原则分别获得的分配方式，其实质是各要素主体按照生产要素的产权含量参加收入分配。

常见的生产要素包括土地、技术、资金、管理等。

(三)以按劳分配为主体、多种分配方式并存的分配制度

以按劳分配为主体、多种分配方式并存的分配制度是我国社会主义初级阶段的分配制度。它旨在实行按劳分配并坚持其主体地位的同时,还采取按劳分配以外的其他各种分配方式。

经典真题▶ (单选)个体工商户赵某把自己的门店以每个月2 000元的租金转租给了王某,自己到某公司上班,每月工资8 000元。材料中赵某的租金收入和工资分别属于( )。

A.按资本要素分配、按劳分配

B.按生产要素分配、按劳分配

C.按生产要素分配、按劳动要素分配

D.按土地要素分配、按生产要素分配

【答案】D。

中公解题:本题中,赵某出租门店所得属于按土地要素分配。私营企业中的工人获得的工资收入属于按生产要素分配。

(四)效率与公平

1.效率与公平的含义

效率是指人类活动中所消耗的人力、物力资源与所获得的以货币收益或实物收益表示的成效或效果的比率。现代西方经济学认为效率是一种最优状态,在这种状态下,任何偏离该状态的方案都不可能使一部分人受益而其他人不受损,这种状态就是帕累托状态。

公平是指公正、不偏不倚。公平不在于没有差别,而在于差别是否合理。

2.效率与公平的关系

一个社会的发端往往是以效率优先原则起步的,当社会财富积累到一定的程度,公平问题就突出起来,成为亟待解决的问题。这就是效率优先原则的主导性和公平的继发性问题。

效率是公平的物质前提,公平是提高经济效率的保证。初次分配和再分配都要兼顾效率和公平,再分配更加注重公平。

四、市场失灵

(一)市场失灵的含义

完全竞争市场经济在一系列理想化假定条件下,可以使资源配置达到帕累托最优状态。在这种理想分配状态下,任何形式的资源重新配置都不可能使一个人或多个人的福利增加,而不使其他人的福利减少。

但在现实中,帕累托最优状态通常得不到实现,市场机制在很多情况下无法有效配置资源。这种由于市场机制不能充分地发挥作用以致资源配置缺乏效率或资源配置失当的情况就被称为市场失灵。

(二)市场失灵的情形

1.不完全竞争

资源配置达到帕累托最优状态的必要条件之一就是完全竞争。在不完全竞争(如垄断、寡头和垄断竞争)的情况下,市场机制很难充分有效地发挥作用,市场就会出现失灵。

在不完全竞争的情况下,政府应对不当竞争和垄断行为进行管制。

2.外部影响

外部影响又称外部性,是指某一经济主体(生产者或消费者)的经济活动对社会上的其他人的福利造成了影响,但却没有为此付出代价或得到利益。外部影响分为外部经济(又称正外部性)和外部不经济(也称负外部性)。

(1)外部经济是指生产者或消费者的经济活动给社会上其他成员带来好处,但是自己却不能由此得到补偿。根据经济主体的不同,外部经济可以相应地分为生产的外部经济和消费的外部经济。

(2)外部不经济是指生产者或消费者的经济活动给社会上其他成员带来危害,自己却不为此进行补偿。根据经济主体的不同,外部不经济可以相应地分为生产的外部不经济和消费的外部不经济。

| 示例 |

(1)老李在自家的庭院设计、种植的景观植物,引得路人纷纷驻足欣赏,而老李却无法获得报酬,这便产生了生产的外部经济。

(2)某养猪场排出的废水污染了水库,对水库的水体造成了破坏,使附近的居民和环境都遭受了损失,但该养猪场却未对此进行补偿,这便产生了生产的外部不经济。

3.公共物品和公共资源

市场上的常见物品,例如蔬菜、鞋子、火车座位等,都具有排他性和消费的竞争性。

公共物品和公共资源可以被看成是外部影响造成市场失灵的两个特殊例子。

由于公共物品不具有排他性和消费的竞争性,在这种情况下,消费者会产生期望他人承担成本而自己坐享其成的心理和相应的行为,这就是"搭便车"现象。"搭便车"行为往往会导致公共物品供应不足,因此政府有必要承担起提供公共物品的责任。谚语"三个和尚没水喝"体现的就是"搭便车"现象。

对于公共资源,如果人们不加节制地使用,可能会造成灾难性的后果,因此政府需要对公共资源的使用进行干预,例如实行管制或收费。

| 知识拓展 |

排他性与消费的竞争性

(1)排他性是指物品具有的可以阻止他人使用该物品的特性,例如一个人购买了某件物品,其他人未经允许是不可以使用该物品的。

(2)消费的竞争性是指一个人使用了某个物品,其他人将不能同时再使用该物品的特性,例如火车座位。

4.信息的不完全和不对称

信息的不完全和不对称是指由于认知能力的限制,市场参与者所掌握的信息量不完全和不对等的情况。在这种情况下,市场的作用会受到很大的限制。例如,由于缺乏足够的信息,生产者可能会出现"盲目"生产的情况;消费者也可能做出错误的选择。在这样的情况下,政府需要在信息方面进行调控,保证生产者和消费者能够得到充分和正确的信息,以便他们做出正确的选择。

第三节　宏观经济常识

一、宏观经济学概述

宏观经济学以整个国民经济为研究对象,主要研究整体经济,以产出、失业、通货膨胀这些大范围内的经济现象为研究对象,通过对经济中各有关总量的决定和变化的研究来说明一国经济如何实现经济持续增长、充分就业、价格稳定和国际收支平衡的目标。其目的是对产出、失业以及价格的变动做出经济解释,对社会福利的影响和政府政策可能发挥的作用进行分析。

宏观经济学的最终目标是寻求保持国民收入稳定增长的对策。所谓稳定增长,就是指既无失业又无通货膨胀的增长。

二、宏观调控的目标和内容

(一)宏观调控的目标

宏观调控的目标主要包括经济增长、充分就业、价格稳定、国际收支平衡。

1.经济增长

经济增长是指在一个特定时期内,全社会所生产的人均产量和人均收入的持续增长。其通常用一定时期内的实际国内生产总值平均增长率来衡量。

拉动经济增长的三大主要因素包括投资、消费、出口。

经典真题▶ (单选)经济增长通常是指在一个较长的时间跨度上,一个国家人均产出(或人均收入)水平的持续增加。拉动经济增长的三大主要因素不包括(　　)。

A.投资　　　　　　　　　　　　B.消费

C.信贷　　　　　　　　　　　　D.出口

【答案】C。

2.充分就业

充分就业一般是指一切生产要素都有机会以自己愿意的报酬参与生产的状态。但由于测量各种经济资源的利用程度非常困难,因此,经济学家通常把失业情况作为衡量是否充分就业的尺度。但充分就业并不意味着百分之百就业。

3.价格稳定

价格稳定是指价格总水平的稳定,它是一个宏观经济概念,一般用价格指数来表示一般价格水平的变化。

价格指数是反映不同时期商品和服务价格水平变动程度与变动趋势的动态相对数。它通常用百分数来表示,指数如果大于100%,说明计算期价格比基期价格上升了;指数如果小于100%,则表示计算期价格比基期价格下降了。我国目前采用社会商品零售价格总指数和居民消费价格总指数。

4.国际收支平衡

国际收支平衡是指一国在国际收支上既无赤字,又无盈余。国际收支长期盈余会使国内消费与投资减少;而长期赤字会影响国家的支付能力,引起国家黄金与外汇储备减少,国际债务增加,严重时甚至引起国际信用危机。

(二)宏观调控的内容

宏观调控的内容如下:

(1)国家合理地制定各项经济政策和措施,如制定经济和社会发展战略、方针,制定产业政策,以控制总量平衡,规划和调整产业布局;制定财政政策和货币政策,调节积累和消费之间的比例关系,实现社会总供给和社会总需求的平衡,控制货币发行,制止通货膨胀;建立和完善适应市场经济发展的制度、收入分配制度和税收征管制度。

(2)国家正确运用价格、税收、信贷等经济杠杆,调节国民收入的分配和再分配,从经济利益上诱导、协调和控制社会再生产各个环节等。

(3)科学地编制各项经济计划,使经济计划建立在有充分科学根据的基础上,使其在中长期的资源配置中发挥应有的作用,弥补完全依靠市场配置资源的不足。

三、宏观经济主要指标

(一)国民收入核算

国民收入核算是指以整个国民经济或社会再生产为对象的宏观核算。国民收入核算中最核心的一个指标是国内生产总值(GDP)。

国内生产总值是在一定时期内(一个季度或一年),一个国家或地区生产的全部最终产品和提供的劳务的价值,常被公认为是衡量国家经济状况的最佳指标。它不但可以反映一个国家的经济表现,更可以反映一国的国力与财富。

(二)财政指标

财政指标包括财政收入和财政支出。财政收支平衡是最佳状况。所谓平衡宏观经济指标就是收支相抵,略有节余。如果国家财政支出大于财政收入,我们称为财政赤字。中央政府一般通过发行公债(国债)的方式来弥补财政赤字。

1.财政收入

财政收入是指政府为满足公共支出的需要,依法通过国家财政集中一定数量的货币或实物收入。国家取得财政收入是为了满足社会各方面支出的需要。

从我国取得财政收入的形式来看,财政收入可以分为税收收入、国有企业上缴的利润收入、债务收入(如国家发行的国库券收入、经济建设债券收入等)和其他收入(如各种管理费收入等),可以概括为税、利、债、费四种形式。其具体说明如下表所示:

形式	具体说明
"税"——税收	它是国家为了实现其职能,按照法律预先规定的标准,强制地、无偿地取得财政收入的一种手段。我国的税收通常占财政收入的90%以上,是财政收入最主要的来源
"利"——利润	国家凭借国有资产所有权获得的利润、租金、股息、红利、资金使用费等收入的总称
"债"——公债	政府对公众的债务,或公众对政府的债权,它是政府财政收入的另一个组成部分。公债包括中央政府的债务与地方政府的债务。一般把中央政府的债务称为国债
"费"——费用	是指国家政府机关或事业单位在提供公共服务、实施行政管理或提供特定公共设施的使用时,向受益人收取一定费用的收入形式。收费收入具有有偿性、不确定性的特点

2.财政支出

财政支出是指国家对集中起来的财政资金进行分配的整个过程。政府财政支出包括政府购买支出和政府转移支付。政府购买支出是政府财政政策的一项重要内容。

财政收支对比,不外有三种情况:一是收大于支,有结余;二是支大于收,有赤字;三是收支相等。

(三)通货膨胀

1.通货膨胀的含义

通货膨胀是指货币供给量超过流通中实际货币需求量而引起的商品和劳务的价格普遍和持续上涨的现象。货币过多是通货膨胀的总体特征,所以通货膨胀是货币现象。

通货膨胀的实质是社会总需求大于社会总供给,即需求的相对过剩和供给的相对不足。物价的持续和普遍性上涨是通货膨胀最直接的体现。

发生通货膨胀时,会产生以下情况:①货币贬值、购买力降低,居民的储蓄欲望减少;②固定收入者遭受损失;③债权人相对遭受损失,债务人相对受益。

> 经典真题 (多选)下列选项中,属于通货膨胀的经济现象有( )。

A.需求扩张　　　B.存货增加　　　C.价格上涨　　　D.价格下降

【答案】AC。

中公解题:通货膨胀是一种经济过热现象,可导致货币贬值,居民存款势必贬值,因此人们不愿意将纸币存入银行,而用于消费,必然引起需求扩张、物价上涨。

2.通货膨胀的类型(按成因划分)

需求拉动型通货膨胀,是指社会总需求超过社会总供给,从而导致物价上涨,并直接引起商品价格上涨。

成本推进型通货膨胀,又称成本通货膨胀或供给通货膨胀,是指在没有超额需求的情况下,由供给方面成本的提高所引起的一般价格水平持续和显著的上涨。

结构型通货膨胀是指在社会总需求和社会总供给处于平衡状态时,经济结构、部门结构等因素发生变化,也可能引起物价水平的上涨。

3.衡量通货膨胀率的指数

(1)消费价格指数(CPI),是反映一定时期内居民家庭一般购买的消费商品和服务价格水平变动情况的指标。CPI 的基本功能包括衡量通货膨胀、国民经济核算、反映货币购买力变动及其对职工实际工资的影响。

(2)生产价格指数(PPI),是反映一定时期内生产领域价格变动的指标。这一指标通过计算生产者在生产过程中的所有阶段所获得的产品的价格水平变动而得出。

(3)GDP 折算指数,又称 GDP 平减指数,是名义 GDP 与实际 GDP 的比率。这一指数用于修正名义 GDP 数值,从中去掉通胀因素,能比较全面地反映一般物价水平变动情况。

4.通货膨胀的治理

通货膨胀发生时,政府可通过以下措施进行治理:

(1)当经济中出现通货膨胀又不太严重时,可实行紧缩性财政政策和扩张性货币政策,用紧缩财政压缩总需求,又用扩张性货币政策降低利率,以免财政过度紧缩而引起经济衰退。

(2)当经济发生严重通货膨胀时,可实行紧缩性财政政策和紧缩性货币政策,用紧缩货币来提高利率,降低总需求水平,又紧缩财政,以防止利率过分提高。

(3)采取收入指数化政策,是指对货币性契约订立物价指数条款,使工资、利息、各种债券收益以及其他货币收入按物价水平的变动进行调整。

(4)进行货币制度改革。在极端情况下,无法控制通货膨胀时,可以发行新的币种取代旧的币种。

(四)通货紧缩

1.通货紧缩的含义

通货紧缩是指货币供应量少于流通领域对货币的实际需求量而引起的货币升值,进而引起的商品和劳务的货币价格总水平持续下跌的现象。

2.通货紧缩的类型(按成因划分)

需求不足型通货紧缩,是指总需求不足,使得正常的供给显得相对过剩而出现的通货紧缩。

供给过剩型通货紧缩,是指技术进步和生产效率的提高,在一定时期产品数量的绝对过剩而引起的通货紧缩。

3.通货紧缩的治理

出现通货紧缩时,政府可以采取下列措施进行治理:

(1)当经济萧条但又不太严重时,可以采取扩张性财政政策和紧缩性货币政策,用扩张性财政政策刺激总需求,又用紧缩性货币政策控制通货膨胀。

(2)当经济严重萧条时,可以采取扩张性财政政策和扩张性货币政策,用扩张性财政政策增加总需求,用扩张性货币政策降低利率以克服"挤出效应"。

(3)引导公众预期,即通过公开宣传等措施对公众进行政策性引导,调整企业和个人对未来的预期,可以对扩大投资需求和增加消费需求起到一定的引导作用。

(五)金融指标

1.利率

利率是指一定时期内(通常按年计算)利息与借贷的货币资本量的比例,通常以百分数来表示。利率由银行决定,在我国由中国人民银行统一规定,利率的高低反映一个时期经济发展状况和消费状况。

在萧条时期,降低利息率,扩大货币供应量,刺激经济发展。

在膨胀时期,提高利息率,减少货币供应量,抑制经济的恶性发展。

2.汇率

汇率又称汇价,是一个国家的货币折算成另一个国家货币的比率,或者说是以外国货币来表示的本国的货币的价格,为此汇率表示的是两个国家货币之间的互换关系。

(1)标价方法

汇率主要有两种标价方法,具体说明如下表所示:

标价方法	具体说明
直接标价法	用一个单位的外国货币作为标准,折算为一定数额的本国货币来表示的汇率,我国和国际上大多数国家都采用直接标价法
间接标价法	用一个单位的本国货币作为标价,折算为一定数额的外国货币来表示的汇率,英国一向使用间接标价法

(2)汇率制度

世界上的汇率制度主要有固定汇率制度、浮动汇率制度。

固定汇率制度,是指一国货币同其他国货币的汇率基本固定,其波动限制在一定范围之内。

浮动汇率制度,是指一国中央银行不规定本国货币与他国货币的官方汇率,听任汇率由外汇市场的供求关系自发地决定。

(3)汇率的影响

汇率变动对一国经济的影响主要是通过进出口和物价来体现的。

本币汇率下降,能起到促进出口、抑制进口的作用,引起进口商品国内价格上涨;降低本币购买力,出国旅游、留学成本升高;吸引外国游客,扩大本国(地区)旅游业的发展。

本币汇率上升,能起到促进进口、抑制出口的作用,引起进口商品国内价格下跌;提高本币购买力,出国旅游、留学成本降低等。

四、宏观经济政策

(一)财政政策

财政政策是指政府通过改变财政收入与支出的结构来影响总需求,进而影响国民收入的政策,是国家宏观经济政策的重要组成部分。财政政策的主要手段或工具是政府支出和税收。

1.扩张性财政政策

扩张性财政政策,是指当社会总支出水平过低,人们的有效需求不足,经济进入衰退期、失业率提高时,政府主动增加总需求的政策。

扩张性财政政策适用于经济衰退时,具体措施为增加政府支出,使总需求与国民收入增加,增加转移支付,减少税收,使可支配收入增加,进而提高消费水平。

2.紧缩性财政政策

紧缩性财政政策,是指当社会需求过度、存在通货膨胀时,政府主动增加收入减少总支出的政策。

紧缩性财政政策适用于经济过热时,具体措施为直接减少政府开支,减少补贴和转移支付,增税以减少人们的可支配收入,从而抑制或减少消费需求。

(二)货币政策

货币政策是指中央银行为实现既定的目标运用各种工具调节货币供应量来调节市场利率,通过市场利率变化来改变民间资本投资,影响总需求进而影响宏观经济运行的各种方针措施。

1.三大货币政策工具

调节总需求的常用货币政策工具有法定存款准备金率、公开市场业务和再贴现政策三种,具体说明如下表所示:

货币政策工具	具体说明
法定存款准备金率	法定存款准备金率是指根据法律规定,商业银行等将其所吸收的存款和发行的票据存放在中央银行的最低比率。提高该比率紧缩货币供给,降低该比率扩张货币供给
公开市场业务	公开市场业务是货币政策工具中最灵活的工具,是指中央银行在金融市场通过买卖有价证券来调节货币供给量。当经济衰退时,中央银行买入有价证券,投放货币,刺激需求、刺激经济增长;反之,当经济过热时,中央银行卖出有价证券,回笼货币,抑制需求、抑制经济增长
再贴现政策	再贴现是指商业银行以未到期的合格票据再向中央银行贴现。对中央银行而言,再贴现是买进票据,让渡资金;对商业银行而言,再贴现是卖出票据,获得资金

2.扩张性货币政策

扩张性货币政策,是指通过增加货币供给来带动总需求增长的政策。

扩张性货币政策的措施主要包括降低法定存款准备金率、降低再贴现率、买入政府债券、降低利率等。

3.紧缩性货币政策

紧缩性货币政策,是指通过减少流通中的货币量的办法以提高货币购买力、减轻通货膨胀压力的政策。

紧缩性货币政策的措施主要包括出售政府债券、提高再贴现率、提高法定存款准备金率、直接提高利率等。

┤ 中公锦囊 ├

财政政策与货币政策的区别

财政政策与货币政策同属于宏观经济政策,是易混淆的一组考点。二者的区别如下:

(1)政策制定者不同。在我国,财政政策由国家财政部门制定,且必须经全国人大或其常委会通过;货币政策由中央银行直接制定并实施。

(2)作用过程不同。财政政策直接影响总需求的规模,属于直接作用;货币政策要通过利率(如存、贷款利率)的变动对总需求产生影响,属于间接作用。

(3)实施手段不同。财政政策的常用手段主要有税收、国债、政府购买、转移支付等;货币政策的常用手段主要有法定存款准备金率、公开市场业务、再贴现政策等。

五、扩大内需

1.扩大内需政策

扩大内需政策就是在生产相对过剩的情况下,调整经济结构(包括生产结构和消费结构),培育消费热点,以拉动经济的增长。简言之,就是通过扩大投资需求和消费需求来拉动经济增长。扩大内需必须实行积极的财政政策、稳健的货币政策和正确的消费政策。

2.消费政策

所谓消费政策,是指国家权衡某一时期国民经济综合状况和矛盾特点,根据市场经济原则,为实现经济健康发展、确保城乡居民收入和消费水平稳步提高的经济目标,而做出的决策选择和采取的具体措施。它是整个宏观经济政策的一部分。

┤ 知识拓展 ├

恩格尔系数

恩格尔系数是指食品支出总额占个人消费支出总额的比重。

恩格尔系数越小,就说明这个家庭或国家的生活水平越高;反之,则越低。根据联合国提出的划分标准,一个国家平均家庭恩格尔系数在59%以上为贫困,50%~59%为温饱,40%~49%为小康,30%~39%为富裕,低于30%为最富裕。

第二章　科学技术及环保常识

第一节　科技概论

一、科学与技术

（一）科学的含义

科学是一种反映客观事实和规律的知识与知识体系及其相关的活动事业,包含四种含义:①科学是一种反映客观事实和规律的知识;②科学是一种知识体系;③科学是一种探求真理推进知识的活动;④科学是一项复杂的社会事业。

（二）技术的含义及特征

技术是人类对自然和社会进行有目的的改造和控制的活动。技术的特征包括:①既具有自然属性又具有社会属性;②具有工具性与价值负载性;③功能具有两面性。

（三）科学与技术的关系

科学与技术存在密切的联系,既具有一些共同特征又有显著的差别。其具体内容如下表所示:

异同点	具体内容
相同点	科学与技术都是人类的理性创造活动及其成果,都反映了人对自然的对象性关系,都属于历史的、发展的范畴
不同点	技术是一种广义的知识体系,与科学具有不同的知识结构和行为特征。科学更多地体现人对于自然的认知和理解,更侧重于认识自然;技术更多地反映人对自然的改造和控制,更侧重于为了特殊的目的而改造自然

二、三次技术革命

（一）第一次工业革命

第一次工业革命开始于 18 世纪 60 年代,以牛顿力学体系为基础,始于纺织工业,并依靠蒸汽机的改良和使用,使人类社会进入了蒸汽时代,也开创了以机器代替手工劳动的时代。第一次工业革命的重大成果如下:

1765 年,英国哈格里夫斯发明珍妮纺纱机。

1765 年,英国瓦特开始改良蒸汽机;1785 年,瓦特研制的改良蒸汽机在棉纺织工厂投入使用。

1807 年,美国富尔顿制成蒸汽轮船。

1814 年,英国斯蒂芬孙发明第一台蒸汽机车。斯蒂芬孙因而被称为"铁路机车之父"。

(二)第二次工业革命

第二次工业革命开始于 19 世纪中后期,电的发明和使用是其主要特征,使人类社会进入了电气时代。第二次工业革命的重大成果如下:

1866 年,德国西门子研制出发电机,标志着电力时代的到来。

1876 年,美国贝尔发明有线电话。

1877 年,美国爱迪生发明留声机;1879 年,爱迪生改进白炽灯泡。

1883 年,德国戴姆勒研制出汽油内燃机。

1885 年,德国卡尔·本茨制造出配有汽油发动机的汽车。

1892 年,德国狄塞尔发明柴油内燃机;1897 年,狄塞尔制造出可以实际使用的柴油内燃机。

1896 年,意大利马可尼取得无线电报系统世界上第一个专利;1901 年,马可尼利用改进装置进行了横跨大西洋的无线电通信,标志着无线电应用进入了全球互通的时代。

1903 年,美国莱特兄弟自己设计制造的飞机"飞行者 1 号"试飞成功。这是人类航空史上首次自主操纵飞行。

1904 年,英国弗莱明发明世界上第一只电子管,标志着人类从此进入了电子时代。

(三)第三次科技革命

第三次科技革命开始于 20 世纪四五十年代,出现了以原子能、电子信息技术、航天技术、生物工程为代表的一系列高新技术,将人类带入了信息时代。第三次科技革命的重大成果如下:

1942 年,在意大利科学家费米的领导下设计和建造的第一座核反应堆在美国成功运行,这标志着原子能时代的开始。

1945 年,世界上第一颗原子弹在美国新墨西哥州爆炸成功。

1946 年,美籍数学家冯·诺依曼发明计算机。

1953 年,美国沃森和英国克里克发现生命遗传的基因物质——DNA 双螺旋结构。

1954 年,苏联建成并正式启用世界上第一座核电站,这是人类和平利用核能的开始。

1957 年,苏联成功发射世界上第一颗人造地球卫星,"空间时代"真正开始。

1959 年,苏联成功发射"月球 3 号"探测器。该探测器第一次拍摄到了月球背面的照片,使人类第一次看到月球背面的景象。

1961 年,苏联加加林乘坐的"东方 1 号"宇宙飞船发射成功,这是人类首次载人航天飞行。

1969 年,美国成功发射"阿波罗 11 号"宇宙飞船,实现了人类首次登月。美国宇航员阿姆斯特朗成为第一位登上月球的人。他登月后说:"这是我个人的一小步,却是全人类的一大步。"

1990年,人类基因组计划开始实施,标志着人体"生命之书"掀开第一页。

1996年,克隆羊多莉诞生。

经典真题 ▶ (单选)下列属于第一次工业革命的重大成就的是(　　)。

A.内燃机的广泛使用　　　　　　　　B.改良蒸汽机的出现

C.计算机的发明　　　　　　　　　　D.飞机的发明

【答案】B。

三、现代科技发展的趋势

现代科技发展的主要趋势是高速化、综合化和社会化。

科技发展的高速化体现在:①科学技术自身的加速发展;②科学技术向现实生产力转化的周期缩短。

科技发展的综合化体现在:①科技自身发展的综合;②科学的技术化和技术的科学化;③科学技术与人文社会科学的结合;④科学技术和生产的一体化。

科技发展的社会化体现在:①科技活动主体的社会化;②科技活动过程的社会化;③科技功能的社会化。

第二节　科学前沿

一、物质的构成

(一)元素——宏观概念,说明物质的宏观组成

元素是质子数相同的一类原子的统称。质子数相同的微粒不一定是同一种元素,因为微粒的含义要比原子广泛。

(二)分子、原子、离子、"基"和"根"——微观概念,说明物质的微构成

$$分子—原子\begin{cases}电子\\原子核\begin{cases}质子\\中子\end{cases}\end{cases}$$

1.分子

分子是能够独立存在并保持物质化学性质的一种粒子。完整理解分子的概念,应包括以下几个方面:

(1)分子是一种粒子,它同原子、离子一样是构成物质的基本粒子。如水、氧气、干冰、蔗糖等就是由分子组成的物质。

(2)分子有质量,其数量级约为 10^{-26} kg。

(3)分子间有间隔,并不断运动着。

(4)同种分子的性质相同,不同种分子的性质不同。

(5)每个分子一般是由一种或几种元素的若干原子按一定方式通过化学键结合而成的。

(6)按组成分子的原子个数,分子可分为单原子分子、双原子分子、多原子分子和高分子。

(7)分子间存在相互作用,此作用称作分子间作用力(又称范德华力),它是一种较弱的作用力。

2.原子

(1)原子是化学变化中的最小粒子。确切地说,在化学反应中,原子核不变,只有核外电子发生变化。

(2)原子是组成某些物质(如金刚石、晶体硅等)和分子的基本粒子。

(3)原子是由更小的粒子构成的。

(4)原子的概念是古希腊哲学家德谟克利特从哲学的角度首先提出来的。1803 年,英国化学家道尔顿提出了原子说。目前,人类对原子结构的认识正在不断地深入。

3.离子

离子是指带电荷的原子或原子团。

(1)离子的种类:带正电的离子叫阳离子,如 Li^+、Na^+、NH_4^+、CH_3^+、H^+等;带负电的离子叫阴离子,如 F^-、O^{2-}、H^-、SO_4^{2-}、O_2^{2-}、NH^{2-} 等。

(2)离子的生成途径:原子、分子失去或得到电子;电解质的电离。

(3)存在离子的物质:离子化合物(由阴阳离子构成,固态时为离子晶体),如 $NaCl$、CaC_2、$C_{17}H_{35}COONa$;电解质溶液中,如盐酸、稀硫酸等;金属晶体中,如钠、铁、铜等。

> ▎知识拓展▕
>
> 金属晶体中只有阳离子,而没有阴离子。分子、原子、离子均是组成物质的基本粒子,是参加化学反应的基本单元,是化学研究的微观对象。分子、原子、离子大小的数量级为 10^{-10} 米。

4."基""根"

"基"是指分子中除去一个原子或原子团以后剩下的原子团(也可能是单个原子),它是电中性的,但通常不能稳定存在,如 NO_2(硝基)、CH_3(甲基)、SO_3H(磺酸基,注意磺酸基不能写成 HSO_3)等。

"根"是指带电的原子团,能稳定存在,如"NO_2^-"亚硝酸根离子,"HSO_3^-"亚硫酸氢根离子,它们各带一个单位负电荷。

(三)核素——具有一定数目的质子和一定数目的中子的一种原子

同位素——具有相同质子数和不同中子数的原子互称为同位素。

同素异形体——同种元素形成的结构不同的单质。

二、宇宙的起源

(一)宇宙大爆炸假说

"大爆炸宇宙论"认为,宇宙是由一个致密炽热的奇点于 137 亿年前一次大爆炸后膨胀形成的。1929 年,美国天文学家哈勃提出星系的红移量与星系间的距离成正比的哈勃定律,并推导出星系都在互相远离的宇宙膨胀说。其主要观点如下:

(1)以任何星系为中心,则其他星系以极高的速度远离这个星系。

(2)距离越远的星系,相背离的速度也越快。

(二)恒星演化的主要阶段

恒星是由炽热气体组成的,能自己发光的球状或类球状天体。由于恒星离我们太远,不借助于特殊工具和方法,我们很难发现它们在天上的位置变化,因此古代人把它们认为是固定不动的星体。我们所处的太阳系的主星——太阳,就是一颗恒星。

恒星的发展阶段可分为形成期、稳定期、消亡期和终局。目前,太阳正处于稳定期。

三、地球的起源

地球起源问题自 18 世纪中叶以来就存在多种学说。目前较流行的看法是,大约在 46 亿年前,从太阳星云中开始分化出原始地球,它温度较低,轻重元素浑然一体,并无分层结构。原始地球形成后,继续吸积太阳星云物质使体积和质量不断增大,同时重力分异和放射性元素蜕变促使温度增加。当原始地球内部物质增温达到熔融状态时,比重大的亲铁元素加速向地心下沉, 成为铁镍地核;比重小的亲石元素上浮组成地幔和地壳;更轻的液态和气态成分通过火山喷发溢出地表形成原始的水圈和大气圈。从此,行星地球开始了不同圈层之间相互作用以及频繁发生物质—能量交换的演化历史。

四、生命起源

(一)生命起源的各种假说

1.神创论

神创论也叫特创论。神创论认为生物界的所有物种(包括人类)以及天体和大地,都是由上帝创造出来的。世界上的万物一经造成,就不再发生任何变化,即使有变化,也只能在该物种的范围内发生变化,是绝对不可能形成新的物种的。神创论还认为,各种生物之间都是孤立的,相互之间没有任何亲缘关系。

2.自然发生说

自然发生说是 19 世纪前广泛流行的理论,认为生命是从无生命物质自然发生的。如我国古代认为的"腐草化为萤""腐肉生蛆"等。在西方,亚里士多德就是一个自然发生论者。

3.宇生说

宇生说提倡"一切生命来自生命"的观点,认为地球上最初的生命来自宇宙间的其他星球,即"地上生命,天外飞来"。

这一假说认为,宇宙太空中的"生命胚种"可以随着陨石或其他途径跌落在地球表面,即成为最初的生命起点。

4.化学进化论

化学进化论是被广大学者普遍接受的生命起源假说。该假说认为在原始地球的条件下,无机物可以转变为有机物,有机物可以发展为生物大分子和多分子体系,直到最后出现原始的生命体。

经典真题▶ (单选)"一切生命来自生命"的观点属于生命起源的( )假说。

A.神创论　　　　　　　　　　B.自然发生论

C.宇生说　　　　　　　　　　D.化学进化论

【答案】C。

(二)生命起源的化学进化阶段

生命起源的化学进化阶段如下图所示:

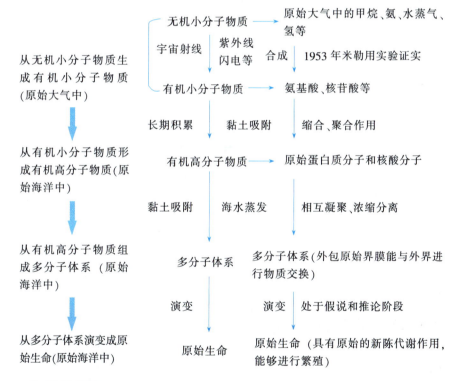

五、人类的起源

从已发现的人类化石来看,人类的演化大致可以分为以下五个阶段:

(1)南方古猿:已发现的南方古猿生存于440万年前到100万年前。区别于猿类,南方古猿最为重要的特征是能够两足直立行走。

(2)能人:能人生存在距今200万年—175万年前。能人有明显比南方古猿扩大的脑,并能以石块为材料制造工具(石器),以后逐渐演化成直立人。

(3)直立人:直立人化石最早是1891年在印度尼西亚的爪哇发现的。20世纪20年代,在北京周口店陆续发现北京猿人的化石和石器后,直立人在人类演化史上的地位才得以确立。

(4)智人:智人一般分为早期智人(远古智人)和晚期智人(现代人)。

(5)氏族社会:氏族制度是人类第一个正式的社会组织形式。

六、人的智能和人工智能

人的智能就是人类认识世界和改造世界的才智和本领。它包括"智"和"能"两种成分。"智"是指人对事物的认识能力,"能"是指人的行动能力。

人工智能(AI)是研究如何应用计算机的软硬件来模拟人类某些智能行为的基本理论、方法和技术。AI的主要目标是让机器能够胜任一些通常需要人类智能才能完成的复杂工作,模拟人的行为,代替人类工作。其被广泛应用于机器人、语言识别、图像识别、信息处理和专家系统等领域。

人的智能与人工智能具有一定的内在联系。人工智能的本质是对人的思维的信息过程的模拟,是人的智能的物化。一方面,人工智能可以模拟人脑的某些活动,取代人的部分脑力劳动,甚至在某些方面超过人脑的功能;另一方面,人工智能绝不会成为人类智能、取代人的意识。

第三节 高新技术

一、信息技术

(一)通信技术

1.5G

5G是指第五代移动通信技术。与4G相比,5G的传输速率更快、网络带宽更高、连接能力更强、系统容量更高,具有高可靠、低时延、低功耗的特点。

5G涉及的领域包括虚拟现实、超高清视频、无人驾驶、智慧城市、远程外科手术和智能电网等。

2.量子通信

量子通信是利用量子力学原理对量子态进行操控的一种通信形式,最大的特点是可以有效解决信息安全问题,具有安全性高、通信容量大、传输速度快、可远距离传输等优点。

量子通信涉及的领域包括量子密码通信、量子远程传态和量子密集编码等。

3.物联网

物联网是通过射频识别(RFID)、红外感应器、全球定位系统、激光扫描器等信息传感设备,按约定的协议,实时采集声光热、电力学、化学、生物位置等各种需要的信息,把物品与互联网连接起来,进行信息交换和通信,以实现智能化识别、定位、跟踪、监控和管理的一种网络。

物联网常应用于商品条形码、二维码、射频识别等。

4.光纤通信

光纤通信是指利用光波在光导纤维中传输信息的通信方式。光导纤维传递的是光信号,传递光信号的光源是激光光源。光纤是用石英玻璃制造的。

光纤通信的优点包括:①通信容量大;②传输损耗低;③经济、轻便;④抗干扰能力强;⑤抗腐蚀能力强;⑥保密性能好。

(二)计算机技术

1.计算机高新技术

(1)云计算

云计算是一种通过互联网以服务的方式提供动态可伸缩的虚拟化资源的计算模式。这种模式提供可用的、便捷的、按需的网络访问,可以实现随时获取、按需使用、随时扩展、按使用量付费等功能。

云计算具有资源配置动态化、需求服务自助化、以网络为中心、资源的池化和透明化等特点。

(2)大数据

大数据是指所涉及的资料量规模巨大到无法通过目前主流软件工具,在合理时间内达到撷取、管理、处理并整理成为帮助企业经营决策更积极的资讯。

大数据具有海量的数据规模、快速的数据流转、多样的数据类型和较低的价值密度等特征,其中,海量的数据规模是最显著的特征。

(3)超级计算机

超级计算机是指由成百上千甚至更多的处理器组成的、能计算普通个人计算机和服务器不能完成的大型复杂课题的计算机,具有功能强大、运算速度快、存储容量大的特点。

(4)区块链

区块链本质上是一个去中心化的分布式的共享账本和数据库。其本身是通过密码学方法产生的一串相关联的数据块。除了交易各方的私有信息被加密外,区块链的数据对所有人公开。

值得注意的是,区块链是数字货币的最底层技术,也是最重要的技术手段,像比特币这种虚拟的加密数字货币,底层技术便是区块链。

2.计算机技术的具体应用

(1)虚拟现实技术(VR)与增强现实技术(AR)

虚拟现实技术是一种可以创建和体验虚拟世界的计算机仿真系统,具有沉浸感、交互性、三维感的特点。其可以广泛应用的领域包括军事、艺术、文化娱乐、交通工业、安全、教育、医疗等。

增强现实技术是一种将虚拟信息与真实世界巧妙融合的技术。其具有三个突出的特点:①是真实世界和虚拟世界的信息集成;②具有实时交互性;③是在三维尺度空间中增添定位虚拟物体。增强现实技术可以广泛应用到军事、医疗、建筑、教育、工程、影视、娱乐等领域。

(2)智慧城市

智慧城市就是把信息技术与城市建设融合在一起,将城市信息化推向更高阶段的新理念。其基于互联网、云计算、大数据、物联网、社交网络等工具和方法,实现全面透彻的感知、宽带泛在的互联和智能融合的应用。智慧城市建设以新一代信息技术应用为主线。值得注意的是,世界上第一个智慧城市是美国的迪比克市。

(3)"互联网+"

"互联网+"是把互联网的创新成果与经济社会各领域深度融合,形成更广泛的以互联网为基础设施和创新要素的经济社会发展新形态。

"互联网+"有六大特征:①跨界融合;②创新驱动;③重塑结构;④尊重人性;⑤开放生态;⑥连接一切。

二、新能源技术

能源根据其使用的类型可分为常规能源和新能源。常规能源包括一次能源中的可再生的水力资源和不可再生的煤炭、石油、天然气等资源。新能源是相对于常规能源而言的,包括太阳能、风能、生物质能、地热能、氢能、核能、海洋能等能源。

1.太阳能

太阳能是指太阳内部连续不断的核聚变反应过程产生的能量,具有无污染,取之不尽、用之不竭的特点。人类对于太阳能的利用主要有光热转换(如太阳能热水器)、光电转换(如太阳能发电)和光化学转换(如太阳能制氢)三种途径。

2.风能

风能是指地球表面大量空气流动所产生的动能,具有储量大、分布广、可再生、永不枯竭、无污染的特点,但其能量密度低且不稳定。

风能最常见的利用形式为风力发电,对交通不便、远离主干电网的岛屿及边远地区来说十分重要。风电技术是开发最成熟、成本最低廉的技术,是世界上发展最快的绿色能源技术。

3.生物质能

生物质能是指太阳能以化学能的形式贮存在生物质中的能量形式,即以生物质为载体的能量。其直接或间接地来源于绿色植物的光合作用,是唯一一种可再生的碳源,具有可再生、低污染、分布广泛等特点。

生物质能资源通过物理、化学或生物化学手段,可以转化为固态燃料、液态燃料、气态燃料。目前可利用的生物质能资源主要是传统生物质,包括农作物秸秆、薪柴、禽畜粪便、生活垃圾、工业有机废渣与废水等。

4.地热能

地热能是指地球内部的放射性元素不断进行热核反应,产生的巨大热能通过大地的热传导、火山喷发、地震等途径向地表散发产生的能量。其具有可再生、分布广、成本低、无污染等特点,常用于地热发电、地热供暖等。

地热能集中分布在构造板块边缘一带,例如中国的云南、西藏、河北等地区。中国的地热资源很丰富,但开发利用程度很低。

5.氢能

氢能是指氢气通过和氧气的化学反应所产生的能量,具有燃烧热值高、无污染等特点,是世界上最干净的能源。

氢能主要用于工业方面,如宇航推进、超亚音速飞机、车船动力、燃料电池等。

6.核能

核能又称为原子能,属于地球本身蕴含的能量,是不可再生能源。其是目前唯一现实的、可大规模替代化石燃料的能源。

核能包括裂变能和聚变能两种主要形式。其具体介绍如下:

(1)核裂变是当前核能的和平利用形式。其主要应用于核能发电,原理是先将核能转换成内能,再转换成电能。目前人们所说的核燃料,一般包括钚(Pu)、铀(U)。

(2)与核裂变相比,核聚变能量高度集中。目前已经可以实现不受控制的核聚变,如氢弹的爆炸。此外,可控核聚变技术也在不断发展。"可控核聚变反应装置"俗称"人造太阳",其利用的是核聚变能,与太阳的运行机制类似。

7.海洋能

海洋能是指海洋通过各种物理过程接收、储存和散发的能量,主要包括温度差能、盐度梯度能、海流能、潮汐能和波浪能等。海洋能蕴藏量大,并且可以再生。

海洋能主要用于发电,即将海洋能转化成电能。其中,潮汐能发电是海洋能利用中发展最早、规模最大、技术最成熟的一种。

经典真题▶ (多选)常规能源的资源有限,以及其引起的环境问题日益突出,因此,对环境友好的新能源日益受到重视。下列能源属于新能源的有(   )。

A.生物质能   B.天然气

C.潮汐能   D.氢能

【答案】ACD。

三、新材料技术

新材料技术指的是通过物理研究、材料设计、材料加工、试验评价等一系列研究过程,创造出能满足各种需要的新型材料的技术。新材料技术的代表性技术是材料设计和超导技术。新材料技术创造出的新材料,按材料性能可以分为结构材料和功能材料两类。

(一)结构材料

结构材料是指具有较好的力学性能(如强度、韧性及高温性能等),可以用作结构件的材料。工程塑料、功能高分子材料、新型复合材料是具有代表性的结构材料。

1.工程塑料

工程塑料是指在较大的温度范围内承受机械应力,在较为苛刻的化学物理环境中使用的高性能的高分子材料,如 ABS 塑料、聚酰胺、聚砜等。

2.功能高分子材料

功能高分子材料是由相对分子质量较高的化合物构成的材料,是可用于工业和技术中的具有物理和化学功能如光、电、磁、声、热等特性的高分子材料,例如感光高分子材料、导电高分子材料、光电转换高分子材料、医用高分子材料、高分子催化剂等。

3.新型复合材料

新型复合材料是由有机高分子、无机非金属和金属等几类不同材料通过复合工艺组合而成的新型材料。它既能保留原组分材料的主要特色,又能通过复合效应获得原组分材料所不具备的性能。新型复合材料包括树脂基复合材料、碳基复合材料、金属基复合材料和陶瓷基复合材料等。

(二)功能材料

功能材料是指具有特殊的电、磁、热、光等物理性能或化学性能的材料。半导体材料、超导材料、纳米材料是具有代表性的功能材料。

1.半导体材料

半导体材料是指电导率介于导体与绝缘体之间的功能材料,是当代电子信息领域中最重要的新材料。单晶硅是主要的半导体材料。半导体材料在收音机、电视机等电器中有着广泛的应用。

从半导体产业的主材料体系发展历程来看,第一代半导体材料以硅和锗为代表,第二代半导体材料以砷化镓和磷化铟为代表,第三代半导体材料以氮化镓和碳化硅为代表,第四代半导体材料以氧化镓为代表。

2.超导材料

超导材料是指具有超导性的材料。超导性是指在温度和磁场都小于一定数值的条件下,导电材料的电阻和体内磁感应强度都突然变为零的性质。

超导材料具有完全导电性(零电阻效应)和完全抗磁性(迈斯纳效应),在发电、输电等方面具有广泛的应用前景。

3.纳米材料

纳米材料是指材料的基本结构单元至少有一维处于纳米尺度范围(一般在 1~100 nm),并由此具有某些新特性的材料。1 纳米是 1 米的十亿分之一。当物质达到纳米尺度以后,其性能就会发生突变,出现特殊性能。纳米材料是纳米科技的基础。

四、生物工程技术

(一)四大生物工程技术

四大生物工程技术具体内容如下表所示:

名称	原理	结果	应用
基因工程	DNA 重组和转基因	定向地改造生物的遗传性状和创造新物种	胰岛素、杂交水稻、转基因食品、抗虫棉
细胞工程	细胞融合、核质移植染色体或基因移植	快速繁殖和培养新物种	克隆技术、染色体工程、干细胞工程
发酵工程	微生物的特定功能	有机物的分解	酱油、醋、味精、腐乳、白酒、面包、抗生素
酶工程	酶的催化功能	加快实验的速度	蛋白酶、加酶洗衣粉

(二)生物工程技术的主要应用

生物工程技术的主要应用如下表所示：

应用	概述
杂交水稻	选用两个在遗传上有一定差异，同时它们的优良性状又能互补的水稻品种进行杂交，生产具有杂种优势的第一代杂交种
转基因食品	利用现代分子生物技术，将某些生物(包括动物和植物)的基因转移到其他物种中去，改造生物的遗传物质，使其在形状、营养品质、消费品质等方面向人们所需要的目标转变的技术为"转基因技术"。转基因生物中可以直接食用，或者作为加工原料生产的食品，统称为"转基因食品"
克隆技术	利用生物技术由无性生殖产生与原个体有完全相同基因组的后代的过程。科学家把人工遗传操作动物繁殖的过程称为克隆，这门生物技术叫克隆技术，含义是无性繁殖
干细胞技术	干细胞是机体内一类具有分化成为其他各种类型细胞的能力的多潜能细胞。干细胞具有自我更新和多潜能分化两种重要的能力。利用干细胞构建各种细胞、组织、器官作为移植器官的来源，将成为干细胞应用的主要方向
体细胞杂交技术	体细胞是生物体除生殖细胞外的所有细胞。原生质体融合能使有性杂交不亲和的植物种间进行广泛的遗传重组，因而在农业育种上具有巨大的潜力。在植物遗传操作研究中也是关键技术之一。体细胞杂交技术有可能消除远缘物种间不能杂交的屏障

五、空间技术

空间技术，是探索、开发和利用太空以及地球以外天体的综合性工程技术，亦称航天技术。1957年10月4日，苏联成功发射了世界上第一颗人造地球卫星，标志着人类跨入了航天时代。

(一)航天的速度条件

航天的速度条件如下表所示：

级别	速度	形成状态
第一宇宙速度	7.9 千米/秒	克服地球引力而环绕地球飞行,不落回地球表面
第二宇宙速度	11.2 千米/秒	脱离地球飞向太阳系的其他行星
第三宇宙速度	16.7 千米/秒	飞离太阳系

(二)航天的高度条件

空气密度在离地面 100 千米的高度上,约为海平面的一百万分之一;在 200 千米的高空,只有海平面的五亿分之一。卫星高度低,就会被它与空气的剧烈摩擦产生的高热烧毁,或者因空气的巨大阻力而减速、陨落。所以,卫星一般在离地 120 千米以上的高空飞行。

(三)卫星常用轨道

卫星常用轨道如下表所示:

轨道	定义	应用
地球同步轨道	即运行周期与地球自转周期(23 小时 56 分 4 秒)相同的人造地球卫星轨道	通信、气象、广播电视、预警等卫星的理想轨道
太阳同步轨道	是指卫星轨道平面绕地轴的旋转方向和周期,与地球绕太阳的公转方向和周期相同	美国的近地侦察卫星、资源卫星和军事气象卫星大多采用这一轨道
极地轨道	是轨道倾角为 90°,通过地球南、北极的一种轨道	导航、气象、资源、侦察卫星常用轨道

六、激光技术

激光于 1960 年面世,是一种因刺激产生辐射而强化的光。激光的特点、作用、军事应用如下表所示:

要素	具体说明
特点	单色性好、方向性强、亮度高
作用	激光加工技术、激光快速成型、激光切割、激光焊接、激光雕刻、激光打孔、激光蚀刻、激光手术、激光武器、激光能源
军事应用	激光测距技术、激光制导技术、激光通信技术、强激光技术、激光模拟训练技术

七、海洋开发技术

海洋开发是指人类为了达到一定目的,对海洋及其自然资源、环境条件等所进行的科学研究和开发利用活动的总称。现代海洋开发的主要内容有海洋矿产资源、海洋动力资源、海水资源和海洋空间资源等方面。以下主要介绍海底矿产资源的开发。

海底矿产资源按分布情况,可以分为海底深处和海底表面两种主要类型。号称"世界四大海底资源"的石油、天然气、锰结核、热液矿床构成了海底矿产资源的主体。

1.海洋油气开发技术

海洋油气开发技术主要分钻探和开采两方面。海上固定平台的出现,为海洋油气资源的开采向远海、深海发展提供了一个重要手段,标志着海洋石油和天然气开发进入了一个新的阶段。

2.海洋锰结核的开发

锰结核在内海及大陆架都有发现,但绝大部分分布在4 000~6 000米深的大洋底。要想从大洋底开采锰结核,必须解决两个问题,即深海勘探和深海采掘问题。深海照相设备、高速拖曳深海闭路电视系统、物探系统、船用卫星导航系统以及旁侧声呐系统的研究和应用,都为锰结核资源的勘探增添了新的手段,提高了工作效率。

3.可燃冰的开发利用

可燃冰又称天然气水合物,由天然气与水在高压低温条件下形成的类冰状的结晶物质。其外观像冰且遇火即可燃烧,又被称作"可燃冰""固体瓦斯""气冰";它具有能量密度高、清洁无污染、资源储量大、开采难度大的特点。

2017年11月,国务院正式批准将天然气水合物列为我国第173个矿种。

八、水资源利用技术

水是人类生存须臾不可离开的物质,是人类社会可持续发展的重要资源。今天,水资源的日益紧张,已成为全世界关注的热点。因此,依靠科学技术合理开发利用水资源,运用市场和经济手段促进水资源的合理配置,建立资源节约型的经济体制,是实施可持续发展战略的需要。

(一)水资源利用技术要解决的问题

从水资源评价入手,制订水资源长期供求计划,确保水资源的供应和合理利用;从健全法制入手,实现水资源(包括地面水和地下水)的合理开发与保护;从控制水污染和污水资源化入手,保障用水质量和增加供水能力;从改革水资源管理体制入手,特别是从协调采水、用水和排水的管理入手,提高水的利用效率;从城市生活和工业用水管理入手,缓解城市缺水和水污染问题;从水与森林、土地的关系入手,保护水生生态系统;通过科学研究,预测气候变化对水资源的影响,制订和实行应变计划与方案。

(二)重要措施

告别水资源没有经济价值的观念;对江河泉湖和地下水资源要保护性利用,严格执行工业污水治理排放标准,开发新的高效治污技术;对缺水城市和缺水地区的水资源要有计划管理,通过市场机制推动节水技术(如节水龙头、喷灌技术)的创新和应用;在缺水地区的农业生产和城市生活中,可发展集雨集水的工程技术,取得经济和生态两方面的效益;在有条件的地方发展海水淡化技术,解决特殊的生活用水问题。

第四节　农业农村和农业科技

一、农业基础知识

(一)农业的概念

农业是一切生产的首要条件,是人类以有生命的动植物为主要劳动对象,以土地为基本生产资料,利用生物的生长发育规律,通过人工培育以获取动植物产品的社会生产部门。农业属于第一产业。现阶段的农业主要分为植物栽培和动物饲养两大类。

(二)农业的特征

1.农业的本质特征

农业生产具有一切社会生产的共性,即按照经济再生产的客观规律而发展。但农业生产又具有不同于其他社会生产的特殊性,即它是有生命物质的再生产。农业再生产过程包括两类再生产,即自然再生产和经济再生产。自然再生产与经济再生产相交织是农业的本质特征。

2.农业的一般特征

农业的自然再生产与经济再生产相交织的这一本质特征,使农业具有一些区别于其他产业部门的一般特征,这主要体现在:①农业的生产对象具有其固有的生长、发育、繁殖的规律;②土地是农业最基本的、不可替代的生产资料;③农业生产受自然环境的影响很大;④农业内部各生产门类之间相互依存;⑤农业的生产时间与劳动时间不一致;⑥农产品具有生活资料与生产资料的双重属性;⑦农业生产在空间上具有分散性和地域性;⑧农产品具有鲜活易腐烂的特点。

> **经典真题** ▶ (多选)下列关于农业的说法中,错误的是(　　)。
>
> A.农业以土地为主要劳动对象
>
> B.农业属于第二产业
>
> C.现阶段的农业分为植物栽培和动物饲养两大类
>
> D.农业是一切生产的首要条件
>
> 【答案】AB。

(三)农业的地位和作用

农业是国民经济的基础,这是不以人的意志为转移的客观经济规律,是对世界各国普遍起作用的规律,也是一个长期作用的规律。

农业生产力水平和农业劳动生产率的高低,决定农业为其他部门提供剩余产品和劳动力的数量,进而决定这些部门的发展规模和速度。农业不仅是经济发展的基础,也是社会安定和国家自立的基础。农业在国民经济中的作用如下表所示：

作用	具体说明
产品贡献	农业部门为国民经济提供食物和原料,这种贡献包括物质贡献及其背后的价值贡献
要素贡献	农业为国民经济提供资金、土地和劳动力等生产要素
市场贡献	农民是工业品的买者,为工业发展提供市场需求和空间
外汇贡献	农产品出口为国民经济发展赚取外汇
增长贡献	农业对国民经济增长的贡献
生态贡献	农业具有为国土提供植被、涵养水源、改良土壤、净化空气、美化环境和提供各种可再生的生物资源等多种功能

二、社会主义新农村建设

(一)"三农"问题

"三农"问题是工业社会的一种特殊的自然历史现象,它伴随着工业化、城市化的出现而出现,又伴随着工业化、城市化的演进而变化。解决好农业、农村、农民问题是全党工作的重中之重。

1."三农"问题的内涵

"三农"问题是农业、农村、农民问题的简称。中国是一个农业大国,"三农"问题关系到国民素质、经济发展,关系到社会稳定、国家富强。"三农"问题中尤为重要的是农民问题,它是"三农"问题的核心。"三农"问题是人类进入工业社会后,由工业化、城市化的演进引发的工农关系、城乡关系失衡和工农差距、城乡差距、市民与农民差距扩大的问题,其本质是农民不能平等参与工业化、城市化进程,不能公平分享工业化、城市化成果的问题。

2.我国"三农"问题的发展

在整个工业化进程中,"三农"问题不断变化,经历了工业化初期、中期和后期三个阶段,"三农"问题从不断积累、矛盾凸显到逐步得到解决。中华人民共和国成立以来,随着"三农"问题主要矛盾的不断演变,"三农"工作围绕着"促进农业增产—促进农民增收—促进农民全面发展"这一主线不断拓展。

党的二十大报告指出,全面推进乡村振兴。全面建设社会主义现代化国家,最艰巨最繁重的任务仍然在农村。坚持农业农村优先发展,坚持城乡融合发展,畅通城乡要素流动。加快建设农业强国,扎实推动乡村产业、人才、文化、生态、组织振兴。

(二)全面实施乡村振兴战略

2022年12月召开的中央农村工作会议强调,要铆足干劲,抓好以乡村振兴为重心的"三农"各项工作,大力推进农业农村现代化,为加快建设农业强国而努力奋斗。

实施乡村振兴战略,要按照产业兴旺、生态宜居、乡风文明、治理有效、生活富裕的总要求,统筹推进农村经济建设、政治建设、文化建设、社会建设、生态文明建设和党的建设。

产业兴旺是实现乡村振兴的基石,生态宜居是提高乡村发展质量的保证,乡风文明是乡村建设的灵魂,治理有效是乡村善治的核心,生活富裕是乡村振兴的目标。

乡村振兴战略的发展目标:

(1)到 2022 年,乡村振兴的制度框架和政策体系初步健全。探索形成一批各具特色的乡村振兴模式和经验,乡村振兴取得阶段性成果。目前,该目标已完成。

(2)到 2035 年,乡村振兴取得决定性进展,农业农村现代化基本实现。

(3)到 2050 年,乡村全面振兴,农业强、农村美、农民富全面实现。

三、现代农业发展趋势

(一)农业的发展阶段

农业是人类最古老的产业,在人类社会漫长的发展进程中,由于不同历史阶段的生产力水平不同,农业发展在各个阶段也有质的区别,并由生产工具、劳动者生产技能和生产力结合方式不同而表现出来。

原始农业是主要使用石器工具从事简单农事活动的农业,是在采集和狩猎基础上产生和发展起来的,它是农业发展的最早阶段。这一阶段的时期是从新石器时代至铁器工具出现前,历时约 7 000 年。

传统农业是完全以农民世代使用的各种生产要素为基础的农业,即以土地、劳动力为主要生产要素的农业。这一阶段经历的时间是从奴隶社会至 20 世纪 40 年代,分为古代农业和近代农业两个阶段。

现代农业是指广泛应用先进科学技术和现代工业提供的生产资料以及现代科学管理方法的专业化、社会化的农业生产形态。

(二)现代农业

1.现代农业的特征

现代农业有以下八个方面的特征:

(1)现代农业是市场化、国际化程度比较高的开放型农业。

(2)现代农业是生产专业化、规模化程度很高的集约型农业。

(3)现代农业是以农民知识化为基础、科技贡献率相当高的科技密集型农业。

(4)现代农业是农产品质量安全水平和标准化程度相当高的绿色农业。

(5)现代农业是以发达农产品加工业为支撑的高附加值农业。

(6)现代农业是产业化经营的一体化农业。

(7)现代农业是可持续发展的生态农业。

(8)现代农业是由政府实施科学管理和依法支持保护的基础产业。

2.传统农业与现代农业的区别

传统农业与现代农业的区别如下表所示:

区别	传统农业	现代农业
生产目的	"糊口农业"、产品农业	商品农业、市场农业
生产手段	以人力、畜力和各种手工工具为主,劳动率低下	用现代物质技术武装起来的农业,科技在农业领域的广泛应用
生产经营者	文化水平较低或者没有文化,忽视人力资本投入,很少有或没有专业分工,农民生产主要靠经验	有文化、懂技术、会经营的新型农民

(三)农业现代化

农业现代化就是一个国家或地区在工业化进程中,传统农业向现代农业转变的过程,即建设现代农业的过程。

从内涵来看,农业现代化的本质是科学化。从外延来看,农业现代化是一个综合性的、世界性的、历史性的概念。

1.农业现代化的内容

农业现代化的内容如下表所示:

类别	内容
手段现代化	农业机械化、电气化、化学化和电子化
技术现代化	一是培育优良的品种,二是使动物、植物、微生物有一个生长发育的良好条件
劳动者现代化	农业生产者具有现代生产经营理念和较高科技文化素质
管理现代化	生产、交换、分配、消费和产前、产中、产后等方面以及各环节上的全部经营管理活动,采用现代化的管理手段

2.建设现代农业的原则

现阶段我国加快建设现代农业应遵循以下五个原则:一是以观念创新为先导,二是以结构创新为基础,三是以技术创新为支撑,四是以体制创新为动力,五是以管理创新为保障。

经典真题▶ (多选)农业现代化的基本内容包括哪些方面?(   )

A.农业生产手段现代化

B.农业生产技术现代化

C.农业劳动者现代化

D.农业生产管理现代化

【答案】ABCD。

四、现代农业技术革命

近年来,随着气候变化、水源缺乏、能源短缺、粮食安全、食品安全以及环境恶化等重大挑战的出现,各国决策者们日渐认识到,必须加强农业研究,以确保农业的可持续发展,同时缓解气候变化、能源短缺以及环境恶化等问题。目前,各国政府和国际组织高度重视,推动农业科技创新,促进农业可持续发展,掀起新一轮的全球农业科技革命。

21世纪,以生物、信息、新材料等高新技术为代表的世界科学技术飞速发展,并不断取得重大突破,为农业生产带来了新的技术革命。

(一)生物技术

生物技术是农业科技革命的重要组成部分。以基因组学为核心的现代农业生物技术,已成为未来世界各国农业科技发展的重点之一。利用转基因、分子设计等现代生物学技术可培育高产优质多抗高效的作物新品种。生物育种既需要分子标记、转基因等现代生物育种技术的支持,又需要借鉴常规育种技术的成功经验,才能培育出性状优良的作物新品种。

(二)物联网技术

物联网技术的迅速发展将催生农业迈入智慧农业发展阶段。近年来,美国和欧洲一些发达国家相继开展了农业领域的物联网应用示范研究,实现了物联网在农业生产、资源利用、农产品流通领域"物—人—物"之间的信息交互与精细农业的实践与推广,形成了一批良好的产业化应用模式。

(三)农业资源综合利用技术

当前,粮食增产已不再是各国农业科技发展的唯一目标。随着气候变化、能源短缺、环境污染等问题的日益严重,各国越来越重视农业资源的综合利用。以提高农业资源利用效率为核心,以节地、节水、节肥、节药、节能为目的,以农业资源综合利用的循环经济为重点,有针对性地开发"资源节约型"和"环境友好型"技术,是世界各国农业科学技术的研发重点。

(四)纳米技术

纳米技术在农业领域应用具有潜在优势。尽管人们对于纳米粒子能否对玉米、番茄、稻米和其他粮食作物产生影响以及其中的作用机理还不了解,但很多专家认为纳米技术在农业应用中具有很多潜在优势,包括降低沉降率、增强物质元素在土壤中的运移、提高扩散率、降低活性成分结晶及提高效率等。

五、可持续农业

(一)可持续农业概述

可持续农业也称持久农业,是以美国为核心的几个欧美国家于20世纪80年代提出的。可持续农业虽有不同的定义,但其基本要素都强调不能把牺牲子孙后代的生存发展权益作为换取当今发展的代价,都要求兼顾经济效益、社会效益和生态效益。

1991年,联合国粮农组织在荷兰的丹博斯召开的可持续农业与农村发展国际研讨会上通过的《关于可持续农业和农村发展的丹波宣言和行动纲领》对可持续农业做了一个被广泛接受的定义。按照宣言中的定义,可持续农业是指采取某种管理和保护自然资源基础的方式,以及实行技术变革和机制性改革,重点集中于解决重大的稀缺农业资源和重大自然资源问题,以确保当代人及其后代对农产品的需求得到满足。这种可持续的发展(包括农业、林业和渔业)能维护土地、水、动植物遗传资源,并不造成环境退化。同时,这种发展在技术上是适当的,在经济上是能持续下去的,并能够为社会所接受。

(二)替代农业

20世纪六七十年代以来,在探索现代农业可持续发展的道路上,兴起了替代农业思潮,出现了"生态农业""有机农业""精细农业"等替代农业发展模式。

1.生态农业

生态农业是一种以保护生态环境为前提的农业生产的模式。

生态农业的概念是20世纪70年代由美国科学家首先提出的。生态农业强调在尽量减少人工管理的条件下进行农业生产,生态上能自我维持,低输入,经济上有生命力,同时保护土壤肥力和生物群体的多样性,少用或不用化肥,减少环境压力,在环境、伦理和审美方面可被接受。

20世纪80年代,英国学者经多年实践后在西方确定了生态农业的含义与目标,即它是运用生态学原理和系统科学的方法,把现代科学成果与传统农业技术精华相结合建立起来的具有生态合理性、能良性循环的一种现代农业发展模式。

2.有机农业

20世纪30年代,英国农业专家哈沃德总结了东方传统农业发展长盛不衰的经验后提出了有机农业的概念。其具体说明如下表所示:

要素	具体说明
定义	有机农业是一种完全不同于化学肥料、农药、生长调节剂、畜禽饲料添加剂等化学合成物质,也不使用生物工程及其产物的生产体系
核心	建立和恢复农业生态系统的生物多样性和良性循环,以维持农业的可持续发展
特点	一是天然性。有机农业是一种完全不用人工合成的肥料、农药、生长调节剂的农业生产体系,是实现农业可持续发展的重要途径之一 二是安全性。有机农业生产体系的产品,按照规定的程序和标准加工成的有机食品,卫生、安全、营养

3.精细农业

精细农业又称精细农作,是指利用现代信息技术进行精耕细作。精细农业作物生产过程中的决策是基于各类在田间获取的定点数据,采用全球卫星定位系统、地理信息系统、遥感技术、决策支持系统以及变量(撒布)技术的精细农业系统。其一般可以分成三大组成部分:田间数据采集、数据处理及处方决策。

精细农业的优点在于可以提高生产效率,提高单位投入的产量。

目前,在发达国家精细农业(及设备)生产已经初具规模。由于精细农业生产会增加技术与设备费用,人们目前对于现有精细农业系统在实际生产中的投入与回报问题尚有讨论。但不争的事实是:实施精细农业可以提高田间作业的生产效率,减少农业对环境的污染。

> **知识拓展**
>
> "生态农业""有机农业""精细农业",这些农业模式虽然在内涵和名称上各不相同,但其目的都是保护生态环境,合理利用资源,实现农业生态系统生产力的持续发展。然而,这些农业模式也都有其不足之处。它们在较好地纠正现代农业只强调产品产量与效益而忽视环境资源不足的同时,却又过多地排斥了现代农业科学技术中人工合成的化学品(如化肥、农药、除草剂、饲料添加剂等)与生物工程技术,过分强调了自然化的、低投入的传统农业技术,使农业无法满足过度膨胀的人口和社会发展对农产品的需求。

第五节　环境保护

一、环境概念与环境问题

(一)环境概念

1.自然环境

自然环境亦称地理环境,是指环绕于人类周围的自然界。它包括大气、水、土壤、生物和各种矿物资源等。自然环境是人类赖以生存和发展的物质基础。在自然地理学上,通常把这些构成自然环境总体的因素,分别划分为大气圈、水圈、生物圈、土圈和岩石圈五个自然圈。

2.社会环境

社会环境是指人类在自然环境的基础上,为不断提高物质和精神生活水平,通过长期有计划、有目的的发展,逐步创造和建立起来的人工环境,如城市、农村、工矿区等。社会环境的发展和演替,受自然规律、经济规律以及社会规律的支配和制约,其质量是人类物质文明建设和精神文明建设的标志之一。

(二)环境问题

1.大气污染

大气污染是指大气中污染物质的数量(浓度)超过大气的正常含量,并且持续一定的时间,足以对人、生物、气候等产生不良影响和危害的现象。

(1)主要污染物

大气污染的主要污染物包括:二氧化硫,以及工业生产和柴油、煤、煤油或生物质燃烧过程中排放的大气悬浮颗粒物;长期悬浮在空气中的粉尘颗粒,包括沙尘暴中裹挟的灰尘。

（2）主要危害

大气污染的主要危害包括：大气悬浮颗粒物加剧全球变暖、降低劳动生产率、威胁世界各地的粮食安全。粉尘颗粒可能导致心血管和呼吸系统疾病、肺癌、眼睛和皮肤感染以及急性下呼吸道感染；沙尘暴导致供水减少、可再生能源发展受到威胁、荒漠化加剧、干旱和土壤盐渍化。

（3）防治措施

大气污染的防治措施包括：控制污染源，减少污染物排放量；植树造林、绿化环境；开发、利用清洁能源；建立、执行环境空气质量标准；投资可再生能源。

2.水体污染

水体污染是指某些物质的介入而导致水体的化学、物理、生物或者放射性等方面特征的改变，造成水质恶化，从而影响水的有效利用，危害人体健康或者破坏生态环境的现象。

（1）污染物来源

水体污染物来源主要是人为污染源，包括工业、农业、生活污染源等。

（2）主要危害

水体污染的主要危害包括：长期饮用受到污染的水，可引起人体急性或慢性中毒，甚至诱发癌症等。灌溉用水中污染物的浓度过高，会使农作物物种发生变异，甚至会导致农作物大面积死亡。水污染还会改变水生生态系统，不适应新环境的水生生物将大量死亡，从而使水生生态系统变得越来越简单和脆弱。

（3）防治措施

水体污染要坚持预防为主、防治结合、综合治理的原则，优先保护饮用水水源，严格控制工业污染、城镇生活污染，防治农业污染，积极推进生态治理工程建设，预防、控制和减少水环境污染和生态破坏。

3.土壤污染

土壤污染是指人类活动产生的环境污染物进入土壤并积累到一定程度，引起土壤环境质量恶化的现象。

（1）主要污染物

土壤污染的主要污染物包括：无机污染物以重金属为主，如镉、汞、砷、铅、铬、铜、锌、镍，局部地区还有锰、钴、硒、钒、锑、铊、钼等；有机污染物种类繁多，包括苯、甲苯、二甲苯、乙苯、三氯乙烯等挥发性有机污染物，以及多环芳烃、多氯联苯、有机农药类等半挥发性有机污染物。

（2）主要危害

土壤污染的主要危害包括：影响农作物生长，造成减产；危害人居环境安全，危害人体健康；威胁生态环境安全，影响土壤的正常功能。土壤中的污染物，可能发生转化和迁移，继而进入地表水、地下水和大气环境，影响其他环境介质，可能会对饮用水源造成污染。

（3）防治措施

土壤污染的防治措施包括：控制和消除工业"三废"排放；合理使用农药，积极发展高效低残留农药；积极推广生物防治病虫害；科学地利用污水灌溉农田，减少有害物质进入土壤；增加土壤环境容量，提高土壤净化能力；加强土壤污灌区的监测和管理；建立土壤环境质量监测系统网络；提高公众的土壤保护意识，加强社会监督。

4.固体废弃物及其污染

固体废弃物是指在生产、生活和其他活动中产生的丧失原有利用价值或者虽未丧失利用价值但被抛弃或者放弃的固态、半固态，置于容器中的气态物品、物质，以及法律、行政法规规定纳入固体废弃物管理的物品、物质。

（1）固体废弃物的分类

固体废弃物的分类如下表所示：

分类	具体说明
按化学性质分	有机固体废弃物和无机固体废弃物
按污染特性分	一般固体废弃物、危险固体废弃物和放射性固体废弃物
按来源分	工矿业固体废弃物、生活垃圾和其他固体废弃物

（2）固体废弃物污染及防治

固体废弃物污染与废水、废气和噪声污染不同，其呆滞性大、扩散性小，对环境的污染主要是通过水、气和土壤进行的。气态污染物在净化过程中被富集成粉尘或废渣，水污染物在净化过程中被以污泥的状态分离出，即以固体废弃物的状态存在。这些"终态物"中的有害成分，在长期的自然因素作用下，又会转入大气、水体和土壤，故又成为大气、水体和土壤环境的污染"源头"。因此，固体废弃物既是污染"源头"，也是"终态物"。

固体废弃物污染的防治需从两个方面入手：一是减少固体废弃物的排放量，二是防治固体废弃物污染。

城市生活垃圾的产生与城市人口、燃料结构、生活水平等息息相关，其中人口是决定城市垃圾产量的主要因素。

有效控制固体废弃物和生活垃圾的污染的防治措施如下表所示：

类别	防治措施
工业固体废弃物	①积极推行清洁生产审核，实现经济增长方式的转变，限期淘汰固体废弃物污染严重的落后生产工艺和设备；②采用清洁的资源和能源；③采用精料；④改进生产工艺，采用无废或少废技术和设备；⑤加强生产过程控制、提高管理水平和加强员工环保意识的培养；⑥提高产品质量和寿命；⑦发展物质循环利用工艺；⑧进行综合利用；⑨进行无害化处理与处置
城市生活垃圾	①鼓励城市居民使用耐用、环保物质资料，减少对假冒伪劣产品的使用；②加强宣传教育，积极推进城市垃圾分类收集制度；③改进城市的燃料结构，提高城市的燃气化率；④进行城市生活垃圾综合利用；⑤进行城市生活垃圾的无害化处理与处置，通过焚烧处理、卫生填埋处置等无害化处理处置措施，减轻污染

┤ 知识拓展 ├

生活垃圾的分类

在中国,生活垃圾主要分为四类,具体如下:

(1)可回收物,表示适宜回收的生活垃圾,如纸类、塑料、金属、玻璃和织物等,对应的垃圾桶颜色一般为蓝色。

(2)有害垃圾,表示《国家危险废物名录》中的家庭源危险废物,如灯管、家用化学品和电池等,对应的垃圾桶颜色一般为红色。

(3)厨余垃圾,表示易腐烂的、含有机质的生活垃圾,如家庭厨余垃圾、餐厨垃圾和其他厨余垃圾等,对应的垃圾桶颜色一般为绿色。

(4)其他垃圾,表示除可回收物、有害垃圾、厨余垃圾外的生活垃圾,对应的垃圾桶颜色一般为灰色。

二、生态系统与生态平衡

(一)生态系统

1.生态系统概念

生态系统是指由生物群落与无机环境构成的统一整体。生态系统的范围可大可小,相互交错,最大的生态系统是生物圈;最为复杂的生态系统是热带雨林生态系统。人类主要生活在以城市和农田为主的人工生态系统中。

2.生态系统结构

生态系统是由生物与非生物相互作用结合而成的结构有序的系统。生态系统的结构主要是指构成生态诸要素及其量比关系,各组分在时间、空间上的分布,以及各组分间能量、物质、信息流的途径与传递关系。生态系统结构主要包括组分结构、时空结构和营养结构三个方面。

3.生态系统多样性

生态系统多样性指的是一个地区的生态多样化程度。它区别于物种多样性,物种多样性指的是物种的种类而不是生态系统。而生态系统多样性涵盖的是在生物圈之内现存的各种生态系统(如森林生态系统、草原生态系统),也就是在不同物理大背景中发生的各种不同的生物生态进程。其具体内容如右图所示。

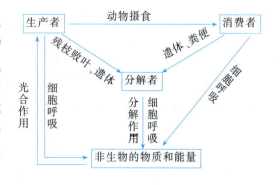

植物是生态系统中的生产者。动物不能自己制造有机物,它们直接或间接地以植物为食,因而叫作消费者。消费者分为初级消费者和次级消费者。初级消费者是指以植物为食的草食类动物,如羊、兔、牛等;次级消费者是指以初级消费者、比其低等的消费者为食的消费者,如狼、虎、狮子等。细菌和真菌被叫作生态系统中的分解者。

生态系统具有一定的自我调节能力。但这种调节能力是有限的,如果外界干扰超过这个限度,生态系统就会遭到破坏。

(二)生态平衡

生态平衡是指自然生态系统中生物与环境之间、生物与生物之间相互作用而建立起来的动态平衡联系,又称"自然平衡"。

影响生态平衡的因素有自然因素和人为因素。水灾、旱灾、地震、台风、山崩、海啸等由自然因素引起的生态平衡破坏被称为第一环境问题。由人为因素引起的生态平衡破坏被称为第二环境问题。人为因素是造成生态平衡失调的主要原因。人为因素主要表现在:①使环境因素发生改变;②使生物种类发生改变;③对生物信息系统的破坏。

三、走可持续发展道路

(一)可持续发展概述

可持续发展是一个综合的概念,其丰富的内涵概括起来有三点:①生态持续发展;②经济持续发展;③社会持续发展。

可持续发展战略的核心是发展,而不是限制发展。落后和贫穷不可能实现可持续发展的目标。经济发展是我们办一切事情的物质基础,也是实现人口、资源、环境与经济协调发展的根本保障。

可持续发展战略的标志是资源永续利用和生态环境良好,要保护好人类赖以生存与发展的大气、淡水、海洋、土地和森林等自然环境与自然资源,走绿色发展道路,防治环境污染和生态破坏。

可持续发展战略既要考虑当前发展需要,又要考虑未来发展的需要,不以牺牲后代人的利益为代价来谋求当代人的利益,使国民经济和社会发展走良性循环的道路。

(二)生态可持续发展措施

1.清洁生产

清洁生产是指不断采取改进设计、使用清洁的能源和原料、采用先进的工艺技术与设备、改善管理、综合利用等措施,从源头削减污染,提高资源利用效率,减少或者避免生产、服务和产品使用过程中污染物的产生和排放,以减轻或者消除对人类健康和环境的危害。通俗地讲,清洁生产不是把注意力放在末端,而是将节能减排的压力消解在生产全过程。

清洁生产的核心是"节能、降耗、减污、增效"。作为一种全新的发展战略,清洁生产改变了过去被动、滞后的污染控制手段,强调在污染发生之前就进行削减。这种方式不仅可以减轻末端治理的负担,而且有效避免了末端治理的弊端,是控制环境污染的有效手段。

2.低碳经济

低碳经济是指温室气体排放量尽可能低的经济发展方式。在全球变暖的大背景下,低碳经济受到越来越多国家的关注。

低碳经济的基础、实质、核心如下表所示：

低碳经济	具体说明
基础	低能耗、低排放、低污染
实质	提高能源利用效率和创建清洁能源结构
核心	技术创新、制度创新和发展观的改变

3.循环经济

循环经济即物质闭环流动型经济，是指在人、自然资源和科学技术的大系统内，在资源投入、企业生产、产品消费及废弃的全过程中，把传统的依赖资源消耗的线性增长的经济，转变为依靠生态型资源循环来发展的经济。循环经济的目标、原则、特征、经济模式如下表所示：

循环经济	具体说明
目标	资源的高效利用和循环利用
原则	减量化、再利用、资源化
特征	低开采、高利用、低排放
经济模式	自然生态系统物质循环和能量流动方式

循环经济要求运用生态学规律来指导人类社会的经济活动。其目的是通过资源高效利用和循环利用，实现污染的低排放甚至零排放，保护环境，实现社会、经济与环境的可持续发展。循环经济是把清洁生产和废弃物的综合利用融为一体的经济，本质上是一种生态经济。

循环经济按照自然生态系统物质循环和能量流动规律重构经济系统，使经济系统和谐地纳入自然生态系统的物质循环的过程中，建立起一种新形态的经济。循环经济要求在可持续发展的思想指导下，按照清洁生产的方式，对能源及废弃物实行综合利用。它要求把经济活动组成一个"资源—产品—再生资源"的反馈式流程。

第三章 文化常识

第一节　社会主义文化建设

一、文化与文化建设

文化是一个内涵十分丰富的范畴,有广义和狭义之分。广义的文化是指人类在改造自然和改造社会的过程中所创造的物质财富和精神财富的总和。狭义的文化是指作为观念形态的,与经济、政治并列的有关人类社会生活的思想理论、道德风尚、文学艺术、教育和科学等精神方面的内容。

先进文化是符合人类社会发展方向、体现先进生产力发展要求、代表最广大人民根本利益、反映时代进步潮流的文化。它最基本、最直接的价值取向是崇尚和追求先进性。

文化建设就是发展教育、科学、文学艺术、新闻出版、广播电视、卫生体育、图书馆、博物馆等各项文化事业的活动。它既是建设物质文明的重要条件,也是提高人们思想觉悟和道德水平的重要条件。

二、和谐文化

和谐文化是一种以和谐理念为核心,以人与人、人与自身、人与自然的和谐为价值目标,包括价值体系、思想道德、社会风尚、思想舆论、文化产品以及各种促进社会和谐的实践活动等形式的文化形态、文化现象和文化性状。或者说是一种以和谐理念为指导、以实现和谐为价值目标的人类生存方式。社会主义和谐文化是人类和谐文化演进的高级形态。以社会主义核心价值体系为根本、马克思主义意识形态为指导、社会主义先进文化为前进方向,继承"和为贵""和而不同"的民族优秀文化传统,借鉴人类有益文明成果,倡导和谐理念,培育和谐精神,形成全社会共同的理想信念和道德规范,确立牢固的全党全国各族人民团结奋斗的思想道德基础,是社会和谐的精神纽带和思想基础。

> **┤ 知识拓展 ├**
>
> 建设和谐文化,是构建社会主义和谐社会的重要任务。要建设社会主义核心价值体系,形成全民族奋发向上的精神力量和团结和睦的精神纽带;要树立社会主义荣辱观,培育文明道德风尚;要坚持正确导向,营造积极健康的思想舆论氛围;要广泛开展和谐创建活动,形成人人促进和谐的局面。思想文化的基础是社会的经济、政治制度。建设和谐文化,从根本上说就是要加强制度建设,保障社会公平正义。其具体包括:完善民主权利保障制度,巩固人民当家作主的政治地位;完善法律制度,夯实社会和谐的法治基础;完善司法体制机制,加强社会和谐的司法保障;完善收入分配制度,规范收入分配秩序;完善社会保障制度,保障群众基本生活。

三、文化体制改革

《中华人民共和国国民经济和社会发展第十四个五年规划和 2035 年远景目标纲要》指出,深化文化体制改革。完善文化管理体制和生产经营机制,提升文化治理效能。完善国有文化资产管理体制机制,深化公益性文化事业单位改革,推进公共文化机构法人治理结构改革。深化国有文化企业分类改革,推进国有文艺院团改革和院线制改革。完善文化市场综合执法体制,制定未成年人网络保护、信息网络传播视听等领域法律法规。

四、文化开放与文化安全

文化安全是国家安全的重要内容,主要是指一个国家的意识形态、价值观、文化事业、文化产业等国家文化的各组成部分健康发展,不受外来因素的威胁。

在全球范围文化交流、交融、交锋日益频繁的新形势下,要切实维护国家文化安全,在文化发展上要拥有一种文化开放的襟怀,提高文化开放水平。一方面,应注重引进来,大胆、主动、积极地吸收外来先进文化,并使其成为民族文化发展的必要养分,以不断发展壮大自身文化;另一方面,要大胆走出去,推动中华文化走向世界,不断增强中华文化在国际上的竞争力、影响力。

应当认识到,只有开放的文化才是安全的文化;只有文化开放水平不断提升、文化国际影响力不断扩大,文化安全才有坚实的基础。从这个意义上说,提高文化开放水平是确保我国文化安全的应有之义。但需要强调的是,文化开放必须以维护我国文化安全为前提。

当前,统筹好文化开放与文化安全,应重点抓好以下几方面工作:一是筑牢文化安全思想防线;二是加强维护国家文化安全的制度设计;三是加强国际传播能力和对外话语体系建设。

党的二十大报告指出,增强中华文明传播力影响力。坚守中华文化立场,提炼展示中华文明的精神标识和文化精髓,加快构建中国话语和中国叙事体系,讲好中国故事、传播好中国声音,展现可信、可爱、可敬的中国形象。加强国际传播能力建设,全面提升国际传播效能,形成同我国综合国力和国际地位相匹配的国际话语权。深化文明交流互鉴,推动中华文化更好走向世界。

五、非物质文化遗产

非物质文化遗产是指被各群体、团体,有时为个人所视为其文化遗产的各种实践、表演、表现形式、知识体系和技能及与其有关的工具、实物、工艺品和文化场所。

截至 2022 年 12 月,中国入选联合国教科文组织非物质文化遗产各种名录项目总数已达 43 项,总数位居世界第一。

人类非物质文化遗产代表作名录如下表所示:

年份	名录
2001	昆曲
2003	中国古琴艺术

(续表)

年份	名录
2005	新疆维吾尔木卡姆艺术、蒙古族长调民歌(与蒙古国联合申报)
2009	中国蚕桑丝织技艺、福建南音、南京云锦、安徽宣纸、贵州侗族大歌、广东粤剧、《格萨尔》史诗、浙江龙泉青瓷、青海热贡艺术、藏戏、新疆《玛纳斯》、蒙古族呼麦、甘肃花儿、西安鼓乐、朝鲜族农乐舞、书法、篆刻、剪纸、雕版印刷、传统木结构营造技艺、端午节、妈祖信俗
2010	京剧、中医针灸
2011	皮影戏
2013	珠算
2016	二十四节气
2018	藏医药浴法
2020	太极拳、送王船
2022	中国传统制茶技艺及其相关习俗

急需保护的非物质文化遗产名录如下表所示：

序号	名录
1	羌年
2	黎族传统纺染织绣技艺
3	中国木拱桥传统营造技艺
4	新疆维吾尔族麦西热甫
5	中国活字印刷术
6	中国水密隔舱福船制造技艺
7	赫哲族伊玛堪说唱

非物质文化遗产优秀实践名册有福建木偶戏后继人才培养计划。

六、社会主义道德建设

社会主义道德是以社会主义公有制为主体的经济基础的反映；是在无产阶级自发形成的朴素的道德基础上，以马克思主义的世界观为指导，由无产阶级自觉培养起来的道德；是以为人民服务为核心，以集体主义为原则，以诚实守信为重点，以社会主义公民基本道德规范和社会主义荣辱观为主要内容，代表无产阶级和广大劳动人民根本利益与长远利益的先进道德体系。

社会主义荣辱观体现了社会主义道德的根本要求。要深入开展社会主义荣辱观宣传教育，弘扬中华传统美德，推进公民道德建设工程，加强社会公德、职业道德、家庭美德、个人品德教育，评选表彰道德模范，学习宣传先进典型，引导人民增强道德判断力和道德荣誉感，自觉履行法定义务、社会责任、家庭责任，在全社会形成知荣辱、讲正气、做奉献、促和谐的良好风尚。

七、"二为"方向和"双百"方针

创作、生产更多无愧于历史、无愧于时代、无愧于人民的优秀作品,是文化繁荣发展的重要标志。必须坚持为人民服务、为社会主义服务的方向,全面贯彻百花齐放、百家争鸣的方针,立足发展先进文化、建设和谐文化,激发文化创作生产活力,提高文化产品质量,发挥文化引领风尚、教育人民、服务社会、推动发展的作用。

"二为"是指文学艺术要"为人民服务、为社会主义服务"。"二为"方向并不限制艺术家的创作性,而是鼓励文艺工作者在为人民服务、为社会主义服务的前提下,创作出更多更好的精神产品,为社会主义精神文明建设做贡献。

"双百"方针是党和国家关于发展文学艺术和科学技术的基本方针,即"百花齐放、百家争鸣",其基本精神是艺术上不同的形式和风格可以自由发展,科学上不同的学派可以自由争论。"双百"方针符合文学艺术和科学技术发展的客观规律,是促进艺术发展和科学技术发展进步、促进社会主义文化繁荣和科技兴旺的方针。

八、继承和弘扬中华优秀传统文化

《中华人民共和国国民经济和社会发展第十四个五年规划和2035年远景目标纲要》指出,要深入实施中华优秀传统文化传承发展工程,强化重要文化和自然遗产、非物质文化遗产系统性保护,推动中华优秀传统文化创造性转化、创新性发展。加强文物科技创新,实施中华文明探源和考古中国工程,开展中华文化资源普查,加强文物和古籍保护研究利用,推进革命文物和红色遗址保护,完善流失文物追索返还制度。建设长城、大运河、长征、黄河等国家文化公园,加强世界文化遗产、文物保护单位、考古遗址公园、历史文化名城名镇名村保护。健全非物质文化遗产保护传承体系,加强各民族优秀传统手工艺保护和传承。

九、国学经典"经、史、子、集"

"经、史、子、集"是我国古代图书的分类方法,最早出现在唐初官修的《隋书·经籍志中》。该方法将中国古代的图书分为"经、史、子、集"四个部分,以方便对图书进行分类与管理。其具体内容如下表所示:

分类	有关著作	主要书目
经部	收录儒家"十五经"及相关著作,包括易类、书类、诗类、礼类、春秋类、孝经类、五经总义类、四书类、乐类、小学类10个大类	《诗经》《尚书》《周礼》《仪礼》《礼记》《周易》《左传》《公羊传》《穀梁传》《论语》《尔雅》《孝经》《孟子》《大学》《中庸》等
史部	收录史书,包括正史类、编年类、纪事本末类、杂史类、别史类、诏令奏议类、传记类、史钞类、载记类、时令类、地理类、职官类、政书类、目录类、史评类15个大类	《史记》《汉书》为首的二十四史;《通鉴纪事本末》《资治通鉴》《唐六典》《周官》《正史削繁》《新旧唐书合钞》《秘图书目》等

（续表）

分类	有关著作	主要书目
子部	收录诸子百家著作和类书,包括儒家类、兵家类、法家类、农家类、医家类、天文算法类、术数类、艺术类、谱录类、杂家类、类书类、小说家类、释家类、道家类14个大类	《韩非子》《公孙龙子》《孙子兵法》《宅经》《葬经》《大唐开元占经》《宣和书谱》《宣和画谱》等
集部	收录诗文词总集和专集等,包括楚辞、别集、总集、诗文评、词曲5个大类,其中词曲类又分词集、词选、词话、词谱词韵、南北曲5属。除了章回小说、戏剧著作之外,以上门类基本上包括了社会上流布的各种图书	《楚辞》《司马相如集》《贾谊集》《何晏集》《杜预集》《灵宝经》《洞玄箓》《上清箓》《法华经》《长阿含经》《四分律》《华严经》等

另外,本书还为大家整理了我国古代其他文化、文学常识,具体内容可见本书第十一篇第一章。

第二节　社会主义核心价值观和社会主义核心价值体系

一、社会主义核心价值观和社会主义核心价值体系提出的背景

一种价值观的提出和弘扬,一定与其所处时代的经济、政治、文化、社会、国际等方面所面临的复杂形势和挑战有关,与社会道德水平的滑坡和人们精神信仰上出现的焦虑、迷茫甚至缺失密不可分。社会主义核心价值观的凝练和提出,既是我国社会主义建设、改革历史与现实发展的必然要求,又是应对我国正处于全面深化改革关键时期所面临的复杂形势与时代要求的需要。

社会主义核心价值观和社会主义核心价值体系的提出,是回答中国特色社会主义价值本质的需要,是塑造国民积极、健康、科学的价值观的需要,是构建社会主义和谐社会的需要。

二、社会主义核心价值体系的基本内容

社会主义核心价值体系的基本内容、灵魂、主题、精髓、基础、重要地位如下表所示:

社会主义核心价值体系	具体说明
基本内容	马克思主义指导思想、中国特色社会主义共同理想、以爱国主义为核心的民族精神和以改革创新为核心的时代精神、社会主义荣辱观
灵魂	马克思主义指导思想。它为我们提供了科学的世界观和方法论,决定着社会主义核心价值体系的性质和方向

（续表）

社会主义核心价值体系	具体说明
主题	中国特色社会主义共同理想。它就是在中国共产党的领导下，走中国特色社会主义道路，实现中华民族的伟大复兴
精髓	以爱国主义为核心的民族精神和以改革创新为核心的时代精神。在五千年历史演进中，中华民族形成了以爱国主义为核心的团结统一、爱好和平、勤劳勇敢、自强不息的伟大民族精神；在改革开放新时期，形成了以改革创新为核心的与时俱进、开拓进取、求真务实、奋勇争先的时代精神
基础	社会主义荣辱观
重要地位	兴国之魂，决定着中国特色社会主义发展方向

三、社会主义核心价值观的基本内容

党的十八大报告指出，倡导富强、民主、文明、和谐，倡导自由、平等、公正、法治，倡导爱国、敬业、诚信、友善，积极培育和践行社会主义核心价值观。其中，富强、民主、文明、和谐是国家层面的价值目标，自由、平等、公正、法治是社会层面的价值取向，爱国、敬业、诚信、友善是公民个人层面的价值准则，这 24 个字是社会主义核心价值观的基本内容。

四、社会主义核心价值观与社会主义核心价值体系的关系

社会主义核心价值观与社会主义核心价值体系是两个既有内在联系又彼此区别的命题。

从根本上来说，社会主义核心价值观与社会主义核心价值体系在本质上是一致的、统一的，它们都体现了社会主义的核心价值追求，是建设中国特色社会主义不可或缺的重要组成部分。但从严格的意义上来说，它们又是相互区别的。其具体区别如下表所示：

区别	社会主义核心价值观	社会主义核心价值体系
定义	对社会主义核心价值体系核心内容和精神实质的高度凝练及抽象概括	社会主义意识形态中那些反映社会主义经济、政治和文化制度要求、体现社会主义发展趋势的核心思想意识、价值观念的总和
具体内容	集中体现这种核心价值体系的根本目标和要求，即"富强、民主、文明、和谐、公平"等社会最高价值追求	一个由马克思主义指导思想、中国特色社会主义共同理想、以爱国主义为核心的民族精神和以改革创新为核心的时代精神、社会主义荣辱观等多方面内容所构成的科学价值体系

五、培育和践行社会主义核心价值观

(一)培育和践行社会主义核心价值观的重要意义

社会主义核心价值观是当代中国发展进步的精神指引。培育和践行社会主义核心价值观,是有效整合我国社会意识、凝聚社会价值共识、解决和化解社会矛盾、聚合磅礴之力的重大举措,是保证我国经济社会沿着正确的方向发展、实现中华民族伟大复兴的价值支撑。培育和践行社会主义核心价值观,还是坚持和发展中国特色社会主义的价值遵循、提高国家文化软实力的迫切要求、增进社会团结和谐的最大公约数。

(二)培育和践行社会主义核心价值观的指导思想和基本原则

1.培育和践行社会主义核心价值观的指导思想

紧紧围绕"坚持和发展中国特色社会主义"这一主题,紧紧围绕实现"中华民族伟大复兴中国梦"这一目标,紧紧围绕"三个倡导"这一基本内容,注重宣传教育、示范引领、实践养成相统一,注重政策保障、制度规范、法律约束相衔接,使社会主义核心价值观融入人们生产生活和精神世界,激励全体人民为夺取中国特色社会主义新胜利而不懈奋斗。

2.培育和践行社会主义核心价值观的基本原则

坚持以人为本,尊重群众主体地位,关注人们利益诉求和价值愿望,促进人的全面发展;坚持以理想信念为核心,抓住世界观、人生观、价值观这个总开关,在全社会牢固树立中国特色社会主义共同理想,着力筑牢人们的精神支柱;坚持联系实际,区分层次和对象,加强分类指导,找准与人们思想的共鸣点、与群众利益的交汇点,做到贴近性、对象化、接地气;坚持改进创新,善于运用群众喜闻乐见的方式,搭建群众便于参与的平台,开辟群众乐于参与的渠道,积极推进理念创新、手段创新和基层工作创新,增强工作的吸引力、感染力。

(三)培育和践行社会主义核心价值观的具体举措

培育和践行社会主义核心价值观的具体举措包括:①把培育和践行社会主义核心价值观融入国民教育全过程;②把培育和践行社会主义核心价值观落实到经济发展实践和社会治理中;③加强社会主义核心价值观宣传教育;④开展涵养社会主义核心价值观的实践活动;⑤加强对培育和践行社会主义核心价值观的组织领导。

第三节　文化事业和文化产业

一、公共文化服务体系

公共文化服务体系是以公共财政为支撑,以公益性文化单位为骨干,以全体人民为服务对象,现阶段以保障人民群众看电视、听广播、读书看报、进行公共文化鉴赏、参与公

共文化活动等基本文化权益为主要内容,向社会提供的公共文化设施、产品、服务及制度体系的总称。构建覆盖城乡、结构合理、功能健全、实用高效的公共文化服务体系,是满足人民群众基本文化需求、保障人民群众基本文化权益的主要途径。

二、现代文化市场体系

文化市场体系是指各类文化产品市场、文化服务市场以及文化生产要素市场在相互联系和相互作用中形成的文化市场有机整体。现代文化市场体系的基本特征是:统一性、开放性、竞争性、有序性。

党的二十大报告指出,健全现代文化产业体系和市场体系,实施重大文化产业项目带动战略。

三、现代传播体系

现代传播体系是现代传播关系与现代传播手段和渠道的结合,其实质也是一种"人—机过程"。现代传播关系体现在信息传播、交流过程中,以现代社会结构为基础的各类传播主体间的社会关系,是人和人之间的关系。

构建一种由现代传播关系与现代传播手段和渠道结合而形成的现代传播体系,是一个历史进程。信息技术正走出传统 IT 行业,全面改造各个传统领域,因而仍处在不断突破的发展阶段,随时会对传播手段和渠道产生革命性冲击;人们之间的社会关系则由于社交化信息分享和交流平台的出现,正在呈现与以往迥然不同的现象和特征。

构建现代传播体系,除了坚持以先进技术为支撑外,还需要梳理、调整好传播关系,形成新的传播规范,使所有传播活动参与者有规可循。从社会网络空间的现状看,这是一个十分紧迫的任务。

四、优秀传统文化传承体系

党的十八大报告提出了"建设优秀传统文化传承体系,弘扬中华优秀传统文化"的重大任务。优秀传统文化凝聚着中华民族自强不息的精神追求和历久弥新的精神财富,是发展社会主义先进文化的深厚基础,是建设中华民族共有精神家园的重要支撑。

党的二十大报告指出,我们要坚持马克思主义在意识形态领域指导地位的根本制度,坚持为人民服务、为社会主义服务,坚持百花齐放、百家争鸣,坚持创造性转化、创新性发展,以社会主义核心价值观为引领,发展社会主义先进文化,弘扬革命文化,传承中华优秀传统文化,满足人民日益增长的精神文化需求,巩固全党全国各族人民团结奋斗的共同思想基础,不断提升国家文化软实力和中华文化影响力。

五、文化科技创新

根据《关于促进文化和科技深度融合的指导意见》,要坚持社会主义先进文化前进方向,不断增强社会主义意识形态的凝聚力和引领力,促进文化和科技深度融合,全面提升文化科技创新能力,转变文化发展方式,推动文化事业和文化产业更好更快发展,更好满足人民精神文化生活新期待,增强人民群众的获得感和幸福感。到 2025 年,基本形成覆盖重点领域和关键环节的文化和科技融合创新体系,实现文化和科技深度融合。按照国家科技创新基地优化整合总体部署,建成若干目标明确、重点突出、协同攻关的文化科技领域国家科技创新基地,建成 100 家左右特色鲜明、示范性强、管理规范、配套完善的国家文化和科技融合示范基地,200 家左右拥有知名品牌、引领行业发展、竞争力强的文化和科技融合领军企业,使文化和科技融合成为文化高质量发展的重要引擎。

六、文化产品与文化消费

提高文化消费能力,前提是加强文化产品和文化服务的有效供给,途径是强化文化的传播力,重点是营造良好的文化消费环境。

文化产品的创作和生产是文化消费的前提, 文化消费是文化产品创作和生产的目的,是创作和再创作、生产和再生产不可缺少的条件。文化产品和文化服务只有通过文化消费,才能实现其价值。要加快形成消费、投资、出口协调拉动经济增长的局面,增强消费对经济增长的拉动力。这对于提高文化消费能力、引导居民文化消费乃至促进文化产业健康发展具有重要意义。

社会生活的复杂性和人的社会属性的多样化,决定了人们文化消费的多层次性。这就要求文化产品的创作者、生产者和文化服务的提供者把人民群众喜不喜欢、认不认可、消不消费作为创作、生产和服务的追求,积极提供导向正确、为人民群众所喜闻乐见的精品力作和优质的文化服务,努力满足不同地域、不同层次、不同群体、不同年龄的人民群众日益增长的文化需求。

七、城市文化

城市是各种文化交融交汇的地方,也是文化资源最为集聚的地方,最有条件发展特色文化产业。

发展特色文化产业,打造特色文化城市,主要有以下几个方面:①要保护好现有文化资源;②要明确文化产业发展方向;③要加强文化产业与旅游等其他相关产业的融合发展;④要加大宣传推介力度,认真开展以宣传本地特色文化为主题的文化活动,积极参与国际文化交流, 扩大本地文化产业特别是文化品牌的影响, 提高在全国乃至国际上的知名度,使之成为城市响亮的文化名片。

八、城乡文化一体化

统筹城乡文化发展,形成整体推进、协调推进的良好局面,确保人民群众享有均等化的基本公共文化服务,是发展公益性文化事业的基本要求。

加快城乡文化一体化发展要坚持统筹兼顾,科学规划和建设农村公共文化服务设施网络;做到资源共享,不断扩大农村基本公共文化服务覆盖面;实行以城带乡,努力提高农村公共文化服务科学化水平;加强投入保障,充分发挥公共财政对农村文化建设的支撑作用。

第七篇

07

职业能力测试

开篇明义

四川事业单位综合知识科目考试中职业能力测试的题型主要涉及言语理解与表达、数量关系(包括数字推理、数学运算)、判断推理(包括图形推理、逻辑判断、定义判断、类比推理)和资料分析。通过分析 2019—2023 年四川事业单位综合知识科目考试真题,我们能够得出本篇各章内容的考查占比情况,具体如下所示:

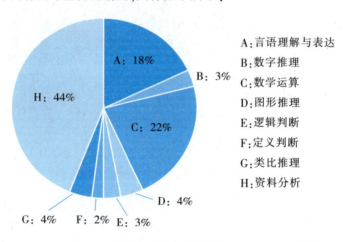

A:言语理解与表达
B:数字推理
C:数学运算
D:图形推理
E:逻辑判断
F:定义判断
G:类比推理
H:资料分析

各章考查占比情况图

根据上图,结合四川事业单位综合知识科目考试试题的考查形式,职业能力测试试题的考查特点如下:

1.言语理解与表达

四川事业单位综合知识科目考试言语理解与表达部分的常考题型为选词填空、语句表达和阅读理解。

(1)选词填空主要考查实词和成语,少量考查关联词。考查形式上以一空、两空为主。

(2)语句表达主要考查语句排序和语句填充。

(3)阅读理解包括片段阅读,片段阅读主要考查主旨观点题,少量考查细节判断题、推断下文题。

以下题为例:

2021·四川内江 改革是由问题倒逼而产生,又在不断解决问题中而深化。在认识世界和改造世界的过程中,旧的问题解决了,新的问题又会产生,制度总是需要不断完善,因而改革既不可能_____,也不可能一劳永逸。

填入画横线部分最恰当的一项是( )。

A.唾手可得　　　　　　　　B.一蹴而就

C.轻而易举　　　　　　　　D.高枕无忧

解析:由"旧的问题解决了,新的问题又会产生,制度总是需要不断完善"和"既不可能……也不可能一劳永逸"等可知,文段是说改革不可能一次就完成,要不断完善,横线处所填词语应表达很快完成的意思。"唾手可得"形容非常容易得到。"高枕无忧"指平安无事,不用担忧。两词均与文意不符,排除A、D。"一蹴而就"形容事情轻而易举,一下子就能完成,侧重过程快;"轻而易举"形容事情很容易做,侧重容易做。文段强调的是改革不可能很快完成,"一蹴而就"符合句意,排除C。故本题选B。

2.数量关系

四川事业单位综合知识科目考试数量关系部分的常考题型为数字推理和数学运算。

(1)数字推理的考查方式以数列形式为主。

(2)数学运算的考点以传统问题为主,主要考查行程问题、工程问题、排列组合问题和概率问题等。

以下题为例:

2023·四川省属 某公司A、B两个部门分别有员工4人和3人。现从A、B两个部门共选派4名员工参加培训,且每个部门至少选派1人。问有多少种不同的选择方式?(   )

A. 18

B. 22

C. 26

D. 34

解析:分情况讨论,比如以从B部门选派的人数进行分情况。(1)从B部门选派1人,则从A部门选派3人,有$C_3^1 C_4^3 = 3 \times 4 = 12$(种)可能;(2)从B部门选派2人,则从A部门选派2人,有$C_3^2 C_4^2 = 3 \times 6 = 18$(种)可能;(3)从B部门选派3人,则从A部门选派1人,有$C_3^3 C_4^1 = 1 \times 4 = 4$(种)可能。总共有12+18+4=34种可能。故本题选D。

3.判断推理

四川事业单位综合知识科目考试判断推理部分的常考题型包括图形推理、逻辑判断、定义判断、类比推理。

(1)图形推理的常考题型有顺推型、九宫格型、空间型等。其考点包括图形构成、几何性质、图形转化等。

(2)逻辑判断主要考查削弱型、结论型等,少量考查复言命题。

(3)定义判断的考查力度不大。考生在备考时,要学会针对不同类型的定义把握相应的关键信息。

(4)类比推理主要考查概念间关系、近反义关系、描述关系等。其考查形式主要有两词型和三词型。

以下题为例:

2023·四川省属 从所给的 4 个选项中,选择最适合的一个填入问号处,使之呈现一定的规律。( )

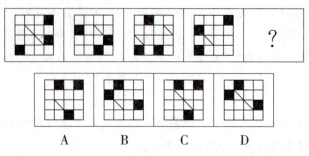

A   B   C   D

解析:题干图形元素变化不大,可以考虑图形旋转。黑色方块沿最外层方格每次顺时针移动两格,斜线每次向右移动一格(如到最右边后则跳到最左边),D 满足。故本题选 D。

4.资料分析

四川事业单位综合知识科目考试资料分析部分考查材料涉及文字型、文字+图形型等多种类型。重点考查增长量、增长率等内容。

以下题为例:

2016—2020 年 S 市公共交通运行情况

年份	城市交通汽/电车		城市轨道交通	
	运营车辆数(辆)	客运量(亿人次)	运营长度(公里)	客运量(亿人次)
2016	16 712	23.91	617.53	34.01
2017	17 465	22.01	666.40	35.38
2018	17 465	20.65	704.91	37.10
2019	17 890	20.85	704.91	38.84
2020	17 663	13.65	729.20	28.32

2023·四川省属 2016—2020 年,S 市城市交通汽/电车累计客运量比城市轨道交通累计客运量( )。

A.低不到 50 亿人次   B.低 50 亿人次以上

C.高不到 50 亿人次   D.高 50 亿人次以上

解析:2016—2020 年,S 市城市交通汽/电车累计客运量约为 24+22+21+21+14=102(亿人次),城市轨道交通累计客运量约为 34+35+37+39+28=173(亿人次),前者比后者低 50 亿人次以上。故本题选 B。

第一章 言语理解与表达

第一节 选词填空

[词义辨析]

词义辨析是选词填空题的考查重点,正确理解、准确辨析词语的含义,对解答选词填空题来说至关重要。词语的含义包括两个方面:理性义和色彩义。

一、词语的理性义

词语的理性义是词语含义的核心部分。近义词,指的就是理性义相近的词语。

很多词语之所以意义相近,多是因为它们具有相同的语素;同理,之所以意义不同,则是因为具有不同的语素。因此,辨析近义词词义,可以从相异语素着手,根据相异语素的字形、字义以及其组成的惯用词语来判断该近义词的范围、侧重点和轻重程度。

(一)看词义所指的范围

范围有大小的不同,也有所指对象的不同。选词填空对范围大小不同的近义词辨析考查较少,多是对词义所指对象的考查。

(二)看词义的侧重点

有些词语虽然表示的概念、含义大致相同,但侧重点有所不同。考生在做题时需仔细体会选项中相近词语的不同侧重点,找出与题干内容最相契合的一项。

(三)看词义的轻重程度

有的近义词虽然表示的概念、含义大致相同,但在表现程度上有着轻重、强弱的不同。

经典真题▶ 为英雄金训华守墓 37 年的陈健,获得了"感动中国"2005 年度人物的称号。评委会给他的颁奖词是:一个生者对一个死者的承诺,只是良心的自我_____,但是他却为此坚守 37 年,放弃了梦想、幸福和骨肉亲情。_____火红的时代背景,他身上有古典意识的风范……

填入画横线部分最恰当的一项是(   )。

A.约束 淡去   B.制约 淡忘

C.约束 淡忘   D.制约 淡去

【答案】A。

中公解题:第一空,"约束"有制约之意,但"制约"只能来自对方,而"约束"既可以来自对方，也可以来自自己。文段中的束缚来自"自我"，因此选"约束"，排除 B、D。第二空，"淡去"是淡化、稀释、褪去的意思，"淡忘"指印象逐渐淡薄以至于忘记。文段说的是"火红的时代背景"，用"淡去"表示对这种鲜艳的"火红色"背景的淡化、稀释，符合句意。

┤ 中公锦囊 ├─

　　做题时遇到语义相近且含有相同语素的词语，如果不加以准确辨析，则容易混淆。考生可以从比较相异语素入手，如"精确"侧重"确"，强调精细、确切；"精准"侧重"准"，强调没有差错。对于这类具有相同语素的近义词，考生应先比较相异语素的含义，再结合相应语境进行选择。

二、词语的色彩义

　　词语的含义除了理性义以外，还有附着在理性义上的色彩义。理性义使语言表达得准确，色彩义则使语言表达得更生动、更形象。所以，我们在做选词填空题时，不仅要仔细辨析词语的理性义，还要认真体会词语的色彩义，揣摩词语在具体语境中的独特含义。在词语的理性义非常相近，或者无法从理性义判断答案时，辨析词语的色彩义将是解题的一个重要方法。

(一)词语的感情色彩

　　根据感情色彩，词语可分为褒义词、贬义词、中性词。考生在做题时，需要根据现有句子所提供的语境，判断作者的感情态度和褒贬意味，从而选出与作者感情色彩最相符合的词语。

(二)词语的语体色彩

　　根据语体色彩，词语可分为口头语和书面语两大类。口头语的主要特点是自然、通俗，常用于日常交谈，或比较口语化的文学作品。书面语的特点是文雅、庄重，多用于比较正式的场合、理论性强的文章等。从选材来看，选词填空多考查考生对书面语的掌握情况。

　　从表达内容来看，书面语又可分为公文语体、政论语体、科技语体和文艺语体。不同的语体色彩表现出不同的语体风格，如：公文语体用词比较规范、庄重；政论语体用词的逻辑性较强；科技语体用词比较严密、准确；文艺语体用词更注重文学性和艺术性。

(三)词语的形象色彩

　　有些词语除了具有一般意义外，还能给人以一种特别的形象感，它往往以生动、具体的形象让人们产生视觉、听觉、嗅觉、味觉上的感受，以引起人们对现实生活中某种形象的联想，这就是词语的形象色彩。有些选词填空题从词语的理性义、感情色彩、搭配习惯等方面都不太好判断答案，这时对词语的形象色彩进行辨析有可能成为我们攻克难关的法宝。

经典真题 走向市场,发展我国的出版业,既要盯着市场做文章,_____有关单位的自我生存能力,最大限度地让优秀文化产品增值;又不能唯市场是从,一味_____市场低层次需求,让那些格调不高的文化产品大行其道。

填入画横线部分最恰当的一项是( )。

A.扩大 限制　　　　　　　　　　B.维护 满足

C.提高 降低　　　　　　　　　　D.增强 迎合

【答案】D。

中公解题:本题可由第二空得出答案。由"格调不高的文化产品大行其道"可知,对市场低层次需求不应是"限制"或"降低"的,排除 A、C。"满足"与"迎合"相比,前者为中性词,后者为贬义词。与"低层次需求"搭配,贬义词"迎合"填入更贴切,排除 B。

〔 语法与语用 〕

语法,指的是语言的结构规律。做选词填空题除了要考虑语境、词义以外,还需要遵循一定的语法规则,通过分析所缺词语在句子中充当的成分,选择合适的进行补缺。

语用,指的是语言的实际应用。语法探讨的是遣词造句的规则,而语用更多指遣词造句的习惯。语用既是选词填空的一个考查重点,也是解题的一个重要法宝。

一、词性与句法功能

选词填空考查得比较多的是动词、形容词、名词、副词和连词。

按照词语与词语在句子中的组合关系,可以把句子分为六大成分:主语、谓语、宾语、定语、状语、补语。选词填空考查得比较多的是谓语、宾语、定语、状语。

解答选词填空题时,要注意以下四点:

(一)并列成分的词语词性通常一致

当句子中存在并列成分时,为了保持句子内部节奏的一致性、流畅性,并列成分的词语词性通常要保持一致。这里就涉及怎样区分词性的问题。

副词比较好辨别,它是限制修饰动词、形容词,表示程度、范围、时间等的词,如:非常、很、极、刚、才、正好、依然、确实、再、还等。

区分名词、动词、形容词的几个常见方法:

(1)不能受"不"和"很"修饰的一般是名词。

(2)能受"不"修饰但不能受"很"修饰的是动词(助动词和表示心理活动的动词除外)。

(3)既能受"不"修饰又能受"很"修饰的是形容词(个别形容词和个别重叠式形容词等除外)。

(二)"很"一般不能修饰名词,不能修饰偏正结构的形容词

在区分词性时我们提到了"不能受'不'和'很'修饰的一般是名词",这个规律反过来也是成立的,所以"很"一般不能修饰名词。

偏正结构的形容词指的是前一个语素对后一个语素起修饰、限定作用的形容词,如稀少、笔直、飞快、巨大、滚圆、粉红等。其中前一个语素"稀""笔""飞""巨""滚""粉"分别修饰后一个语素"少""直""快""大""圆""红"。前文虽然提到了"既能受'不'修饰又能受'很'修饰的是形容词",但偏正结构的形容词,不能与"很"搭配。

(三)语义重复的词语一般不连用

当一个词语中已包含另一个词语的意思时,这两个词一般不能连用。例如:"中旬"本就包含大约、左右的意思,所以不能与"左右"连用;"必需"意为一定要有,已包含了"有"的意思,所以不能再和"有"连用;"威慑"意为使人感到恐惧,已包含了"使"动的意思,所以不能与"令人""让人"等表使动的词语连用。

(四)数量词修饰名词须遵循习惯

现代汉语中的数量词在修饰名词时要遵照约定俗成的搭配习惯,不能随意混搭。例如:修饰"书"可以用"本""捆""堆",但不能用"把""个""群"。除此之外,集合名词不受个体量词修饰。例如:"花卉"不能用"朵"来修饰;"船舶"不能用"艘""条""只"来修饰。

经典真题▶ 我国的残疾人事业总体呈现出梯次发展的格局,随着中华人民共和国的成立基础日渐牢固,随着改革开放的逐步深入不断发展,其既有传统的_____,也有政策的_____,还有时代的_____。

填入画横线部分最恰当的一项是(　　)。

A.延续　继承　跟进　　　　　　　B.延续　传承　烙印

C.延绵　继承　烙印　　　　　　　D.延绵　传承　跟进

【答案】D。

中公解题:由"既有……也有……还有……"可知,三个空缺处所填词语为并举关系,且在句中充当的成分相同。根据并列成分的词语词性通常一致的规律,空缺处的三个词语的词性也应保持一致。通过用副词"不"和"很"进行判断可知,四个选项中除了"烙印"为名词外,其他的都为动词,由此直接排除含有"烙印"的B、C。"延续"指照原来的样子继续下去。"延绵"指连续不断,指形态上的连贯。句中说的是残疾人事业与传统保持着连贯性,没有割断联系,而不是说完全照着传统的样子继续下去。故应选"延绵",排除A。

二、词语的搭配

词语的搭配既受到语法规则的支配,又受到语义条件的限制,同时还存在专业领域的固定搭配。因此,考生在解答选词填空题时,可从词语的搭配角度入手快速解题。

经典真题▶ 改革开放以来,随着市场经济的发展和政府职能的_____,政府管理社会的方法逐步从行政管理向公共管理转变,公共事务的管理主体日趋多元化,_____趋于多样化,正在形成以政府为_____的、多元的、开放的公共管理体系。

填入画横线部分最恰当的一项是(　　)。

A.转变　手法　中心　　　　　　　B.转向　手段　中心

C.转变　手段　核心　　　　　　　　D.转向　手法　核心

【答案】C。

中公解题：第一空，"转变政府职能"是习惯搭配，排除 B、D。第二空，"手段"指为完成一定的目标或任务所使用的一定的技巧。"手法"指处理材料的方法，常用于工艺、美术或文学方面，含有技巧、工夫、作风等意义；也指待人处世的不正当方法。文段中提到"公共事务的管理……趋于多样化"，应选"手段"，排除 A。

┤ 中公锦囊 ├

　　做题时遇到两个或两个以上的词语的语义均符合空缺处要求的情况时，考生需要考虑词语在语法上是否符合句子的要求，否则，所选答案会破坏句子的语法结构。选词填空题中关于语法常考查两个方面：一是选项词语的词性是否与其在句子中所充当的成分相符，二是词语后面是否能接宾语。考生需要仔细揣摩辨别。

〔成语〕

要破解成语类选词填空题，考生除了要理解单个成语的基本含义以外，还要掌握成语的具体用法，并能对近义成语进行辨析。只有做到了这些，才能轻松避开命题者设置的陷阱。

成语使用常见的命题陷阱主要有八种：望文生义、对象误用、轻重失衡、语义侧重不符、感情色彩不符、句法功能混乱、语义重复、谦敬错位。

陷阱一——望文生义

成语的意蕴是约定俗成的，且大多有特定的出处，或出于古代诗文，或出于寓言故事，加之有些成语中的语素还含有生僻的古义，我们如果不仔细体会，仅拘泥于其字面含义，就极容易犯望文生义的错误。

陷阱二——对象误用

与实词一样，成语也具有不同的适用对象，而且其适用对象常常比较隐蔽，容易出错。选词填空中的成语题经常出现从适用对象角度设置迷惑项的情况。

陷阱三——轻重失衡

有一部分成语的词义在程度上有轻有重，这就要求考生根据特定的语境选用轻重适度的成语，以避免大词小用或小词大用。

陷阱四——语义侧重不符

有些成语含义大致相同，但是仔细体会，就会发现彼此在语义侧重上存在差异，选项词语侧重点与句意不符也是命题者常设的陷阱。考生在做题时需结合句子语境斟酌选择。

陷阱五——感情色彩不符

成语的感情色彩分为褒义、贬义、中性三种。在运用成语时,因目的、场合、对象等的不同,需选用不同感情色彩的成语,如用于赞扬、夸奖应使用褒义成语,用于贬斥、批评应使用贬义成语。感情色彩错用也是命题者常设的陷阱。

陷阱六——句法功能混乱

作为一种特殊的短语,成语也有词性之分。成语从词性上大致可分为动词性、名词性、形容词性、副词性四类。不同词性的成语在句子中充当不同的成分,行使不同的语法功能。考生在做题时要注意甄别,以免落入命题者的陷阱。

陷阱七——语义重复

有些成语填入句子中虽很符合语境,但会与句子中某些词语的意义重复。这样,这个成语的使用就是错误的。

陷阱八——谦敬错位

有些成语只能用于自称,比如谦辞;有些成语只能用于称呼对方,而不能称呼自己,比如敬辞。这些成语如果不分场合随便使用,就容易犯谦敬错位的错误,从而影响句子整体语境的协调。如:"蓬荜生辉"是谦辞,只能对己,不能对人;"虚怀若谷"表示对人的敬意,只能对人。谦敬辞错用也是命题者常设的陷阱之一。

经典真题 ▶ 从心理学的角度来说,_____地表达自己想法的人更加具有领导者的_____。

填入画横线部分最恰当的一项是( )。

A.无所顾忌 气质　　　　　　　　　　B.肆无忌惮 潜质
C.无所顾忌 潜质　　　　　　　　　　D.肆无忌惮 气质

【答案】C。

中公解题:第一空,"无所顾忌"意为没有什么顾忌和惧怕。"肆无忌惮"意为非常放肆,一点没有顾忌。"肆无忌惮"的语义程度更重,所包含的贬义色彩与"领导者"这一陈述对象不符,排除B、D。第二空,"气质"意为人的比较稳定的个性特征或泛指人的风格、气度。"潜质"意为潜在的良好素质。句中说的是无所顾忌地表达自己想法的人更容易成为领导者,故此处应选"潜质",排除A。

┤ **中公锦囊** ├

有些成语意思相近,感情色彩相同,在句子中语法功能相当,不加以仔细辨析则容易出错,考生可从程度的轻重入手进行判断。如"信口开河"与"信口雌黄",两者都有随口乱说的意思,但后者有歪曲事实掩盖真相、进行诽谤污蔑之意,语义比前者更重。考生做题时要根据特定的语境选用轻重适度的成语,以免大词小用或小词大用。

第二节　语句表达

语句表达主要考查语句连贯。所谓语句连贯,就是指语句表达要前后衔接和呼应恰当。语句表达包括语句填充和语句排序两种题型。语句排序更侧重考查语言的呼应与衔接,其难度要远远大于语句填充,对考生整体把握能力的要求也更高。

一、题型解读

测查要素:语句填充和语句排序。前者的命题形式是已有一个文段,要求选择一个合适的句子填入其中;后者要求我们对给出的句子进行排序。不论是选择恰当的句子,还是排序,这两种题目实际考查的都是对句与句、句与段之间连贯性的掌握。

提问方式:语句填充的提问方式一般为"填入横线部分最恰当的一句话是""根据文意,下列哪句话填入画线部分最合适"等;语句排序的提问方式一般为"下列句子排列顺序最恰当的一项是""将下列句子按语序先后排列,最连贯的一项是"等。

二、解题指津

(一)八大解题原则

为保持语句连贯,需把握八大解题原则——话题统一、意境协调、前后照应、重点突出、句式一致、音节和谐、合乎逻辑、承启恰当。由于语句填充与语句排序出题形式存在差别,两者适用的解题原则略有不同,具体来讲,语句填充主要遵循前六个原则,语句排序主要遵循后两个原则。

1.话题统一

"话题统一"指组成段落的句子之间,或者组成复句的分句之间,有紧密的联系,围绕一个中心,集中表现一个事实、场景或思想观点。

话题一般由共同的主语来表示,共同的主语是贯穿语段各句的灵魂,是联系各句的纽带,所以,要尽量保持主语的一致性。但话题统一与主语一致并不是同一概念,有时候它们等同,有时候它们并不相同。考生做题时不能教条地单看各个句子的主语是否一致,要根据具体情况具体分析。

2.意境协调

"意境协调"指文段所体现出来的情感、意蕴同其中的物象、景致高度契合统一,从而给人带来一种美的感受。

"意境协调"包括语体色彩、感情色彩,如喜与悲、褒与贬、凄清与热烈、壮美与秀丽等,这种融合了作者思想感情的语境,必须和谐,氛围一致,句子才能连贯。

3.前后照应

"前后照应"指语段中的信息要前后吻合、彼此呼应,在表意上形成一个严密的整体。

行文的前后照应,一般有两种:

(1)统一中的照应,即文段前后的内容基本是一致的,后面照应的内容是对前面内容的重复,作者的意图是强调、突出。

(2)对立中的照应,即文段前面的内容在所表达的动作、所持的观点、所见到的景物、所怀有的心情等方面与后面不一致,并且是对立的。

分号可以表示并列,冒号可以表示解释说明和总结。当题干中,尤其是语句填充题干中有这两种符号时,考生可优先考虑运用前后照应原则来解题。

4.重点突出

"重点突出"指通过一定的句序排列方式将语段的侧重点表现出来。在语句填充题中,要尤其注意关联词的正确使用,不同的关联词表达不同的关系,指示重点的作用也不一样。

5.句式一致

"句式一致"指组成文段的句子结构形式前后具有一致性。

常考的句式主要有主动句、被动句、排比句、对偶句、主谓倒装句、定语后置句、状语后置句、宾语前置句等,其中对排比和对偶句式考查得最多。

6.音节和谐

"音节和谐"主要出现在一些散文中,会让语句读起来更通顺,更有韵味,更富美感。遇到体裁为散文的语句表达题时,考生应首先以"音节和谐"为考虑方向。

"音节和谐"的表现方式主要有以下三种:

(1)前后句字数相同或基本相同,如果是并列关系的词或短语,常将音节少的放前面,音节多的放后面。

(2)前后句押韵或平仄协调。

(3)前后句的句式对称。

7.合乎逻辑

"合乎逻辑"指语段在表情达意时,要遵从一定的逻辑顺序。

这种逻辑顺序主要包括:以时间的先后为顺序,以空间转换为顺序,以心理变化为顺序,以人们的认知规律为顺序等。

要使句序合乎逻辑,排列句子时要注意把握好以下三点:

(1)以时间、事物发展的先后为序,应抓住表示时间的词语。

(2)以空间为序,注意从上到下、从左到右、从外到内、由远及近等。

(3)以人们认识事物的规律为序,要由表及里,由浅入深,由感性认识到理性认识。寻找事物发展的规律,借助关联词是最常用的方法。

8.承启恰当

"承启恰当"指要把握文段句与句之间上承下启、前后勾连的关系。

为使句序承启恰当,考生可从以下两点入手解题:

(1)运用顶真、反复等修辞手法。顶真又叫联珠法,是将前一句或前一节奏的尾字作为后一句或后一节奏的首字,使两个音节或两个句子首尾相连、前后承接,产生上递下接的效果。顶真手法在语句连贯中的运用,最常见的是用前一句的宾语作为后一句的主语。

(2)让后一句的开头部分与前一句的末尾部分所说内容相同或相关。

经典真题1▷ 有位盲人,一生从事着一件工作:种花。因为他父亲是远近闻名的花匠,子承父业,他别无选择。他天生是个盲者,从不知道花是什么样子。别人告诉他"花是美丽的",他便用自己的手指细细地触摸,从心灵到颤抖的指尖,真切地体会美丽的含义;有人告诉他"花是香的",他便俯下身去用鼻尖小心地嗅出另一种芳香来。几十年过去了,盲者像对待亲人那样侍奉着花儿,他种出的花据说是小城最为美丽的。盲人种了一辈子花,却从没有见过花是什么样子,然而盲人是快乐的。因为＿＿＿＿＿＿＿＿。

填入画横线部分最恰当的一项是(   )。

A.种植花卉比欣赏花卉更为有趣　　　B.创造生活比欣赏生活更为幸福

C.创造美丽比欣赏美丽更为有趣　　　D.种植花卉比欣赏花卉更为幸福

【答案】C。

中公解题:运用前后照应的原则解题。填入画横线部分的句子显然是文段的主旨句,因此在内容上应能照应前文,同时还要有一定程度的升华,能够起到画龙点睛的作用。A、D两项仅局限在事例本身,可先排除。"鲜花"对应"美丽",B、C两项相比,C项更为恰当。

经典真题2▷ 国子监街是北京古建筑遗存集中的一条街道,＿＿＿＿＿＿＿＿,另外一座牌坊坐落在国子监与孔庙之间的街心处。

①街的东西两端各有一座牌坊

②一处是规模恢弘的孔庙,现已为北京博物馆

③街道中部有两处著名的古建筑群

④一处是明清两代的最高学府——"国子监"。新中国成立后,首都图书馆曾设在这里

将以上4个句子填入上文横线处,排列顺序衔接最恰当、语意表达最准确的一项是(   )。

A.①③④②　　　　　　　　B.③①②④

C.③④②①　　　　　　　　D.①③②④

【答案】C。

中公解题:横线前论述的是"街道",用前一分句的宾语作为后一分句的主语,也就是顶真手法,衔接最好的是③。横线后论述的是"牌坊",只有①出现牌坊,应放最后,故顺序为③④②①。

(二)注意代词

注意代词体现在以下几个方面:

(1)语境或选项中的代词或指代性的短语要紧跟在它所代替或指代的内容后面。

(2)指示代词要注意区分近指(这)、远指(那)。

(3)语句排序题中的代词,要注意以下两点:①含有第三人称代词的句子一般不能作为首句。②除某些含有表示时间、方位的指示代词或指代性短语的句子可作为首句外,其

他含有指示代词或指代性短语的句子一般不能作为首句。

经典真题3 ①单纯罗列史料,构不成历史

②只有在史料引导下发挥想象力,才能把历史人物和时间的丰富内涵表现出来

③历史研究不仅需要发掘史料,而且需要史学家通过史料发挥合理想象

④所谓合理想象,就是要尽可能避免不实之虚构

⑤这是一种悖论,又难以杜绝

⑥但是,只要想象就难以避免不实虚构出现

将以上6个句子重新排列,语序正确的是(　　)。

A.③①②④⑥⑤　　　　　　　　　　B.④⑤③⑥②①

C.①③④⑥⑤②　　　　　　　　　　D.⑤③②①④⑥

【答案】 A。

中公解题: ⑤中有指代词"这",不能放段首,由此可排除 D。由④与⑥的语句关系可知,这两句是紧密相连的,排除 B。接下来只需确定①与③哪个放在段首即可得出答案。③中的主语"历史研究"是文段论述的主题,用来作为文段的首句比较合适,①是对③的补充,故③应在①前,排除 C。

第三节　阅读理解

　　阅读理解主要考查的是考生对语言文字的综合理解和运用能力。要想提高解题速度和准确率,最重要的是要有意识地培养抓关键信息的思维,另外还要准确掌握不同题型的特点,并熟练运用相关的解题技巧。

主旨观点题

一、题型解读

　　测查要素:考查"概括归纳阅读材料的中心、主旨;根据上下文内容合理推断阅读材料中的隐含信息;判断作者的态度、意图、倾向、目的"等综合分析理解的能力。

　　提问方式:"这段文字主要谈论""这段文字的主旨是""作者意在强调/说明""这段文字主要支持的观点是""这段文字主要想表述的是""这段文字最有可能是在表述"等。

二、解题指津

　　根据题目材料特点和解题方法,主旨观点题又可分为概括类和引申类。

(一)概括类

　　概括类指作者的观点可以直接从材料中得出,正确答案是对文段内容、主旨的归纳、总结。

1.解题原则:概括要全面

概括要全面指的是要全面概括文段的"要点"。一般情况下,材料在论述时出现了几个要点,正确选项就应该体现几个要点,要点不全的多为错误选项。

2.解题方法

根据"概括类"主旨观点题的特点,解题时可主要参照如下方法:

(1)首尾寻找中心句

"总—分"或"分—总"是概括类主旨观点题材料的常见写作结构。因此,在解题时,首句和尾句通常都是需要关注的重点。材料中心句前常见的词语有:

①表总结性的词语:"因此""所以""可见""其实""总而言之""照此看来"等。

②带有主观倾向性的词语:"务必""(迫切)需要""应该""意味着"等。

(2)事物罗列抓共性

有些题目的文段仅仅是多个事物的简单罗列,并没有提出任何观点,在解此类题时,重点在于找出所罗列事物的共同特点。

(3)文末注意新概念

概括类主旨观点题,当文末出现总结型句式时,该句中提到的新概念多为文段的落脚点,即关键信息,正确答案应包含这一关键信息。此类题常见的总结型句式有:"这是……""这/那就是……""都指向了……"。

(4)尾句警惕"个别"词

很多考生可能都知道要注意文段的尾句,因为尾句很可能是文段的中心句。但尾句也常常是设置命题陷阱的重要区域。其中最常见的一种命题陷阱就是"以偏概全",即从个别、特例来推出全部。要避免以偏概全,考生可以通过注意主题中心词前面的修饰语来提高警惕,特别是那些表个别的词语,如"有些""有的""之一"。

经典真题1 改革开放以来,我国经济总体上保持了高速增长态势,但劳动就业的增长远低于经济增长的速度。目前,尽管我国服务业吸纳劳动就业的比重在不断上升,甚至已经成为吸纳就业的主力军,并且基本消化了包括从农业和制造业中转移出来的劳动力存量在内的所有新增劳动力,但与发达国家相比,它对劳动就业的贡献率还是太低。我们务必利用产业结构调整和增长模式转变的机会,发掘服务业对发展经济和扩大就业的巨大潜力。

这段文字主要说明了( )。

A.产业结构调整是我国服务业快速发展的重要契机

B.服务业是保障我国就业快速增长的重要推动因素

C.我国服务业对劳动就业的吸纳能力有待进一步拓展

D.就业与经济增长不一致的主要原因在于服务业发展滞后

【答案】C。

中公解题:文段的结构是先提出问题,后解决问题。首先提出问题:我国服务业对劳动就业的贡献率还是太低;接着指出要解决问题:务必发掘服务业对扩大就业的巨大潜力。解决问题的对策部分为文段重点。

(二)引申类

引申类指作者的主旨观点不能直接从材料中得出,正确答案需根据材料的内容进行推断、引申。

1.解题原则:要有高度,要合常理

作者写文用意不会仅仅局限于描述现象、问题本身,而多数倾向于揭示现象背后的本质,或探求解决问题的办法。故正确选项多具有一定的思想高度,常体现为方法论之类的描述,表现在用词上,则多含有"应""应当""要""亟须""不宜""不必""必要性"等主观倾向比较强的词语。

2.解题方法

根据"引申类"主旨观点题的特点,考生解题时可主要参照如下方法:

(1)描述现状力图改变

通过描述一个不好的现象或存在的问题来提醒人们应采取措施改变现状,是主旨观点题材料的常见写作思路。遇到此类材料时,倡导改变现状或针对材料中的问题给出解决办法的选项为正确答案。

(2)文末假设多为否定

有些题目会在文段末尾通过假设来点明主旨,即先提出一个假设,进而指出这个假设情况下将出现的不利结果,意在否定这个假设。解此类题时,与假设的条件意思相反的选项为正确答案。此类假设常见的句式是:如果……那么……。

经典真题2▷ 历史剧一个必须承担的功能,就是认识历史。再现也好,表现也好,强调历史观不同也罢,历史的大格式是不能逾越的,因为历史是民族共有的,不是哪一个艺术家个人可以随意剪裁的布料,这也就给历史剧在艺术审美上提出了真实性和严肃性的要求。如果失去了对历史的尊重,也就不该或不能冠之以历史剧之名。

这段文字意在强调( )。

A.历史剧必须承担起认识历史的功能

B.历史剧应以真实还原历史为创作原则

C.历史剧的演绎应建立在尊重历史的基础上

D.历史剧应在真实性和娱乐性之间达到平衡

【答案】C。

中公解题:文段首先阐述了历史剧应承担的功能,然后由此引出了历史剧有真实性和严肃性的要求,最后做出反面假设。作者意在否定所做的假设,即强调的是历史剧应尊重历史。

┤ **中公锦囊** ├

议论性文字为主的材料不可避免地带有一定的态度倾向、感情褒贬,但有些材料并未明确表达情感态度,考生如果不仔细思考判断,就会落入命题人的陷阱。解答此类题目时要根据文段中带有感情色彩的词句,或者文段的整体叙述风格,对作者的写作倾向做一个总体的把握。这样可以直接选出正确答案或者排除与作者的情感态度不一致的选项,提高解题效率。

〔细节判断题〕

"细节"是细小的环节或情节。阅读理解中有一类题型被称为细节判断题,这里的细节是指文段中那些常常容易被人忽略、易混淆的部分。

一、题型解读

测查要素:考生根据材料查找主要信息及重要细节、判断新组成的语句与阅读材料原意是否一致的能力。

提问方式:"对这段文字理解(不)正确的一项是""下列说法与原文(不)相符的是""根据这段文字,以下说法(不)正确的是"等。

二、解题指津

细节判断题中有些选项是对原文表述的同义或近义替换,有些选项是对文段细节、概念的理解或引申,有些选项则是根据文段的表述进行推断。

做细节判断题,关键是要细心。除了细心外,还需知道命题人喜欢从哪些方面,或使用哪些词语来设置错误选项。在细节判断题中,命题人常用的设错方法可归纳为四字诀——混、反、无、误。

(一)设错四字诀之"混"

"混",即混淆。命题人常通过混淆谈论对象、时态、数量、范围、可能性与必然性等来设置错误选项。

混淆谈论对象也可称为概念变化,而当选项或文字材料中出现与时态、数量、范围、可能性、必然性等相关的词语时,一定要引起注意,找出原文认真比较。具体需注意的词语如下:

表时态的词语:已、已经、曾经、正、正在、在……中、着、将、要等。

表数量的词语:一些、有些、几乎、绝大多数、都、全、全部等。

表范围的词语:或、和等。

表可能性的词语:可能、也许、或许等。

表必然性的词语:一定、肯定等。

(二)设错四字诀之"反"

"反",指选项与原文意思相反。命题人在设置错误选项时,有时故意把错误的说成正确的、把正确的说成错误的,把黑的说成白的、白的说成黑的,把不需要说成必需、把必需说成可有可无。这一类错误选项中常出现的词语有:必、必需、必须、没、没有、不、不必、不用、不曾、不可、是、不是。

(三)设错四字诀之"无"

"无",即无中生有。它主要指把没有的说成有,凭空捏造。表现在细节判断题中,"无中生有"主要指选项涉及的某个概念、问题或结论在原文中并没有提及。尤其是当选项出现对两个事物进行比较时,一般原文并未对它们进行比较。

(四)设错四字诀之"误"

"误",指选项存在逻辑错误或推断错误。这也是命题人设置错误选项的常见方法。

逻辑错误,指选项中两个事物的逻辑关系与原文不符,最常见的两种逻辑错误是:

(1)因果混乱:一是因果颠倒,就是把"因"错断为"果"、把"果"错断为"因",颠倒了两者的关系;二是强加因果,就是把没有因果关系的说成有因果关系。

(2)充分条件与必要条件的混淆:充分条件常用的关联词语是"只要……就……",必要条件常用的关联词语是"只有……才……"。

推断错误,指选项过度推断作者意图,或者推断出错。对于某些表述比较绝对的选项,要重点注意。

经典真题 ▶ 为什么冰冷的石壁能生出石蛋?把石蛋和以前发现的恐龙蛋化石进行比较,专家发现,产蛋崖的石蛋平均直径为 30 厘米,蛋有大有小,这和 1995 年广东发现的恐龙蛋化石相比,不论形状和大小均十分相似;另外,恐龙蛋化石虽然有蛋壳结构,但长期风化裸露出的纹理和石蛋相比,仍然有很多相似特征。

关于以上资料,下列选项中,说法错误的是(　　)。

A.石壁生出石蛋与恐龙蛋化石有很多相似特征

B.石壁上生出的石蛋与广东发现的恐龙蛋化石相比不论形状和大小均十分相似

C.经长期风化原本有蛋壳结构的恐龙蛋化石裸露出的纹理和石蛋有相似特征

D.石蛋有大有小,但与恐龙蛋化石的区别还是很大的

【答案】D。

中公解题:文中明确提出石蛋与恐龙蛋化石有很多相似特征,且没有提到它们的不同之处,D 项的"区别还是很大的"无中生有,错误。

〔推断下文题〕

推断,指推测断定。推断下文题即要求根据已有的文段信息,来推知作者接下来将说明的内容的一种题型。

一、题型解读

测查要素:考生的推断和逻辑思维能力。

提问方式:"根据这段文字,作者接下来最有可能着重介绍的是""下文可能谈到的是""这段文字是一篇文章的引言,文章接下来最应该讲述的是"等。

二、解题指津

推断下文题以已知推断未知的题型特点,决定了论述的逻辑顺序及行文结构是其命题点也是解题突破点。快速解答此类题目有两种思路,分别是关注尾句和排除三种信息。

1.关注尾句

文段尾句往往是总结句,又兼具承上启下的过渡作用。尾句经常起到总结上文内容,同时又提示下文信息走势的作用。因此,对推断下文题来说,蕴含着作者下一步意图的尾句是解题的关键,正确选项往往与尾句相关。并且在这类题型中,尾句往往呈现出鲜明的特点。具体来讲,尾句可分为三类。

(1)提出一个概念

材料特点:段尾引入一个特定概念,这一特定概念在前文并未提及,有的会使用引号加以强调。

正确选项特征:针对段尾引入的特定概念,后文一般应与此有关,围绕这一特定概念展开。这种类型的题目,四个选项中往往只有一个选项涉及特定概念,这一选项即为正确选项。如果遇到多个选项或所有选项都包含概念的,可首先考虑"此概念是什么"的选项。因为从逻辑上来讲,在没有特定语境的情况下,作者在提出一个概念后,应先解释概念是什么,才能展开论述。

(2)指出一种现象

材料特点:尾句指出一种现象。尾句前面的文字是说明性质的,陈述的是一些事实,未包含作者的观点或态度倾向。

正确选项特征:后文应围绕该现象展开,或者继续阐述该现象,或者解释该现象产生的原因。

(3)得出一个结论

材料特点:在阐述完一个问题后,会在尾句得出一个结论,这个结论可能是作者对某事的评价、观点,也可能是作者的一个倡导。

正确选项特征:若文段未涉及结论得出的原因,则下文很可能就其原因进行分析;若文段中就原因进行了分析,则下文一般围绕"怎么做"展开。

经典真题1▷ 就好比古代中国的读书人绕不开《易经》一样,现代中国的读书人是避不开《红楼梦》的。所以,自王国维发表《〈红楼梦〉评论》以来,中国现代各路"文化豪杰"在学有所成后都会在"红学"里一试身手,似乎不露一手就不足以显示自己的学问如何了得。也正是在这种意义上,《红楼梦》产生了一种"正典效应"。

作者接下来最有可能重点介绍的是( )。

A.王国维的《〈红楼梦〉评论》

B.《红楼梦》的"正典效应"

C.各路"文化豪杰"的"红学成就"

D.现代中国的读书人避不开《红楼梦》的原因

【答案】B。

中公解题:文段首先指出现代中国的读书人避不开《红楼梦》,接着说明中国现代各路"文化豪杰"学有所成后都会在"红学"里一试身手以显示自己的学问,最后点明在这种意义上,《红楼梦》产生了一种"正典效应"。"在这种意义上"表明文段最后一句话是对前文的总结,接下来所讲的则应与"正典效应"相关。

2.排除三种信息

在分析尾句后都无法找到正确答案的情况下,考生可考虑使用排除法。在推断下文题中,可排除的信息主要有三种:前文信息、本文信息和无关信息。排除三种信息的宗旨在于运用文章的行文逻辑排除不可能出现在下文的信息,缩小备选项范围,进而达到提高解题速度的目的。

(1)排除前文信息

前文信息指从逻辑顺序上说应在前文而非下文出现的信息。

(2)排除本文信息

本文信息指已在文段中体现的信息,这种信息如果再在下文出现,就重复累赘。

(3)排除无关信息

无关信息指与本文主旨相去甚远或与文段基本没有联系的信息。

经典真题2 ▶ 加拿大科学家在研究"威廉斯综合征"时意外地发现,有着音乐、数学天赋的人,他们的天赋其实是基因排列失常造成的,而且同样的基因失序也可能会导致精神分裂症等精神病。大多数一出生就患有"威廉斯综合征"的孩子,他们体内的 7 号染色体错排了 20 个基因。在全球每两万人当中,就有一人会出现这种情况。

作者接下来最有可能着重介绍的是(　　)。

A.什么是"威廉斯综合征"　　　　　　B.7 号染色体对人类的重要意义

C."威廉斯综合征"的典型病例　　　　D.基因失序与天才

【答案】D。

中公解题:首句由研究"威廉斯综合征"入手,提出基因失序可能导致天才和精神病,紧接着又介绍了基因失序的表现——7 号染色体错排了 20 个基因。由此,我们可以看出文段的中心话题是基因失序,四个选项中只有 D 项是围绕基因失序展开的。

A 项属于前文信息。由"科学家在研究'威廉斯综合征'时意外地发现"可知,按照逻辑顺序,对于"威廉斯综合征"这一概念的解释,应在前文而非本文出现;B、C 两项与文段中心话题相去甚远。三项均可排除。

第二章 数量关系——数字推理

数字推理的考查形式主要为数列形式。数列形式数字推理的题干是一个数列,但其中缺少一项或两项,要求考生观察各项之间的关系,确定其中的规律,选择符合条件的选项。

一、等差数列及其变式

等差数列及其变式指通过作差寻求规律的数列。

(一)等差数列基本形式

如果一个数列从第二项起,每一项与前一项的差等于同一个常数,那么,该数列就叫作等差数列。这个常数叫作该等差数列的公差。最典型的等差数列就是 $0,1,2,3,4,5,\cdots$ 这个自然数列,公差是 1。

二级等差数列:一次作差后得到等差数列,原数列称为二级等差数列。

三级等差数列:两次作差后得到等差数列,原数列称为三级等差数列。

(二)等差数列变式

等差数列变式主要有两种表现形式:

(1)作差(或持续作差)得到其他基本数列或其变式,是最常考查的等差数列规律。

(2)包含减法运算的递推数列。这类递推型数列主要包含两种基本形式:其一是两项分别变换后相减得到第三项,如 $2a_1-3a_2=a_3$;其二是两项相减后再变换得到第三项,如 $(a_1-a_2)\times\dfrac{1}{2}=a_3$。

综上,等差数列变式是与作差紧密联系的。

(三)等差数列及其变式特征归纳

等差数列及其变式的特征如下:

(1)数列中出现个别质数的,一般都是等差数列或其变式。因为质数不具备进行拆分寻求规律的可能性。

(2)含有 0 的数列很有可能是等差数列。因为 0 不易做递推变化,多在等差数列或多次方数列中出现,宜首先从作差方向寻求规律。

(3)单调增减或增减交替均有可能是等差数列变式。

(4)增减无序的不是等差数列,因为作差后的数列不具有递增(减)的规律性。

经典真题 ▶ 35,29,24,20,17,( )

A.12 　　　　　　B.13 　　　　　　C.14 　　　　　　D.15

【答案】D。

中公解题：从数列变化趋势角度分析,递减较平缓,属于典型的二级等差数列。

35　29　24　20　17　（15）

　　-6　-5　-4　-3　（-2）　　　　　作差
　　　　　　　　　　　　　　　　公差为 1 的等差数列

二、等比数列及其变式

等比数列及其变式指通过作商寻求规律的数列。

(一)等比数列基本形式

如果一个数列从第二项起,每一项与前一项的比等于同一个非零常数,那么,该数列就叫作等比数列。这个非零常数叫作等比数列的公比。

二级等比数列:通过一次作商得到等比数列,称原数列为二级等比数列。

三级等比数列:通过两次作商得到等比数列,称原数列为三级等比数列。

(二)等比数列变式

二级等比数列变式:通过一次作商得到其他基本数列,称原数列为二级等比数列变式。

前一项的倍数+常数(基本数列)=后一项,这样的数列也称为等比数列变式。

等比数列变式的核心是,相邻项之间的变化存在一个有规律的比例关系。

(三)等比数列及其变式特征归纳

等比数列及其变式的特征如下:

(1)数项具有良好的整除性。

(2)递增(减)趋势明显,也会出现先增后减的情况。

(3)具有递推关系的等比数列变式可通过估算相邻项间大致倍数反推规律。

经典真题 ▶　$\dfrac{1}{\sqrt{3}}$, （　）, $\sqrt{3}$, 3, $3\sqrt{3}$, 9

A.$\dfrac{\sqrt{3}}{3}$　　　　　　　　　　　　　B.$\dfrac{\sqrt{3}}{9}$

C.1　　　　　　　　　　　　　　　D.$\sqrt{2}$

【答案】C。

中公解题：由于奇数项均是无理数,所以不可能通过作差寻求规律。很容易看出这是一个公比为 $\sqrt{3}$ 的等比数列,应填入 $\dfrac{1}{\sqrt{3}} \times \sqrt{3} = (1)$,验证：$(1) \times \sqrt{3} = \sqrt{3}$。

三、和数列及其变式

和数列及其变式指通过作和寻求规律的数列。

（一）和数列基本形式

与等差数列、等比数列稍有区别的是，我们通常指的基本和数列是以递推规律为主的数列。

两项和数列：数列从第三项开始，每一项等于它前面两项之和，当确定数列前两项对应的数值时，数列所有项都可确定。

如：1，2，3，5，8，13，…

三项和数列：数列从第四项开始，每一项等于它前面三项之和，当确定数列前三项对应的数值时，数列所有项都可确定。

如：1，1，2，4，7，13，24，…

（二）和数列变式

和数列变式主要有两种形式：

（1）作和后得到基本数列，这类题在考试中偶有出现，难度不大。和数列通常涉及递推规律，解题时需要跳出这个思维定势，大胆考虑作和得到其他基本数列的情况。

（2）存在加法运算的递推规律数列，算是比较常见的和数列变式。如：

（第一项+第二项）×常数（基本数列）=第三项

第一项+第二项+常数（基本数列）=第三项

第一项×常数+第二项×常数=第三项

（三）和数列及其变式特征归纳

和数列及其变式的特征如下：

（1）数项偏小。涉及和数列的数字往往较小，根据前三项（或前四项）很容易辨别出来，接下来对其加以验证即可。

（2）数列整体趋势不明朗。和数列或其变式的数列整体趋势往往并非单调递增或递减，会出现增减很杂乱的情况。

（3）递推规律宜从大数入手构造。小数字之间的运算关系多，逐个验证规律的效率不高。大数字之间存在的运算关系少，验证规律次数少、效率高。因此递推规律宜从大数字入手构造。

经典真题 ▶ 1，4，5，9，14，（ ）

A.18   B.20   C.21   D.23

【答案】D。

中公解题：两项和数列，第一项+第二项=第三项，以此类推，应填入9+14=（23）。故本题选D。

四、积数列及其变式

积数列及其变式指通过作积寻求规律的数列。

(一)积数列基本形式

通过对数列数字作积得到后项的数列被称为积数列。

两项积数列:从第三项起,每一项等于前两项乘积的数列。

此类题型最为常见,通常表现为 1,A,A,…这是因为寻常的积数列,往往容易被发现规律,以 1 开头则具有一定的迷惑性。

三项积数列:从第四项起,每一项等于前三项乘积的数列。

这类题型较少,但也有真题涉及。它是两项积数列的延伸,需要对数字有一定的敏感度。同时,这类题型的数字递增(减)趋势往往很明显,仅次于加入乘方运算规律的数列。

(二)积数列变式

积数列变式是原数列相邻项作积之后经过简单变化得到后面项的数列。积数列变式主要包括以下两种形式:

(1)两项积+常数(基本数列)=第三项。

(2)两项积构成基本数列。

这类数列在积数列变式中考查得最多,分析方法可以参考等比数列中相应规律来分析,即观察数项间大致的倍数差。往往从大数推断规律,从极大数(一般是选项)判断数列类型。譬如选项动辄上千或过万的数列,基本可以排除是等比数列变式的可能,而应该是通过相邻项作积再进行变化的规律,或者是含有乘方运算的递推规律。

(三)积数列及其变式特征归纳

积数列及其变式的特征如下:

(1)两项积数列通常表现为 1,A,A,…

(2)数列递增(减)趋势明显。

经典真题 ▶ 1, 2, 2, 4, ( ), 32

A.6   B.8

C.16   D.24

【答案】B。

中公解题:两项积数列。第一项×第二项=第三项,以此类推,应填入 2×4=(8),验证:4×(8)=32。

五、多次方数列及其变式

多次方数列及其变式指各项数字可表示为幂次形式,规律多体现在幂次之中。

(一)多次方数列基本形式

平方数列:数列逐项可以改写为平方数,底数呈现规律。

立方数列:数列逐项可以改写为立方数,底数呈现规律。

多次方数列:数列各项可改写成指数、底数均不相同的数列,底数和指数分别具有规律。

(二)多次方数列变式

多次方数列变式主要是在上述多次方数列基本形式基础上经过简单运算得到的数列。多次方数列变式的规律类型主要包括两种：

(1)对各项进行多次方改写，并加入常数做简单运算得到原数列。譬如 2,3,10,15,26，这个数列各项可依次改写为 $1^2+1,2^2-1,3^2+1,4^2-1,5^2+1$，即这是一个平方数列经过 ±1 的运算修正得到的数列。

(2)各项之间通过幂次运算形成递推规律，比如 2,3,7,16,65,321。数列规律为第一项的平方加第二项等于第三项。

要点提示：

(1)1 可以写成任何非零数的 0 次方，也可以写成 1 的任意次方，这往往是命题人设置的障碍，需要从其他数入手，有效避开。

(2)5、7 等质数的多次方形式是 5^1、7^1；分子为 1 的分数也可写成多次方形式，如 $\frac{1}{7}=7^{-1}$。这一点要引起注意，不能因为有这些数而放弃考虑多次方规律。

(三)常用多次方数

多次方数列及其变式强调数字敏感度。下面是常用的多次方数列表格，不仅要熟记表中所列多次方数，还要记住该数 ±5 范围内的其他数，这样才能应对多次方数列变式对数字敏感度的要求。

底数	指数								
	2	3	4	5	6	7	8	9	10
1	1	1	1	1	1	1	1	1	1
2	4	8	16	32	64	128	256	512	1 024
3	9	27	81	243	729	2 187	6 561		
4	16	64	256	1 024	4 096				
5	25	125	625	3 125					
6	36	216	1 296	7 776					
7	49	343	2 401						
8	64	512	4 096						
9	81	729	6 561						

注：(1)除 0 以外，任何数的 0 次方都等于 1,0 的 0 次方是没有意义的。

(2)表格中加底纹的数字有多种多次方表现形式,解题时应格外注意。

(四)多次方数列及其变式特征归纳

多次方数列及其变式的特征如下：

(1)单调递增的多次方数列增幅明显,经常体现在选项数字极大,可以从选项入手定位规律。

(2)底数与指数规律性变化的数列强调数字敏感度,一般看到一个数列中有三项是不加变化的多次方数就可以直接考虑从这方面入手构造。

(3)对多次方数+常数形式要熟记多次方数及其±5以内的数字。

(4)多次方数×常数(基本数列)形式通常会出现0,应以0做突破口构造多次方数列。

(5)第一项的平方(立方)±第二项=第三项,一般从选项入手确定规律类型,从大数入手构造递推规律。

经典真题 ▶ 1,4,27,( ),3 125

A.70   B.184

C.256   D.351

【答案】C。

中公解题:1、4、27是明显的多次方数,但是幂次不同。经分析,各项分别为 $1^1,2^2,3^3$,$(4^4),5^5$,所以答案为 $4^4=(256)$。故本题选C。

第三章 数量关系——数学运算

第一节 数学运算常考题型

数学运算包含多种题型,与多种题型相对应的是不同的核心公式和解题思路。考生必须在熟悉大量题型的基础上,掌握应对这些题型的解题方法与技巧,做到以不变应万变。

一、计算问题

计算问题是数学运算的经典题型之一,也是其他题型的基础。其主要包括算式计算、数列计算、平均数与不等式、比较大小等。

(一)算式计算

算式计算的常用法则及具体公式如下表所示:

常用法则	具体公式
加法	$a+b=b+a$,$(a+b)+c=a+(b+c)$
乘法	$a×b=b×a$,$(a×b)×c=a×(b×c)$,$(a+b)×c=a×c+b×c$
幂次	$a^m×a^n=a×a^m=a^{m+n}$,$(a^m)^n=(a^n)^m=a^{mn}$,$(a×b)^m=a^m×b^m$,$(\frac{b}{a})^m=\frac{b^m}{a^m}$
完全平方公式	$(a±b)^2=a^2±2ab+b^2$
平方差公式	$a^2-b^2=(a+b)(a-b)$
完全立方公式	$(a±b)^3=a^3±3a^2b+3ab^2±b^3$
立方和(差)公式	$a^3±b^3=(a±b)(a^2∓ab+b^2)$
阶乘	$n!=1×2×\cdots×n$,$0!=1$
裂项公式	$\frac{d}{n(n+d)}=\frac{1}{n}-\frac{1}{n+d}$,当 $d=1$ 时,$\frac{1}{n(n+1)}=\frac{1}{n}-\frac{1}{n+1}$

(二)数列计算

等差数列:从第二项起,每一项与前一项之差为一个常数的数列。该常数称为公差,记为 d。

等比数列:从第二项起,每一项与前一项之商为一个非零常数的数列。该常数称为公比,记为 q。

以下是等差数列与等比数列常用公式表:

数列	通项公式	对称公式	求和公式
等差数列	$a_n=a_1+(n-1)d$	$a_m+a_n=a_i+a_j$,其中 $m+n=i+j$	(1)一般求和: $S_n=\dfrac{n(a_1+a_n)}{2}=na_1+\dfrac{1}{2}n(n-1)d$ (2)中项求和: $S_n=\begin{cases} na_{\frac{n+1}{2}} , & n \text{ 为奇数} \\ \dfrac{n}{2}(a_{\frac{n}{2}}+a_{\frac{n}{2}+1}) , & n \text{ 为偶数} \end{cases}$
等比数列	$a_n=a_1 \cdot q^{n-1}$	$a_m \cdot a_n=a_i \cdot a_j$,其中 $m+n=i+j$	$S_n=\begin{cases} \dfrac{a_1(1-q^n)}{1-q} , & q \neq 1 \\ na_1 , & q=1 \end{cases}$

(三)平均数与不等式

算术平均数:所有数据之和除以数据个数所得的商,用公式表示: $M=\dfrac{m_1+m_2+m_3+\cdots+m_n}{n}$。

几何平均数: n 个正实数乘积的 n 次算术根,用公式表示: $G=\sqrt[n]{m_1 \cdot m_2 \cdot m_3 \cdot \cdots \cdot m_n}$。

不等式:属于方程的衍生,方程用"="连接两个等价的解析式,不等式由">"">" "<""≤"连接两个解析式。考试中主要借不等式确定未知量的取值范围,或是利用均值不等式求极值。

均值不等式:任意 n 个正数的算术平均数总是不小于其几何平均数。

$\dfrac{a_1+a_2+\cdots+a_n}{n} \geqslant \sqrt[n]{a_1 \cdot a_2 \cdot \cdots \cdot a_n}$,当且仅当 $a_1=a_2=\cdots=a_n$ 时,等号成立。

数学运算考试中,多考查两个数或三个数的均值不等式。

(1) $\dfrac{a+b}{2} \geqslant \sqrt{ab}$,当且仅当 $a=b$ 时等号成立。

证明: $(\sqrt{a}-\sqrt{b})^2 \geqslant 0 \Rightarrow a+b-2\sqrt{ab} \geqslant 0 \Rightarrow \dfrac{a+b}{2} \geqslant \sqrt{ab}$。

(2) $\dfrac{a+b+c}{3} \geqslant \sqrt[3]{abc}$,当且仅当 $a=b=c$ 时等号成立。

(四)比较大小

这类题型往往不需要计算出每个式子的结果,只需要找到某个判断标准进行判断即可。

经典真题▷ $8.5^2-7.5^2+6.5^2-5.5^2+4.5^2-3.5^2+2.5^2-1.5^2$ 的值为(　　)。

A.38　　　　　　　　　　　　　　　B.40

C.42　　　　　　　　　　　　　　　D.44

【答案】B。

中公解题：利用平方差公式展开。原式=(8.5+7.5)×(8.5−7.5)+(6.5+5.5)×(6.5−5.5)+(4.5+3.5)×(4.5−3.5)+(2.5+1.5)×(2.5−1.5)=16+12+8+4=40。

二、和差倍比问题

和差倍比问题是研究不同量之间的和、差、倍数、比例关系的数学应用题，是数学运算中比较简单的问题。但这类问题对计算速度和准确度要求较高，考生在平时训练中，应注意培养自己的速算能力。按照其考查形式，和差倍比问题可以分为和差倍问题、比例问题。

(一)和差倍问题

(1)和倍关系：已知两个数之和以及其之间的倍数关系，求这两个数。

和÷(倍数+1)=小数　　小数×倍数=大数

(2)差倍关系：已知两个数之差以及其之间的倍数关系，求这两个数。

差÷(倍数−1)=小数　　小数×倍数=大数

(3)和差关系：已知两个数之和与差，求这两个数。

(和+差)÷2=大数　　(和−差)÷2=小数

解题时，要注意和(差)与倍数的对应关系。在情况比较复杂时，采用方程法思路往往比较简单。

(二)比例问题

解决比例问题的关键是找准各分量、总量以及各分量与总量之间的比例关系，再根据**分量÷总量=所占比例，分量÷所占比例=总量**求解。解题时，有时根据题干数字特征，尤其是遇到含分数、百分数的题，可结合选项排除。

经典真题▶ 欧洲杯期间，沈阳市球迷协会组织德国球迷和西班牙球迷观看德国和西班牙的决赛，西班牙球迷占总数的60%还少63人，西班牙球迷比德国球迷多26人。女球迷中，西班牙球迷与德国球迷的人数之比是35:31，女西班牙球迷比女德国球迷多8人。那么男德国球迷的人数有(　　)人。

A.305　　　　　　　　　　　　B.317
C.323　　　　　　　　　　　　D.341

【答案】A。

中公解题：已知"女球迷中，西班牙球迷与德国球迷的人数之比是35:31，女西班牙球迷比女德国球迷多8人"，则女西班牙球迷为8÷(35−31)×35=70(人)，女德国球迷为70−8=62(人)。

又知"西班牙球迷比德国球迷多26人"，所以男西班牙球迷比男德国球迷多26−8=18(人)。

设男德国球迷有x人，则男西班牙球迷有(x+18)人，因为"西班牙球迷占总数的60%还少63人"，所以(x+x+18+70+62)×60%−63=x+18+70，解得x=305。

三、行程问题

行程问题研究的是物体运动中速度、时间、路程三者之间的关系。大部分的行程问题都可通过找出速度、时间、路程三量中的两个已知量后,利用核心公式求解。

(一)知识要点

行程问题的核心公式:**路程=速度×时间**。

行程问题中的问题类型和基本公式如下表所示:

问题类型	基本公式	
比例关系	时间相同,速度比=路程比	速度相同,时间比=路程比
	路程相同,速度比=时间的反比	
相遇问题	相遇时间=相遇路程÷速度和	
追及问题	追及时间=追及路程÷速度差	
流水问题	顺水速度=船速+水速	逆水速度=船速−水速
	船速=(顺水速度+逆水速度)÷2	水速=(顺水速度−逆水速度)÷2
火车过桥问题	火车速度×时间=车长+桥长	

(二)重要结论

1.平均速度

$$平均速度=总路程÷总时间$$

若物体前一半时间以速度 v_1 运动, 后一半时间以速度 v_2 运动, 则全程的平均速度为 $\frac{v_1+v_2}{2}$。

若物体前一半路程以速度 v_1 运动, 后一半路程以速度 v_2 运动, 则全程的平均速度为 $\frac{2v_1v_2}{v_1+v_2}$。

2.多次相遇问题

(1)从两地同时相向出发的直线多次相遇问题中,第 n 次相遇时,每个人所走的总路程等于他第一次相遇时所走路程的 $(2n-1)$ 倍。

(2)环形相遇问题中每次相遇所走的路程之和是一圈。如果最初从同一点出发,那么第 n 次相遇时,每个人所走的总路程等于他第一次相遇时所走路程的 n 倍。

经典真题 ▶ 一列队伍沿直线匀速前进,某时刻一传令兵从队尾出发,匀速向队首前进传送命令,他到达队首后马上原速返回,当他返回队尾时,队伍行进的距离正好与整列队伍的长度相等。问:传令兵从出发到最后到达队尾所行走的整个路程是队伍长度的多少倍?( )

A.1.5　　　　　　　　　　　　　　　B.2

C.$1+\sqrt{2}$　　　　　　　　　　　　D.$1+\sqrt{3}$

【答案】C。

中公解题：从队尾到队首，这是一个追及过程，追及的路程等于队伍的长。从队首返回队尾，这是一个相遇过程，返回队尾所行的路程都等于队伍的长。

设队伍长度为 1，传令兵速度为 v_1，队伍速度为 v_2。根据相遇及追及公式，从队尾到队首所用时间为 $\dfrac{1}{v_1-v_2}$，从队首到队尾所用时间为 $\dfrac{1}{v_1+v_2}$。

队伍行进的距离正好与整列队伍的长度相等 $\Rightarrow$ 队伍行进的时间为 $\dfrac{1}{v_2}$。

传令兵的运动总时间＝队伍运动时间 $\Rightarrow \dfrac{1}{v_1-v_2}+\dfrac{1}{v_1+v_2}=\dfrac{1}{v_2}$，解得 $(v_1-v_2)(v_1+v_2)=2v_1v_2$。令 $v_2=1$，有 $v_1^2-2v_1-1=0$，解得 $v_1=1+\sqrt{2}$。

时间相同，路程比等于速度比，队伍走的路程是队伍长度，则传令兵走的路程是队伍长度的 $(1+\sqrt{2})$ 倍。故本题选 C。

四、工程问题

工程问题是数学运算中的经典题型，工程问题中涉及工作量、工作时间和工作效率三个量。它们之间存在如下关系式：

工作量＝工作效率×工作时间，工作量÷工作时间＝工作效率，工作量÷工作效率＝工作时间

与行程问题类似，根据工程问题中三个量之间的关系式，还可以得到相应的比例关系。在解决基本工程问题时，要明确所求，找出题目中工作量、工作时间、工作效率三量中的已知量，再利用公式求出未知量。

此外，水管问题也是工程问题的一种。只是对于注水问题，注水管的工作效率为正，排水管的工作效率为负；对于排水问题，注水管的工作效率为负，排水管的工作效率为正。

经典真题▷ 甲、乙、丙三个工程队的效率比为 6:5:4，现将 A、B 两项工作量相同的工程交给这三个工程队，甲队负责 A 工程，乙队负责 B 工程，丙队参与 A 工程若干天后转而参与 B 工程。两项工程同时开工，耗时 16 天同时结束。问：丙队在 A 工程中参与施工多少天？（ ）

A.6   B.7

C.8   D.9

【答案】A。

中公解题：设甲、乙、丙三个工程队每天的工作量分别为 6、5、4，丙队参与 A 工程 x 天。根据 A、B 工作量相同列方程：$6\times16+4x=5\times16+4(16-x)$，解得 $x=6$。

点拨 工程问题中常用特值法，经常将工作量设为"1"，但是特值法应该灵活使用，以方便计算为主要目的。此题给出了三者效率之比为 6:5:4，则可直接设三者每天的工作量分别为 6、5、4，这样计算的时候能够避免小数或者分数的出现，可简化计算的过程。

五、排列组合与概率问题

排列组合与概率问题作为数学运算中相对独立的一个知识点，在近两年考试中出现较为频繁。这部分题型的难度也呈逐年加大的趋势，需要考生在掌握数学基本原理的基础上，熟悉更多的特殊解题方法。

(一)排列组合问题基本原理

1.加法原理

完成一件事情，有 m 类不同的方式，而每种方式又有多种方法可以实现。那么，完成这件事的方法数就需要把每一类方式对应的方法数加起来。

2.乘法原理

完成一件事情，需要 n 个步骤，每一个步骤又有多种方法可以实现。那么完成这件事的方法数就是把每一个步骤对应的方法数乘起来。

分类用加法原理，分步用乘法原理。

(二)排列组合问题基本概念

(1)排列：从 n 个不同元素中任取 m 个按照一定的顺序排成一列，叫作从 n 个元素中取出 m 个元素的一个排列。所有不同排列的个数，称为从 n 个不同元素中取出 m 个元素的排列数，一般记作 A_n^m。

$$A_n^m = n \times (n-1) \times \cdots \times (n-m+1)$$

(2)全排列：n 个不同的元素全部取出的一个排列，叫作 n 个不同元素的一个全排列，即当 $m=n$ 时，全排列数 $A_n^n = n(n-1)(n-2) \times \cdots \times 3 \times 2 \times 1 = n!$。

(3)组合：从 n 个不同元素中取出 m 个元素拼成一组，称为从 n 个元素取出 m 个元素的一个组合。所有不同组合的个数，称为从 n 个不同元素取出 m 个元素的组合数，一般记作 C_n^m。

$$C_n^m = \frac{A_n^m}{A_m^m} = \frac{n \times (n-1) \times \cdots \times (n-m+1)}{m \times (m-1) \times \cdots \times 1}，\text{其中 } C_n^0 = 1$$

考虑顺序用排列，不考虑顺序用组合。

(三)排列组合问题三原则

特殊元素优先考虑：排列问题中，有些元素有特殊的位置要求，如甲必须站第一位；或者有的位置有特殊的元素要求，如第一位只能站甲或乙。此时，应该优先安排特殊元素或者特殊位置。

复杂问题从对立面考虑：部分问题直接考虑，情况需要分成很多类来讨论，而它的对立面往往只有一种或者两种情况。此时我们可以先求出对立面的情况数，然后再将总情况数减去对立面的情况数即为所求。

环形问题转为直线排列:排列问题一般考查的是直线上的顺序排列,但是也会有一些在环形上的顺序排列问题。与直线排列问题相比,环形排列没有前后和首尾之分,此时我们只需要将其中一个元素列为队首,这样就可以把环形问题转为直线排列问题。

n 个人围成一圈,不同的排列方法有 $A_{n-1}^{n-1}=(n-1)!$ 种。

经典真题1▷ 某单位安排五位工作人员在星期一至星期五值班,每人一天且不重复。若甲、乙两人都不能安排星期五值班,则不同的排班方法共有(　)种。

A.6　　　　　　　　　　　　　　B.36

C.72　　　　　　　　　　　　　　D.120

【答案】C。

中公解题:题干中要求甲、乙不能安排在星期五,所以优先考虑从其他三人中选一人安排在星期五,有 $C_3^1=3$ (种)。剩下 4 人可安排在星期一到星期四,有 A_4^4 种,则不同的排班方法共有 $3\times A_4^4=72$ (种)方法。

(四)排列组合问题四种特殊方法

下面四种方法的针对性很强,只能够解决某一种排列组合问题,这几种问题是考试中的重点。

(1)捆绑法:n 个不同元素排成一列,要求 m 个元素必须相邻,可以把 m 个元素看成一个整体,与其他元素全排列,然后考虑 m 个元素的内部排列顺序,此时有 $A_{n-m+1}^{n-m+1}A_m^m$ 种排法。

(2)插空法:n 个不同元素排成一列,要求 m 个元素互不相邻,那么可以先排好其余的 $(n-m)$ 个元素,然后将 m 个元素插入 $(n-m)$ 个元素形成的 $(n-m+1)$ 个"空"中,有 $A_{n-m}^{n-m}A_{n-m+1}^m$ 种排法。

(3)插板法:将 n 个相同元素分成 m 堆,每堆至少一个,相当于将 $(m-1)$ 个木板插到 n 个元素形成的 $(n-1)$ 个"空"中,有 C_{n-1}^{m-1} 种分法。

(4)归一法:n 个不同元素排成一列,其中 m 个元素的位置相对确定,如甲必须在乙前面等,可将所有元素正常全排列,然后除以 m 个元素的全排列数,此时有 $\dfrac{A_n^n}{A_m^m}=\dfrac{n!}{m!}$ 种排法。

经典真题2▷ 在航天员进行的一项太空实验中,要先后实施 5 个程序,程序 B 和 C 实施时必须相邻。则实验顺序的编排方法共有(　)种。

A.24　　　　　　　　　　　　　　B.48

C.96　　　　　　　　　　　　　　D.144

【答案】B。

中公解题:程序 B 和程序 C 实施时必须相邻,则将这两个程序捆绑在一起,作为整体参与排列,相当于 4 个程序进行排列,有 $A_4^4=24$ (种)情况,程序 B 和程序 C 本身排列又有 2 种情况,因此最终的编排方法有 $24\times2=48$ (种)。

(五)错位重排问题

错位重排问题通常形式如下:

编号为 $1,2,\cdots,n$ 的 n 封信,装入编号为 $1,2,\cdots,n$ 的 n 个信封,要求每封信和信封的编号不同,则有多少种装法?

对于这种问题,有一个固定的递推公式,记 n 封信的错位重排数为 D_n,则:

$$D_1=0,D_2=1,D_n=(n-1)(D_{n-2}+D_{n-1})$$

由递推公式可知,$D_3=(3-1)\times(0+1)=2,D_4=(4-1)\times(1+2)=9,D_5=(5-1)\times(2+9)=44$。

一般考试中只考查 $n=3,4,5$ 的情况,所以记住 $D_3=2,D_4=9,D_5=44$ 就可以快速求解出正确答案。

经典真题3▶ 甲、乙、丙、丁四个同学排成一排,从左往右数,如果甲不排在第一个位置上,乙不排在第二个位置上,丙不排在第三个位置上,丁不排在第四个位置上。那么不同的排法共有多少种? (　　)

A.9　　　　　　B.11　　　　　　C.14　　　　　　D.6

【答案】A。

中公解题:将甲、乙、丙、丁四个同学分别看成一、二、三、四,则该题可理解为学生的排号与位置的排号不同,即 $n=4$ 的错位重排问题。已知 $D_4=9$。

(六)概率问题

(1)古典概率:将基本空间(也就是所有的情况)分成 n 个等可能的情形,其中事件 A 包括了 m 个情形,那么称事件 A 发生的概率为 $\dfrac{m}{n}$,记为 $P(A)$。

(2)条件概率:事件 A 在另外一个事件 B 已经发生条件下的发生概率。条件概率表示为 $P(A|B)$,读作"在 B 条件下 A 的概率"。

$P(A|B)=\dfrac{P(AB)}{P(B)}$,$P(AB)$ 为 AB 同时发生的概率,$P(B)$ 为 B 发生的概率。

(3)多次独立重复试验概率:如果在一次试验中事件 A 发生的概率为 p,则在 n 次独立重复试验中,事件 A 发生 k 次的概率 $P(k)=C_n^k p^k(1-p)^{n-k}$。

(4)几何概率:若记 $A(g)=\{$在区域 S 中随机取一点,而该点落在区域 g 中$\}$,在考试中,区域可以是线,也可以是面,相应的概率 $P(A)=\dfrac{g\ 的长度}{S\ 的长度}$ 或 $P(A)=\dfrac{g\ 的面积}{S\ 的面积}$,这一类概率称为几何概率。

经典真题4▶ 一副标准的扑克牌,去掉"大王""小王"后,剩下 52 张牌,从中任取 2 张,则 2 张都是红桃的概率是(　　)。

A.0.046　　　　B.0.075　　　　C.0.059　　　　D.0.032

【答案】C。

中公解题:去掉"大王""小王"后,剩余 52 张牌中 2 张牌的组合有 C_{52}^2 种。其中红桃共有

$52÷4=13$（张），2张红桃的组合有 C_{13}^2 种。故所求概率为 $\dfrac{C_{13}^2}{C_{52}^2}=\dfrac{13×12}{52×51}=\dfrac{1}{17}=0.05X$，选项中只有 C 项符合。

六、利润问题

利润问题主要考查进价、售价、利润、打折等日常经济数据之间的关系。作为与实际生活联系紧密的题型，利润问题是数学运算中的常考内容。

利润问题的相关概念及公式如下表所示：

概念	含义	示例	相关公式
进价	商品买进的价格	商家以每件 100 元买入某商品	
定价	商家根据进价定出的商品出售价格	商家决定以每件 150 元卖出某商品	
售价	商品实际的出售价格	商家实际以每件 120 元卖出某商品	
利润	售价与进价的差	每件商品商家赚了 120−100=20（元）	利润=售价−进价
利润率	利润占进价的百分比	利润率为 20÷100=20%	利润率=$\dfrac{利润}{进价}$
打折	售价与原价之比	120÷150=0.8，即该商品打了八折	打折=$\dfrac{售价}{原价}$×10

此外，银行储蓄类问题与利润问题也极为相似：

本金指储蓄的金额。利率指利息和本金的比。

银行储蓄类问题相关公式如下：

$$利息=本金×利率×期数$$

$$本息和=本金+利息=本金×（1+利率×期数）$$

经典真题 ▶ 果品公司购进苹果 5.2 万千克，每千克进价是 0.98 元，付运费等开支 1 840 元，预计损耗为 1%，如果希望全部进货销售后能获利 17%，则每千克苹果零售价应当定为（　）元。

A.1.2　　　　B.1.3　　　　C.1.5　　　　D.1.6

【答案】A。

中公解题：存在损耗，损耗后还有 5.2×10 000×（1−1%）=51 480（千克）。

成本=进价+额外支出=0.98×5.2×10 000+1 840=52 800（元）。

总售价=成本×（1+利润率）=52 800×（1+17%）=61 776（元）。

所以每千克售价为 61 776÷51 480≈1.2（元）。

七、浓度问题

关于溶液的配制、与溶液浓度相关的问题，称为浓度问题。考试以考查溶液浓度变化为主，考生只需抓住问题中的不变量，进行解答即可。

基本概念：**溶液**是将一种固体或者液体溶于另一种液体（一般指水）得到的混合物，其中前一种固体或者液体称为**溶质**，后一种液体（水）称为**溶剂**。

基本公式:溶液的量=溶质的量+溶剂的量;浓度=溶质的量÷溶液的量

溶液的混合特性:一种高浓度的溶液 A 和一种低浓度的同种溶液 C 混合后得到溶液 B,那么溶液 B 的浓度肯定介于溶液 A 和溶液 C 的浓度之间。

经典真题 ▶ 一种溶液,蒸发掉一定量的水后,溶液的浓度为 10%;再蒸发掉同样多的水后,溶液的浓度变为 12%;第三次蒸发掉同样多的水后,溶液的浓度将变为多少?( )

A.14% B.17%

C.16% D.15%

【答案】D。

中公解题:设原来溶液的量为 a,第一次蒸发掉水的量为 b,第三次蒸发后溶液浓度为 x,根据蒸发前后溶质的量不变有:
$$\begin{cases} (a-b)\times 10\%=(a-2b)\times 12\% & ① \\ (a-b)\times 10\%=(a-3b)\times x & ② \end{cases}$$

由①可得,$a=7b$,代入②可得 $(7b-b)\times 10\%=(7b-3b)\times x$,解得 $x=15\%$。

点拨:前两次蒸发溶液浓度的改变过程可转化为 $10\%\to 12\%\Rightarrow\dfrac{10}{100}\to\dfrac{12}{100}$,由于溶质的量不变,设法将分子(即溶质的量)化同,可得 $\dfrac{60}{600}\to\dfrac{60}{500}$,可知蒸发的水为 100,第三次蒸发后溶液浓度为 $\dfrac{60}{400}=15\%$。

八、日期问题

日期问题是由历法产生的一类计数问题,其主要知识点如下表所示:

年份	判断方法	一年总天数	2 月天数
闰年	非 100 的倍数,能被 4 整除 100 的倍数,能被 400 整除	366	29
平年	不是闰年,则为平年	365	28

星期每 7 天一循环,平年星期数加 1,闰年星期数加 2(其间包含 2 月 29 日)。

经典真题 ▶ 第 29 届奥运会于 2008 年 8 月 8 日星期五开幕,如果第 49 届奥运会也是 8 月 8 日开幕,那么那天是( )。

A.星期一 B.星期二

C.星期六 D.星期日

【答案】D。

中公解题:2008 年是闰年,奥运会每四年一次,到第 49 届奥运会为止,共经过 (49−29)×3=60(个)平年,20 个闰年。每过一个平年星期数加 1,每过一个闰年星期数加 2,(60×1+20×2)÷7=14……2,所以如果第 49 届奥运会也是 8 月 8 日开幕,那么那天是星期五向后推 2 天,即星期日。

第二节　数学运算扩展题型

一、容斥问题

容斥原理是指计数时先不考虑重叠的情况,把包含于某内容中的所有对象的数目先计算出来,然后再把重复计算的数目排斥出去,使得计算的结果既无遗漏又无重复。容斥问题常利用容斥原理来解题。

容斥问题的常用解题方法有两种:

(一)公式法

两个集合:$A \cup B = A + B - A \cap B$。

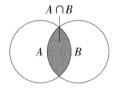

三个集合:$A \cup B \cup C = A + B + C - A \cap B - B \cap C - C \cap A + A \cap B \cap C$。

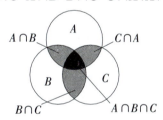

(二)文氏图法

题目涉及情况比较复杂时,利用上图所示的文氏图能清楚看出各集合之间的关系。

经典真题▶　电视台向 100 个人调查昨天收看电视情况,有 62 人看过一频道,有 34 人看过六频道,有 11 人两个频道都看过。问:两个频道都没有看的人有多少人?(　)

A.4　　　　　　　B.15　　　　　　　C.17　　　　　　　D.25

【答案】B。

中公解题:根据两个集合的容斥原理公式 $A \cup B = A + B - A \cap B$ 可知,看过两个频道中任意一个的有 62+34-11=85(人),所以两个频道都没有看的有 100-85=15(人)。

二、抽屉原理

题干中含有诸如"至少……才能保证(一定)……""要保证(一定)……至少……"这类叙述的题目,一般可以用抽屉原理来解决,称为抽屉问题。对于这类问题,常用到以下两个抽屉原理。

1.抽屉原理 1

将多于 n 件的物品任意放到 n 个抽屉中,那么至少有一个抽屉中的物品件数不少于2件。

2.抽屉原理 2

将多于 $m \times n$ 件的物品任意放到 n 个抽屉中,那么至少有一个抽屉中的物品的件数不少于 $(m+1)$ 件。

除此之外,抽屉问题也可以用最不利原则来考虑。所谓最不利原则,就是考虑问题发生的最不利情况,然后就最不利情况进行分析。最不利原则是极端法的一种应用,一般情况下,我们优先考虑用最不利原则来解决抽屉问题。

经典真题 ▶ 抽屉里有黑白袜子各 10 只,如果你在黑暗中伸手到抽屉里,最少要取出几只,才一定会有一双颜色相同?( )

A.2   B.3   C.4   D.5

【答案】B。

中公解题:应用最不利原则,最不利的情况是先取出两只不同颜色的袜子,此时再取一只必然出现一双颜色相同的,故最少取出 3 只可保证一定有一双颜色相同。

三、牛吃草问题

典型的牛吃草问题的条件是假设草的生长速度固定不变,不同头数的牛吃光同一片草地所需的天数各不相同。求若干头牛吃这片草地可以吃多少天。

解决牛吃草问题的基本流程:首先设每头牛每天所吃的草量为1,然后根据不同头数的牛吃光草所花的天数计算出草地每天新的长草量以及最初的草总量,最后再根据牛吃草问题的核心公式求出答案。

牛吃草问题核心公式:

(牛每天吃的草量−草地每天新长的草量)×天数=最初的草量   ①

$$草地每天新长的草量=\frac{较多的天数×对应牛的头数−较少的天数×对应牛的头数}{较多的天数−较少的天数}   ②$$

牛吃草的天数=最初的草量÷(牛每天吃的草量−草地每天新长的草量)   ③

一般情况下,考试中出现的多是牛吃草问题的变形题,表面上看似与牛吃草问题完全无关,但仔细分析会发现,这些问题实际上都是牛吃草问题。

经典真题 ▶ 有一池水,池底有泉水不断涌出,要想把水池的水抽干,10 台抽水机需抽 8 小时,8 台抽水机需抽 12 小时,如果用 6 台抽水机需抽多少小时?( )

A.16   B.20   C.24   D.28

【答案】C。

中公解题:"草地每天新长的草量" ⟷ 每小时涌出的水量

"牛的头数" ⟷ 抽水机台数

"最初的草量" ⟷ 池中原有的水量

　　设每台抽水机每小时抽水 1 个单位,则泉水每小时出水(8×12−10×8)÷(12−8)=4(个)单位,原来水池中有水 10×8−4×8=48(个)单位;如果用 6 台抽水机,需抽 48÷(6−4)=24(小时)。

四、鸡兔同笼问题

　　"鸡兔同笼"是著名的中国古算术题,最早出现在《孙子算经》中。在考试中,偶尔出现的"得失"问题,也可看作鸡兔同笼问题,利用假设法求解。

　　鸡兔同笼问题有关内容如下表所示:

标准鸡兔同笼问题	鸡兔同笼问题变形题
设鸡求兔	设得求失
兔头数=(总脚数−2×总头数)÷2 鸡头数=总头数−兔头数	损失数=(每件应得×总件数−实得数)÷(每件应得+每件损赔)

　　经典真题▶ 有若干只鸡和兔子同在一个笼子里,共有 88 个头、244 只脚,则下列说法中,正确的是( )。

A.鸡比兔多 10 只　　　　　　　　B.兔比鸡多 10 只

C.鸡与兔一样多　　　　　　　　　D.鸡比兔多 20 只

　　【答案】D。

　　中公解题:鸡兔同笼问题。设笼子里全部是鸡,那么共有 88×2=176(只)脚。套用公式,笼子中有兔子(244−176)÷(4−2)=34(只),故鸡为 88−34=54(只),因此鸡比兔多 54−34=20(只)。

第四章 判断推理——图形推理

第一节 图形推理核心知识储备

图形推理的考点及规律包括图形构成、几何性质、图形转化等内容。考生学习时应认真掌握解题思路，并举一反三，学会如何根据题干图形快速定位图形推理规律。

〔 图形构成 〕

研究图形应该从观察图形的构成入手。图形构成指的是图形的组成及一些细节特征，以及它们在数量和位置等方面的体现。这部分是图形推理中涉及考点最多的一部分，也是一个难点。

一、点线角面

点、线、面是图形的基本构成要素，角则是由相交直线构成的特殊元素。

(一)点

图形推理中需要关注的"点"有以下几种：

(1)交点。交点是线与线相交的点，线与面相交的点。一般的交点有三种类型："十"字点、"T"字点、折点(∠、∟)。

(2)切点。两条光滑曲线相交于一点，且它们在此点的切线相同，这个点就是两条曲线的切点。除了曲线与曲线的切点外，常考的还有直线与曲线的切点，如圆与直线相切的交点。

(3)接触点。两个图形相接触而构成的点，叫作接触点。常考的是内外图形的接触点。

(二)线

线条是图形最主要的构成要素，也是涉及考点最多的一个要素。图形推理中主要从直线和曲线两个方面来考查。另外，还有一个与线条相关的概念——笔画，也是个重要的考点。

1.直线和曲线

直线图形：完全由直线构成的图形。

曲线图形：完全由曲线构成的图形。

直线和曲线混合图形：由直线和曲线构成的图形。

此部分还经常从数量上考查，包括直线数(图形中直线的条数)、曲线数(图形中曲线的条数)以及线条数(图形中直线和曲线总的数目)。

2.笔画

汉字笔画数:按书写习惯来计算其笔画数,看看下面这些汉字的笔画数分别是多少。

乙 乃 孑 予 四

英文字母笔画数:按书写习惯来计算其笔画数,看看下面这些英文字母的笔画数分别是多少。

A D E L M

提示:汉字的笔画数依次是1、2、3、4、5,英文字母的笔画数依次是3、2、3、1、2。

3.一笔画

一笔画图形:若一个图形可以从某一点开始不重复、不间断地画出,则这个图形是一笔画图形。

一个图形是否能够一笔画出可依据下面的判断规则:

图形中的点根据所连接线条数的奇偶性被分为奇点、偶点。一个点连接的线条数若为奇数,则该点被称为奇点;反之则为偶点。图形的奇点数为0或2,则这个图形是一笔画图形。

(三)角

直线和直线相交形成角。其常考规律包括:

(1)图形中都含有直角。

(2)图形中角(锐角、直角)的个数存在数量关系(构成等差数列或其他基本数列)。

(四)面

"面"的常考规律:立体图形中面的个数相等或构成等差数列。

经典真题▶ 从所给的四个选项中,选择最合适的一个填入问号处,使之呈现一定的规律性。

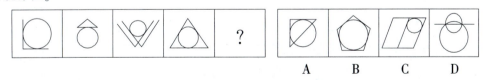

A　　B　　C　　D

【答案】A。

中公解题:题干图形中的曲线与直线相切,直线与直线相交,考虑线条之间的交点数,题干图形的交点数依次是3、4、5、6,应选择线条之间交点数为7的图形,只有A项符合。

二、封闭开放

图形的开放与封闭是对图形是否由封闭线条围成的整体描述。图形的封闭开放很容易就能被辨别出来。

1.封闭图形、开放图形

封闭图形:图形的边缘是由封闭线条围成的。

开放图形:图形中不存在由封闭线条围成的区域。

2.封闭区域

封闭区域:指图形中由封闭线条围成的一个个空白。区域内部任何一点与区域外任何一点的连线都将和区域的边界相交。

封闭区域数:图形中所有封闭区域的个数。例如,汉字"品"的封闭区域数是3;在圆中任意画两条不重合的直径形成了4个封闭区域。

经典真题 ▷ 从所给的四个选项中,选择最合适的一个填入问号处,使之呈现一定的规律性。

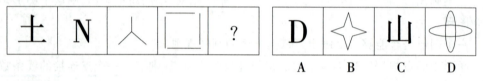

A　　B　　C　　D

【答案】C。

中公解题:题干图形都是开放图形,没有形成封闭区域,选项中只有C项是开放图形。

三、图形部分

部分:一个图形中没有公共点的两个图形元素称为这个图形的两部分。考查部分数涉及的图形比较多样,不仅包括一般的图形,也可以是汉字、数字等。

图形部分常考规律:

(1)图形的部分数相同。

(2)图形的部分数存在数量关系(构成等差数列或存在和差关系)。

经典真题 ▷ 从所给的四个选项中,选择最合适的一个填入问号处,使之呈现一定的规律性。

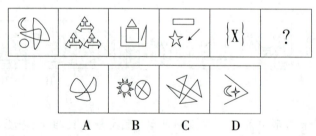

A　　B　　C　　D

【答案】D。

中公解题:题干图形都不是一个整体,由一个个小图形组成,考虑部分数。题干图形都由3部分组成,选项中只有D项符合这一规律。

四、图形种类

1.图形种类

图形种类:把形状相同的图形元素,称为一种图形。

图形种类数:图形中所有小图形的种类的个数称为这个图形的图形种类数。

图形的种类数有时不太好区分,对于接连的整体图形,一般先将图形分成几个部分,划分的原则是不重复地以最小封闭空间计算,然后再看图形种类数。

2.同种图形元素

同种图形元素常考规律:

(1)图形都含有某种图形元素。

(2)图形中同一种图形元素的个数相同或存在数量关系(构成等差数列或存在和差关系)。

3.数量换算

当题干出现两种或三种小图形时,在数量上考虑将小图形换算成同一种小图形,然后寻找存在的规律。此类题型的实质是通过小图形间的数量换算,寻找图形间的数量关系。

经典真题 ▶ 从所给的四个选项中,选择最合适的一个填入问号处,使之呈现一定的规律性。

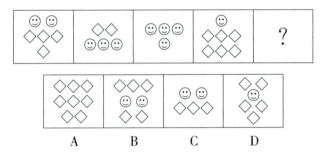

【答案】A。

中公解题:题干给出的图形都由2种小图形构成,考虑数量换算规律。将1个笑脸图形换算成2个小正方形后,每一个图形均包含8个小正方形,只有A项符合。

五、元素位置

元素位置的主要考点有以下三类:

1.图形结构

图形中几个(至少两个)部分之间的相对位置关系,称为图形的结构,主要有左右结构、上下结构、内外结构等。汉字的结构按照我们的认识习惯而定,例如,汉字"行"是左右结构,"李"是上下结构。

2.接触与分离

两个图形元素有交点,即图形接触;两个图形元素没有交点,即图形分离。在考试中,最常考查的是内外图形的接触与分离,也可能伴随数量上的一些变化。

3.元素在图形中的位置

题干给出的一组图形,组成元素基本相同,而由各元素在图形中的位置确定选项。

经典真题▶ 从所给的四个选项中,选择最合适的一个填入问号处,使之呈现一定的规律性。

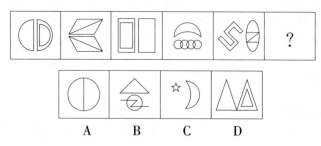

【答案】B。

中公解题:虽然题干图形形状各异,但是整体上每个图形都可以看成由两部分组成,两部分的位置关系比较明显。左右结构的图形和上下结构的图形间隔排列,问号处应是一个上下结构的图形,只有 B 项符合这一规律。

〔 几何性质 〕

图形的几何性质包括图形的对称性、图形的重心、图形的面积和体积等。图形推理考查最多的是图形的对称性,图形的对称性包括轴对称和中心对称,还涉及对称轴的数目,这是本部分需重点掌握的内容。重心、面积和体积则考查较少。

一、对称性

图形的对称性主要涉及轴对称和中心对称两个方面。

轴对称图形:对于一个平面图形,若存在一条直线,图形沿这条直线折叠,图形的两部分能完全重合,这个图形就是轴对称图形,这条直线就是这个图形的一条对称轴。有的轴对称图形只有一条对称轴,有的轴对称图形有多条对称轴。

中心对称图形:对于一个平面图形,若存在某一点,图形绕这个点旋转 180° 后,与原图形能够完全重合,我们就说这个图形是中心对称图形,这个点叫作这个图形的对称中心。对于一个中心对称图形的任意一点,它关于对称中心的对称点都在这个图形上。

经典真题▶ 从所给的四个选项中,选择最合适的一个填入问号处,使之呈现一定的规律性。

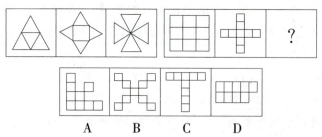

【答案】B。

中公解题：观察第一组图形，每个图形均是由直线构成的封闭图形，可以考虑线条数、交点数、封闭区域数，均无法得到规律。再从整体特征考虑，图形都是轴对称图形，且对称轴数目均大于1。第二组图形也满足此规律。

二、重心

重心：一个物体的各部分都要受到重力的作用。从效果上看，我们可以认为各部分受到的重力作用集中于一点，这一点叫作物体的重心。

物体的重心与物体的形状和质量的分布有关。一般题目所给的图形均看成质量分布均匀的物体。其中形状规则的物体，它的重心就在几何中心上。其考查重点是重心的位置，即观察图形的重心位置是在上部、下部还是中部。

经典真题 从所给的四个选项中，选择最合适的一个填入问号处，使之呈现一定的规律性。

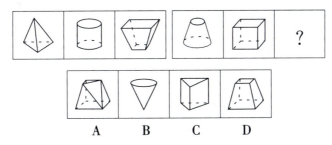

A　　B　　C　　D

【答案】B。

中公解题：第一组图中的重心分别在下部、中部、上部；第二组图形也符合这一规律，只有B项的重心在上部。

三、面积和体积

面积和体积常考规律：

(1)图形中有相同的阴影或阴影的面积相等。

(2)小图形的面积或体积占大图形面积或体积的比例相同。

经典真题 从所给的四个选项中，选择最合适的一个填入问号处，使之呈现一定的规律性。

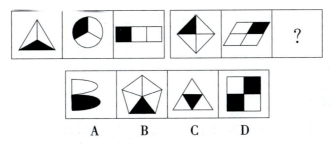

A　　B　　C　　D

【答案】C。

中公解题：第一组图形中阴影部分的面积占整个图形面积的 $\frac{1}{3}$，第二组图形中阴影部分的面积占整个图形面积的 $\frac{1}{4}$。

> **点拨** 图形中有阴影时，考虑下面两个方面的规律：当题干图形有很大差异时，考虑阴影的形状或面积；当题干图形相似时，考虑图形转化，如移动、旋转等。

图形转化

图形转化有两种情况：一是第一个图形中的元素通过旋转、移动、翻转等方式发生位置上的规律变化，依次得到后面的图形；二是两个图形叠加（或先进行其他简单变化再叠加）得到第三个图形。

一、移动、旋转、翻转

图形的移动、旋转和翻转是图形位置的改变，而不会改变图形的大小和形状。在考试中，若题干各个图形中的元素、大小、形状都相同，只是位置不同，则首先应考虑移动、旋转或翻转。

移动——找准移动的方向和距离（顺时针、逆势针；一格、两格等）

旋转——确定旋转的方向和角度（顺时针、逆时针；30°、45°、60°、90°、135°等）

翻转——确定翻转的方式（左右翻转、上下翻转）

经典真题 从所给的四个选项中，选择最合适的一个填入问号处，使之呈现一定的规律性。

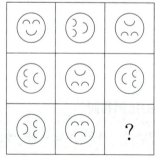
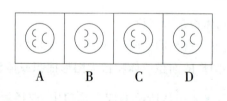

A   B   C   D

【答案】C。

中公解题：从每行来看，第一个图形"眼睛"翻转，且整体逆时针旋转90°得到第二个图形；第二个图形"嘴巴"翻转，且整体逆时针旋转90°得到第三个图形。依照这样的规律，可知本题选C。

二、图形叠加

叠加：将两个图形的中心重合，叠放在一起，通过某种规则得到第三个图形。它是两个图形转化得到第三个图形的重要方式。

图形叠加常考规律：

(1)直接叠加：将已知的两个图形叠在一起，形成一个新图形，新图形中保留已知两个图形的所有部分。

(2)去同存异：将图形叠加后去掉相同的部分，保留不同的部分。

(3)去异存同：将图形叠加后去掉不同的部分，保留相同的部分。

(4)自定义叠加：图形叠加后，其中的某些特征按照一定的规律发生改变。常出现在阴影类的图形推理中，叠加后相同位置的阴影情况会发生变化。

经典真题▷ 从所给的四个选项中，选择最合适的一个填入问号处，使之呈现一定的规律性。

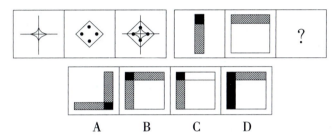

【答案】B。

中公解题：第一组图形中，前两个图形直接叠加得到第三个图形，按此规律，本题应选择 B。

第二节 图形推理题型分类精讲

图形推理题型一般包括类比型、顺推型、九宫格、空间型和分类型图形推理，注重对考生基础知识的考查。

一、类比型图形推理

这一题型的题干是两组图形，每组三个图形，需要根据第一组图形的排列规律，在选项中选择一个合适的图形作为第二组中所缺少的图形。这一题型是图形推理考试中最原始的题型，整体难度较低。其作答的思路通常是使两组图形表现出最大的相似性，其所涉及的考点规律以图形构成、几何性质为主。

经典真题 ▶ 从所给的四个选项中,选择最合适的一个填入问号处,使之呈现一定的规律性。

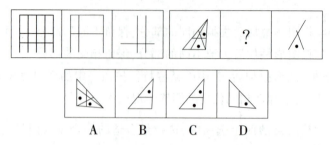

【答案】B。

中公解题:第一组图形的显著特点是后两个图形叠加即可得到第一个图形,把这一规律运用到第二组图形中,从第一个图形中减去第三个图形,剩下的部分应是 B 项图形。

┌ 中公锦囊 ┐

虽然类比型图形推理难度较低,但是考生有将其分为两部分思考的习惯:前三个图形为一组、后三个图形为一组寻求规律,即通常进行横向对比。但这种方法并不适用所有类比型图形推理,一旦题目考查纵向对比,考生常常绞尽脑汁,也无计可施。所以,当遇到类比型图形推理的时候,要多角度多元化寻求规律。

二、顺推型图形推理

这一题型包含一组题干图形和一组选项图形,需要根据题干图形的排列规律,在选项中选择一个合适的图形作为符合题干规律的图形。这一题型由于规律类型众多,考点变化丰富,被认为是难度较大的图形推理题型。其所涉及的考点规律以图形构成、图形转化为主。

顺推型题目作答的思路主要有两种:

(1)寻找图形的共同特征,然后在选项中找到唯一符合这一特征的图形。

(2)分析题干几个图形在某一考点上所存在的连续性变化规律,然后按照这个连续性的变化规律确定下一个图形所应具备的特征。

此外,还有题干与选项图形按规律间隔排列,按规律以中间位置对称排列。

经典真题 ▶ 从所给的四个选项中,选择最合适的一个填入问号处,使之呈现一定的规律性。

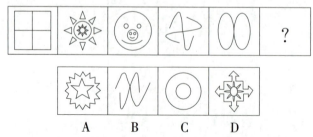

【答案】C。

中公解题：从题干中较为复杂的第二个、第三个图形入手分析，观察发现，每个图形由相同的图形元素组成，选项中只有 C 项符合这一规律。

三、九宫格图形推理

这一题型的题干是一个 3×3 的九宫格，给出了其中的 8 个图形，要求根据这几个图形的排列规律，在选项中选择一个合适的图形作为第 9 个图形。这一题型是对类比型图形推理、顺推型图形推理的结合与创新，整体难度介于类比型图形推理和顺推型图形推理之间。其所涉及的考点主要有图形构成、几何性质、图形转化。

九宫格题目的作答思路主要有两种：

(1)从每行或每列将 9 个图形分为 3 组，由此转化为类似于类比型图形推理的解题思路。

(2)将 9 个图形看成连续排列的一系列图形，由此转化为类似于顺推型图形推理的解题思路。

经典真题 ▶ 从所给的四个选项中，选择最合适的一个填入问号处，使之呈现一定的规律性。

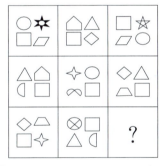
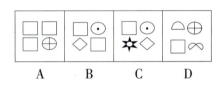

【答案】D。

中公解题：观察发现题干中每个图形都包含四个小图形，首先考虑图形种类。从每行看，第一行的图形种类总数是 8，第二行的图形种类总数是 9，第三行的图形种类总数应该是 10。

四、空间型图形推理

空间推理主要考查考生的空间想象能力，空间想象能力的培养应从认识三维空间开始。在考试中空间型图形推理主要包括两种题型——三视图及平面图形与立体图形之间的转化，后者即为"折纸盒"问题和"拆纸盒"问题。解答这类问题需要对图形中面与面的位置关系、线条的方向、小图形的相关性十分熟悉。考生在解题中也应熟练应用标点法、假设排除法等方法。

(一)平面与立体的转化

1.对三维空间的认识——区分相邻面与相对面

平面图形中相邻的两个面折成立体图形后也相邻,立体图形中相对的两个面拆成平面图形后不相邻,区分相邻面与相对面是认识三维空间的起点。

2.线条类的"折纸盒"问题——标点法

"折纸盒"实质是一个点与点重合、边与边重合的过程。标点法就是根据已知的点确定由这个点出发的线条的情况,从而确定"纸盒"的形式。

3.图形类的"折纸盒"问题——小图形的相关性

可以根据已知"纸盒"上小图形的指向或阴影部分的位置关系,确定面与面之间的位置关系。

经典真题1 ▶ 左边给定的是纸盒的外表面,下面哪一项能由它折叠而成?

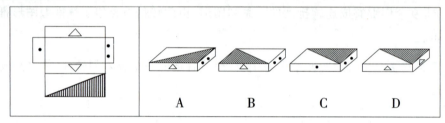

A   B   C   D

【答案】A。

中公解题:以白色长方形为底,则两个小三角形都是尖角朝上,并且两个小三角形不相邻,D项错误;带黑点的两个侧面不相邻,C项错误;一半阴影的长方形面中的阴影与有两个黑点的面相接,B项错误。

> **点拨** 对于此类"折纸盒"问题,我们首先需要找出相对面与相邻面,然后查看选项中是否有可选的选项或者可排除的选项。

(二)立体图形与其三视图

如下图所示,我们用三个互相垂直的平面作为投影面,其中正对着我们的叫作正面,正面下方的叫作水平面,右边的叫作侧面。一个物体在三个投影面内同时进行正投影,在正面内得到的由前向后观察物体的视图,叫作主视图;在水平面内得到的由上向下观察物体的视图,叫作俯视图;在侧面内得到由左向右观察物体的视图,叫作左视图。

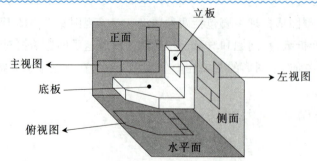

　　主视图、俯视图以及左视图统称为三视图。三视图用于表示物体的形状和大小,所以在画三视图时不仅要表示出物体的外部轮廓,还要体现其细节特征。

　　如上图中所示的物体,我们以主视图为例来说明三视图的绘制步骤。

　　外部轮廓:外部轮廓指的就是最大的外部边界,在视图中以实线画出。

　　细节特征:细节特征指的是除了外部轮廓外,立体图形的主视图中还有两条线(一条实线和一条虚线),这两条线表示的就是物体的细节特征。实线表示的是底板在长度方向上切除的那一块的位置,而虚线表示的是立板在高度方向上切除的深度,但由于这个特征我们从前向后观察不到,所以用虚线画出(或者不画出)。

　　相切问题:当立体图形中有相切面时,由于相切是光滑过渡,不存在轮廓线,所以在视图上一般不画出。

　　经典真题2▷　从所给的四个选项中,选择最合适的一个填入问号处,使之呈现一定的规律性。

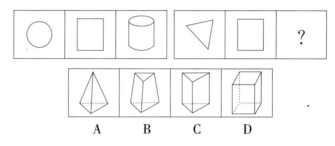

　　A　　　　B　　　　C　　　　D

　　【答案】C。

　　中公解题:本题考查三视图的相关知识,以类比型形式出现,我们先根据第一组图形找出图形之间的对应关系。第一组图形中,第三个图形是立体图形,第一个、第二个图形分别是它的俯视图和侧视图。第二组图形中,俯视图是三角形,侧视图是长方形,可以确定立体图形为C。

五、分类型图形推理

　　分类型图形推理的题干包含六个图形,要求将这六个图形分为两类,使得每一类图形都有各自的共同特征或规律。

　　分类型图形推理相对来说涵盖的考点不全面,一般只考查"结构类""位置类"和"数量类",因此在做分类型图形推理时,只需从"结构类""位置类"和"数量类"考点中分析分类的标准即可。

　　分类型图形推理解题思路主要有两种:

　　(1)以图形之间的共同特征或共有元素为突破口,猜想并验证分类标准。

　　(2)分析单个图形的外部整体特征和内在细节特征,然后用其他图形去匹配。

经典真题 ▶ 把下面的六个图形分为两类,使每一类图形都有各自的共同特征或规律,分类正确的一项是(　　)。

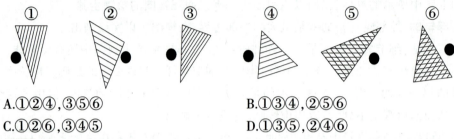

A.①②④,③⑤⑥

B.①③④,②⑤⑥

C.①②⑥,③④⑤

D.①③⑤,②④⑥

【答案】B。

中公解题:给出的六个图形均由三角形和一个小黑点组成,考虑三角形与小黑点的位置关系可得,图形①③④中的黑点位于三角形的左侧,图形②⑤⑥中的黑点位于三角形的右侧。

第五章 判断推理——逻辑判断

第一节 必然性推理

必然性推理在考试中时有出现,且必然性推理知识是解答可能性推理的基础,考生有必要学习并掌握相关知识。必然性推理部分主要介绍直言命题和复言命题。

一、直言命题

(一)直言命题的定义

直言命题是断定事物是否具有某种性质的简单句子。例如,有些人是好人。在这个句子中,被断定的对象"人"称为主项,通常用"S"表示;所要断定的性质"好人"称为谓项,通常用"P"表示;表示对象数量的词"有些"称为量项;表示对象是否具有该性质的词"是"称为联项。联项分肯定与否定两种,如"是"和"不是"。量项分全称、特称与单称三种,如"所有""有的""这个"。

特 称 量 词 "有 的" 的 特 殊 性

特称量词"有的"与我们的日常理解不同,这里的"有的"强调的是"有",即"至少有一个",存在三种情况:既可能是"一个",也可能是"一部分",还可能是"全部"。

(二)直言命题的分类

根据联项和量项的不同,可以将直言命题分为六种。

(1)全称肯定命题:所有 S 是 P。例如,所有人都是会笑的。

(2)全称否定命题:所有 S 不是 P。例如,所有动物都不是植物。

(3)特称肯定命题:有的 S 是 P。例如,有的人是好人。

(4)特称否定命题:有的 S 不是 P。例如,有的人不是好人。

(5)单称肯定命题:a 是 P。例如,姚明是篮球运动员。

(6)单称否定命题:a 不是 P。例如,刘翔不是演员。

当然,考试中出现的直言命题不一定是标准形式,有的可能需要转化。比如,"没有人不爱他"可转化为"所有人都爱他"。

注:在直言命题中,"所有 S 不都是 P"表示"有的 S 不是 P",是特称否定命题,而"所有 S 都不是 P"是全称否定命题。

(三)直言命题的对当关系

具有相同主项和谓项的直言命题之间在真假方面存在必然的制约关系,这种关系

称为对当关系,主要包括推出关系、矛盾关系、下反对关系和上反对关系四种。考试中逻辑判断常考的对当关系如下图:

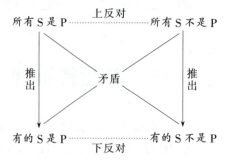

(1)具有推出关系的两个命题之间的关系:全称真则特称真;特称假则全称假。

由此得出直言命题之间的推出关系是:

所有 S(不)是 P→某个 S(不)是 P→有的 S(不)是 P;

例如,所有人都(不)是党员→我(不)是党员→有的人(不)是党员。

(2)具有矛盾关系的两个命题之间的关系:必有一真一假。除了图中的两对矛盾关系外,单称肯定命题和单称否定命题之间也是矛盾关系。

负直言命题的等值命题

当直言命题前面加上"并非"时,为负直言命题,即直言命题的负命题,与原命题具有矛盾关系。因此可得如下推论:

并非"所有 S 是 P"="有的 S 不是 P"。

并非"所有 S 不是 P"="有的 S 是 P"。

并非"某个 S 是 P"="某个 S 不是 P"。

将两个命题反过来也成立,如并非"有的 S 不是 P"="所有 S 是 P"。

由此,我们可以总结出这两种命题相互之间的转化规律:加上或去掉"并非",把"所有"和"有的"互换,"是"和"不是"互换。

(3)具有下反对关系的两个命题不能同假,必有一真。

(4)具有上反对关系的两个命题不能同真,必有一假。

经典真题1 ▶ 在毕业考试结束后,班长想从老师那里打听成绩。班长说:"老师,这次考试不太难,估计我们班同学的成绩都在 70 分以上吧。"老师说:"你的前半句话不错,后半句话不对。"

根据老师的意思,下列哪项必为事实?(   )

A.少数同学的成绩在 70 分以上,多数同学的成绩在 70 分以下

B.多数同学的成绩在 70 分以上,少数同学的成绩在 70 分以下

C.有的同学的成绩在 70 分以上,有的同学的成绩在 70 分以下

D.如果以 70 分以上为及格,肯定有的同学的成绩不及格

【答案】D。

中公解题：本题直接考查了负命题。"后半句话不对"，即"我们班同学的成绩都在70分以上"这句话为假，则其负命题为真，可推出有的同学的成绩不在70分以上，而由此不能推出有的同学的成绩在70分以上。故A、B、C三项错误，只有D项正确。

(四)直言命题的推理

在考试中，考查直言命题推理的题目特点如下：题干给出多个直言命题，但未给出这些命题的真假，要求选择可以推出或不能推出的一项。对于这种题目，考生可以直接利用概念间的关系来解题。

概念间的关系即指两个概念所表示的集合之间的关系，主要有全同关系、真包含于关系、真包含关系、交叉关系以及全异关系五种，如下图：

全同关系　　　真包含于关系　　　真包含关系　　　交叉关系　　　全异关系

利用这一关系进行推理，即通过将题干中的直言命题转化为其所表示的概念之间的关系，进而画图进行直观推理。直言题命所表示的概念间关系如下表：

命题类型	概念间关系				
	全同关系	真包含于关系	真包含关系	交叉关系	全异关系
所有S是P	√	√	×	×	×
所有S不是P	×	×	×	×	√
有的S是P	√	√	√	√	×
有的S不是P	×	×	√	√	√

从上表可以发现，一种直言命题所表示的概念间的关系可能有多种，因此做题时需要充分考虑这些关系。例如，"有的学生是党员"这个命题，既可以是全同关系，也可以是真包含于关系或真包含关系，还可以是交叉关系。在画图时有以下四种情况：

全同关系　　　真包含于关系　　　真包含关系　　　交叉关系

经典真题2 某公司所有的销售人员都是男性，所有的文秘都是女性，所有的已婚者都是文秘，公司的总经理尚未结婚。

据此，我们可以知道(　　)。

A.总经理是男性

B.已婚者中有男性

C.女员工中可能有未婚者

D.销售人员中有的已经结婚

【答案】C。

中公解题：由题干可画图如下：

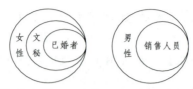

由图可知,总经理也可能是女性,A 项错误;已婚者都是女性,B 项错误;女员工中可能有未婚者,C 项正确;销售人员都未婚,D 项错误。

二、复言命题

复言命题一直是逻辑判断的重点和难点, 且掌握其中的一些知识点对解可能性推理题目有一定的帮助,需要大家重视。

(一)复言命题的定义

复言命题,又称复合命题,是由若干个命题通过逻辑联结词组合而成的命题。例如,一滴水只有放进大海里才永远不会干涸。其中"只有……才……"为联结词,"放进大海里"和"永远不会干涸"是构成复言命题的肢命题。

根据逻辑联结词的不同,复言命题可以分为以下四种:

1.联言命题

联,是联合的意思,联言命题就是将若干个命题联合起来,表示这些情况同时存在的命题。

例如,考试时间紧并且题目难。时间紧和题目难是考试的两个特点。

可表示为 **p 并且 q**(p、q 是联言肢,"并且"是联结词)。

真假关系:联言命题只要有一个联言肢为假即为假。如上例中,只要时间紧和题目难有一个不成立,则该联言命题为假。即"一假即假,全真才真"。

2.选言命题

选,是选择的意思,选言命题就是给出若干个命题,可以选择出一种或者多种情况存在的命题。根据所能选择的情况不同,可以分为两种。

(1)相容选言命题

多种情况可以同时存在。

例如,去德国馆或者去意大利馆。可以既去德国馆又去意大利馆。

可表示为 **p 或者 q**(p、q 是选言肢,"或者"是联结词)。

其他联结词还有"或……或……""可能……也可能……"等。

(2)不相容选言命题

只允许一种情况存在。

例如,要么顽强抵抗,要么屈膝投降。顽强抵抗和屈膝投降只能选择一种。

可表示为**要么 p,要么 q**(p、q 是选言肢,"要么……要么……"是联结词)。

其他联结词还有"或……或……,二者不可兼得"等。

选言命题真假关系

相容选言命题的多个选言肢可以都为真，而不相容选言命题只能有一个选言肢为真。因此，相容选言命题当所有选言肢都为假时才为假，而不相容选言命题当有多个选言肢为真时也为假。选言命题真假关系如下：

相容选言命题：一真即真，全假才假。

不相容选言命题：有且只有一真才为真。

3.假言命题

假，是假设的意思，假言命题就是带有假设条件的命题。假言命题通常包含两个肢命题：反映条件的肢命题在前，称为前件；反映结果的肢命题在后，称为后件。根据前后件间条件关系的不同，又可分为充分条件假言命题、必要条件假言命题和充分必要条件假言命题三种。

(1)充分条件假言命题

当条件 p 存在时，结论 q 一定成立，而无须考虑其他条件，则 p 是 q 的充分条件，即"有它就行"。

例如，如果天下雨，那么地就会湿。一旦天下雨了，地肯定会湿，地未湿就一定没有下雨。

可表示为**如果 p，那么 q 或 p→q**（p 是前件，q 是后件，"如果……那么……"是联结词）。

其他联结词还有"只要……就……""若……则……"等。

真假关系：当 p 出现而 q 没有出现时，充分条件假言命题才为假，即"p 真 q 假才为假"。

注：充分条件假言命题并未断定条件 p 未出现时的情况，所以条件 p 为假时该命题恒成立。

(2)必要条件假言命题

当条件 p 不存在时，结论 q 一定不成立，则 p 是 q 的必要条件，即"没它不行"。

例如，只有年满 18 周岁才有选举权。在没有达到 18 周岁的时候肯定是没有选举权的，有选举权就说明已经年满 18 周岁了。

可表示为**只有 p，才 q 或 p←q**（p 是前件，q 是后件，"只有……才……"是联结词）。

其他联结词还有"不……不……""除非……否则不……""没有……就没有……"等。

真假关系：当 p 不存在但 q 成立时，必要条件假言命题才为假，即"p 假 q 真才为假"。

注：必要条件假言命题并未断定条件 p 存在时的情况，所以条件 p 为真时该命题恒成立。

充 分 条 件 与 必 要 条 件 的 转 化

必要条件假言命题"只有 p,才 q"="p←q"="q→p"="如果 q,那么 p"。

例如,"只有年满 18 周岁才有选举权"="如果有选举权,那么年满 18 周岁"。

由必要条件假言命题的定义可知,"只有 p,才 q"="如果非 p,那么非 q"。因此,表示必要条件的其他联结词也可用充分条件来理解。

例如,"除非政府出台新政策,否则楼市难降"="只有政府出台新政策,楼市才不难降"="如果政府不出台新政策,那么楼市难降"。

(3)充分必要条件假言命题

表示 p 是 q 的充分条件和必要条件的命题,即表示 p 与 q 等值的命题。例如,人不犯我,我不犯人;人若犯我,我必犯人。也就是说"人犯我"和"我犯人"要么都发生,要么都不发生。即人犯我=我犯人。

可表示为 **p 当且仅当 q 或 p↔q**(p 是前件,q 是后件,"当且仅当"是联结词)。

其他联结词还有"若……则……,且若不……则不……""当且仅当……,……"等。

真假关系:当 p 与 q 不等值时该充分必要条件假言命题为假,即"**p、q 不同真假时为假**"。

注:充分条件假言命题和必要条件假言命题是考试的重点,但充分必要条件假言命题出现较少,因此就不再赘述。

4.负命题

"负",是否定的意思。负命题,又称矛盾命题,就是对原命题进行否定的命题。

可表示为**并非 p**(p 是原命题,"并非"是联结词)。

真假关系:负命题的真假与原命题相反。当 p 为真时,则其负命题"并非 p"为假。因此,一个命题的负命题等值于与原命题具有矛盾关系的命题。

根据各种命题的真假关系可得其负命题如下表所示:

原命题	负命题
p 并且 q (考试时间紧并且题目难)	非 p 或者非 q (考试时间不紧或者题目不难)
或者 p,或者 q (去德国馆或者去意大利馆)	非 p 并且非 q (既不去德国馆也不去意大利馆)
要么 p,要么 q (要么顽强抵抗,要么屈膝投降)	"p 并且 q"或者"非 p 并且非 q" ("既顽强抵抗,又屈膝投降"或者 "既不顽强抵抗,又不屈膝投降")
如果 p,那么 q (如果天下雨,那么地湿)	p 并且非 q (天下雨但地没湿)
只有 p,才 q (只有年满 18 周岁才有选举权)	非 p 并且 q (未年满 18 周岁却有选举权)
当且仅当 p,才 q (当且仅当你去了,我才会去)	"p 并且非 q"或者"非 p 并且 q" ("你去了我没去"或者"你没去但我去了")

经典真题1 ▶ 关于确定一项突击性任务的人选,甲、乙、丙三位推荐人的意见分别是:

甲:"不是选派小张,就是选派小王。"

乙:"如果不选派小张,就不选派小王。"

丙:"只要不选派小王,就不选派小张。"

以下几项中,同时满足甲、乙、丙三人意见的方案是( )。

A.两人都选派

B.两人都不选派

C.选小张,不选小王

D.选小王,不选小张

【答案】A。

中公解题:题干要求找出同时满足甲、乙、丙三人意见的方案,可使用代入法。此题还需注意甲的意见是一个相容选言命题,因为其两个选言肢可以同时成立。

将 A 项代入,满足甲的方案;乙和丙的意见均是充分条件假言命题,"p 真 q 假才为假",也满足乙和丙的方案。将 B 项代入,不满足甲的方案;将 C 项代入,不满足丙的方案;将 D 项代入,不满足乙的方案。

> **点拨** 此题也可反向思考,直接排除使其意见为假的选项。甲的意见在"既不选小张又不选小王"的情况下为假;乙的意见在"不选小张,选小王"的情况下为假;丙的意见在"不选小王,选小张"的情况下为假。因此只有 A 项是能同时满足三人意见的方案。

(二)复言命题的基本推理规则

1.联言推理

联言推理即依据联言命题的逻辑性质进行的推理。联言命题的推理规则有两条:

(1)全部肢命题为真推出联言命题为真。

(2)联言命题为真,可推出其中任一肢命题为真。

其推理的有效式可表示如下:

$$\frac{p,\ q}{\text{所以},p \text{ 并且 } q}$$
组合式

$$\frac{p \text{ 并且 } q}{\text{所以},p(q)}$$
分解式

例如,"你很高"和"你很帅"可以推出"你又高又帅"这个联言命题;"你又高又帅"又可以推出"你很高"和"你很帅"。

2.选言推理

选言推理即依据选言命题的逻辑性质进行的推理。选言命题的推理如下表所示:

命题	相容选言命题(p 或者 q)	不相容选言命题(要么 p,要么 q)
推理规则	肯定一部分选言肢,不能否定另一部分选言肢; 否定一个选言肢以外的其他选言肢,可以肯定剩余的这个选言肢	肯定一个选言肢,就能否定其余的选言肢; 否定一个选言肢以外的其他选言肢, 就能肯定未被否定的那个选言肢
推理有效式	p 或者 q 非 p(非 q) ——— 所以,q(p) **否定肯定式**	要么 p,要么 q 非 p ——— 所以,q **否定肯定式**　　要么 p,要么 q p ——— 所以,非 q **肯定否定式**
示例	"去德国馆或者去意大利馆" 不去德国馆⇒去意大利馆; 去德国馆⇏不去意大利馆	"要么顽强抵抗,要么屈膝投降" 顽强抵抗⇒不屈膝投降; 不顽强抵抗⇒屈膝投降

3.假言推理

假言推理即依据假言命题的逻辑性质进行的推理。推理如下表所示:

命题	充分条件假言命题(如果 p,那么 q 或 p→q)	必要条件假言命题(只有 p,才 q 或 p←q)
推理规则	肯定前件就能肯定后件,否定后件就能否定前件; 否定前件不能否定后件,肯定后件不能肯定前件	否定前件就能否定后件,肯定后件就能肯定前件; 肯定前件不能肯定后件,否定后件不能否定前件
推理有效式	如果 p,那么 q p ——— 所以,q **肯定前件式**　　如果 p,那么 q 非 q ——— 所以,非 p **否定后件式**	只有 p,才 q 非 p ——— 所以,非 q **否定前件式**　　只有 p,才 q q ——— 所以,p **肯定后件式**
示例	"如果下雨,那么地就湿" 下雨⇒地湿;地没湿⇒没下雨; 没下雨⇏地没湿;地湿⇏下雨	"不到长城非好汉"="只有到长城才是好汉" 不到长城⇒不是好汉;好汉⇒到长城; 到长城⇏好汉;不是好汉⇏不到长城

在考试中,大部分考查复言命题的题目都需要用到其基本推理规则,即使是在使用矛盾关系解题的过程中,也可能使用到推理规则。因此,大家务必牢记这些推理规则。

经典真题2 ▷　有关专家指出,月饼高糖、高热量,不仅不利于身体健康,甚至演变成了"健康杀手"。月饼要想成为一种健康食品,关键要从工艺和配料方面进行改良,如果不能从工艺和配料方面进行改良,口味再好,也不能符合现代人对营养方面的需求。

由此不能推出的是(　　)。

A.只有从工艺和配料方面改良了月饼,才能符合现代人对营养方面的需求

B.如果月饼符合了现代人对营养方面的需求,说明一定从工艺和配料方面进行了改良

C.只要从工艺和配料方面改良了月饼,即使口味不好,也能符合现代人对营养方面的

需求

D.没有从工艺和配料方面改良月饼,却能符合现代人对营养方面需求的情况是不可能存在的

【答案】C。

中公解题:题干的重点在最后一句,即"如果不能从工艺和配料方面进行改良,口味再好,也不能符合现代人对营养方面的需求",该句是一个充分条件假言命题。

根据充分条件和必要条件的转化关系,"如果非 p,那么非 q"="只有 p,才 q",A 项正确;根据充分条件假言命题的推理规则,否定后件就能否定前件,B 项正确;否定前件不能否定后件,C 项错误;D 项可以转化为与题干最后一句相同的命题,正确。

第二节　可能性推理

根据提问方式的不同,一般将可能性推理的题目分为六种:削弱型、加强型、前提型、解释型、评价型和结论型题目。由于可能性推理题目的题干基本上都是一个论证,因此我们有必要先学习论证的相关知识,学会准确鉴别题干的论点和论据,这是解题的基础。

一个论证在结构上通常由论点、论据和论证关系构成,可以用下图表示:

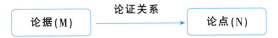

论点即论证者所主张并且要在论证过程中加以证明的观点,它所回答的是"论证什么"的问题。论据是论证者用来支持某个论点的理由,它所回答的是"用什么来证明论点"的问题。论证关系是论据和论点的联系方式,也就是推理形式,它所回答的是"如何用论据来论证论点"的问题。

例如,研究人员对四川地区出土的一批恐龙骨骼化石进行分析后发现,骨骼化石内的砷、钡、铬、铀、稀土元素等含量超高,与现代陆生动物相比,其体内的有毒元素要高出几百甚至上千倍。于是一些古生物学家推测这些恐龙死于慢性中毒。 论据

论点

一、削弱型题目

在考试中,削弱型题目的特点是题干中给出一个完整的论证或表达某种观点,要求从备选项中寻找最能(或最不能)反驳或削弱题干论证或观点的选项。

一般来说,提问中包含"削弱""质疑""反驳"等字样的都为削弱型题目。

要反驳或削弱某个论证,可以通过削弱论点、削弱论据或削弱论证关系来达到目的,而不同的题目又有不同的方法,具体方式如下表所示:

基本形式		论据 M→论点 N
削弱论点	非 N	通过举出与论点 N 相反的例子或者直接否定论点 N 来说明论点是错误的
	P 且非 N	引入新的条件 P 使得论点 N 不成立（P 可能是与原论据 M 相关的，也可能无关）
削弱论据	驳斥样本的科学性	题干论据是问卷、调查、实验和研究时，常见的削弱形式有以下两种：①样本的数量不足②样本不正确、不具有代表性或代表性不够，即指出论据 M 是片面的，犯了"以偏概全"的错误
	直接否定论据	直接指出题干的论据 M 是错误的
削弱论证关系	M 和 N 之间无联系	指出 M 和 N 之间隐含的联系是不存在的，即打破 M 和 N 之间的联系
	M 和 N 之间有差异	指出 M 和 N 之间所涉及的概念是存在差异的，并不是"同一个概念"

当题干论证存在明显的因果联系时，也可直接从因果联系出发进行削弱，主要有以下几种方式：①因果倒置；②另有他因；③存在共同原因。其具体如下表所示：

基本形式		指出 M 是 N 的原因(M 导致 N)
削弱因果联系	因果倒置	指出实际上 N 才是 M 的原因
	另有他因	指出实际上 P 才是 N 的原因
	存在共同原因	指出实际上 P 既是 M 的原因，也是 N 的原因，即 P 是 M 和 N 的共同原因

通过削弱因果联系来考虑，其本质上也是削弱了论点、论据或论证关系，只是较为快捷。其中，因果倒置是最强的削弱方式，也比较简单；另有他因是最常见的一种削弱方式；存在共同的原因这种削弱形式出现较少，属于前两种削弱形式的变形。这几种削弱形式的本质都是指出"M 不是 N 的原因"。

经典真题▶ 为了缓解城市交通拥挤的状况，市长建议对每天进入市区的私家车收取 5 元的拥堵费。市长说，这个费用超过了乘公交车进出市区的车费，所以很多人不会再开私家车上班，而改乘公交车。

下列哪项为真，最能削弱市长的结论？（　　）

A.汽油价格的大幅上涨将增加开车上下班的成本

B.对多数开私家车进入市区的人来说，在市区内停车的费用已经远远超过了乘公交车的费用

C.现在多数乘公交车的人没有私家车

D.很多开车上下班的人反对市长的计划，他们宁愿承受交通阻塞也不愿交那 5 元钱

【答案】B。

中公解题：市长的结论：通过"收取超过乘公交车费用的 5 元拥堵费"(M)能够达到"很多人不会再开私家车上班，而改乘公交车"(N)的目的。

A 项成本增加与题干论证无关；B 项指出开私家车的人停车的费用已经远远超过了

乘公交车的费用,即表明收取拥堵费对开私家车的人不起作用,说明采用这种方法并不能达到目的,从而削弱结论;C项乘公交车的人和D项的交通阻塞都与题干结论无关。

二、加强型题目

在逻辑判断中,加强型题目也是一种比较常见的考查题型。题干中多包含"支持""加强"等字眼。

解加强型题目同样可以从加强论点、论据和论证关系三个方面来考虑,具体如下表所示:

论证形式		论据 M→论点 N
加强论点	N	直接说明论点 N 是正确的(在考试中很少出现)
	P→N	给出新的条件 P 来证明论点 N 的正确性,直接加强论点
加强论据	样本选择具有科学性	如果论据的形式是问卷、调查、实验和研究,一般有两种方式进行加强: ①样本数量充足 ②样本选择正确,具有代表性
	直接加强论据	直接说明论据是正确的(在考试中较少出现)
加强论证关系	建立联系	通过"搭桥"的方式在论据 M 和论点 N 之间建立联系,使原本看似没有关系的两句话之间产生逻辑关系
	排除他因	如果题干是由调查、研究、数据或实验等得出的一个解释性的结论,除了考虑选项能否直接加强论据外,"没有别的因素影响推论"也是加强论证或结论的一种方式
	非 M→非 N	从反面加强论证有两种情况: ①前提不存在时,结论也不存在 ②前提出现相反情况时,结论也相反

经典真题 快递公司服务范围即服务网络所能覆盖或到达的范围,是衡量快递公司竞争能力的最重要因素,也是快递企业提供快递服务的物质基础。服务范围决定了快递公司快件所能到达的服务区域。对于客户来说,快递公司能提供的服务范围当然是越大越好。

以下哪项如果为真,不能支持上述判断?( )

A.许多服务范围小的快递公司在激烈的市场竞争下举步维艰

B.大中型客户的业务范围往往非常广泛,覆盖全国各地

C.服务网络覆盖面广的快递公司,如 EMS、中铁快运等四家的营业总额超过国内市场总额的 50%

D.划分为省内和省外快件后,快递公司主要以重量计费,并不以距离计费

【答案】D。

中公解题:题目要求选择"不能支持"的一项。题干的判断是"快递公司提供的服务范

围越大越好"。

A 项说明如果服务范围小,在竞争中处于不利地位,从反面加强了结论;B 项指出快递公司服务范围越大,才越能吸引大中型客户,直接加强了结论;C 项提出新的论据说明服务范围广的快递公司占领较大的市场份额,加强了题干判断;D 项指出快递公司主要以重量计费,并不以距离计费,属于无关项,不能支持题干判断。

三、前提型题目

前提型题目也是考试中会出现的一种题目类型,在提问时会有"假设""前提"等词出现。前提型题目和加强型题目有一定的相似之处,但也有区别。前提型题目其实就是补充论据,其解题方法与前面所讲的加强型题目类似。大家在解题时,可以先分析题干的论证结构,找出题干论证中所缺少的论据,或将选项代入,找出使论证成立所必须假设的一项,即正确答案。

那么,可以从哪些角度来补充论据使得论证有效呢?在考试中,我们可以从建立联系、排除他因和推论可行这三个角度来考虑,具体如下表所示:

论证形式	论据 M→论点 N
建立联系	M 与 N 之间有明显的跳跃,在 M 和 N 之间"搭桥",建立联系
排除他因	说明没有其他因素影响论点 N 的成立(即 M 是推出论点 N 的唯一要素)
推论可行	题干可能只有论点 N,使论点 N 可行或有意义

经典真题▶ 据某知名房产中介机构统计,2010 年 9 月第二周全国十大城市的商品房成交量总体呈上涨趋势,并且与 8 月第二周相比上涨幅度更明显,如果没有其他因素抑制,按照这种趋势发展,9 月或将创新政以来最高水平。虽然现在还不能确认楼市完全回暖,但未来楼价调控的压力还是很大的。

下列选项中,最有可能是上述论证前提假设的是(   )。

A.炒房者将资金大量投入楼市

B.国家对楼价的调控手段不足

C.消费者对房子的购买热情没有减退

D.楼市成交量的增长会带动楼价的上涨

【答案】D。

中公解题:题干没有明显的关键词,但是统计数据一般来说是作为论据出现的。因此,题干论证为"成交量总体呈上涨趋势"(M)→"未来楼价调控的压力还是很大的"(N)。

要使题干论证成立,需要在"成交量总体呈上涨趋势"(M)和"未来楼价调控的压力还是很大的"(N)之间建立联系。因此,需要假设"楼市成交量的增长会带动楼价的上涨"(P),即 D。A、B、C 三项不能说明楼市成交量上涨和楼价之间的联系。

 点拨 在前提型题目中,有很大一部分题目的论据和论点之间存在明显的跳跃,正确答案是通过在论据和论点之间建立联系时得到的。

四、解释型题目

解释型题目实际上是通过一种现象,来解释另一种现象的合理性,即题干的结果为什么发生,产生矛盾的原因是什么等。它所考查的不仅是逻辑性思维,还有常识性思维。

在解题时,我们要运用理性思维,找出一个常识性的选项来达到解释题干合理性的效果。因此,常常需要引入一个新概念来达到解释说明的作用,而这与前提型、结论型题目是有区别的。

经典真题▶ 春节期间,贩卖伪造火车票已经成为社会的一大公害。公安部门对此进行了多次突击整治,捣毁了一批制造和贩卖伪造火车票的窝点,抓捕和惩治了一批以此牟取暴利的不法分子。但是,社会上贩卖伪造火车票的现象依然存在。

如果上述断定为真,以下哪项不可能是贩卖伪造火车票现象依然存在的原因?( )

A.假火车票的买方市场依然存在

B.所破获的制假售假窝点只占其很小的比例

C.火车票缺乏有效的防伪标识

D.铁路运输部门仍在出售站票

【答案】 D。

中公解题: 此题要求找不能解释"贩卖伪造火车票现象依然存在"的一项。

A、B、C三项分别从不同方面解释了贩卖伪造火车票现象依然存在的原因。D项中"出售站票"与贩卖伪造火车票无关,无法解释该现象。

五、评价型题目

根据提问方式的不同,评价型题目可以分为常规评价、找争论的焦点、直接评价论证方法、寻找相似的逻辑结构四种。

1.常规评价

常规评价是在考试中较常见的评价型题目,提问中通常会包含"评价"二字。这类题目往往需要考生寻找一个问题,对这个问题的回答可以验证论点或整个论证的正确性。

这类题目的选项一般为疑问句,不论是一般疑问句还是特殊疑问句,对这个问句都有正反两方面的回答。当一方面的回答对题干论证起支持作用,而另一方面的回答起削弱作用时,这个问句就对题干论证有评价作用,而这个问句所对应的选项即能对论证起到正反两方面作用的评价型选项。

2.找争论的焦点

有些题目往往采取对话的形式,要求考生选出对话中两人所争论的焦点。不管两人在对话中表达了几个观点,他们多数都只是在一个方面针锋相对,考生只需要把这个焦点找出来,而不需要去关注没有直接冲突的观点。

3.直接评价论证方法

直接评价论证方法,即要求考生直接对题干论证所用的方法进行评价。当题干只给出一个论证时,考生只需要在分析题干论证的基础上选出正确选项即可;当题干给出两个论证(对话)时,一般需要考生分析第二个论证反驳(或支持)第一个论证的方式。

有些题目的论证中存在明显的逻辑漏洞,对这类题目,评价论证方法也就是要求考生分析论证中存在的逻辑错误,并从选项中选择出概括最为恰当的一项。要解答这类题目,首先要了解论证规则和常见的逻辑错误。

4.寻找相似的逻辑结构

寻找相似的逻辑结构,即考查考生对论证结构的分析能力。这类题目的特点是"题干和四个选项都是一个推理或论证"。要求考生在分析题干论证结构的基础上,在选项中挑选出一个与题干最为类似的。由于题干往往是三段论、假言推理等,所以做这类题目往往需要用到必然性推理的知识。

经典真题 以下是一则广告:

本网络文学培训班有着其他同类培训班所没有的特点,除了传授高超的写作技巧、帮助同学打开认识世界的多维视角和宏观视野、丰富学员的文化知识和艺术涵养外,还负责向毕业班学员提供切实有效的就业咨询。去年进行咨询的毕业班学员,100%都找到了工作。为了在网络文学创作事业上开创一片天地,欢迎加入我们的行列。

为了确定该广告的可信性,以下相关问题必须询问清楚的是(　　)。

Ⅰ.去年共举办了多少期这类培训班,共有多少学员毕业?

Ⅱ.去年有多少毕业班学员进行了就业咨询?

Ⅲ.对于找到工作的学员,就业咨询究竟起到了什么作用?

Ⅳ.咨询者找到的是否都是网络文学创作工作?

A.Ⅰ、Ⅱ、Ⅲ和Ⅳ　　　　　　　B.Ⅰ、Ⅱ和Ⅲ

C.Ⅱ、Ⅲ和Ⅳ　　　　　　　　　D.Ⅲ和Ⅳ

【答案】C。

中公解题:题目要求分辨对广告的可信性起评价作用的选项。题干论证过程为"去年进行咨询的毕业班学员100%都找到了工作"(M)→"该培训班能提供切实有效的网络文学创作事业方面的就业咨询"(N)。

确定广告的可信性应从就业咨询是否"切实有效"入手。Ⅰ与广告所宣传的就业咨询无关,即使办的培训班很多,毕业的学员很多,由于不知道接受就业咨询的人数,还是无法确定广告的可信性。Ⅱ是必须询问的,如果去年进行就业咨询的毕业班学员很少,则即使这些学员100%都找到了工作,就业咨询也不一定切实有效,广告不一定可信;反之,如果进行就业咨询的学员很多,则广告可信。同理,对Ⅲ和Ⅳ的正反两方面回答都能够验证该就业咨询是否切实有效,即可以确定广告的可信性。

六、结论型题目

结论型题目类似于言语理解与表达题目,题干中给出一段论述或推理,要求选出能够根据题干所给信息进行归纳或推理的选项。

1.对题干信息的理解

结论型题目主要考查的是考生对题干细节信息的准确理解的能力。题干中的每一句话以及句子之间的逻辑关系等都可以作为出题点,这对考生的读题能力提出了更高的要求。因此,在解题的过程中,考生首先要准确理解题干信息,其次对比选项与题干信息的差异,选出正确答案。

选项与题干存在的差异主要表现在以下几个方面:

(1)是否与题干信息矛盾。

(2)是或然性还是必然性。

(3)是否偷换概念。

(4)条件的适用范围是否改变。

(5)是否超出题干信息的范围。

2.需要归纳题干论点

需要归纳论点的题目,要求体现对题干主要内容的理解概括与抽取能力,具体而言就是在阅读理解的基础上准确地把握且表述给定材料所含的主要信息。

解题时要首先弄清题干的论证结构,找出中心句、关键词和论据。如果是单纯的说明性文字,也要找出关键词和重要信息点。

经典真题▶ 当受到害虫侵袭时,大豆和其他植物会产生一种叫作茉莉酸盐的荷尔蒙,从而启动一系列化学反应,合成更多蛋白酶抑制剂,增强自身的抵抗力。害虫吃下这种化合物以后,其消化功能会受到抑制。植物生物学家德鲁西亚发现高浓度二氧化碳会导致植物丧失分泌茉莉酸盐的能力,整个"防御通道"由此将被关闭,于是大豆类作物的抗虫害能力便随着二氧化碳含量的增多而逐渐减弱。

由此可以推出(   )。

A.大豆产量会受到空气状况的影响

B.茉莉酸盐的主要作用是抵抗害虫

C.不能产生茉莉酸盐的植物将很难抵御害虫

D.减少空气中的二氧化碳会增加大豆的抗虫害能力

【答案】A。

中公解题:观察四个选项,考查的都是细节信息,然后仔细阅读题干,进行对比分析。

根据题干内容,大豆类作物的抗虫害能力会随着二氧化碳含量的增多而逐渐减弱,而抗虫害能力的强弱自然会影响大豆的产量,因此可以推出大豆的产量会受到空气状况的影响,即 A 项正确。

题干中只是说明茉莉酸盐会启动一系列化学反应来增强大豆的抵抗力,抵抗害虫的是蛋白酶抑制剂,B 项犯了偷换概念的错误。

题干只涉及大豆类作物,而非所有植物,C 项超出了题干信息的范围。

题干中只是说明大豆类作物的抗虫害能力随着二氧化碳含量的增多而逐渐减弱,可以看作一个充分条件假言命题,否定前件不能否定后件,D 项改变了条件的适用范围,因此错误。

第三节 智力推理

智力推理类题目是最直接考查考生推理能力的一类题目,对题目使用恰当的解题方法,能够更快更准确地进行推理,得出答案。要想快速解答逻辑判断题目,特别是智力推理类题目,需要掌握一定的方法。其中不少方法,如找突破口法、假设法、排除法等,也可以运用到其他逻辑判断题目中。

一、找突破口法

所谓找突破口法就是快速找到解题切入点的方法。

(一)运用找突破口法的题目特点

运用找突破口法的题目有如下特点:

(1)存在特殊条件:与确定条件有关的条件、反复提及的条件和唯一条件。

(2)多为"对话猜测型"题目:题干会给出几种事物,多个人对这些事物进行猜测,然后要求根据这些对话和其他已知条件来进行判断。

(二)寻找突破口的特殊条件

如果题目中存在如下特殊条件,可作为解题突破口。

1.与确定条件有关的条件

所谓确定条件,即可确定为真的条件。当题干中出现与确定条件相关的其他条件时,通常可以从这个条件入手解题。

▷ **经典真题1** ▷ A、B、C、D 为四位漂亮女生,她们喜欢穿漂亮衣服。某天,她们穿的衣服颜色各不相同,有黄色、绿色、蓝色和红色四种。在问到她们各自衣服的颜色时,A 说:"B 的衣服不是黄色的。"B 说:"C 的衣服是绿色的。"C 说:"D 的衣服不是蓝色的。"D 说:"A、B、C 三人中有一个人的衣服是绿色的,而且只有这个人说的是实话。"

如果 D 说的是实话,那么以下说法中正确的是(   )。

A. C 的衣服是蓝色的,D 的衣服是绿色的

B. B 的衣服是蓝色的,C 的衣服是红色的

C. A 的衣服是绿色的,B 的衣服是红色的

D. D 的衣服是绿色的,A 的衣服是红色的

【答案】C。

中公解题:当题干信息只有唯一一个确定条件时,可由与该条件相关的话的真假入手解题。此题要根据四个女生所说的话来判断与衣服颜色的对应关系。只有 D 的话是确定条件,可知说实话的人的衣服是绿色的。

只有 B 说的话提到了绿色,可以此为突破口。B 的话不可能为真,否则 B、C 的衣服都是绿色,与只有一人的衣服是绿色的矛盾;所以 B 的话为假,C 的衣服不是绿色的。则 C 说假话,故 D 的衣服是蓝色的。穿绿衣服的只能是 A,A 说的是真话,故 B 的衣服不是黄色的,是红色的。C 的衣服是黄色的。

2.反复提及的条件

如果同一个条件或同一类内容,在题干中被反复提及、重复出现,那么这个条件通常就是解题的关键,可以此为突破口来解题。

经典真题2 李长江、段黄河、张珠江、何海河四人同时参加一次数学竞赛,赛后,他们在一起预测彼此的名次。李长江说:"张珠江第一名,我第三名。"段黄河说:"我第一名,何海河第四名。"张珠江说:"何海河第二名,我第三名。"何海河没有表态。结果公布后,他们发现预测都只说对了一半。

由以上可以推出,竞赛的正确名次是( )。

A.何海河第一,段黄河第二,张珠江第三,李长江第四

B.段黄河第一,何海河第二,李长江第三,张珠江第四

C.李长江第一,张珠江第二,段黄河第三,何海河第四

D.张珠江第一,李长江第二,何海河第三,段黄河第四

【答案】B。

中公解题:题干中说每个预测只说对了一半,观察每人的猜测会发现,张珠江的后半句和李长江的两句话都涉及"张珠江"和"第三名",属于反复提及的条件,且张珠江的后半句与李长江的两句话都不可能同时为真,可以此作为突破口。

显然,由于李长江说对了一半,所以"张珠江第三名"肯定为假,则张珠江的前半句"何海河第二名"为真,对比选项,只有 B 项正确。

> **点拨** 每人给出两句猜测且都对了一半的题目可称为半真半假型,是一种常见题型。解这类题目也可以用假设法,但费时较多,通常以涉及两个或两个以上相同概念的两人的话作为突破口来解题。

3.唯一条件

所谓唯一条件,就是能够明显区别于其他条件的条件。当题干出现一个明显区别于其他条件的条件时,通常可以从这一条件入手解题。

经典真题3 几位同学对物理竞赛的名次进行猜测。小钟说:"小华第三,小任第五。"小华说:"小闽第五,小宫第四。"小任说:"小钟第一,小闽第四。"小闽说:"小任第一,小华第二。"小宫说:"小钟第三,小闽第四。"已知本次竞赛没有并列名次,并且每个名次都有人猜对。

那么,具体名次应该是( )。

A.小华第一、小钟第二、小任第三、小闽第四、小宫第五

B.小闽第一、小任第二、小华第三、小宫第四、小钟第五

C.小任第一、小华第二、小钟第三、小宫第四、小闽第五

D.小任第一、小闽第二、小钟第三、小宫第四、小华第五

【答案】C。

中公解题：题干提示"每个名次都有人猜对"，因此只被猜测过一次的名次就肯定是正确的。第二名这个名次只被猜测过一次，以此条件作为突破口进行解题。

第二名只出现一次，必然正确，即小华第二，对比选项，只有C项正确。

> **点拨**　"每个只有一人猜对"的题目也是一类常见题型，当遇到这类题目时，通常以"只有一个人猜的对象"为突破口解题。

二、假设法

假设法是一种解答智力推理类题目的有效方法。所谓假设法就是假设某个条件正确，然后根据假设条件来推导（能推导出矛盾的即为错误条件），从而得出答案的方法。假设既可以由题干入手，也可以由选项入手，还可以是推导过程中的假设。

（一）运用假设法的题目特点

运用假设法的题目有如下特点：

(1)题干描述的条件不是很确定，不能够直接进行推理，或者题干条件比较复杂，直接进行推理非常困难；

(2)通常被假设的条件较为简单，运用假设法之后可以迅速判断该条件是否正确。

（二）假设法的分类

1.选项假设法

选项假设法，也称代入法，就是假设选项是正确的，然后代入题干中进行验证的方法。因为假设的选项要代入题干进行验证，因此选项假设法适用于选项简单而且明确的题目，一般只涉及单一元素。

根据所假设选项的真假，选项假设法又可以分为两类：正向假设代入法和反向假设代入法。

正向假设代入法是直接将选项代入题干。如果不会产生矛盾，则该项正确；如果出现矛盾，则该项错误，需要继续将别的选项代入题干进行验证，直至选出正确答案。

反向假设代入法是将选项的否定代入题干。如果出现矛盾，则该项一定为真，一定是结论。这种方法不常用，一般题干出现"一定会推出""不可能为假"等字眼时才可能使用。

经典真题1　小明忘记了今天是星期几，于是他去问O、P、Q三人。O回答："我也忘记今天是星期几了，但你可以去问P、Q两人。"P回答："昨天是我说谎的日子。"Q的回答和P一样。已知：

(1)O从来不说谎。

(2)P在星期一、星期二、星期三这三天说谎，其余时间都讲真话。

(3)Q 在星期四、星期五、星期六这三天说谎,其余时间都讲真话。

根据以上条件,今天是星期几?( )

A.星期一 　　　　　　　　　　　B.星期二

C.星期四 　　　　　　　　　　　D.星期天

【答案】C。

中公解题:观察题目可以发现,题干描述的是O、P、Q三人说谎的时间情况,而答案是简单的日期,无法直接推理,采用选项假设代入法应该最快。

将A项代入,假设今天是星期一,那么P说假话,而昨天是周日,P昨天说真话,符合题意,但Q今天说真话,昨天也说真话,不符合题意,排除。同理,将B项代入也不符合题意,排除。将C项代入,假设今天是星期四,P今天说真话,昨天说假话,Q今天说假话,昨天说真话,符合题意。

2.题干假设法

所谓题干假设法就是假设题干中的某一条件是正确的,然后代入题干中,进行验证的方法。题干假设法适用于题干条件简单但选项较为复杂,或不能使用选项假设法的题目。

经典真题2 乒乓球单打决赛在甲、乙、丙、丁四位选手中进行,赛前,有些人预测比赛的结果,A说:"甲第4"。B说:"乙不是第2,也不是第4"。C说:"丙的名次在乙的前面"。D说:"丁将得第1"。比赛结果表明,四个人中只有一个人预测错了。

那么,甲、乙、丙、丁四位选手的名次分别为( )。

A.2、3、4、1 　　　　　　　　　B.1、2、4、3

C.1、3、4、2 　　　　　　　　　D.4、3、1、2

【答案】D。

中公解题:由四人的预测无法得出预测错误的是谁,需要使用假设法。观察四个选项,都比较复杂,如果使用选项假设法则较容易出错,故使用题干假设法。

假设A预测错误,则甲不是第4。根据只有一个人预测错误可知,B、C、D三人的预测为真。因此,乙、丙、丁也都不是第4,则没人第4,假设不成立。所以A预测正确,甲第4,选项中只有D项正确。

点拨 类似这种对话猜测型的题目,即几人对事件同时进行预测,但不知道具体谁真谁假的题目,通常都可以考虑根据题目情况进行适当的假设。

三、排除法

排除法是智力推理类题目最常用的方法之一,可以在解题的全过程中充分使用,从而提高解题速度。排除法既可以单独使用,也可以与其他方法结合使用。运用排除法的题目特点如下:

(1)题干给出多个确定的条件,由这些条件可以直接进行推导或排除。

(2)选项一般比较复杂,是对题干涉及的所有元素或者元素间复杂关系的判断,且一般每个选项除了部分对应关系不同,其形式(涉及对象的个数、选项的长短)是相同的。

经典真题 ▶ 甲、乙、丙均为教师,其中一位是大学教师、一位是中学教师、一位是小学教师。并且大学教师比甲的学历高,乙的学历与小学教师不同,小学教师的学历比丙的低。

由此可以推出( )。

A.甲是小学教师,乙是中学教师,丙是大学教师

B.甲是中学教师,乙是小学教师,丙是大学教师

C.甲是大学教师,乙是小学教师,丙是中学教师

D.甲是大学教师,乙是中学教师,丙是小学教师

【答案】A。

中公解题:题干涉及了人物(甲、乙、丙)和职务(大学教师、中学教师和小学教师)两类元素,且四个选项都是对所有人物与职务对应关系的判断,较为复杂。因此,由题干条件直接出发,使用排除法是最快的。

根据题干"乙的学历与小学教师不同,小学教师的学历比丙的低"可知乙和丙都不是小学教师,所以甲是小学教师,对照选项,即可排除 B、C、D。

第六章 判断推理——定义判断

第一节 定义的逻辑知识

要想快速准确地解答定义判断题,首先必须掌握一些定义的基本逻辑知识。给一个概念下定义,就是用精练的语句将这个概念的内涵揭示出来,也就是揭示这个概念所反映的对象的本质属性。

一、定义的要素

定义是由被定义项、定义项和定义联项三个部分组成的。

1.被定义项

被定义项是通过定义来揭示其内涵的概念。

2.定义项

定义项是用来揭示被定义项内涵的概念。

3.定义联项

联结被定义项和定义项的概念是定义联项。

例如,敌意性归因偏差的定义:

敌意性归因偏差   是指   在情景不明的情况下,会将对方的动机或意图视为有敌意

（被定义项）   （定义联项）   （定义项）

的倾向。

二、定义的逻辑方法

定义的方法主要是"属"+"种差"的方法。

"属"+"种差",就是通过揭示概念最邻近的"属"概念和"种差"来明确概念内涵的逻辑方法。可用公式表示如下:

被定义项=种差+邻近属概念

第一,被定义项的邻近属概念,即比被定义概念范围更大、外延更广的概念,以确定被定义概念所反映的对象属于哪一类事物。

第二,被定义项的种差,即指被定义项的这个种概念与同属于其他同级种概念在内涵上的差别,这种差别也就是被定义概念所反映的对象同其他对象的本质区别。

第三,把被定义项同属加种差构成的定义项用定义联项联结起来,构成完整的定义。

例如:人是能制造和使用工具进行劳动的动物。

这是给"人"下的定义。其中,"人"的属概念是"动物",确定人是动物这类事物中的一种;"能制造和使用工具进行劳动"是种差,是将人与其他动物相比较而得出的本质差别;

"是"是定义联项,它把被定义项与定义项(属+种差)联结起来构成了一个完整的定义。

考试中所给出的定义是不容置疑的,这就要求考生在解题时,要准确理解被定义项的内涵,不要放大或缩小,否则就会对定义产生误解,犯类似"定义过宽"或"定义过窄"的错误。

第二节　定义判断考点精讲

一、定义判断要点类型

解答定义判断题最常用且最有效的方法就是提取要点法,但是怎样才能准确地提取出定义的要点呢?考生可以从主体、客体、目的等方面进行分析。实际上很多要点是可以通过提示词来确定的,常见的要点类型有以下几种:

1.主体
我们看到一个新的定义时,首先要确定一下该定义是否有明确的主体。

主体就是指行为或事件的发动者、当事方。主体一般位于定义项的前面,除了要重点关注主体本身外,还要特别注意主体的修饰词如主体的数量、主体的性质等。一般来说,有明显主体的定义多为法律类、行政类定义。

主体一般可作为定义的要点,有的题目仅仅依靠区分主体就可以得到正确答案。

2.客体
客体是指行为或事件的承受者、被指向者,也就是我们通常所说的对象。单独以客体为要点的定义比较少,很多定义中的客体都是省略的,即使出现一般也需和其他要点结合在一起才能判断。

3.目的
有些定义中会明确指出其目的,也就是行为者主观上具有什么样的动机、意图,追求一种什么样的目的,一般会用"达到什么目的""为了……""确保……"等表示。

4.原因
有些定义中规定了某些行为的原因,这类信息一般也是定义的要点,常常会跟在"由于""出于"等词语的后面。

5.条件
有些定义中还包含了一些成立的前提条件,考生也应该注意,常见的有:"以……为前提""以……为基础""在……条件下""……时"等。

6.方式或手段
有些定义题目有表示方式或手段的信息,一般表示为"通过……方式""通过……手段"等,这也是需要注意的。

7.结果
有些定义还会明确指出会导致什么样的结果等,而结果一般跟在"造成""导致"等词语后面。

8.本质

本质也就是定义所属的类别,一般位于定义结尾,较少作为解题的关键。

经典真题▶ 国家行政机关公文是行政机关在行政管理过程中所形成的具有法定效力和规范体式的公务文书,是依法行政和进行公务活动的重要工具。

根据上述定义,下列哪种是国家行政机关公文?( )

A.甲、乙双方在达成一致意见后双方私下签订的合同协议

B.微软公司制定的职工保密文件

C.交通局最近又新颁布了一条交通法规

D.学校的学生守则

【答案】C。

中公解题:首先分析国家行政机关公文的定义:

国家行政机关公文是行政机关在行政管理过程中所形成的具有法定效力和规范体式
　　(定义)　　　　　(主体)
的公务文书,是依法行政和进行公务活动的重要工具。

分析各选项,A项中的甲、乙双方,B项中的微软公司,D项中的学校都不属于行政机关,因此不符合定义;只有C项中的交通局属于行政机关。

二、定义判断解题方法

定义判断的解题方法包括提取要点、归纳关键信息两种。

1.提取要点

大多数定义判断题目并不能仅仅依靠一个要点辨别,而是要通过多个要点来确定答案。而且不同的定义的要点类型也是不同的,往往是各种要点的自由组合,有的是主体和目的,有的是方法和结果,有的是主体、客体、方法、结果的综合,大家在找要点时一定要全面考虑。

2.归纳关键信息

有些题目所给的定义并不能明确区分出各种条件,但其中仍然包含关键信息。但是不同的题目其关键信息并不相同,考生要排除冗余信息,进行合理的归纳和总结,有时还可以通过对比选项来确定题干的关键信息。这类定义多出现在心理学概念中。

经典真题▶ 保护关税是指国家为了保护本国工农业的发展,对进口商品征收重税的政策。

根据上述定义,下列描述中,属于保护关税的一项是( )。

A.某国为了保护本国餐饮业的发展,对外来餐饮企业课以重税

B.某国由于电子产业刚刚起步,所以严格限制国外的电子产品进入本国市场

C.某国为了本国的汽车能走向国际市场,对进口汽车征收重税

D.某国为了本国水果市场不被外国水果市场占领,对进口水果征收重税

【答案】D。

中公解题:首先分析保护关税的定义:

保护关税是指国家<u>为了保护本国工农业的发展</u>,<u>对进口商品征收重税</u>的政策。

  (定义)   (目的)   (手段)

A 项餐饮业不属于工农业,不符合定义的目的;B 项没有征收重税,不符合定义的手段;C 项是为了走向国际市场,也不符合定义的目的;只有 D 项符合定义。

第七章 判断推理——类比推理

第一节 类比推理考查方式

一、两词型

两词型是题干和四个备选答案中均涉及两个词项的题目,考生需要通过分析题干中两个词项之间的关系,在备选答案中找出与题干词项关系最为相似的一组。其基本形式如下:

A:B(其中 A、B 一般为有着某种关系的两个词项)

经典真题 ▶ 直率:率直

A.摇动:动摇　　　B.适合:合适　　　C.科学:学科　　　D.奴家:家奴

【答案】B。

中公解题:直率和率直是近义词。A项,摇动是一个动作,动摇常用来形容信念等不坚定,二者不是近义词。B项,适合和合适是近义词,与题干关系一致。C项,科学是人类探索、研究、感悟宇宙万物变化规律的知识体系的总称,学科通常指教育专业设置的学科分类,二者不是近义词。D项,奴家是古时女子或者妇女的自称,家奴是属于个人的下人,二者不是近义词。

二、三词型

三词型是题干和四个备选答案中均涉及三个词项的题目,考生需要通过分析题干中三个词项之间的关系,在备选答案中找出与题干词项关系最为相似的一组。其基本形式如下:

A:B:C(其中 A,B,C 一般为有着某种关系的三个词项)

经典真题 ▶ 烽火台:电报:手机

A.茶壶:水杯:饮水机　　　　　　　B.沙漏:机械钟:电子表

C.毛笔:铅笔:钢笔　　　　　　　　D.汽车:火车:渡船

【答案】B。

中公解题:烽火台、电报、手机分别是古代、现代和当代信息传递的方式;沙漏、机械钟、电子表分别是古代、现代和当代时间计量的工具。

三、对当型

对当型是题干涉及的词项分成两组,每组均缺少一个词项,而四个备选答案中均涉及两个词项的题目。考生需要将选项的词项与题干匹配之后,综合分析两组词之间的关系,选出能使两组词关系最为相似的选项。

类比推理涉及的对当型多为四词对当型,其基本形式如下:

A 对于 ( ) 相当于 ( ) 对于 B

经典真题▶ ( ) 对于 处分 相当于 死刑 对于 ( )

A.撤职 刑法　　B.开除 刑罚　　C.严厉 严重　　D.警告 抢劫

【答案】B。

中公解题: "开除"是一种"处分","死刑"是一种"刑罚"。

第二节　类比推理核心考点精讲

一、概念间关系

我们这里说的概念间关系包括全同关系、包含关系、交叉关系和全异关系四种。其中全异关系在考试中主要考查并列关系。

1.全同关系

全同关系指一组词所指代的是同一个概念,即同一事物的不同称谓。比如同一事物的全称、简称、别称、美称、谦称、敬称等,或者对应的音译名和中文名、现代语和文言文、口语和书面语等。

经典真题1▶ 家父:父亲

A.老媪:老伴　　　　　　B.鼻祖:祖宗

C.作者:自己　　　　　　D.鄙人:自己

【答案】D。

中公解题: 家父和父亲指同一个人,鄙人和自己指同一个人。老媪是老妇的意思,B、C两项也都不是指同一个人。

2.包含关系

包含关系指一种事物是另一种事物其中的一种或一部分。比如种与属、整体与部分等。

经典真题2▶ 人身权:人格权:肖像权

A.知识产权:专利权:商标权　　B.公司:分公司:子公司

C.法院:检察院:公安机关　　　D.物权:担保物权:抵押权

【答案】D。

中公解题: 人身权包含人格权,人格权包含肖像权。物权包含担保物权,担保物权包含抵押权。A项知识产权包含专利权和商标权。B项分公司和子公司是公司设置下属机构的两种方式。C项的三个词项间是并列关系。

3.交叉关系

交叉关系指两个词语所代表的集合有相同部分,也有不同部分。

经典真题3▶ 影星:江西人

A.蔬菜:种植 　　 B.专家:军人 　　 C.鼓手:乐队 　　 D.社会:自然

【答案】B。

中公解题:影星和江西人是交叉关系,有的影星是江西人,有的不是江西人。专家和军人也是交叉关系,有的专家是军人,有的不是军人。

4.全异关系

并列关系是全异关系考查的重点,指词语所表示的概念都是属于同一个大类的事物,或者具有某种共同属性。

经典真题4▶ ( ) 对于 绿茶 相当于 音乐 对于 ( )

A.龙井　浪漫 　　 B.早春　娱乐 　　 C.咖啡　绘画 　　 D.健康　情操

【答案】C。

中公解题:咖啡和绿茶是并列关系且同属于饮料,音乐和绘画是并列关系且同属于艺术。

二、近反义关系

类比推理常见的近反义关系主要有近义关系和反义关系两种。

1.近义关系

近义关系指含义相近的两个词语之间的关系,不仅限于同义词、近义词。

经典真题1▶ 安居乐业:丰衣足食

A.意味深长:语重心长 　　　　 B.时不我待:时不再来

C.井然有序:谦谦君子 　　　　 D.江河日下:太平盛世

【答案】B。

中公解题:安居乐业和丰衣足食是近义词,时不我待和时不再来是近义词。A项意味深长指意思含蓄深远,耐人寻味,不是特指言辞;语重心长形容言辞恳切,情意深长。

2.反义关系

反义关系是指含义相反的两个词语之间的关系,不仅限于反义词,也可以是词性不同的两个词语。

经典真题2▶ 亦步亦趋:主见

A.兴高采烈:恐惧 　　　　 B.鼠目寸光:眼力

C.优柔寡断:果断 　　　　 D.孤陋寡闻:胆识

【答案】C。

中公解题:亦步亦趋的含义是缺乏主见,与主见含义相反;优柔寡断的含义是不够果断,与果断含义相反。B项鼠目寸光的含义是缺乏眼光,而不是眼力。

三、描述关系

根据所描述的对象的不同,描述关系主要可分为与事物相关、与人相关、与作品相关三种。其中后两者需要一定的常识知识作为基础。

1.与事物相关

与事物相关既包括对事物的性质、象征意义、功能、用途等属性的描述,也包括对事物的活动空间、场所、所在地、原材料、作用对象等其他相关内容的描述。

经典真题1▷ ( ) 对于 大脑 相当于 资料 对于 ( )

A.智力 书籍
B.记忆 硬盘
C.细胞 图书馆
D.学习 阅读

【答案】B。

中公解题:事物与作用对象的关系。大脑可以存储记忆,硬盘可以存储资料。

2.与人相关

与人相关主要是与特定群体所从事的职业相关的描述,包括对其职业特征、工作地点、工作对象、工作内容、所用工具等相关内容的描述。

经典真题2▷ 国家:政府:行政

A.公司:经理部:经理
B.野战军:作战部:参谋
C.董事会:经理部:职员
D.总司令:军官:命令

【答案】B。

中公解题:政府是国家的权力机构之一,行使行政权。作战部是野战军的权力机构之一,职责是参谋。

3.与作品相关

与作品相关既包括对作品的作者、作品中人物、体裁、年代、背景等描述,也包括对作品中的诗句的出处、相关对象等的描述。

经典真题3▷ 白居易:在天愿作比翼鸟,在地愿为连理枝

A.曾巩:明月不谙离恨苦,斜光到晓穿朱户
B.张若虚:春江潮水连海平,海上明月共潮生
C.岳飞:莫等闲,白了少年头,空悲切
D.王实甫:枯藤老树昏鸦,小桥流水人家

【答案】B。

中公解题:题干"在天愿作比翼鸟,在地愿为连理枝"出自唐朝白居易的长诗《长恨歌》。B项"春江潮水连海平,海上明月共潮生"出自唐朝张若虚的长诗《春江花月夜》。A项"明月不谙离恨苦,斜光到晓穿朱户"出自北宋晏殊的词《蝶恋花》;C项"莫等闲,白了少年头,空悲切"出自南宋岳飞的词《满江红》;D项"枯藤老树昏鸦,小桥流水人家"出自元代马致远的曲《天净沙·秋思》。A、C、D三项的作品体裁与题干不同。

四、条件关系

类比推理常见的条件关系主要有因果关系、顺承关系、目的(方向)关系、必要条件关系四种。

1.因果关系

因果关系指一个动作或事件的发生导致或引起了另一个动作或事件的发生。

经典真题1▶ 疾病：抑郁

A.赢利：质量　　　B.感冒：寒冷　　　C.书法：文雅　　　D.虫灾：减产

【答案】B。

中公解题：可能因疾病而抑郁，也可能因抑郁而产生疾病；可能因感冒而感到寒冷，也可能因寒冷而感冒。

2.顺承关系

顺承关系指几个动作或事件相继发生，具有一定的先后顺序。

经典真题2▶ 纠纷：诉讼：裁判

A.损害：车祸：赔偿　　　　　　B.文学作品：作家：写作

C.学习：借鉴：创新　　　　　　D.书籍：撰写：纸张

【答案】C。

中公解题：有了纠纷而后提起诉讼，诉讼而后裁判；进行学习而后借鉴，借鉴而后创新。

3.目的(方向)关系

目的(方向)关系指某个事件的发生以另一个事件为目的，或者某个事件是另一个事件的手段；也指某个事件(事物)为其他事件的发生提供了方向或起到了指引的作用。

经典真题3▶ 打折：促销：竞争

A.奖金：奖励：激励　　　　　　B.日食：天体：宇宙

C.娱乐：游戏：健康　　　　　　D.京剧：艺术：美感

【答案】A。

中公解题：打折是促销的一种手段，促销可以达到竞争的目的。奖金是奖励的一种手段，奖励可以达到激励的目的。

4.必要条件关系

必要条件关系是指只有当一个事件发生时，另一个事件才会发生，但前一个事件并不必然导致后一个事件的发生，则称前一个事件是后一个事件的必要条件。

经典真题4▶ 水：农业

A.消费：经济　　　B.婚姻：人生　　　C.文字：文化　　　D.娱乐：生活

【答案】A。

中公解题：水是农业发展的必要条件，消费是经济发展的必要条件。

五、语法关系

语法关系主要有主谓结构、动宾结构、修饰关系等,除此之外,在考查成语结构时还可能会出现并列结构。

1.主谓结构

主谓结构指两个词语可以构成主谓结构的短语或者词语本身的构成是主谓结构。

经典真题1▷ ( ) 对于 爬行 相当于 青蛙 对于 ( )

A.缓慢 害虫　　B.匍匐 蟾蜍　　C.运动 动物　　D.螃蟹 跳跃

【答案】D。

中公解题:主谓结构,螃蟹爬行,青蛙跳跃。

2.动宾结构

动宾结构指两个词语可以构成动宾结构的短语或者词语本身的构成是动宾结构。

经典真题2▷ 攻击:发动

A.注释:文档　　B.前进:勇敢　　C.披荆:斩棘　　D.工作:开展

【答案】D。

中公解题:发动攻击,开展工作,都可以构成动宾结构的短语。

3.修饰关系

修饰关系指两个词语可以构成修饰关系或词语本身可以构成修饰关系。

经典真题3▷ 义务劳动:植树节

A.体育活动:解放军　　　　　　B.学生:校园

C.爱心大使:无偿献血　　　　　D.志愿者:护林员

【答案】A。

中公解题:义务劳动和体育活动都是修饰关系,义务修饰劳动,体育修饰活动,其中,义务和体育都是名词;同样,植树节和解放军都是修饰关系,其中,植树和解放都是动词。

4.并列结构

并列结构指两个词语可以构成并列结构的短语或者词语本身的构成是并列结构。

经典真题4▷ 围湖造田:饮鸩止渴

A.卧薪尝胆:学以致用　　　　　B.忍辱偷生:削足适履

C.兢兢业业:刻苦奋进　　　　　D.山穷水尽:柳暗花明

【答案】B。

中公解题:题干成语都是并列结构的成语,其中"围湖""造田""饮鸩""止渴"都是动宾结构的词语,且"围湖"是为了"造田","饮鸩"是为了"止渴"。只有B项符合。

第八章 资料分析

第一节　资料分析概念

一、百分数与百分点

百分数表示一个数是另一个数的百分之几,用来指比重或增长率等,表现形式为 **x%**。

百分点指不含百分号的百分数,一般用于比重或增长率等的比较,表现形式为 **x 个百分点**。

例:2013 年 1—3 月,全国规模以上工业企业实现利润 11 740.1 亿元,比上年同期增长 12.1%,增幅比 1—2 月回落 5.1 个百分点。百分数为 12.1%,表示的是同比增长率;百分点为 5.1 个,表示的是增幅的变化值。

考查方式一:A 增速为 m%,比 B 高 p 个百分点,则 B 增速=(m-p)%。　　　①

例:2011 年我国全年建设占用耕地 19.16 万公顷, 比上年增加 7.4%, 比上年同期高 3.4 个百分点,则 2010 年我国全年建设占用耕地面积的同比增长率为(7.4-3.4)%=4.0%。

考查方式二:A 增速为 x%,B 增速为 y%,则 A 与 B 增速差值=(x-y)个百分点。　②

例:2009 年某省生产总值比上年增长 12.8%,2010 年比上年增长 14.5%,则 2010 年该省生产总值增速比 2009 年提高了 14.5-12.8=1.7 个百分点。

二、增长量

增长量是指某一数据指标在一定时期内增长(或减少)的绝对量。

$$增长量=本期数-基期数$$

1.同比增长量

同比增长量是本期水平与上年同期水平之差,表明本期较上年同期增减变化的绝对量。

同比增长量=本期数-上年同期数　　　①————基本形式,考查较少

$\qquad$ =上年同期数×同比增长率　②————常考查由同比增长量、同比增长率

$\qquad\qquad\qquad\qquad\qquad\qquad\qquad\qquad\qquad\qquad$ 求上年同期数

$\qquad$ =$\dfrac{本期数}{1+同比增长率}$×同比增长率　③————最常见的考查形式,重点掌握

$\qquad$ =本期数-$\dfrac{本期数}{1+同比增长率}$　④————与③的已知条件相同,③的变形

经典真题1▷ 1—4 月,城镇固定资产投资 28 410 亿元,同比增长 25.7%。其中,国有及国有控股投资 11 527 亿元,增长 16.9%;房地产开发投资 6 952 亿元,增长 32.1%……从注册类型看,内资企业投资 24 986 亿元,同比增长 26.8%;港澳台商投资和外商投资分

别为 1 435 亿元和 1 866 亿元,分别增长 16.1% 和 20.3%。

内资企业投资同比增长量、外商投资同比增长量分别是多少?( )

中公解题:根据同比增长量公式③、④,可知内资企业投资同比增长量是($\frac{24\ 986}{1+26.8\%}$×26.8%)亿元或($24\ 986-\frac{24\ 986}{1+26.8\%}$)亿元,外商投资同比增长量是($\frac{1\ 866}{1+20.3\%}$×20.3%)亿元或($1\ 866-\frac{1\ 866}{1+20.3\%}$)亿元。

2.环比增长量

环比增长量是本期水平与上期水平之差(相邻期间的比较),表明本期较上期增减变化的绝对量。

$$环比增长量=本期数-上期数 \quad ① \longrightarrow 基本形式,考查较少$$

$$=上期数×环比增长率 \quad ② \longrightarrow 常考查由环比增长量、环比增长率求上期数$$

$$=\frac{本期数}{1+环比增长率}×环比增长率 \quad ③ \longrightarrow 最常见考查形式,重点掌握$$

$$=本期数-\frac{本期数}{1+环比增长率} \quad ④ \longrightarrow 与③的已知条件相同,③的变形$$

经典真题2 ▶

2008 年 1—9 月全社会客运运输量

客运量	单位	9月	比上月增长(%)	1—9月	比上年同期增长(%)
公路	亿人	18.47	11.4	163.06	7.4
水运	亿人	0.20	-2.1	1.73	-2.7
民航	亿人	0.16	0.7	1.41	1.7

2008 年 9 月公路客运量环比增长量为多少?( )

中公解题:2008 年 9 月公路客运量环比增长量是 2008 年 9 月公路客运量与 8 月的差。根据环比增长量公式③、④,所求为($\frac{18.47}{1+11.4\%}$×11.4%)亿人或($18.47-\frac{18.47}{1+11.4\%}$)亿人。

3.平均增长量

平均增长量是指一段时间内某一数据指标增长量的平均值,其时间不一定是以年为单位的。

$$平均增长量=\frac{末段时间该指标的量-首段时间该指标的量}{时间差}$$

年均增长量指一段时间内某一数据指标平均每年增长的数量,其时间的单位是年。

如果第 m 年的数据指标为 A,第 n 年为 B,那么这几年的**年均增长量**=$\frac{B-A}{n-m}$。

经典真题3 ▶ 某省城镇就业人员增长明显快于乡村。2009 年全省城镇就业人员比 1979 年增长 2 091.4 万人……

1979—2009 年的年均城镇就业人口增长量为多少？（　　）

中公解题：根据年均增长量计算公式，所求增长量为 $\dfrac{2\,091.4}{2\,009-1\,979}$ 万人/年。

三、增长率

增长率是指一定时期内某一数据指标的增长量与基期数据的比值。题目中会常常出现"增幅"，就其字面上的解释是"增加的幅度"，实质上与增长率是同一概念。

增长率＝增长量÷基期数×100%　　①————→基本形式，计算简单

　　　　$=\dfrac{本期数-基期数}{基期数}\times100\%$　②————→最常见考查形式，重点掌握

　　　　$=\left(\dfrac{本期数}{基期数}-1\right)\times100\%$　③————→常见考查形式，②的变形

1.同比增长率

同比增长率指本期发展水平与上年同期发展水平相比较的变化幅度，也称同比增速。

同比增长率＝同比增长量÷上年同期数×100%　①————→基本形式，计算简单

　　　　$=\dfrac{同比增长量}{本期数-同比增长量}\times100\%$　②————→常考查由同比增长量和本期数

　　　　　　　　　　　　　　　　　　　　　　　求同比增长率

　　　　$=\dfrac{本期数-上年同期数}{上年同期数}\times100\%$　③————→最常见考查形式，已知本期数

　　　　　　　　　　　　　　　　　　　　　　　和上年同期数求同比增长率

　　　　$=\left(\dfrac{本期数}{上年同期数}-1\right)\times100\%$　④————→与③已知条件相同，③的变形

经典真题1▷ 某企业今年 1—2 月累计实现收入为 120 万元，去年 1—2 月累计实现收入为 100 万元，如果按不变价格计算，那么今年 1—2 月的同比增长率为多少？（　　）

中公解题：由同比增长率公式③、④，所求为 $\dfrac{120-100}{100}\times100\%$ 或 $\left(\dfrac{120}{100}-1\right)\times100\%$。

2.环比增长率

环比增长率是指本期发展水平和上期发展水平相比较的变化幅度，也称环比增速。

环比增长率＝环比增长量÷上期数×100%　①————→基本形式，计算简单

　　　　$=\dfrac{环比增长量}{本期数-环比增长量}\times100\%$　②————→常考查由环比增长量、本期数

　　　　　　　　　　　　　　　　　　　　　　　求环比增长率

　　　　$=\dfrac{本期数-上期数}{上期数}\times100\%$　③————→最常见的考查形式，已知本

　　　　　　　　　　　　　　　　　　　　　　　期数、上期数，求环比增长率

　　　　$=\left(\dfrac{本期数}{上期数}-1\right)\times100\%$　④————→与③已知条件相同，③的变形

经典真题2▶ 2010 年 9 月全国的股票成交金额为 2 400 亿元,8 月的股票成交金额为 2 230 亿元,那么与上月相比,9 月的股票成交金额的增长率是多少? ( )

中公解题:根据环比增长率公式③、④,所求为 $\frac{2\,400-2\,230}{2\,230}\times100\%$ 或 $\left(\frac{2\,400}{2\,230}-1\right)\times100\%$。

同 比 增 长 VS 环 比 增 长

同比是和上年的同期数据进行比较的,反映的是和上年同期相比较的增长情况;环比是和与之相连的上一个时间点的数据进行比较的,反映的是本期比上期的增长情况。在处理涉及同环比题目的时候,应准确掌握计算时所选取的比较基期。例:

时间	同比增长	环比增长
2010 年	与 2009 年相比	与 2009 年相比
2010 年 2 月	与 2009 年 2 月相比	与 2010 年 1 月相比
2010 年 2 月 14 日	与 2009 年 2 月 14 日相比	与 2010 年 2 月 13 日相比

3.年均增长率

年均增长率是指一段时间内某一数据指标平均每年的增长幅度。如果第 m 年的数据指标为 A,第 n 年为 B,这几年的年均增长率为 $\bar{x}$,那么 $\bar{x}=\sqrt[n-m]{\dfrac{B}{A}}-1$ ①。

年均增长率有以下两种简化计算方法:

(1)已知第 m 年的数据指标为 A,年均增长率为 $\bar{x}$,求第 n 年的数据指标 B。

根据二次项展开式可得:$(1+\bar{x})^{n-m}=1+(n-m)\bar{x}+\dfrac{(n-m)(n-m-1)}{2}\bar{x}^2+\cdots+\bar{x}^{n-m}$。

当年均增长率 $\bar{x}<10\%$ 且选项间差距较大时,$(1+\bar{x})^{n-m}\approx1+(n-m)\bar{x}$。

则 $\underline{B=A\times(1+x)^{n-m}\approx A\times[1+(n-m)x]}$ ②,且略大于 $A\times[1+(n-m)x]$。

(2)已知第 m 年的数据指标为 A,第 n 年为 B,求年均增长率 $\bar{x}$。

第 n 年相对于第 m 年的增长率为 x,则 $x=\dfrac{B}{A}-1$,即 $x+1=\dfrac{B}{A}$。

根据①知,$(1+\bar{x})^{n-m}=\dfrac{B}{A}$,有 $(1+\bar{x})^{n-m}=x+1$。

根据二次项展开式可得:$x\approx(n-m)\bar{x}+\dfrac{(n-m)(n-m-1)}{2}\bar{x}^2$③,此时 x 略小于 $\dfrac{B}{A}-1$(实际值)。

在题目选项差值较大的一般使用公式 $x>(n-m)x$,即 $x<\dfrac{x}{n-m}$④。

经典真题3 ▶

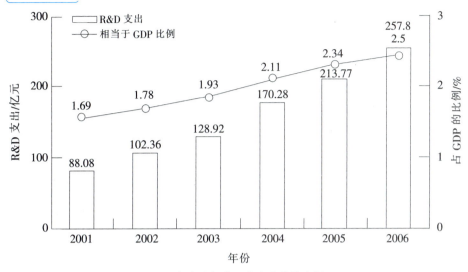

R&D 支出及相当于生产总值的比例

从上图可以看到,2001 年至 2006 年的研究与试验发展(R&D)经费在逐年增长。其中,从 2001—2006 年的研究与试验经费的年均增长率为多少?( )

中公解题:根据年均增长率公式①,2001—2006 年的研究与试验发展经费的年均增长率为 $\sqrt[2006-2001]{\dfrac{2006\text{年研究与试验发展经费}}{2001\text{年研究与试验发展经费}}}-1=\sqrt[5]{\dfrac{257.8}{88.08}}-1$,根据公式④,可得到年均增长率数值范围,排除不满足条件的,再利用公式③进行验证。

4.拉动……增长……百分点

拉动……增长的百分点数是由总体中某部分的增长量造成总体基期量增长的百分点数。

$$\text{拉动……增长……百分点}=\dfrac{\text{部分增长量}}{\text{总体基期量}}\times100$$

经典真题4 ▶

出口额	年份	
	2009	2010
出口总额/亿美元	10 000	12 000
纺织品出口额/亿美元	3 000	3 500

2010 年我国纺织品出口额拉动出口总额增长多少个百分点?( )

中公解题:2010 年我国纺织品出口额的增长量为 3 500-3 000=500(亿美元),2009 年出口总额为 10 000 亿美元,所以 2010 年我国纺织品出口额拉动出口额增长$\left(\dfrac{500}{10\,000}\times100\right)$个百分点。

四、比重

比重是指某部分在总体中所占的百分比,一般用百分数表示。

$$比重=\frac{分量}{总量}\times100\%$$

1.直接求部分量占总量的比重是多少

已知总体量 A,部分量 B,则部分占总体的比重为 $\frac{B}{A}\times100\%$。

例:2009 年工业总产值是 10 000 亿元,重工业产值是 2 000 亿元,重工业产值占工业总产值的比重是 $\frac{2\,000}{10\,000}\times100\%=20\%$。

2.求几个比重中最大(小)的是哪一个

(1)总量为 A,部分量分别为 B、C、D,则所占比重分别为 $\frac{B}{A}$、$\frac{C}{A}$、$\frac{D}{A}$。分母相同时只需比较分子的大小,即可求出部分占总体比重最大(小)的是哪一个。

(2)总量为 A_1、A_2、A_3,部分量分别为 B_1、B_2、B_3,若求部分量占总量比重最大(小)的是哪个,需比较 $\frac{B_1}{A_1}$、$\frac{B_2}{A_2}$、$\frac{B_3}{A_3}$ 的大小。

3.比重的变化幅度

已知某年总量为 A,增长 $x\%$;某分量该年为 B,增长 $y\%$,则该分量占总量比重的变化幅度为 $\frac{B}{A}-\frac{\dfrac{B}{1+y\%}}{\dfrac{A}{1+x\%}}=\frac{B}{A}\times(1-\frac{1+x\%}{1+y\%})=\frac{B}{A}\times\frac{y\%-x\%}{1+y\%}$。

经典真题▶

2009 年 A、B、C 三市三大产业增加值

产业增加值	城市		
	A	B	C
三大产业增加值/亿元	1 200	1 500	1 000
农业增加值/亿元	500	600	400
工业增加值/亿元	300	500	350
服务业增加值/亿元	400	400	250

(1)在 A 市三大产业的增加值中,占比最大的是哪个产业?(　　)

中公解题:分母相同,数值最大的产业所占比重最大。观察表格,A 市三大产业中,农业、工业、服务业的增加值分别为 500 亿元、300 亿元、400 亿元,农业数值最大,则农业所占比重最大。

(2)工业增加值占三大产业增加值比重最大的是哪个市?(　　)

中公解题:A 市工业增加值占三大产业增加值的比重是 $\frac{300}{1\,200}$,B 市是 $\frac{500}{1\,500}$,C 市是 $\frac{350}{1\,000}$,比较分数数值的大小即可。

五、倍数和翻番

倍数是由两个有联系的指标对比,将对比的基数抽象化为 1 而计算出来的相对数,常用于比数(分子)远大于基数(分母)的情况。

倍 数 相 关 表 述

倍数只能用于数字的增加,不能用于数字的减少,如可说"增长多少倍""扩大多少倍""提高多少倍",但不说"降低多少倍""缩小多少倍""减少多少倍",还要注意用词的准确。如"增加了两倍"即原来是 n,现在是 $3n$;"增加到两倍"即原来是 n,现在是 $2n$。这里的"了"和"到"不能缺少,也不能互换。

1.倍数

数值 A 与数值 B 之间的倍数关系为:数值 A 是数值 B 的 $\frac{A}{B}$ 倍。

同一组指标数据的倍数和增长率的关系为:**增长率=(倍数−1)×100%**。

已知某年数据比上年增长 X,增长了 Y 倍,则**上年数据**$=\dfrac{增长量}{增长倍数}=\dfrac{X}{Y}$。

2.翻番

翻番是指数量的加倍,翻番的量是以 2^n 变化的。A 翻一番为 $A×2$,翻两番为 $A×2^2$……翻 n 番为 $A×2^n$。如原基数为 5,翻三番即为 $5×2^3=40$,相当于原基数 5 的 $2^3=8$ 倍。

报告期为 X,基期为 Y,报告期为基期的 N 倍,即 $X÷Y=N$;报告期相较于基期翻了 n 番,即 $X÷Y=2^n$。

经典真题 ▶ 改革开放以来,某省从业人员总量伴随经济增长而持续增加……人员素质显著提高, 全省国有企事业单位专业技术人员从 1978 年的 8.41 万人增加到 2007 年的 62.38 万人。2007 年该省国有企事业单位专业技术人员总数比 1978 年增长了多少倍?( )

中公解题:根据资料,得出增长的倍数为 $\left(\dfrac{62.38}{8.41}-1\right)$ 倍。

六、出生率、死亡率、人口自然增长率

出生率是指在一定时期内(通常为一年)一定地区的出生人数与同期平均人数(或期中人数)之比,一般用千分率表示。

$$出生率=\frac{年出生人数}{年平均人数}×1\,000‰$$

死亡率是指在一定时期内(通常为一年)一定地区的死亡人数与同期平均人数(或期中人数)之比,一般用千分率表示。

$$死亡率=\frac{年死亡人数}{年平均人数}×1\,000‰$$

人口自然增长率是指在一定时期内(通常为一年)一定地区的人口自然增加数(出生人数减去死亡人数)与该时期内平均人数(或期中人数)之比,一般用千分率表示。

人口自然增长率=出生率－死亡率   ① ——→ 基本形式

$$=\frac{\text{年出生人数}-\text{年死亡人数}}{\text{年平均人数}}\times 1\,000‰$$ ② ——→ 常见考查形式,已

知本年出生人数、本年死亡人数、年平均人数,求人口自然增长率

经典真题▶ 据北京市疾病预防控制中心在其官方网站上公布,去年全市户籍居民人口约 1 189 万人。全年分娩新生儿 63 498 人,死亡 62 767 人,人口自然增长率为多少?( )

中公解题:根据人口自然增长率公式②,所求为 $\dfrac{63\,498-62\,767}{1\,189\times10\,000}\times1\,000‰$。

七、进出口额

进出口总额是指实际进出我国国境的货物总金额,包括进口额和出口额两部分。

进出口总额=进口额+出口额

贸易顺差:当进口额小于出口额时,进出口贸易表现为顺差。

顺差额=出口额－进口额

贸易逆差:当进口额大于出口额时,进出口贸易表现为逆差。

逆差额=进口额－出口额

经典真题▶

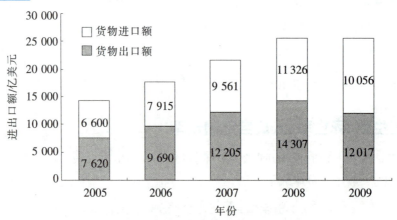

2005—2009 年我国进出口总额

2009 年我国进出口总额为多少亿美元?2009 年我国进出口总额是 2005 年的多少倍?

中公解题:2009 年我国进出口总额为(10 056+12 017)亿美元,2005 年为(6 600+7 620)亿美元,2009 年是 2005 年的 $\dfrac{10\,056+12\,017}{6\,600+7\,620}$ 倍。

第二节　资料分析计算技巧

资料分析的题目大部分可运用计算技巧进行快速计算。

一、尾数法

尾数法指通过运算结果的末位或末两位数字来确定选项,常用于和、差的计算,偶尔用于乘法计算。尾数可以指结果的末位或末几位。

1.尾数位数规则

加法——两个数相加,和的尾数是由两个加数的尾数相加得到的。

例:2 452+613=3 065,和的尾数 5 是由两个加数的尾数 2 加上 3 得到的。

减法——两个数相减,差的尾数是由被减数的尾数减去减数的尾数得到的,不够减时,要先借位再相减。

例:2 452–613=1 839, 差的尾数 9 是由被减数的尾数 2 借位后再减去减数的尾数 3 得到的。

乘法——两个整数相乘,如果积的所有有效数字都保留,那么积的尾数是由两个乘数的尾数相乘得到的。

例:2 452×613=1 503 076,积的尾数 6 是由两个乘数的尾数 2 乘 3 得到的。

2.尾数法应用条件

一般应用于计算某一具体数值的题目。当题干中所给的选项尾数不相同时,可运用尾数法快速选出正确选项。

经典真题 ▶　135.7+444.0+2 194.8=(　　)。

A.2 774.5　　　　B.1 908.9　　　　C.2 194.8　　　　D.3 268.7

【答案】A。

中公解题:由于题干算式中的三个数据和选项中的数据都只有一位小数,且选项的尾数都不相同,可运用尾数法:0.7+0+0.8=1.5,小数点后应为 5,只有 A 项符合。

二、首数法

与尾数法类似, 是通过运算结果的首位或前两位数字来确定选项。一般运用于加、减、除法中,在除法中最常用。

1.首数位数规则

加法——两个数相加,如果两个数的位数相同,和的首数是由两个加数的首数相加得到的,但要考虑首位后一位数相加后是否进位;两个数的位数不同时,和的首数与较大的加数一致或者为较大的加数的首数加 1。

例:3 288+2 216,百位没有进位,和的首数为 3+2=5。

3 888+2 716,百位有进位,和的首数为 3+2+1=6。

减法——两个数相减,如果两个数的位数相同,差的首数是被减数的首数减去减数的首数得到的,但要考虑被减数首位后一位数相减是否需要借位;两个数的位数不同时,差的首数与较大的数一致或者是较大的数的首数减1(有借位时)。

例:3 888–216,被减数百位数字作差时不需要借位,则差的首数与较大的数3 888的首数一致,为3。

5 288–2 316,被减数百位数字作差时需要借位,则差的首数为5–2–1=2。

除法——被除数除以除数时,先得到商的高位数,除法进行到可以判断出正确选项为止。

例:3 888÷216,商等于3 888÷216=1X,首数为1。

2.首数法应用条件

在计算具体数值或若干个数值的大小比较时都可使用。

经典真题▶ 5 890÷(1+11.0%)≈(   )。

A.5 206.2   B.5 268.6   C.5 306.3   D.5 408.6

【答案】C。

中公解题:分析选项,选项最大都是千位,且第一位数字都相同,第二位数字也有相同的,直到第三位数字才彼此不同。如果除法算出第二位数字为“2”,就要计算到第三位数字。5 890÷(1+11.0%)=$\frac{5\,890}{1.11}$=$\frac{589\,000}{111}$=5 3XX,结果的前两位数字应是53,只有C项符合。

三、有效数字法

在计算有多位有效数字的数据时,可将其个位、十位或百位等上的数据根据具体情况进舍位,得到相对简单的数据再计算,这种方法就是有效数字法,多用于乘除法运算中。

1.有效数字法进舍位原则

乘法——两个乘数都可进舍位。

除法——建议只将除数进舍位。

当需要进舍位的第一位是0~4时,一般舍位;是6~9时,一般进位;是5时,可先运用下文讲解的特征数字法。

2.有效数字法应用条件

多用于选项间差距较大、计算精度不高的题目。

经典真题▶ 19 270÷(1+47.9%)≈(   )。

A.50 200   B.39 500   C.17 500   D.13 029

【答案】D。

中公解题:19 270÷(1+47.9%)=$\frac{19\,270}{1.479}$<19 270,排除A、B;运用有效数字法,只将除数保留两位有效数字,19 270÷1.479≈19 270÷1.5=19 270×2÷3=12 XXX,与D项最接近。

四、特征数字法

利用一些常用数据的数学特性,将小数、整数和分数三者相互转化。

1.分母小于 10 的真分数

$0.5=\dfrac{1}{2}$; $0.333\approx\dfrac{1}{3}$ 、 $0.667\approx\dfrac{2}{3}$; $0.25=\dfrac{1}{4}$ 、 $0.75=\dfrac{3}{4}$ 。

$0.2=\dfrac{1}{5}$ 、 $0.4=\dfrac{2}{5}$ 、 $0.6=\dfrac{3}{5}$ 、 $0.8=\dfrac{4}{5}$; $0.167\approx\dfrac{1}{6}$ 。

$0.143\approx\dfrac{1}{7}$; $0.125=\dfrac{1}{8}$ 、 $0.375=\dfrac{3}{8}$ 、 $0.625=\dfrac{5}{8}$ 、 $0.875=\dfrac{7}{8}$ 。

$0.111\approx\dfrac{1}{9}$ 、 $0.222\approx\dfrac{2}{9}$ 、 $0.444\approx\dfrac{4}{9}$ 、 $0.556\approx\dfrac{5}{9}$ 、 $0.778\approx\dfrac{7}{9}$ 、 $0.889\approx\dfrac{8}{9}$ 。

2.尾数是 5 的数

$\dfrac{10}{2}=5$ 、 $\dfrac{30}{2}=15$ 、 $\dfrac{70}{2}=35$ 、 $\dfrac{90}{2}=45$ ……

$\dfrac{100}{4}=25$ 、 $\dfrac{300}{4}=75$ 、 $\dfrac{700}{4}=175$ 、 $\dfrac{900}{4}=225$ ……

$\dfrac{1\,000}{8}=125$ 、 $\dfrac{3\,000}{8}=375$ 、 $\dfrac{5\,000}{8}=625$ 、 $\dfrac{7\,000}{8}=875$ ……

3.特征数字法应用条件

常用于乘、除法计算中。当算式中出现接近分母小于 10 的真分数的小数时,可以将小数转化为对应真分数进行计算;当算式中出现尾数为 5、25、125……的数时,可以将分子、分母同乘以 2、4、8……使数据得到化简,计算难度下降。

> **经典真题** ▶ $15\,777.56\div(1+16.2\%)\approx($ $)$ 。
>
> A.3 377　　　　　B.3 311　　　　　C.13 578　　　　　D.13 221
>
> **【答案】** C。
>
> **中公解题:** 利用特征数字法, $15\,777.56\div(1+16.2\%)\approx15\,777.56\div(1+\dfrac{1}{6})=15\,777.56\times$
>
> $\dfrac{6}{7}=\dfrac{15\,777.56}{7}\times6\approx2\,250\times6=13\,500$,与 C 项最接近。

五、同位比较法

通过比较两个分式的分子、分母,判断两个分数的大小的方法。主要有以下几种方法:

1.基本比较

两个分数比较大小,如果它们的分母相同,分子大的分数大;如果它们的分子相同,分母小的分数大。

2.化成分子相同比较

两个分数,如果它们的分子存在倍数关系,可将分子较小的分数的分子、分母乘以一个适当的整数,将两个分数的分子化成相同或相近,再比较分母的大小,此时分母小的分数大。

3.化成分母相同比较

两个分数,如果它们的分母存在倍数关系,可将分母较小的分数的分子、分母乘以一个适当的整数,将两个分数的分母化成相同或相近,再比较分子的大小,此时分子大的分数大。

4.分子分母反向变化比较

两个分数,如果前者的分子大且分母小,那么前者大;同理,如果前者分子小且分母大,那么前者小。

5.同位比较法应用条件

一般只应用于对若干个数据大小进行比较或进行排序,通常按照题干中数据的排列顺序依次进行大小比较。

经典真题▶ 在①$\frac{407}{6\,728}$、②$\frac{1\,038}{3\,958}$、③$\frac{1\,333}{4\,408}$、④$\frac{324}{3\,217}$中,值最小的式子是(　　)。

A.①　　　　　　　B.②　　　　　　　C.③　　　　　　　D.④

【答案】A。

中公解题:分别比较四个分式的分子、分母,根据同位比较法可得到$\frac{407}{6\,728} < \frac{1\,038}{3\,958}$,且$\frac{407}{6\,728} < \frac{1\,333}{4\,408}$,排除B、C。由于$\frac{324}{3\,217} = \frac{324\times2}{3\,217\times2} = \frac{648}{6\,434}$,648>407且6\,434<6\,728,则$\frac{407}{6\,728} < \frac{324}{3\,217}$。故本题选A。

第八篇

08

时事知识

开篇明义

时事知识在四川事业单位综合知识科目考试中属于必考内容,且总体考查题量较大。该部分考查内容涉及党和国家方针政策热点和四川省策。

通过分析 2019—2023 年四川事业单位综合知识科目考试真题可知,时事知识试题考查占比不一,少的仅占 5%;多的可达 15%以上。通过真题分析,我们能够得出本篇各章内容的考查占比情况和高频考点,具体如下所示:

章名	考查占比	高频考点
党和国家方针政策热点	90%	经济、政治、文化领域等重要政策文件
四川省策	10%	四川省政策文件

根据上表,结合试题的考查形式,时事知识试题的具体考查特点如下:

1.党和国家方针政策热点是考查的重中之重

党和国家方针政策热点是四川事业单位综合知识科目考试时事知识部分的考查重点,此类试题考查范围广泛,涉及党和国家方针政策的方方面面,时效性较强,一般为考试前一年内的时政热点。以下题为例:

2023·四川泸州 (多选)"一个人也好,一个政党也好,最难得的就是历经沧桑而初心不改、饱经风霜而本色依旧。"党的二十大报告指出,从现在起,中国共产党的中心任务就是团结带领全国各族人民(　　)。

A.以中国式现代化全面推进中华民族伟大复兴

B.全面建成小康社会、实现第一个百年奋斗目标

C.推动构建人类命运共同体,创造人类文明新形态

D.全面建成社会主义现代化强国、实现第二个百年奋斗目标

解析:党的二十大报告指出,从现在起,中国共产党的中心任务就是团结带领全国各族人民全面建成社会主义现代化强国、实现第二个百年奋斗目标,以中国式现代化全面推进中华民族伟大复兴。故本题选 AD。

针对此类试题,考生在备考过程中对于近一年党和国家方针政策中的重要提法、战略安排等要深入理解和掌握,做到心中有数。此外,2022 年下半年召开的党的二十大,是全党全国各族人民迈上全面建设社会主义现代化国家新征程、向第二个百年奋斗目标进军的关键时刻召开的一次十分重要的全国代表大会, 是党和国家政治生活中的一件大事。考生在备考过程中应重点关注党的二十大报告中的重要提法。考虑到本书篇幅以及图书制作的周期性,考生可以通过扫描本书封底放置的二维码获取相关时新知识。

2.国内时事考查范围广泛但难度较低

四川事业单位综合知识科目考试中对国内时事的考查涉及重要文件、重要会议、重大赛事或活动、重大科技成就等各方面。试题常以挖空或判断形式呈现,难度不大。以下题为例:

2023·四川省属 (判断)中共中央总书记、国家主席、中央军委主席习近平在参加十四届全国人大一次会议江苏代表团审议时强调,高质量发展是全面建设社会主义现代化国家的首要任务。(　　)

解析:2023年3月5日,习近平总书记在参加十四届全国人大一次会议江苏代表团审议时强调,高质量发展是全面建设社会主义现代化国家的首要任务。加快构建新发展格局,是推动高质量发展的战略基点。故本题判断正确。

此类试题设问方式简单,常就某些重要指标,重要会议的主题、举办地或重要提法,某些重大科技成就的命名及重要突破等进行命题,考生需要对国内时事多加关注。考生可通过浏览中国政府网、新华网、人民网等权威网站了解相关内容,也可扫描本书封底放置的二维码获取相关内容并进行相应的试题练习。

第一章 党和国家方针政策热点

一、经济领域

1.共同富裕

共同富裕是全体人民共同富裕,是人民群众物质生活和精神生活都富裕,不是少数人的富裕,也不是整齐划一的平均主义。共同富裕是社会主义的本质要求,是中国式现代化的重要特征。

习近平总书记在中央财经委员会第十次会议上发表重要讲话指出:"现在,已经到了扎实推动共同富裕的历史阶段。"这一阶段的目标任务和总的思路具体如下表所示:

项目	具体内容
目标任务	①到"十四五"时期末,全体人民共同富裕迈出坚实步伐,居民收入和实际消费水平差距逐步缩小 ②到2035年,全体人民共同富裕取得更为明显的实质性进展,基本公共服务实现均等化 ③到21世纪中叶,全体人民共同富裕基本实现,居民收入和实际消费水平差距缩小到合理区间
总的思路	坚持以人民为中心的发展思想,在高质量发展中促进共同富裕,正确处理效率和公平的关系,构建初次分配、再分配、三次分配协调配套的基础性制度安排,加大税收、社保、转移支付等调节力度并提高精准性,扩大中等收入群体比重,增加低收入群体收入,合理调节高收入,取缔非法收入,形成中间大、两头小的橄榄型分配结构,促进社会公平正义,促进人的全面发展,使全体人民朝着共同富裕目标扎实迈进

2.高质量发展

2017年10月,习近平总书记在党的十九大报告中首次提及"高质量发展",指出"我国经济已由高速增长阶段转向高质量发展阶段"。2020年7月,中共中央政治局会议指出,我国已进入高质量发展阶段。

高质量发展,是能够很好满足人民日益增长的美好生活需要的发展,是体现新发展理念的发展,是创新成为第一动力、协调成为内生特点、绿色成为普遍形态、开放成为必由之路、共享成为根本目的的发展。

高质量发展是全面建设社会主义现代化国家的首要任务。

3.三个"新发展"

三个"新发展",即新发展阶段、新发展理念、新发展格局。

新发展阶段是指全面建设社会主义现代化国家、向第二个百年奋斗目标进军的阶段,是中国共产党带领人民迎来从站起来、富起来到强起来历史性跨越的新阶段。

新发展理念是指创新(解决发展动力问题)、协调(解决发展不平衡问题)、绿色(解决人与自然和谐问题)、开放(解决发展内外联动问题)、共享(解决社会公平正义问题)的发展理念。

新发展格局是指以国内大循环为主体、国内国际双循环相互促进的发展格局。构建新发展格局的关键在于经济循环的畅通无阻,最本质的特征是实现高水平的自立自强。

三者的联系:①把握新发展阶段是贯彻新发展理念、构建新发展格局的现实依据;②贯彻新发展理念为把握新发展阶段、构建新发展格局提供了行动指南;③构建新发展格局是应对新发展阶段机遇和挑战、贯彻新发展理念的战略选择。

4.扩大内需

《扩大内需战略规划纲要(2022—2035年)》指出,实施扩大内需战略是满足人民对美好生活向往的现实需要,是充分发挥超大规模市场优势的主动选择,是应对国际环境深刻变化的必然要求,是更高效率促进经济循环的关键支撑。

坚定实施扩大内需战略、培育完整内需体系,是加快构建以国内大循环为主体、国内国际双循环相互促进的新发展格局的必然选择,是促进我国长远发展和长治久安的战略决策。

部署实施扩大内需战略的重点任务包括:①加快培育完整内需体系;②促进形成强大国内市场;③支撑畅通国内经济循环。

二、政治领域

1.中国式现代化

中国式现代化,是中国共产党领导的社会主义现代化,既有各国现代化的共同特征,更有基于自己国情的中国特色。中国式现代化具有如下特征:①是人口规模巨大的现代化;②是全体人民共同富裕的现代化;③是物质文明和精神文明相协调的现代化;④是人与自然和谐共生的现代化;⑤是走和平发展道路的现代化。

中国式现代化的本质要求:坚持中国共产党领导,坚持中国特色社会主义,实现高质量发展,发展全过程人民民主,丰富人民精神世界,实现全体人民共同富裕,促进人与自然和谐共生,推动构建人类命运共同体,创造人类文明新形态。

2."两个确立"

《中共中央关于党的百年奋斗重大成就和历史经验的决议》指出,党确立习近平同志党中央的核心、全党的核心地位,确立习近平新时代中国特色社会主义思想的指导地位,反映了全党全军全国各族人民共同心愿,对新时代党和国家事业发展、对推进中华民族伟大复兴历史进程具有决定性意义。

3.全过程人民民主

2019年11月,习近平总书记在上海考察时指出,"我们走的是一条中国特色社会主义政治发展道路,人民民主是一种全过程的民主"。

我国全过程人民民主是一个完整的制度链条,包括选举民主、协商民主、社会民主、基层民主、公民民主等民主政治的全部要素,涵盖了民主选举、民主协商、民主决策、民主管理、民主监督等民主过程的一切领域,不仅有完整的制度程序,而且有完整的参与实践。人民代表大会制度是实现我国全过程人民民主的重要制度载体。

民主是全人类的共同价值。人民民主是社会主义的生命，没有民主就没有社会主义。全过程人民民主是社会主义民主的本质属性，体现了国家一切权力属于人民的宪法理念，体现了我们党全心全意为人民服务的根本宗旨。在社会主义社会，人民当家作主，国家利益、集体利益和个人利益根本上是一致的。人民当家作主是中国民主的本质和核心。

三、文化领域

1.新时代的思想政治工作

思想政治工作是党的优良传统、鲜明特色和突出政治优势，是一切工作的生命线。新时代加强和改进思想政治工作的具体内容如下：

(1)根本任务：巩固马克思主义在意识形态领域的指导地位、巩固全党全国人民团结奋斗的共同思想基础。

(2)职责使命：举旗帜、聚民心、育新人、兴文化、展形象。

(3)方针原则：坚持和加强党的全面领导、坚持以人民为中心、坚持服务党和国家工作大局、坚持遵循思想政治工作规律、坚持守正创新。

(4)主要举措：①把思想政治工作作为治党治国的重要方式；②深入开展思想政治教育；③提升基层思想政治工作质量和水平；④推动新时代思想政治工作守正创新发展；⑤构建共同推进思想政治工作的大格局。

2.中国精神的弘扬

中国精神作为兴国强国之魂，是实现中华民族伟大复兴不可或缺的精神支撑。部分具有代表性的中国精神如下表所示：

中国精神	内涵
五四精神	爱国、进步、民主、科学
伟大建党精神	坚持真理、坚守理想，践行初心、担当使命，不怕牺牲、英勇斗争，对党忠诚、不负人民
井冈山精神	坚定信念、艰苦奋斗；实事求是、敢闯新路；依靠群众、勇于胜利
伟大长征精神	把全国人民和中华民族的根本利益看得高于一切，坚定革命的理想和信念，坚信正义事业必然胜利的精神；为了救国救民，不怕任何艰难险阻，不惜付出一切牺牲的精神；坚持独立自主、实事求是，一切从实际出发的精神；顾全大局、严守纪律、紧密团结的精神；紧紧依靠人民群众，同人民群众生死相依、患难与共、艰苦奋斗的精神
遵义会议精神	坚定信念、实事求是、独立自主、敢闯新路、民主团结
改革开放精神	解放思想、实事求是；敢闯敢试、勇于创新；互利合作、命运与共
"两弹一星"精神	热爱祖国、无私奉献，自力更生、艰苦奋斗，大力协同、勇于登攀
载人航天精神	特别能吃苦、特别能战斗、特别能攻关、特别能奉献
新时代北斗精神	自主创新、开放融合、万众一心、追求卓越

第二章 四川省策

第一节 《四川省"十四五"文化发展和改革规划》(要点)

2023年1月,《四川省"十四五"文化发展和改革规划》发布。该文件要点如下:

一、工作原则

"十四五"时期,促进四川省文化发展和改革要坚持以下工作原则:①坚持党的全面领导;②坚持正确方向;③坚持共建共享;④坚持服务大局;⑤坚持改革创新;⑥坚持科技引领;⑦坚持系统观念。

二、发展目标

"十四五"时期,四川省文化发展和改革的目标:坚持马克思主义在意识形态领域的指导地位,坚定文化自信。到2025年,文化建设在"五位一体"总体布局中的作用更加凸显,社会主义核心价值观深入人心,人民思想道德素质、科学文化素质和身心健康素质明显提高,社会文明风尚更加浓厚,现代公共文化服务体系更加健全,全省文化及相关产业增加值占GDP比重超过5%,成为国民经济重要支柱性产业,基本建成文化强省。具体包括:

(1)加快形成旗帜高扬、德法相济、成风化人、向上向善的社会文明新格局。

(2)加快形成导向鲜明、紧跟时代、融合发展、传播有力的新闻舆论新格局。

(3)加快形成城乡一体、便捷高效、供给充分、惠及全民的公共文化服务新格局。

(4)加快形成基调昂扬、活力迸发、精品迭出、高峰凸显的文艺发展新格局。

(5)加快形成结构优化、主体强健、市场繁荣、效益突出的现代文化产业新格局。

(6)加快形成体系健全、学术支撑、工程带动、活态传承的文化传承发展新格局。

三、具体举措

"十四五"时期,促进四川省文化发展和改革的具体举措如下表所示:

具体举措	主要内容
坚持以习近平新时代中国特色社会主义思想引领四川文化发展	把学习宣传贯彻习近平新时代中国特色社会主义思想和习近平总书记对四川工作系列重要指示精神作为首要政治任务,持续强化理论武装,推动党的创新理论入脑入心、落地生根,建设社科强省,构建社会主义意识形态高地

(续表)

具体举措	主要内容
培育和践行社会主义核心价值观	坚持以社会主义核心价值观为引领,深入开展中国特色社会主义和伟大中国梦宣传教育,大力弘扬民族精神和时代精神,推动理想信念教育常态化制度化,为中国特色社会主义事业发展提供源源不断的精神动力和道德滋养
构建现代舆论传播高地	坚守新闻舆论工作职责使命,坚持正确的政治方向、舆论导向和价值取向,紧跟新一轮科学技术革命潮流,做大做强主流舆论,推进媒体深度融合,不断提高新闻舆论传播力、引导力、影响力、公信力,建设新闻舆论强省
传承弘扬中华优秀传统文化和革命文化	坚持体系化传承、项目化推进、时代化呈现,推动中华优秀传统文化、革命文化和社会主义先进文化一体传承,不断增强中华优秀传统文化巴蜀因子和红色基因的生命力影响力
繁荣发展文艺和出版事业	着眼丰富人民精神世界、增强人民精神力量,全面繁荣新闻出版、广播影视、文学艺术事业,充分发挥重点战略牵引作用,把握正确导向,提升作品质量,创新工作机制,形成精品力作不断涌现、创作生产不断繁荣、事业格局不断优化的发展新局面
完善现代公共文化服务体系	着眼满足人民群众享有更丰富、高品位文化生活的期盼,持续优化城乡文化资源配置和公共文化服务供给,缩小城乡公共文化服务差距,在更高水平上保障人民文化权益
推动文化产业高质量发展	紧紧围绕提供更多满足人民文化需求、增强人民精神力量的优质文化产品,培育更多更强更优文化市场主体,健全现代文化产业体系和市场体系,推动文化产业成为文化强省建设的亮点标志、国民经济的重要支柱
拓展文化旅游融合发展空间	坚持"宜融则融、能融尽融,以文塑旅、以旅彰文",深耕巴蜀文化沃土,深挖巴蜀文化内涵,推进四川文旅融合向纵深发展,有效实现业态、产品、市场、服务、交流深度融合,不断拓宽文旅融合发展空间、激活文旅高质量发展动能
持续深化文化体制改革	着眼激发文化创新创造活力,有效破除制约文化繁荣发展的体制机制障碍,加快形成系统完备、科学规范、运行有效、充满活力的文化制度体系,为促进文化事业产业高质量发展提供持续动力和重要保障
构建形成坚强有力的人才支撑	健全文化人才发展机制,培养高端文化领军人才,建强基层文化人才队伍,深化专业人才队伍建设

第二节 《四川省建设世界重要旅游目的地规划（2023—2035 年）》（要点）

2023 年 7 月,《四川省建设世界重要旅游目的地规划(2023—2035 年)》印发。该文件要点如下:

一、基本原则

四川省建设世界重要旅游目的地应坚持以下原则:全球视野,世界精品;全域统筹,示范引领;守正创新,巴蜀特色;国际接轨,品质服务。

二、目标定位

1.总体定位

四川省建设世界重要旅游目的地的总体定位:对接国际标准,体现中国特色,凸显巴蜀文化,围绕打造国际范、中国味、巴蜀韵的世界重要旅游目的地,建设"一省四地"。

一省:世界重要旅游目的地省。

四地:国际一流大熊猫生态旅游目的地、世界知名巴蜀文化旅游目的地、安逸四川生活体验旅游目的地、全球极高山最佳山地旅游目的地。

品牌定位:熊猫家园、古蜀文明、天府之国、安逸四川。

2.总体目标

四川省建设世界重要旅游目的地的总体目标:建设世界重要旅游目的地分两步实施,到 2027 年世界重要旅游目的地建设取得重要突破,到 2035 年建成世界重要旅游目的地。

3.近期建设目标

四川省建设世界重要旅游目的地的近期建设目标:未来五年是全面建设世界重要旅游目的地开局起步的关键时期。通过五年努力,四川旅游知名度、吸引度、开放度、舒适度、满意度显著提升,旅游对全面建设社会主义现代化四川贡献突出,四川旅游在全球旅游市场影响大幅提高。具体包括:

(1)四川旅游知名度显著提升。

(2)巴蜀文化旅游吸引度显著提升。

(3)国际旅游开放度显著提升。

(4)国际旅游舒适度显著提升。

(5)国际旅游满意度显著提升。

三、空间格局

四川省建设世界重要旅游目的地的空间格局:构建"一核引领、五区支撑、七道串联"的世界重要旅游目的地发展格局。

一核引领:成都对标国际一流,建设世界旅游名城,引领全省世界重要旅游目的地建设。

五区支撑:在"十大"品牌加快建设基础上,重点推进大九寨、大峨眉、大贡嘎、大香格里拉、大遗址 5 大区域建设,形成世界重要旅游目的地的区域支撑。

七道串联:在"四廊"加快建设基础上,重点培育大熊猫生态旅游风景道、藏羌彝文化旅游风景道、国道 318/317 中国最美景观大道、蜀道三国文化旅游风景道、南方丝绸之路文化旅游风景道、大巴山旅游风景道、嘉陵江旅游风景道 7 条世界级旅游风景道。

四、具体措施

四川省建设世界重要旅游目的地的具体措施:

(1)塑造具有国际知名度的旅游品牌。根据"六度指标"中对"知名度"的评价标准,围绕塑造四川国际旅游品牌形象,加快推出国际旅游名片,提高文化旅游品牌内涵,不断提升国际社会对四川世界重要旅游目的地形象认知和认可程度。

(2)建设具有全球竞争力的旅游精品。根据"六度指标"中对"吸引度"的评价标准,围绕四川特色优势文化旅游资源,打造世界级旅游名城、景区、度假区、风景道和线路产品,培育具有国际引领性的新业态,不断提升四川资源、旅游产品和新业态吸引力。

(3)强化世界旅游目的地的基础设施支撑。根据"六度指标"中对"舒适度"的评价标准,聚焦"一核五区七道"核心发展区域,加快建设国际旅游航空枢纽,完善"快旅慢游"交通体系,建设符合国际标准的基础设施,不断提升四川旅游目的地可达性和硬件设施舒适度水平。

(4)提升国际化旅游服务品质。根据"六度指标"中对"满意度"的评价标准,聚焦国际国内市场需求,不断完善旅游服务设施,提升服务品质,培养旅游人才,持续提升四川旅游服务国际化水平和总体满意度。

(5)促进国内国际更高水平旅游开放合作。根据"六度指标"中对"开放度"和"知名度"的评价标准,持续激活国内国际两个市场,做大入川游,促进入境游,增强国际传播能力,广泛开展交流合作,不断提升四川旅游的国际影响力和关注度。

(6)提高现代化国际化旅游治理能力。根据"六度指标"中对"开放度"和"满意度"的评价标准,围绕提升旅游市场交易秩序和安全保障,提升旅游营商能力,培育壮大市场主体,构建安全有序活跃开放的旅游发展环境,不断提升四川旅游的现代化国际化发展水平。

管 理

开篇明义

管理是四川事业单位综合知识科目考试的内容之一,主要涉及管理学知识和行政管理知识等内容。

通过分析 2019—2023 年四川事业单位综合知识科目考试真题可知,管理试题在四川事业单位综合知识科目考试中考查较少,考查比例通常不足 10%。通过真题分析,我们能够得出本篇各章内容的考查占比情况和高频考点,具体如下所示:

章名	考查占比	高频考点
管理学知识	55.3%	①管理的概念;②管理者应具备的技能;③管理效应
行政管理知识	44.7%	①政府的基本职能;②行政监督体系

根据上表,结合试题的考查形式,管理试题的具体考查特点如下:

1.侧重考查考生对基础理论知识的掌握

四川事业单位综合知识科目考试对于管理知识的考查多围绕管理学定义或管理基础理论展开,或直接考查理论内容,或结合题干表述考查考生对定义或概念的理解程度,以下题为例:

2023·四川泸州 (单选)管理是人类社会协作劳动和共同生活的产物。下列与管理相关的说法错误的是( )。

A.管理是一种社会实践活动

B.管理是为了实现特定的目标

C.管理是在一定的环境和条件下进行的

D.管理主体只能是以个人形式存在的领导者

解析:A、B、C 三项说法正确。管理是管理者在一定的环境和条件下,为了实现特定的目标,动员和运用有效资源而进行的计划、组织、领导和控制等社会实践活动。

D 项说法错误。管理者是在管理过程中组织、指挥、领导和控制其他社会成员的活动和行为的人们。管理者构成了管理活动的主体。管理主体可以是以个体形式存在的领导者,也可以是以集体形式出现的决策者或领导者。

故本题选 D。

此类题目难度一般不大,主要考查考生对于管理基础知识的掌握程度。考生在复习时,既要重视对管理基础理论的记忆,又要注重对概念的理解。

2.部分试题结合案例或材料考查

在四川事业单位综合知识科目考试的管理试题中,不仅有考查基础理论知识的"常规"试题,也有结合案例或材料等考查的综合性强的"非常规"试题。这类试题一般难度稍大,需要考生熟记管理基础理论知识并做到熟练应用。以下题为例:

2021·四川泸州 (多选)在一起聚众吸毒案件中,社区居民李某针对该社区某户常有陌生人出没的情况向当地部门举报,媒体人员了解情况后假借交易名义同该住户取得联系,并拍下吸毒场面及时交与相关部门,最后公安机关在掌握充分证据后,将该地下吸毒场所捣毁。案件中涉及的监督形式有( )。

A.司法监督　　　　　　　　　　B.政党监督

C.公民监督　　　　　　　　　　D.社会舆论监督

解析： A项不选。司法监督,即来自司法机关的监督。我国司法机关指人民法院和人民检察院。人民法院行使司法权,人民检察院行使法律监督权。而公安机关是人民政府的重要组成部分,是国家的行政机关。公安机关将地下吸毒场所捣毁,不属于司法监督。

B项不选。政党监督,即来自中国共产党和其他民主党派的监督。本题中没有涉及政党监督。

C、D两项当选。社会监督包括公民监督、社会舆论监督和其他社会组织的监督。李某向相关部门举报社区常有陌生人出入的情况,属于公民监督。社会舆论监督是指社会公众运用各种传播媒介对社会运行过程中出现的现象表达信念、意见和态度的活动。题干中的媒体人员假借交易名义同该住户取得联系,并拍下吸毒场面,及时交与相关部门,属于社会舆论监督。

故本题选CD。

上述试题结合生活案例考查了考生对于行政监督体系中的监督形式的理解,综合性较强。作答本题,考生应抓住案例中涉及的人物,联系其身份与行为对应具体的监督形式。面对此类题目,考生应多联系生活实际,在作答时可将自己置身于试题情境中,结合生活经验辅助判断。

第一章 管理学知识

第一节　管理概述

一、管理的概念

管理是指管理者在特定环境下，对组织所拥有的资源进行有效的计划、组织、领导和控制，从而实现既定的组织目标的过程。

二、管理者应具备的技能

根据罗伯特·卡茨的研究，管理者在行使管理职能和扮演管理角色时，必须具备技术技能、人际技能和概念技能。这三项技能的含义及其对各管理层的重要程度如下表所示：

技能	含义	对各管理层的重要程度
技术技能	指运用管理者所监督的专业领域中的过程、惯例、技术和工具的能力	对于基层管理最重要，对于中层管理较重要，对于高层管理较不重要
人际技能	指与处理人事关系有关的技能，即理解、激励他人并与他人共事的能力，也是一种艺术	对于各管理层同样重要
概念技能	指纵观全局，认清为什么要做某事的能力，也就是洞察组织与环境之间相互影响的能力	对于基层管理较不重要，对于中层管理较重要，对于高层管理最重要

三、管理效应

常见的管理效应及其具体内容如下表所示：

管理效应	具体内容
马太效应	是指在一定条件下，强者越来越强、弱者越来越弱，富者越来越富、穷者越来越穷这类两极分化不断加剧、滚动累积的现象
破窗效应	是指如果一扇窗户被打破又得不到及时修理，别人就可能受到暗示性的纵容去打破更多的窗户，即环境中的不良现象如果被放任存在，会诱使人们效仿，甚至变本加厉
木桶效应	又称"短板效应"，是指一只由几块木板组成的木桶，其盛水量的多少不是由最长的那块木板决定的，而是由最短的那块木板决定的
首因效应	是指由第一印象（首次印象）所引起的一种心理倾向，它对人们今后对事物的判断有着非常显著的影响

(续表)

管理效应	具体内容
近因效应	是指在多种刺激一次出现的时候,印象的形成主要取决于后来出现的刺激
晕轮效应	又称"光环效应",是指一个人的某种品质或一个物品的某种特性给人以非常好的印象,在这种印象的影响下,人们对这个人的其他品质或这个物品的其他特性也会给予较好的评价
从众效应	是指当个体受到群体的影响(引导或施加的压力),会怀疑并改变自己的观点、判断和行为,朝着与群体大多数人一致的方向变化,即"随大流"

经典真题 ⏵ (多选)下列各项中,属于破窗效应的有(   )。

A.某学校围墙出现一些涂鸦,不久,这面墙就被涂满了乱七八糟甚至不堪入目的东西

B.某公园小道上有些许垃圾,后来垃圾越来越多,很多人都顺手将垃圾扔在地上

C.小明非常喜欢玩电子游戏,他认为班上肯定有很多人也喜欢玩电子游戏

D.自从反腐工作开展以来,好多官员谈腐色变,不敢轻易迈出红线一步

【答案】AB。

中公解题:破窗效应认为环境中的不良现象如果被放任存在,会诱使人们效仿,甚至变本加厉。A、B两项中,学校围墙出现一些涂鸦还被放任,因此涂鸦更多;公园小道有垃圾还被放任,因此出现更多垃圾,均体现了破窗效应。C项属于投射效应。D项,反腐工作不是不良现象,不属于破窗效应。

第二节　管理职能

尽管学者们对管理职能的划分有不同的理解和分类,但有四项基本职能是多数学者所公认的,即计划、组织、领导和控制。

一、计划

管理活动是从计划工作开始的。计划是管理的首要职能,是根据组织的外部环境,并结合自身的实际情况,明确所追求的目标以及相应的行动方案的活动。

计划具有目标性、先导性、普遍性和效益性的特征。

计划的作用包括:①为组织活动提供方向和目的;②促进组织成员或部门间的协调;③有助于控制,即根据计划纠正行动的偏差,保证行动方向的正确性;④帮助组织发现机会,降低风险;⑤提高工作效率;⑥弥补情况变化所造成的损失。

二、组织

(一)组织概述

组织主要是指在战略和目标的指导下,明确当前的工作任务并对任务进行分类与整合,通过设置一系列的机构和职位来承担这些工作任务,同时,通过明确组织中的指挥链并进行相应的职责和权限划分,构建起完整的组织管理体系。

组织的特征包括目标的一致性、原则的统一性、资源的整合性、活动的协作性和结构的系统性。

(二)组织的类型

按照不同的分类标准,组织可以分成若干类型:

1.正式组织和非正式组织

按建立依据和正规化程度,组织可分为正式组织和非正式组织。

正式组织是指所有成员彼此互相沟通,为既定目标采取共同行动,是根据法律或规章制度的有关规定而形成的组织。

非正式组织最早由美国管理学家梅奥通过"霍桑试验"提出,是指人们在共同的工作过程中自然形成的以情感、喜好等情绪为基础的、松散的、没有正式规定的群体。

2.机械式组织和有机式(弹性)组织

按组织的灵活性和适应程度,组织可分为机械式组织和有机式(弹性)组织。

机械式组织是一种稳定的、僵硬的结构形式,它追求的主要目标是稳定运行中的效率。机械式组织强调对任务进行高度的劳动分工和职能分工,并对分工后的专业化工作进行严密的层次控制。其组织结构特征是趋向刚性。

有机式(弹性)组织是一种松散的、灵活的、具有高度适应性的组织形式。因为有机式(弹性)组织不具有标准化的工作、规则和条例,所以是一种松散的结构,能根据需要迅速地做出调整。

(三)组织的纵向结构设计

组织的纵向结构设计,就是确定管理幅度、划分管理层次。

管理幅度是指一名主管人员有效管理的直接下属的人数。确定管理幅度,一般应考虑以下几个因素:职务的性质、主管人员和其下属的素质及工作能力的强弱、工作本身的性质、标准化和授权程度、信息反馈情况等。管理层次是组织中建立授权级别的数量,或者说是纵向管理的等级层次。

在组织规模已定的条件下,管理幅度同管理层次成反比关系,即管理幅度越大,管理层次就越少;反之,管理幅度越小,管理层次就越多。

> **知识拓展**
>
> 不同的管理幅度与管理层次,会产生三种不同的组织。
>
> (1)高耸型(金字塔型/锥形)组织:管理幅度小、管理层次多、沟通渠道多。
>
> (2)较扁平型组织:管理幅度较大、管理层次较少、沟通渠道较多。
>
> (3)扁平型组织:管理幅度大、管理层次少、沟通渠道少。
>
> 高耸型组织向扁平型组织变化的过程是组织结构扁平化的过程。组织结构扁平化是通过减少管理层次,裁减冗余人员,从而建立一种紧凑、干练的扁平化组织。

三、领导

(一)领导概述

领导是指充分利用各种方法和手段对下属进行有效的激励并为下属提供必要的指导和支持,以集中精力实现组织目标的过程。

有效的领导不仅需要管理者掌握丰富的沟通技巧,与下属进行充分的交流,掌握其思想和工作动态,充分挖掘新的激励点;还要求管理者发展独特的组织文化,营造和谐的工作氛围,为组织内部的良性竞争提供健康有序的环境条件。

(二)激励理论

1.需要层次理论

美国心理学家马斯洛在 1943 年出版的《人的动机理论》一书中提出了需要层次理论。他把人的需要归纳为五个层次,由低到高依次为生理需要、安全需要、社交需要、尊重需要和自我实现需要。

2.双因素理论

美国心理学家赫茨伯格提出了双因素理论,"双因素"即保健因素和激励因素。

保健因素又称"维持因素",是使员工对工作感到不满的因素,如公司政策与管理方式、上级监督、工资、人际关系和工作条件等。保健因素不能直接起到激励员工的作用,但能预防员工产生不满情绪。

激励因素是使员工对工作感到满意的因素,如成就、赞赏、工作本身、责任和进步等。只有这些因素才能激发员工在工作中的积极性、创造性,产生使员工满意的积极效果。

经典真题 ▶ (单选)下列因素属于激励因素的是哪一项?(　　)

A.责任和晋升　　　　　　　　　B.人际关系

C.工资水平　　　　　　　　　　D.工作环境

【答案】A。

3.强化理论

强化理论属于行为改造理论,由美国心理学家斯金纳提出。斯金纳认为,人的行为可分为本能行为、反应性行为和操作性行为三类。其中,操作性行为会随着强化刺激的增强而增强,也会随着强化刺激的减弱而减弱。

斯金纳提出了四种行为改造方式:①正强化;②负强化;③自然消退("淡化处理");④惩罚。

(三)领导权变理论

领导权变理论也称"领导情境理论""随机制宜理论",强调领导无固定模式,领导效果因领导者、被领导者和工作环境的不同而不同。影响较大的领导权变理论有以下几种:

1.菲德勒的权变理论

菲德勒认为,对领导效果起重要影响作用的环境因素有上下级关系、任务结构、职位权力三种。这三种因素不同的结合方式形成不同特点的领导环境,不同的环境适宜不同风格的领导者。菲德勒认为,领导者的领导风格是稳定不变的,要提高领导效果,只有两种途径:一是替换领导者,选用适应新情境的领导者;二是改变情境以适应领导者。

2.赫塞和布兰查德的情境领导理论

情境领导理论也称"领导生命周期理论"。该理论认为,领导者的成功取决于下属的成熟程度以及由此而确定的领导风格。该理论将领导风格分为四类:①命令型(高工作—低关系);②说服型(高工作—高关系);③参与型(低工作—高关系);④授权型(低工作—低关系)。

四、控制

从最传统的意义方面来说,控制就是按照计划标准来衡量所取得的成果并纠正所发生的偏差,以确保计划目标的实现。控制具有监督、纠偏、协调和激励四种功能。

按照不同的分类标准,控制可以分成若干类型:

(1)按活动的性质,控制可分为预防性控制和更正性控制。

(2)按活动进程的阶段,控制可分为预先控制、过程控制和事后控制。

(3)按信息的类型,控制可分为反馈控制和前馈控制。

(4)按控制的手段,控制可分为直接控制和间接控制。

第二章 行政管理知识

第一节 政府职能

一、政府职能概述

政府职能即行政职能,是指行政主体作为国家管理的执行机关,在依法对国家政治、经济和社会公共事务进行管理时应承担的职责和所具有的功能。

政府职能具有阶级性、公共性、法定性、执行性、强制性、扩张性、动态性等特征。政府职能本质上是将统治阶级意志具体化,政府代表统治阶级实行政治统治和社会管理。所以,阶级性是政府职能的本质属性。

政府职能是政府机构设置的根本依据,满足公共行政的根本要求,是公共行政的核心内容,直接体现公共行政的性质和方向。

二、政府的基本职能

政府的基本职能主要包括政治职能、经济职能、文化职能和社会职能。其具体内容如下表所示:

基本职能	具体内容
政治职能	指维护国家的独立和主权完整,打击敌对分子,确保统治阶级地位和根本利益的职能 主要包括军事保卫、社会治安、民主政治建设、外交职能
经济职能	指政府及其部门运用经济的、行政的、法律的手段,推动社会生产力发展,为经济建设服务的职能 主要包括宏观调控、提供公共产品与服务、市场监管职能
文化职能	指政府为满足人民日益增长的文化生活的需要,依法对文化事业实施管理的职能 主要包括发展科学技术、发展教育、发展文化事业、发展卫生体育事业的职能
社会职能	指政府组织动员社会力量对社会公共生活领域进行管理的职能 主要包括制定社会保障的有关法律法规,完善社会保障体系;创建各种社会公益服务事业,做好社会救助工作;发展社会福利事业;保护生态环境和自然资源;加强社区建设;等等

经典真题▷ (单选)政府通过各种手段,对经济发展、人口膨胀等因素所造成的环境恶化、自然资源破坏等进行恢复、治理、监督、控制,从而促进经济的可持续发展。这体现了政府在履行( )。

A.政治职能　　　B.经济职能　　　C.文化职能　　　D.社会职能

【答案】D。

中公解题：题干所说的内容属于保护生态环境和自然资源的职能范畴，体现了政府在履行社会职能。

三、政府职能转变

政府职能转变主要是指政府职能和功能为适应客观条件的变化而发生的转换、变化和发展。政府职能转变是深化行政体制改革的核心，是机构改革的重要前提和基础，是实现职能体系合理配置的根本途径。总体来说，政府职能转变是从原来计划经济条件下政府无所不包的全能政府的管理职能转为市场经济条件下有限的政府职能。其关键是处理好政府和市场的关系。

"十四五"时期，我国要加快转变政府职能，建设职责明确、依法行政的政府治理体系，创新和完善宏观调控，提高政府治理效能。

第二节　行政领导

一、行政领导概述

行政领导是指通过指挥和说服行政组织内的个体和群体，在一定条件下实现某种公共管理目标的活动过程。致力于这一过程的人，就是行政领导者。

行政领导的职责是指国家行政机关赋予行政领导职位的工作职务和责任。其主要体现在科学决策、选才用人、组织协调和有效激励四个方面。

行政领导者需具备的基本素质包括思想理论修养、求真务实作风、宏观战略思维、开拓创新能力。

二、行政领导方式

行政领导方式是行政领导者履行领导职能的方式和手段，是在行政领导过程中为了完成领导任务实现目标而采取的各种方式、办法、措施和程序的总称。按照不同标准可以对行政领导方式进行不同的划分。

(1)按领导者作用于下属的方式，行政领导方式可划分为强制式、说服式、激励式和示范式。它们的内涵如下表所示：

领导方式	内涵
强制式	领导者通过发出行政指令来约束或引导行政人员的言行。强制式领导注重正式组织结构、组织规章及法规的作用，领导效率较高，但下属的主动性和积极性不易发挥
说服式	领导者在工作中通过启发、劝告、诱导、建议等方式使被领导者接受并贯彻自己的意图。说服式领导在完成高度保密和紧急任务时往往不适用
激励式	领导者运用物质或精神鼓励手段激发被领导者的积极性以达到工作目标
示范式	领导者以本人"身教"或者树立榜样典型，供组织成员仿效、学习

(2)按权力控制程度,行政领导方式可划分为集权型、分权型和均权型。它们的内涵如下表所示:

领导方式	内涵
集权型	领导者将所有权力集中在自己手中,下属没有任何权力。集权型领导有利于使下属行动迅速、步调一致;但大权独揽容易武断,上下级之间沟通很少,压抑下属的积极性和创造性
分权型	领导者只关心结果,不过问细节,对下属完全信任。分权型领导有利于调动下属的积极性、创造性、主动性,增强其责任感;但下属容易各行其是,使行政管理活动难以集中统一
均权型	领导者与其下属有明确的职责权限,分层管理,分工负责。均权型领导既有利于调动下属工作积极性,又可以使一些重大问题的处理权力得到有效控制

第三节 行政监督

一、行政监督概述

行政监督是指国家机关、政党、人民群众等各类监督主体依法对政府机关及其行政人员的行政行为和行政权力运作过程所实施的监督活动。行政监督是国家监督的重要组成部分,也是现代公共行政管理的重要环节。

行政监督的特点包括主体的广泛性、对象的特定性(行政监督的对象是政府机关及其行政人员的行政行为和行政权力运作过程)、方式的多样化。

行政监督的目的包括防止和纠正行政主体的违法行为,保障法律、法规、规章的执行和行政目标的实现。

行政监督的作用包括评价作用、预防作用、补救作用、改进作用、教育作用。

二、行政监督体系

我国的行政监督体系主要包括内部行政监督和外部行政监督。

(一)内部行政监督

内部行政监督也称"政府自我监督",是由政府主动实施的行政监督。内部行政监督是行政监督体系的第一道防线,也是最直接、最迅速的监督,具体分为一般监督和审计监督。

1.一般监督

一般监督,也称"层级监督",是指国家行政机关在上下级行政隶属关系上产生的一种相互监督的关系和活动。一般监督是行政机关内部监督体系中最重要的部分,也是最为广泛的一种监督,具有直接性、经常性和广泛性等特点。一般监督包括日常监督、主管监督和职能监督三种主要形式。

2.审计监督

审计监督是国家审计机关根据国家预算和有关制度、规定,独立地对政府机关、财政金融部门和企事业单位的会计资料进行审查,并对其所反映的经济业务及有关经济活动的真实性、合法性、准确性加以评价,提出改进意见和建议的一种专门活动,是国家进行财政、经济监督的一个重要手段。

(二)外部行政监督

外部行政监督是由外在且独立于政府的组织和人员来实施对政府的外部制约。这是针对政府行政的第二道防线,也是最有力、最有效的一道防线。

外部行政监督主要包括立法监督、司法监督、监察监督、政党监督和社会监督。其具体内容如下表所示:

监督类型	具体内容
立法监督	主要是指各级人大及其常委会行使的监督权,这是宪法赋予的重要职权
司法监督	是指司法机关负责实施的对行政机关及其工作人员的监督
监察监督	是各级监察委员会对行政机关及其工作人员的监督
政党监督	主要指中国共产党及各民主党派依法对行政机关及其工作人员实施的监督
社会监督	是广大人民群众和社会团体对行政机关及其工作人员的监督

第十篇

10

马克思主义基本原理

开篇明义

马克思主义基本原理在四川事业单位综合知识科目考试中总体考查较少。该部分考查内容包括马克思主义哲学和马克思主义政治经济学。

通过分析2019—2023年四川事业单位综合知识科目考试真题可知,马克思主义基本原理试题考查较少,占比一般在4%左右。通过真题分析,我们能够得出本篇各章内容的考查占比情况和高频考点,具体如下所示:

章名	考查占比	高频考点
马克思主义哲学	91.5%	①辩证唯物论;②唯物辩证法;③认识论
马克思主义政治经济学	8.5%	货币的职能

根据上表,结合试题的考查形式,马克思主义基本原理试题的具体考查特点如下:

1.常结合成语、俗语、政策热词等考查马克思主义哲学

四川事业单位综合知识科目考试对于马克思主义哲学的考查常结合成语、俗语、政策热词等,要求考生具备一定的综合分析能力,即一方面要对相关成语、俗语、政策热词、领导人讲话等的内涵有一定的了解,另一方面又要能够灵活运用马克思主义哲学分析和解决问题。以下题为例:

2022·四川省属 (单选)习近平总书记强调:"我们党现阶段提出和实施的理论和路线方针政策,之所以正确,就是因为它们都是以我国现时代的社会存在为基础的。"这段话表明( )。

A.实践是认识的来源

B.实践是认识的本质

C.实践是认识的目的

D.实践是认识发展的动力

解析:A项当选。题干中习近平总书记的话强调理论和路线方针政策(即认识)之所以正确,是因为这是以社会存在(即实践)为基础的。这表明实践是认识的来源。

B项不选。辩证唯物主义认识论认为,认识的本质是主体在实践基础上对客体的能动反映。该项说法错误。

C项不选。实践是认识的目的和归宿。认识从实践中来,最终还要回到实践中去指导实践。该项观点正确,但是题干未体现。

D项不选。实践是认识发展的动力,因为变化着的实践不断地给人们提出新的认识课题,推动人们进行新的探索和研究。该项观点正确,但是题干未体现。

故本题选A。

备考此类试题,一方面,考生要透彻理解辩证唯物论、唯物辩证法、认识论的相关原理;另一方面,考生也要对成语、俗语、政策热词等多加积累,学会灵活运用马克思主义哲学分析和理解其背后所蕴含的道理。

2.对马克思主义政治经济学的考查,考点比较常规

四川事业单位综合知识科目考试对于马克思主义政治经济学的考查比较少,考查的知识点也比较常规,如商品的内涵、商品的价值和使用价值、货币的职能等。以下题为例:

`2021·四川雅安` (多选)下列选项中描述的物品与服务,属于商品的有( )。

A.某单位为组织义务植树活动而购买的树苗

B.小明为得到妈妈的金钱奖励而做的家务

C.歌手在贫困地区举办的慈善演出

D.小王在旅游景区购买的纪念品

解析:商品是用来交换、能满足人的某种需要的劳动产品,具有使用价值和价值两个因素或两种属性,是使用价值和价值的矛盾统一体。

A项属于。树苗是劳动产品,而且是购买(即用于交换)而来的,属于商品。

B项不属于。小明做的家务可以看作是劳动产品,但未用于交换,尽管有妈妈的金钱奖励,但不是建立在等价交换原则基础上的,不属于商品。

C项不属于。歌手的慈善演出可看作是劳动产品,但未用于交换,不属于商品。

D项属于。在旅游景区购买的纪念品是劳动产品,而且是购买(即用于交换)而来的,属于商品。

故本题选AD。

此类试题考查的知识点比较常规,考生在备考时要注意夯实基础,对于部分易混淆的知识点如商品的价值与使用价值、货币的价值尺度和流通手段职能等可通过对比的方式强化记忆。

第一章 马克思主义哲学

马克思主义产生于西方资本主义发展的时代。1848 年 2 月,《共产党宣言》的发表标志着马克思主义的公开问世。马克思主义具有鲜明的科学性、人民性、实践性和发展性。

马克思主义哲学是马克思和恩格斯创立的一种崭新哲学——辩证唯物主义和历史唯物主义。其中,辩证唯物主义包括辩证唯物论、唯物辩证法和认识论。马克思主义哲学是马克思主义的基本组成部分,是马克思主义全部学说的理论基础。

一、辩证唯物论

(一)物质

1.物质的定义

物质是不依赖于人类的意识而存在,并能为人类的意识所反映的客观存在。

物质的唯一特性是客观实在性。

2.物质的存在方式

运动是物质固有的根本属性和存在方式,是标志一切事物和现象的变化及其过程的哲学范畴。

(1)物质与运动

物质与运动是不可分割的,二者的关系是:

物质是运动着的物质。任何具体的物质形态只有在运动中才能保持自己的存在,世界上不存在脱离运动的物质。离开运动谈物质会导致形而上学。

运动是物质的运动,物质是运动的承担者。任何运动都有自己的承担者或者载体,离开物质载体的运动是不存在的。离开物质谈运动会导致唯心主义。

| 示例 |

"流水不腐,户枢不蠹"——运动是物质固有的根本属性。

"刻舟求剑"——离开运动谈物质(导致形而上学)。

"不是风动,不是幡动,仁者心动"——离开物质谈运动(导致唯心主义)。

(2)运动和静止

物质的运动是绝对的,而物质在运动过程中又有某种相对的静止。运动和静止的区别及联系如下表所示:

区别/联系		运动	静止
区别	含义	宇宙间一切事物、现象的变化和过程	两种情形:一是指空间的相对位置暂时不变,二是指事物的根本性质暂时不变
	性质	无条件的、永恒的和绝对的	有条件的、暂时的和相对的

(续表)

区别/联系	运动	静止
联系	①静止是一种不显著的运动,是运动的特殊状态;动中有静,静中有动,世界上一切事物的存在和发展,都是绝对运动和相对静止的统一。②只承认静止而否认运动是形而上学的不变论,只承认绝对运动而否认相对静止则导致相对主义和诡辩论	

(3)时间和空间

时间与空间是运动着的物质的基本存在形式。

时间是指物质运动的持续性、顺序性,特点是一维性,即时间的流逝一去不复返。

空间是指物质运动的广延性、伸张性,特点是三维性,即空间具有长、宽、高三方面的规定性。

物质运动总是在一定的时间和空间中进行的,没有离开物质运动的"纯粹"时间和空间,也没有离开时间和空间的物质运动。

(二)意识

1.内涵

意识是物质世界长期发展的产物(既是自然界长期发展的产物,也是社会历史发展的产物)。社会实践,特别是劳动,在意识的产生和发展中起着决定性的作用。

意识是社会的人所特有的精神活动及其成果的总和。从内容上看,人的意识是人的认知、情感、意志(知情意)的统一体。

2.本质

意识是人脑这种特殊物质器官的机能。

意识是对客观存在的反映,其在内容上是客观的,在形式上是主观的。

(三)物质与意识的辩证关系

物质与意识的辩证关系体现在:物质决定意识,意识对物质具有反作用(意识的能动作用)。这就要求我们一切要从实际出发,在尊重客观规律的基础上,充分发挥人的主观能动性。"深处种菱浅种稻,不深不浅种荷花"就体现了一切要从实际出发,按照客观规律办事。

意识的能动作用主要表现在:①意识具有目的性和计划性;②意识具有创造性;③意识具有指导实践改造客观世界的作用(最重要的表现);④意识具有调控人的行为和生理活动的作用。"凡事预则立,不预则废"就体现了意识的能动作用。

正确认识和把握物质与意识的辩证关系,还需要处理好主观能动性和客观规律性的关系:①尊重客观规律是正确发挥主观能动性的前提;②只有充分发挥主观能动性,才能正确认识和利用客观规律。

经典真题 ▶ (单选)下列关于《孟子》中的"虽有智慧,不如乘势"所包含的哲学道理,阐释正确的是(　　)。

A.客观规律不以人的主观意志为转移

B.发展是内外因共同作用的结果

C.要善于抓住事物发展中的主要矛盾

D.尊重规律是发挥能动性的前提

【答案】D。

中公解题：题干中"虽有智慧，不如乘势"的意思是即使有智慧，也不如很好地运用形势。"智慧"是指人的知识和能力结合而形成的聪明才智；"势"就是客观事物运动的基本趋势、方向等，是事物发展的客观规律。人们只有尊重客观规律，才能真正有所作为。"虽有智慧，不如乘势"体现了"尊重规律是发挥能动性的前提"这一哲学道理。

二、唯物辩证法

（一）事物的普遍联系和变化发展

1.事物的普遍联系

联系是指事物内部各要素之间和事物之间相互影响、相互制约、相互作用的关系。联系的特性及其具体说明如下表所示：

特性	具体说明
客观性	事物的联系是事物本身所固有的，不是主观臆想的
普遍性	任何事物内部的不同部分和要素之间都是相互联系的；任何事物都不能孤立存在，都同其他事物处于一定的联系之中；整个世界是相互联系的统一整体
多样性	世界上的事物是多样的，事物之间的联系也是多样的
条件性	条件是对事物存在和发展发生作用的诸要素的总和。条件对事物发展和人的活动具有支持或制约作用；条件是可以改变的；改变和创造条件不是任意的，必须尊重事物发展的客观规律

2.事物的变化发展

事物的相互联系包含事物的相互作用，而相互作用必然导致事物的运动、变化和发展。

发展是前进的、上升的运动，发展的实质是新事物的产生和旧事物的灭亡。

（二）唯物辩证法的基本规律

1.对立统一规律

（1）内涵

对立统一规律又称矛盾规律，是唯物辩证法的实质和核心，其原因在于：第一，对立统一规律揭示了事物普遍联系的根本内容和变化发展的内在动力，从根本上回答了事物为什么会发展的问题。第二，对立统一规律是贯穿量变质变规律、否定之否定规律以及唯物辩证法基本范畴的中心线索，也是理解这些规律和范畴的"钥匙"。第三，对立统一规律提供了人们认识世界和改造世界的根本方法——矛盾分析方法。运用矛盾分析方法研究和解决问题，就要求我们要不断强化问题意识，坚持具体问题具体分析，善于认识和化解矛盾。

(2)内因与外因

内因是事物发展变化的内部原因,是事物自身的矛盾。

外因是事物之间的相互联系、相互影响,是事物变化的条件。

二者的关系:内因是事物变化的根据(也是决定性因素和根本原因),外因是事物变化的条件;外因必须通过内因起作用,内因与外因共同推动事物的发展。

| 示例 |

"靠山山倒,靠水水流,靠自己不会倒""打铁还须自身硬""师傅领进门,修行在个人""苍蝇不叮无缝蛋"——内因是事物变化的根据,起决定性作用。

"构建以国内大循环为主体、国内国际双循环相互促进的新发展格局"——事物的发展是内因与外因共同起作用的结果。

(3)矛盾的普遍性与特殊性

矛盾的普遍性,即矛盾的共性,是指矛盾存在于一切事物中,存在于一切事物发展过程的始终,即"矛盾无处不在,矛盾无时不有"。

矛盾的特殊性,即矛盾的个性,是指各个具体事物的矛盾、每一个矛盾的各个方面在发展的不同阶段上各有其特点。矛盾的特殊性决定了事物的不同性质。

矛盾的普遍性与特殊性是辩证统一的,表现在:矛盾的共性是无条件的、绝对的,矛盾的个性是有条件的、相对的。任何现实存在的事物的矛盾都是共性与个性的有机统一,共性寓于个性之中,没有离开个性的共性,也没有离开共性的个性。

矛盾的普遍性与特殊性辩证关系的原理是事物矛盾问题的精髓,是马克思主义基本原理同各国具体实际相结合的哲学基础。

(4)主次矛盾与矛盾的主次方面

主要矛盾是处于支配地位、对事物发展起决定作用的矛盾;次要矛盾是处于从属地位、对事物发展起次要作用的矛盾。二者相互依赖、相互影响,在一定条件下相互转化。

矛盾的主要方面是处于支配地位、起主导作用的一方;矛盾的次要方面是处于被支配地位、不起主导作用的一方。二者相互依赖、相互影响,在一定条件下相互转化。

把主要矛盾与次要矛盾、矛盾的主要方面与次要方面的辩证关系运用到实际工作中,就是要坚持"两点论"和"重点论"的统一,要求我们看问题既要全面地看,又要分清主流、支流,同时还需做到不忽视支流。

2.量变质变规律

(1)质、量、度

质是一事物区别于其他事物的内在规定性。

量是事物的规模、程度、速度等可以用数量关系表示的规定性。

度是保持事物质的稳定性的数量界限,即事物的限度、幅度和范围。区别量变与质变的根本标志是事物的变化是否超出度的范围。这启示我们在认识和处理问题时要掌握适度原则。

(2)量变和质变

量变和质变的区别及联系如下表所示:

区别/联系		量变	质变
区别	性质	事物数量的增减和组成要素次序的变动	事物根本性质的变化,是事物由一种质态向另一种质态的飞跃
	特点	渐进的、不显著的变化	根本的、显著的变化
	呈现状态	统一、相持、平衡和静止	统一物的分解、平衡和静止的破坏
	结果	事物还是其自身,没有变成另一事物	事物不再是其自身,而变成了另一事物
联系(辩证关系)		①量变是质变的必要准备;②质变是量变的必然结果;③量变和质变是相互渗透的;④量变和质变是相互依存、相互贯通的,量变引起质变,在新质的基础上,事物又开始新的量变,如此交替循环,构成了事物的发展过程	

3.否定之否定规律

事物的发展是通过其内在矛盾运动以自我否定的方式而实现的。否定之否定规律就是要揭示事物自己发展自己的完整过程及本质。

(1)肯定因素与否定因素

任何事物内部都包含着肯定与否定两种因素。肯定因素是指维持现存事物存在的因素。否定因素是指促使现存事物灭亡的因素。二者的相互作用使事物呈现出自己发展自己的过程。

(2)辩证否定

辩证否定是通过事物的内在矛盾运动而进行的自我否定,即自己否定自己,并通过自我否定,实现自我运动、自我发展。辩证否定的具体内容包括:①否定是事物的自我否定,是事物内部矛盾运动的结果;②否定是事物发展的环节,是旧事物向新事物的转变,是旧质到新质的飞跃;③否定是新旧事物联系的环节,新事物孕育产生于旧事物,新旧事物是通过否定环节联系起来的;④辩证否定的实质是"扬弃",即新事物对旧事物既批判又继承,既克服其消极因素又保留其积极因素。

| 示例 |

"鸡蛋从外面打破是食物,从内部打破是生命"——辩证否定是事物内部矛盾运动的结果。

(3)否定之否定

事物的辩证发展过程经过"肯定——否定——否定之否定"三个阶段。否定之否定规律揭示了事物发展的前进性和曲折性的统一。这表明,事物的发展不是直线式前进,而是螺旋式上升的。按照否定之否定规律办事,要求我们要树立辩证的否定观,正确看待事物发展的过程,既要看到道路的曲折,又要看到前途的光明。"团结——批评——团结"就体现了否定之否定规律。

三、认识论

(一)实践

实践是人类能动地改造世界的社会性的物质活动。实践的基本特征包括客观实在性、自觉能动性和社会历史性。

实践的主要形式及其具体内容如下表所示：

主要形式	具体内容
物质生产实践	物质生产实践是人类最基本的实践活动，它解决人与自然的矛盾，满足人们物质生活资料和生产劳动资料的需要，同时生产和再生产社会的基本经济关系，由此决定着社会的基本性质和面貌
社会政治实践	社会政治实践是处理各种政治关系的实践，主要指人们的政治活动
科学文化实践	科学文化实践是创造精神文化产品的实践活动，具有各种不同的形式，其中重要的形式有科学、艺术、教育等活动

(二)认识

1.认识的本质和特性

认识的本质是主体在实践基础上对客体的能动反映。认识的特性及其具体内容如下表所示：

特性	具体内容
反复性	人们对一个事物的正确认识往往要经过从实践到认识，再从认识到实践的多次反复才能完成
无限性	人类认识是无限发展的，追求真理是一个永无止境的过程
前进性和上升性	从实践到认识，再从认识到实践的循环，是一种波浪式前进或螺旋式上升的过程

2.认识的两次飞跃

认识包括感性认识和理性认识。感性认识和理性认识是认识过程的两个不同阶段。

感性认识是人们在实践基础上，由感觉器官直接感受到的关于事物的现象、事物的外部联系、事物的各个方面的认识。它主要包括感觉、知觉和表象三种形式。

理性认识是人们借助抽象思维，在概括整理大量感性材料的基础上，达到关于事物的本质、全体、内部联系和事物自身规律性的认识。理性认识主要包括概念、判断、推理三种形式。

感性认识和理性认识的关系是辩证统一的，表现为：①感性认识有待于发展和深化为理性认识；②理性认识依赖于感性认识；③感性认识和理性认识相互渗透、相互包含。

认识的两次飞跃如下图所示：

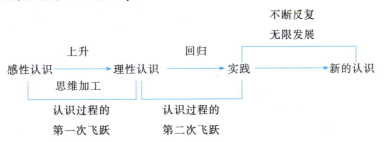

(三)实践和认识的相互作用

实践和认识的相互作用体现在：

(1)实践决定认识,实践是认识的基础。实践是认识的来源,实践是认识发展的动力,实践是认识的目的,实践是检验认识真理性的唯一标准。

(2)认识反作用于实践。正确的认识对人的实践有积极的促进作用,错误的认识对人的实践有消极的阻碍作用。

第二章 马克思主义政治经济学

一、商品

1.商品的二因素

商品是用来交换、能满足人的某种需要的劳动产品,具有使用价值和价值两个因素或两种属性(即商品的二因素),是使用价值和价值的矛盾统一体。

使用价值是商品的有用性,即能够满足人(社会)某种需要的属性,是商品的自然属性。使用价值构成了社会财富的物质内容。

价值是凝结在商品中无差别的一般人类劳动,是商品的社会属性。价值是交换价值的基础,交换价值是价值的表现形式。

使用价值与价值之间是对立统一的关系,具体表现在:①对立性,即商品的使用价值和价值是互相排斥的,对同一个人而言,二者不能兼有。②统一性,即作为商品,必须同时具有使用价值和价值两个因素。商品的使用价值是价值的物质承担者,价值寓于使用价值之中。换句话说,一件物品如果没有使用价值就一定没有价值;一件物品如果有使用价值,但不是劳动产品,也没有价值。

| 示例 |

过期变质的食品没有使用价值,也就没有价值,不能成为商品;阳光、空气有使用价值,但不是劳动产品,没有价值,不能成为商品;残次品虽然是劳动产品,但未形成使用价值,不能成为商品;农民种来自己吃的菜,虽然是具有使用价值的劳动产品,但不用于交换,也不是商品。此外,假冒伪劣产品不具备合格商品应有的使用价值,所以不应该作为商品出售。

经典真题▶ (单选)消费者总是希望"质优价廉",而经营者则强调"优质优价",两者都强调了(   )。

A.商品是用于交换的劳动产品　　　　B.商品是使用价值和价值的统一体
C.商品消耗了无差别的人类劳动　　　　D.商品只有通过交换才有使用价值

【答案】B。

中公解题:题干中的"质"代表商品的品质,即商品的有用性——使用价值;"价"是指价格,是商品价值的货币表现。因此,"质优价廉""优质优价"都强调了商品是使用价值和价值的统一体。

2.生产商品的劳动二重性

商品是劳动产品,生产商品的劳动可以分为具体劳动和抽象劳动。

(1)具体劳动指在一定具体形式下进行的劳动。具体劳动创造商品的使用价值。

(2)抽象劳动指撇开一切具体形式的、无差别的一般人类劳动,即人的脑力和体力的耗费。抽象劳动形成商品的价值。

任何一种生产商品的劳动,从一方面看是具体劳动,从另一方面看又是抽象劳动,这就是劳动的二重性。劳动的二重性决定了商品的二因素。

劳动二重性学说是理解马克思主义政治经济学的枢纽。

3.商品的价值量与交换

商品的价值量由生产这种商品的社会必要劳动时间决定。

社会必要劳动时间是指在现有的社会正常的生产条件下,在社会平均的劳动熟练程度和劳动强度下,制造某种使用价值所需要的劳动时间。

商品交换以价值量为基础,按照等价交换的原则进行。

4.价值规律

价值规律是商品生产和商品交换的基本规律。其表现形式与作用如下表所示:

类别	具体内容
表现形式	在商品经济中,商品的价格围绕商品的价值自发波动
作用	①价值规律自发地调节生产资料和劳动力在社会各生产部门之间的分配比例;②价值规律自发地刺激社会生产力的发展;③价值规律自发地调节社会收入的分配

二、货币

货币是在长期交换过程中形成的固定充当一般等价物的商品。货币的本质是一般等价物,它体现了商品生产者之间的社会经济关系。

货币的五大职能及其含义如下表所示:

职能	具体说明
价值尺度	货币是衡量和计算其他一切商品价值大小的尺度。商品价值的货币表现就是价格。充当价值尺度的货币可以是观念上的货币
流通手段	货币作为买卖商品的手段,是商品交换的媒介。充当流通手段的货币必须是现实的货币,即一手交钱,一手交货
贮藏手段	货币退出流通领域作为社会财富被贮藏起来,就是在执行贮藏手段职能。作为贮藏手段的货币,既不能是观念上的货币,也不能是价值符号,必须是现实的、足值的金属货币,如黄金
支付手段	赊账买卖中,赊购到期时,以货币来偿还欠款,此时货币执行的是支付手段职能。货币作为支付手段,还可以用来支付租金、利息、工资和赋税等
世界货币	货币越出国内流通领域,在国际经济关系中发挥一般等价物的作用

货币的两大基本职能是价值尺度和流通手段。

第十一篇

11

———

人文与历史

开篇明义

　　人文与历史试题在四川事业单位综合知识科目考试中比较常见,考查内容主要包括中国人文常识和中国历史常识。

　　通过分析 2019—2023 年四川事业单位综合知识科目考试真题可知,人文与历史试题在四川各地事业单位考试中占比相差不大,一般为 4%~6%。通过真题分析,我们能够得出本篇各章内容的考查占比情况和高频考点,具体如下所示:

章名	考查占比	高频考点
中国人文常识	74.6%	①中国古代科技成就;②中国古代艺术成就;③唐诗宋词
中国历史常识	25.4%	中共党史重要事件

　　根据上表,结合试题的考查形式,人文与历史试题的具体考查特点如下:

　　1.以直接考查通识性人文常识或历史常识为主

　　整体而言,四川事业单位综合知识科目考试人文与历史试题以直接考查通识性人文常识或历史常识为主。此类试题或直接设问"……的是××",或采取挖空的形式,试题相对简单,但需要考生准确记忆相关内容。以下题为例:

　　2022·四川省属 (单选)奠定我国古代字书基础,具有划时代意义的中国第一部字典是( )。

　　A.《康熙字典》　　　　　　　　　　B.《经典释文》

　　C.《说文解字》　　　　　　　　　　D.《中国字典史略》

　　解析:《说文解字》,东汉许慎编著,是中国第一部系统分析字形和考究字源的字书,是中国也是世界上的第一部字典。故本题选 C。

　　此类试题考查范围广泛,要点庞杂,但整体难度不大,重在测查考生的知识基础是否牢固。考生在备考过程中,要注重知识积累,有意识地对知识点进行梳理、对比,弥补知识漏洞,避免出现知识盲区。

　　2.部分试题结合诗词、名句、国家领导人讲话等综合考查

　　部分人文与历史试题也会结合诗词、名句、国家领导人讲话等综合考查考生对知识点的掌握程度。其中,有的试题重在测查考生对人文与历史基础知识的掌握,如 2023 年 4 月四川泸州事业单位考试考查了诗词中"子规"指代的鸟类,2020 年 7 月四川省属事业单位考试考查了习近平总书记引用的名言的出处——这些题看似复杂,实则试题落脚点仍为中国人文常识;有的试题也会考查考生的综合分析能力,考生需要深入分析后做出符合题意的判断,如 2022 年 11 月四川省属事业单位考试考查了诗句中提到的人物所生活的年代,需要考生选出生活年代与其他三项不同的一项。综合而言,这类试题对考生的基础知识掌握程度和分析能力都有一定的要求。以下题为例:

2022·四川省属 (单选)下列诗句中提到的人物与其他三项没有生活在同一时代的是( )。

A.长坂桥头杀气生,横枪立马眼圆睁

B.犹恨四方无壮士,还乡悲唱大风歌

C.羽扇纶巾拥碧幢,七擒妙策制蛮王

D.东风不与周郎便,铜雀春深锁二乔

解析: A项,"长坂桥头杀气生,横枪立马眼圆睁"是罗贯中在《三国演义》中描写张飞的诗句。张飞,系东汉末年及三国时期蜀国著名将领。

B项,"犹恨四方无壮士,还乡悲唱大风歌"出自唐代胡曾的《咏史诗·沛宫》,诗中提到的人物为汉高祖刘邦。刘邦,为秦朝末年西汉初期历史人物。

C项,"羽扇纶巾拥碧幢,七擒妙策制蛮王"是罗贯中在《三国演义》中描写诸葛亮的诗句。诸葛亮,系东汉末年及三国时期蜀国丞相。

D项,"东风不与周郎便,铜雀春深锁二乔"出自唐代杜牧的《赤壁》,诗中提到的人物为周瑜。周瑜,系东汉末年军事家。

故本题选B。

此类试题虽占比不大,但对考生的能力要求较高。因此,考生在备考过程中,不仅需要识记人文与历史基础知识,还要锻炼自身分析问题的能力,同时不忘增强"试题专属"时事敏感度,懂得利用时事新闻、官方网站等多种渠道增加自身知识储备。

第一章 中国人文常识

第一节 中国文化

一、中国古代科技成就

在中华文明的历史画卷上，一代又一代劳动人民用汗水和智慧创造了无数的光辉业绩，一位又一位科学巨人取得了不朽的科技成就，这些成就对后世具有不可估量的意义和影响。中国古代主要的科技成就及其概况如下：

天文学
- **赤道坐标**：中国首创
- **浑仪**：曾是世界上最先进的天文观测仪器
- **《太初历》**：中国第一部比较完整的历法
- **《授时历》**：精度与公历相当
- **二十四节气**：2016年11月30日，被列入联合国教科文组织人类非物质文化遗产代表作名录
- **干支纪日法**：从殷商中叶一直用到1911年，是世界上使用时间最长的纪日方法

医学
- **《黄帝内经》**：全面奠定了中医理论基础
- **《神农本草经》**：中国第一部药物学著作
- **《伤寒杂病论》**：东汉张仲景著，被后世医家誉为"万世宝典"
- **华佗**：东汉名医，发明了"麻沸散"
- **《唐本草》**：唐代政府组织编写，世界上第一部由国家颁行的药典
- **《千金方》**：唐代孙思邈著，被称为中医百科式的巨著
- **《本草纲目》**：明代李时珍著，是集16世纪以前中国本草学大成的著作

农学
- **《氾胜之书》**：西汉氾胜之著，中国最古老的农书
- **《四民月令》**：东汉后期崔寔著，是对当时丰富农业经验的总结
- **《齐民要术》**：北魏贾思勰著，中国现存最早的、内容最完整的农书
- **《农桑辑要》**：现存最早的官修农书
- **《农政全书》**：明代徐光启著，总结了宋代以来的农桑经验和种植建设经验

数学
- **十进制计算法**：中国最早发明的记数法
- **《周髀算经》**：记载了勾股定理和牵星术
- **《九章算术》**：刘徽运用割圆术计算圆周率，值约为3.141 6
- **祖冲之**：提出圆周率的两个分数形式，22/7（约率）和355/113（密率）

地理学
- **《山海经》**：中国先秦重要古籍，是一部早期的地理著作
- **《水经注》**：北魏郦道元著，是中国古代较完整的一部以记载河道水系为主的综合性地理著作
- **"制图六体"**：晋代裴秀提出的制作地图的理论，即"分率、准望、道里、高下、方邪、迂直"
- **《徐霞客游记》**：中国最早的一部详细记录所经地理环境的游记

二、中国古代艺术成就

(一)汉字与书法

《说文解字》奠定中国古代字书基础,是中国第一部字典。汉字的演变过程为:甲骨文→金文→小篆→隶书→草书→楷书→行书。这七种字体被称为"汉字七体",其简要介绍如下表所示:

字体	简要介绍
甲骨文	也叫"契文""龟甲文字""殷墟文字",商周时期刻在龟甲和兽骨上的文字,内容多与祭祀和占卜相关
金文	也叫"钟鼎文",商周至秦汉时期刻铸在青铜器上的铭文
小篆	秦统一六国后,丞相李斯对各国字体进行整理简化,在全国统一推行的字体
隶书	始于秦代,普遍使用于汉魏,由篆书简化演变而成,是草书、楷书、行书的起源
草书	始于汉初,是为了书写简便在隶书的基础上演变而来的
楷书	又叫"正楷""正书""真书",始于汉末,自魏晋时期通用至今
行书	相传始于汉末,字体介于草书和楷书之间

随着文字的演变,中国的书法艺术也丰采多姿,不仅字体多样,还涌现出许多著名的书法家。具有代表性的书法家及其代表作品如下表所示:

字体	书法家		代表作品
草书	东汉张芝,中国最早的一位今草大师		《冠军帖》
	唐代张旭,"吴中四士""饮中八仙"之一,张旭的草书与李白的诗歌、裴旻的剑舞并称"三绝"		《古诗四帖》《李青莲序》
	唐代怀素,以"狂草"名世,与张旭合称"颠张狂素"		《论书帖》《自叙帖》
楷书	曹魏钟繇,楷书的创始人,被后世尊为"楷书鼻祖"		《宣示表》
	楷书四大家	初唐欧阳询,其楷书世称"欧体"	《九成宫醴泉铭》
		盛唐颜真卿,其楷书世称"颜体"	《多宝塔碑》《颜勤礼碑》
		中唐柳公权,其楷书世称"柳体",与颜真卿并称"颜柳",二人书法有"颜筋柳骨"之誉	《玄秘塔碑》《神策军碑》
		元代赵孟頫,其楷书世称"赵体"	《兰亭帖十三跋》
行书	东晋王羲之,被后世誉为"书圣",其书法被称赞为"飘若浮云,矫若惊龙"		《兰亭序》(被誉为"天下第一行书")、《快雪时晴帖》
	盛唐颜真卿		《祭侄文稿》(被誉为"天下第二行书")
	北宋苏轼,与黄庭坚、米芾、蔡襄合称"宋四家"		《黄州寒食诗帖》(被誉为"天下第三行书")

(二)绘画

魏晋以后,中国绘画名家辈出,各时期的代表人物及其代表作品如下表所示:

时期	代表人物及其代表作品
晋代	顾恺之《女史箴图》《洛神赋图》
隋代	展子虔《游春图》
唐代	吴道子(有"画圣"之称)《送子天王图》,阎立本《步辇图》,周昉《簪花仕女图》五代周文矩《重屏会棋图》,顾闳中《韩熙载夜宴图》
宋代	张择端《清明上河图》(反映了北宋都城东京的商业繁荣景象),王希孟《千里江山图》,赵佶(宋徽宗)《瑞鹤图》
元代	赵孟頫《浴马图》,黄公望《富春山居图》,王冕《墨梅图》
明代	唐寅(唐伯虎)《牡丹仕女图》,徐渭《牡丹蕉石图》
清代	郑燮(郑板桥)《竹石图》

第二节　中国文学

一、先秦诗歌与散文

(一)诗歌

1.《诗经》

《诗经》是中国第一部诗歌总集,共 305 篇,又称"诗三百",是中国现实主义文学的源头。

《诗经》根据音乐(乐调)的不同,分为风、雅、颂三类。其中,风是指地方乐调,即各地的民乐;雅是指朝廷正乐,反映贵族阶级的生活和思想感情;颂是指宗庙祭祀之乐。

《诗经》主要采用赋、比、兴的艺术表现手法。风、雅、颂,赋、比、兴合称《诗经》"六义"。

经典真题▶ (单选)我国第一部诗歌总集是(　　)。

A.《全唐诗》　　　　　　　　　　　B.《诗经》

C.《楚辞》　　　　　　　　　　　　D.《乐府诗集》

【答案】B。

2.《楚辞》

《楚辞》是中国第一部浪漫主义诗歌总集,由西汉刘向编辑而成,收录了屈原、宋玉等人的作品。"楚辞"是一种诗歌体裁,又称"楚辞体",因屈原作品中的《离骚》一篇最著名,也称为"骚体"。"骚体"是诗向赋的过渡,因此又叫"骚赋"。这类作品富于抒情成分和浪漫气息,篇幅较长,形式也较自由,多用"兮"字以助语势。

（二）散文

1.叙事散文

先秦叙事散文以记载历史事件为主,按时间可以划分为三个阶段,具体内容如下表所示:

阶段	时期	代表作品	特点
第一阶段	从夏朝到春秋时期	《尚书》《春秋》	史官分司,言、事不混,如《尚书》记言、《春秋》记事,文字古朴简洁
第二阶段	从春秋末期到战国初期	《左传》《国语》	既记言又记事,言事相融,篇幅加长,内容详赡,记事曲折,写人生动,富于文采
第三阶段	战国中后期	《战国策》	采取国别体,把叙事散文发展到新的高峰

2.百家争鸣与诸子散文

百家争鸣是指春秋战国时期知识分子中不同学派的涌现及各流派争芳斗艳的局面。百家争鸣是中国历史上第一次思想解放运动。诸子散文以说理为主,具体内容如下表所示:

派别	代表人物	代表作品	主要名句
儒家	孔子	《论语》	"巧言乱德,小不忍则乱大谋。" （《论语·卫灵公》）
	孟子	《孟子》	"乐民之乐者,民亦乐其乐;忧民之忧者,民亦忧其忧。" （《孟子·梁惠王下》）
道家	老子	《道德经》	"天下皆知美之为美,斯恶已;皆知善之为善,斯不善已。" （《道德经·第二章》）
	庄子	《庄子》	"北冥有鱼,其名为鲲。鲲之大,不知其几千里也。"（《庄子·逍遥游》）
墨家	墨翟	《墨子》	"故古者圣王之为政,列德而尚贤。" （《墨子·尚贤上》）
法家	韩非	《韩非子》	"刑过不辟大臣,赏善不遗匹夫。" （《韩非子·有度》）

注:《论语》的作者为孔子的弟子及其再传弟子,《孟子》的作者为孟子及其弟子。

二、《史记》与汉代辞赋

（一）《史记》

《史记》的作者司马迁,是西汉时期的史学家、文学家、思想家。据司马迁自言,《史记》的创作目的在于"究天人之际,通古今之变,成一家之言",寄托理想,抒发愤懑。

1.主要内容

《史记》由本纪、表、书、世家、列传五种体例组成。

十二本纪为帝王作传,记录历代帝王政绩;十表为大事年表;八书记录各种典章制度,礼、乐、音律、历法、天文、封禅、水利、财用;三十世家为王侯作传,记录诸侯国和汉代诸侯、勋贵兴亡;七十列传为名人作传,记录重要人物的言行事迹,主要叙人臣,其中最后一篇为自序。

2.文学成就

《史记》是中国第一部纪传体通史,记叙了自黄帝到汉武帝年间约3 000年的历史,被称为中国第一部"正史",在史学、文学、哲学上均取得了极高的成就,被鲁迅称为"史家之绝唱,无韵之离骚"。

(二)辞赋

辞赋是汉代最具代表性、最能彰显时代精神的一种文学样式。两汉著名辞赋作者及其相关内容如下表所示:

称号	作者	评价	代表作品
—	贾谊	其辞赋皆为"骚体",形式趋于散体化,是汉赋发展的先驱	《吊屈原赋》
汉赋四大家	司马相如	汉武帝时期伟大的文学家。鲁迅在《汉文学史纲要》中指出:"武帝时文人,赋莫若司马相如,文莫若司马迁。""文君当垆""相如涤器"的典故与其有关	《子虚赋》
	扬雄	司马相如之后西汉最著名的辞赋家,有"歇马独来寻故事,文章两汉愧扬雄"之称	"扬雄四赋"(《河东赋》《甘泉赋》《羽猎赋》《长杨赋》)
	班固	东汉史学家、文学家。其所著《汉书》是中国第一部纪传体断代史著作	《两都赋》
	张衡	东汉时期伟大的发明家、文学家。其所作的《归田赋》是东汉抒情小赋的开山之作	《二京赋》《思玄赋》《归田赋》

三、唐诗宋词

(一)唐诗

唐代是诗歌的鼎盛时期,主要分为四个时期,各个时期的代表作者、代表作品、评价、主要名句如下表所示:

时期	代表作者	代表作品	评价	主要名句
初唐时期	王勃	《送杜少府之任蜀州》	与杨炯、卢照邻并称为"初唐四杰"	"海内存知己,天涯若比邻。无为在歧路,儿女共沾巾。"(《送杜少府之任蜀州》)
	骆宾王	《咏鹅》《在狱咏蝉并序》		"露重飞难进,风多响易沉。无人信高洁,谁为表予心?"(《在狱咏蝉并序》)
	贺知章	《咏柳》《回乡偶书》	与包融、张旭并称"吴中四士"	"儿童相见不相识,笑问客从何处来。"(《回乡偶书》)
	张若虚	《春江花月夜》		"江畔何人初见月?江月何年初照人?人生代代无穷已,江月年年只相似。"(《春江花月夜》)

（续表）

时期	代表作者	代表作品	评价	主要名句
盛唐时期	王维	《山居秋暝》《鹿柴》《使至塞上》《送元二使安西》	发扬山水田园诗派，人称"诗佛"	"劝君更尽一杯酒，西出阳关无故人。" （《送元二使安西》）
	孟浩然	《望洞庭湖赠张丞相》《过故人庄》	与王维并称为"王孟"	"开轩面场圃，把酒话桑麻。待到重阳日，还来就菊花。" （《过故人庄》）
	王昌龄	《从军行》《出塞》	著名的边塞诗人	"但使龙城飞将在，不教胡马度阴山。"（《出塞》）
	岑参	《白雪歌送武判官归京》	边塞诗派的代表人物	"忽如一夜春风来，千树万树梨花开。" （《白雪歌送武判官归京》）
	李白	《蜀道难》《行路难》《将进酒》	唐代伟大的浪漫主义诗人，被后人誉为"诗仙"，与杜甫并称为"李杜"	"长风破浪会有时，直挂云帆济沧海。"　（《行路难》）
	杜甫	"三吏"（《石壕吏》《新安吏》《潼关吏》）；"三别"（《新婚别》《无家别》《垂老别》）	唐代伟大的现实主义诗人，被后人称为"诗圣"，他的诗被称为"诗史"	"夜久语声绝，如闻泣幽咽。天明登前途，独与老翁别。" （《石壕吏》）
中唐时期	孟郊	《秋怀》《游子吟》	并称为"郊岛"，后人称二人为"诗囚"	"谁言寸草心，报得三春晖。" （《游子吟》）
	贾岛	《寻隐者不遇》《题李凝幽居》		"鸟宿池边树，僧敲月下门。" （《题李凝幽居》）
	李贺	《南园》《李凭箜篌引》《金铜仙人辞汉歌》	其诗歌被称为"长吉体"，其人被称为"诗鬼"	"请君暂上凌烟阁，若个书生万户侯？" （《南园·其五》）
	元稹	《离思五首》《菊花》	新乐府运动的倡导者，与白居易同为"元白诗派"代表人物	"曾经沧海难为水，除却巫山不是云。" （《离思五首·其四》）
	白居易	《忆江南》《长恨歌》《琵琶行》《卖炭翁》	唐代伟大的现实主义诗人，后世称之为"诗魔"和"诗王"	"日出江花红胜火，春来江水绿如蓝。"　（《忆江南》） "在天愿作比翼鸟，在地愿为连理枝。"　（《长恨歌》）
	刘禹锡	《西塞山怀古》《秋词》	后世对其有"诗豪"之称	"晴空一鹤排云上，便引诗情到碧霄。"　（《秋词》）
	柳宗元	《江雪》《登柳州城楼寄漳汀封连四州》	"唐宋八大家"之一，与刘禹锡并称为"刘柳"	"千山鸟飞绝，万径人踪灭。孤舟蓑笠翁，独钓寒江雪。" （《江雪》）

（续表）

时期	代表作者	代表作品	评价	主要名句
晚唐时期	李商隐	《锦瑟》《无题》《夜雨寄北》	创造无题诗，与杜牧并称为"小李杜"	"春蚕到死丝方尽，蜡炬成灰泪始干。"　《无题》
	杜牧	《过华清宫》《赤壁》	第一个大量用七绝写咏史诗的诗人，人称其作品为"二十八字史论"	"一骑红尘妃子笑，无人知是荔枝来。"（《过华清宫》）

（二）宋词

词这一文学体裁定型于唐、五代，盛于宋，故被称为"宋词"。在中国文学史上，一般将唐诗、宋词、元曲视为鼎立于中国古代文学史上的三座高峰。宋词一般分为两派，即婉约派和豪放派。其代表作者、代表作品、评价、主要名句如下表所示：

流派	代表作者	代表作品	评价	主要名句
婉约派	柳永	《蝶恋花·伫倚危楼风细细》《雨霖铃·寒蝉凄切》《八声甘州·对潇潇暮雨洒江天》	北宋著名婉约派词人，是第一位对宋词进行全面革新的词人，也是两宋词坛上创用词调最多的词人	"衣带渐宽终不悔，为伊消得人憔悴。"（《蝶恋花·伫倚危楼风细细》）
	晏殊	《浣溪沙·一曲新词酒一杯》《蝶恋花·槛菊愁烟兰泣露》《撼庭秋》	开创了北宋婉约派词风，被称为"宰相词人"	"昨夜西风凋碧树，独上高楼，望尽天涯路。"（《蝶恋花·槛菊愁烟兰泣露》）
	李清照	《声声慢·寻寻觅觅》《一剪梅·红藕香残玉簟秋》《醉花阴·薄雾浓云愁永昼》	有"千古第一才女"之称，创立独具一格的"易安体"	"莫道不消魂，帘卷西风，人比黄花瘦。"（《醉花阴·薄雾浓云愁永昼》）
豪放派	苏轼	《江城子·密州出猎》《念奴娇·赤壁怀古》《水调歌头·明月几时有》	宋代文学最高成就的代表人物，与父苏洵、弟苏辙合称"三苏"，"唐宋八大家"之一，开创豪放派词风	"谈笑间，樯橹灰飞烟灭。"（《念奴娇·赤壁怀古》）"但愿人长久，千里共婵娟。"（《水调歌头·明月几时有》）
	辛弃疾	《永遇乐·京口北固亭怀古》《破阵子·醉里挑灯看剑》《青玉案·元夕》	南宋爱国词人，辛词题材广泛，以抒写爱国主义的思想感情为主调，且数量最多	"众里寻他千百度。蓦然回首，那人却在，灯火阑珊处。"（《青玉案·元夕》）

第二章 中国历史常识

第一节　中国古代历史

一、古代政治发展

(一)古代政治制度

1.分封制与宗法制

分封制与宗法制都是周朝为了维护其统治而设立的制度,具体内容如下表所示:

项目	分封制	宗法制
含义	又称封邦建国,是在保证周王室强大的条件下,将宗族、姻亲和功臣分派到各地,广建封国的制度	通过血缘宗族关系来分配政治权力、维护政治统治的制度
目的	巩固周王室的统治	巩固分封形成的统治秩序,最终保证王权的稳定
特点	①周王高高在上,封国臣属于周王,进而分封属下,构成等级秩序;②封国有同姓、异姓之分;③周王与封国通过一系列权利义务关系联系在一起	以嫡长子继承制为核心,确立起严格的大宗小宗体系,二者既是家族等级之分,又是政治隶属关系
作用	巩固了西周的统治,扩大了西周的疆域,传播了中原地区先进的文化,促进了边远地区的发展。但到了西周后期,分封制逐步失去原有作用,逐渐出现诸侯割据的局面	①有利于凝聚宗族,防止内部纷争,保证贵族在政治上的垄断和特权地位;②有利于统治集团内部的稳定和团结,强化王权

2.中央集权封建制度

公元前256年,秦灭东周。秦王嬴政时,先后灭掉韩、赵、魏、楚、燕、齐六国,于公元前221年统一了中国,建立秦朝,定都咸阳(今陕西咸阳东)。秦王嬴政称帝,史称秦始皇,在中国历史上建立了第一个统一的中央集权封建王朝。

封建政治制度的演变如下:

(1)中央行政制度

秦朝统一后,在全国范围内建立起中央集权的政治制度。皇帝制度是秦朝政治制度的核心,丞相和诸大臣皆听命于皇帝,一切政治、军事、法律事务的决定权都在皇帝手中。皇帝之下设三公九卿,"三公"是指丞相、太尉、御史大夫,分别掌管行政、军事和监察事务;三公之下是分掌国家各种政务和皇帝事务的卿,泛称"九卿"。

汉承秦制,中央行政制度仍为三公九卿制。

隋唐时期,三省六部制确立。三省是指中书省、门下省和尚书省,是由皇帝直接掌控的中枢。

明朝时期,明太祖朱元璋废除中书省和宰相,把政务交给六部处理,六部直接对皇帝负责。这一措施使皇帝直接控制了朝廷的军政大权,强化了君主专制。明成祖朱棣选拔一些文官到皇宫的文渊阁值守,充当秘书,逐渐形成一个常设的秘书咨询机构,称为"内阁"。内阁协助皇帝处理各种政务,逐渐成为事实上的行政中枢。

清朝雍正帝设立军机处,由军机大臣直接秉承皇帝旨意,处理军国大事。军机处逐渐成为掌管处理全国军政事务的中枢。军机处的设立,使议政王大臣会议名存实亡,君主专制达到顶峰。

(2)地方行政制度

在地方上,秦朝废除西周以来实行的分封制,建立了郡县制。郡是地方最高行政机构,郡下设县或道。郡县主要官吏都由中央直接任命。

汉初实行郡县、封国并存制。汉武帝即位后,颁布"推恩令",要求诸侯王将自己的封地再分封给其子孙建立侯国,此后,诸侯国的权力被不断削弱。

隋朝废郡,以州统县,实行州、县二级制,唐朝沿用。

宋朝地方行政机构分为州(府、军、监)和县二级,后又改道为路,从而形成路、州(府)、县三级制。

元朝实行行省制度,即在地方设置行中书省。行中书省作为中书省在地方的派出机构,掌管一省政务,简称"行省"或"省"。行省制度的实行为中国明清以后的行政划分奠定了基础,也是现代省制的开端。

明清时期继续沿用行省制度,省之下设府(州),府之下设县(州),形成省、府、县三级行政制度。

3.选官制度

古代选官制度主要的发展历程如下表所示:

选官制度	朝代	具体内容
世卿世禄制	先秦时期	世卿就是天子或诸侯国君之下的贵族世世代代、父死子继,袭职为卿相;世禄就是官吏们世世代代、父死子继,享有所封的土地及其赋税收入
军功授爵制	秦朝	根据战功分封不同的爵位,军功的大小决定着将士"尊卑爵秩等级"的高低,赏罚并行,立功者赏,无功者罚
察举制	汉朝	由公卿等推举人才,由朝廷考核后任以官职
九品中正制	魏晋南北朝	以家世、道德、才能为基础选拔官吏,常被世家大族掌控,真正有才学但出身低微的人很难任高官
科举制	隋朝	隋文帝废除九品中正制,采取分科考试;隋炀帝时设立进士科,科举制正式形成
	唐朝	考试分为常举和制举,常举以明经和进士两科为主。武则天创立武举和殿试;唐玄宗时,诗赋成为进士科的主要考试内容
	宋朝	北宋时殿试成为定制,南宋时"琼林宴"成为定制;实行糊名法和誊录制
	明朝	开始实行八股文
	清朝	1901年,废八股,改试策论。1905年,行新学,废科举

(二)古代重大改革

商鞅变法:公元前 356 年,秦孝公任用商鞅进行变法。变法主要内容为废井田,开阡陌,承认土地私有;奖励军功,按功授爵;建立县制;等等。商鞅变法为秦国统一六国奠定了基础。

北魏孝文帝改革:485 年,孝文帝颁布均田令,农民须向国家缴纳租、调,服徭役和兵役;为接受汉族文化,494 年迁都洛阳;改革鲜卑旧俗,着汉服,学说汉话,采汉姓,提倡与汉族通婚。

王安石变法:1069 年宋神宗时期,以王安石为首的革新派开始进行政治改革。王安石积极推行青苗、均输、市易、募役、农田水利等新法,但变法触犯了大官僚、大地主的利益,最终失败。

张居正改革:1573 年明神宗时期,张居正开始主持改革,改革的主要内容包括考成法和一条鞭法等。张居正死后,新法大多数都被废除。

二、古代经济发展

(一)农业的发展

1.耕作技术的进步

商周时期,出现了青铜农具;春秋战国时期,人们开始使用铁农具和牛耕并将其逐渐推广;汉朝以后,铁犁牛耕成为我国传统农业的主要耕作方式;隋唐时期,曲辕犁的出现标志着中国耕犁已相当完善,传统步犁基本定型。

2.水利工程的发展

中国古代一直很重视农业灌溉,著名的水利工程及其具体内容如下表所示:

水利工程	具体内容
都江堰	秦国蜀郡郡守李冰父子为治理岷江水患而率众修建的大型水利工程
郑国渠	秦王嬴政采纳韩国水利学家郑国的建议开凿,是古代关中平原的人工灌溉渠道
京杭运河	始凿于春秋末期吴王夫差开挖的邗沟,后经隋、元两次大规模扩展。京杭运河经北京、天津两市及河北、山东、江苏、浙江四省,连接长江、黄河、淮河、海河和钱塘江五大水系,兼具漕运、灌溉、游玩等多种功能

(二)手工业的发展

1.陶瓷业的发展

中国在商朝时已烧制出原始瓷器,东汉烧出成熟的青瓷,北朝烧出成熟的白瓷。至唐朝,中国已形成南青北白两大制瓷系统,唐代的陶器以唐三彩最为著名。宋朝时,出现了五大名窑——定窑、汝窑、哥窑、官窑、钧窑。

2.手工业著作

中国古代具有代表性的手工业著作如下:

《梦溪笔谈》:北宋科学家沈括撰,是一部涉及古代中国自然科学、工艺技术及社会历史现象的综合性笔记体著作。

《天工开物》:明代宋应星编撰,是世界上第一部关于农业和手工业生产的综合性著作,是中国古代一部综合性的科学技术著作,被称为"中国 17 世纪的工艺百科全书"。

三、古代重要战争

中国古代重要战争的具体内容及有关历史典故如下表所示:

重要战争	具体内容	有关历史典故
牧野之战	商朝末年,周族首领姬发讨伐商纣王的决胜战役。商军失利后,周军攻入商朝都城朝歌,商朝灭亡	倒戈相向
城濮之战	公元前 632 年,晋、楚两军为争夺中原霸权,在城濮(今山东省鄄城县西南)交战,最终晋国取得胜利	退避三舍
长平之战	战国时期,秦国名将白起率军在赵国的长平(今山西省高平市西北)一带同赵国军队发生的战役。赵军最终战败,秦军获胜进占长平,并且坑杀赵国四十多万降兵。长平之战是中国古代军事史上最早、规模最大、最彻底的围歼战	纸上谈兵
巨鹿之战	秦朝末年,项羽"破釜沉舟",以少胜多,大败秦军主力。该战役是秦末大起义中最激烈、具有决定意义的一场战役,为秦朝的灭亡奠定了基础	破釜沉舟
赤壁之战	208 年,曹操率二十多万大军南下,与孙权、刘备五万联军在赤壁决战。孙、刘联军用火攻曹,曹军大败退守北方。赤壁之战是中国历史上著名的以少胜多的战役之一,促成三国鼎立格局的初步形成	草船借箭;万事俱备,只欠东风
淝水之战	383 年,前秦统一北方。为统一全国,前秦君主苻坚向东晋发起了吞并战争,双方在淝水(今安徽省寿县东南)决战,最终以前秦的失败告终	风声鹤唳、草木皆兵、投鞭断流

第二节　中国近现代历史

一、近现代政治与思想活动

(一)洋务运动

19 世纪 60—90 年代,清朝统治阶级内部一部分人士,认识到先进的西方武器和科学技术对清朝统治的作用,掀起以"自强""求富"为口号、以巩固清朝统治为目的的洋务运动。洋务派采用西方先进生产技术,创办了一批近代军事工业和一批民办工业,举办新式学堂,培养军事人才和科技人才,选派留学生出国深造。曾国藩、左宗棠、李鸿章、张之洞等都是洋务运动的代表人物。

(二)戊戌变法

1895 年,《马关条约》签订的消息传到北京后,康有为、梁启超等联合各省举人上书光绪帝,反对清政府签订丧权辱国的条约,史称"公车上书"。该事件被认为是维新派登上历史舞台的标志,也被认为是中国群众的政治运动的开端。

1898 年 6 月,光绪帝颁布一系列变法诏令,主要内容是学习西方,提倡科学文化,改革政治、教育制度,发展农、工、商业,等等。这次变法是一次自上而下的资产阶级性质的改良运动,但以慈禧太后为首的守旧派操纵军政实权,坚决反对变法维新,并于 9 月发动政变,幽禁光绪帝,杀害谭嗣同、杨锐、林旭、刘光第、杨深秀、康广仁"戊戌六君子",康有为、梁启超逃亡海外,仅历时 103 天的变法以失败告终。这次变法史称"戊戌变法"或"百日维新"。

(三)辛亥革命

1.资产阶级革命派的早期活动

1894 年,孙中山在檀香山组织华侨,建立了中国第一个资产阶级革命团体——兴中会。兴中会的成立标志着中国资产阶级革命派初步形成。

1905 年 8 月,孙中山在日本东京成立中国同盟会。这是近代中国第一个领导资产阶级革命的全国性政党。中国同盟会制定了"驱除鞑虏,恢复中华,建立民国,平均地权"的政治纲领,后来孙中山在同盟会机关报《〈民报〉发刊词》中将其阐发为"民族、民权、民生"三大主义,即"三民主义"。"三民主义"成为辛亥革命的指导思想。

2.辛亥革命的爆发与中华民国的成立

1911 年 10 月 10 日,旨在推翻清朝统治的武昌起义爆发,这是辛亥革命的开端。

1912 年元旦,孙中山在南京宣誓就职,中华民国正式成立。1912 年 2 月,清帝退位,统治中国 260 余年的清王朝寿终正寝。

1912 年 3 月,孙中山颁布《中华民国临时约法》。《中华民国临时约法》确立了行政、立法、司法三权分立的政治体制,是中国历史上第一部具有资产阶级共和国宪法性质的重要文件。其肯定了资产阶级民主共和制度和民主自由原则,是辛亥革命的重要成果。

3.辛亥革命的失败

辛亥革命取得了巨大的成功,但仍以失败而告终。1912 年 3 月,袁世凯篡夺了辛亥革命的果实,宣布就任中华民国临时大总统,将临时政府迁往北京,以袁世凯为首的北洋军阀政权建立。南京临时政府只存在了三个月便夭折了。

4.辛亥革命的历史意义

辛亥革命是中国近代史上一次伟大的资产阶级民主革命,具有重要的历史意义。

辛亥革命的历史功绩:①推翻了清王朝统治,结束了中国 2 000 多年的君主专制制度;②建立起共和政体,使民主共和的观念深入人心;③推动了中华民族思想解放,促使社会经济、思想文化和社会风俗等方面发生新的变化;④打击了帝国主义在华势力,为民族资本主义的发展创造了有利条件。

辛亥革命的历史局限:①没有解决近代中国社会的根本矛盾(反帝反封建),没有完成民族独立、人民解放的历史任务;②缺乏一个能够提出科学的革命纲领、发动广大民众、组织严密的革命政党的领导。

(四)新文化运动

1915 年 9 月,陈独秀在上海创办《青年杂志》,后改名为《新青年》。《新青年》的创刊成为新文化运动兴起的标志。

新文化运动的口号是"民主"与"科学"。新文化运动在社会上掀起了一股思想解放的潮流。俄国十月革命胜利后,李大钊宣传十月革命,第一次在中国举起了社会主义的大旗,从而使新文化运动有了新的发展。

(五)五四运动

五四运动爆发的直接导火索是中国在巴黎和会上的外交失败。

1919 年 5 月 4 日,北京 3 000 多名学生在天安门前集会游行,军警逮捕集会游行学生。随后,全国许多城市学生罢课、商人罢市、工人罢工,迫使北洋军阀政府释放了被捕学生,撤销曹汝霖、陆宗舆、章宗祥三人的职务,并拒绝在对德和约上签字。

五四运动是一场以先进青年知识分子为先锋、广大人民群众参加的彻底反帝反封建的伟大爱国革命运动,是一场中国人民为拯救民族危亡、捍卫民族尊严、凝聚民族力量而掀起的伟大社会革命运动,是一场传播新思想、新文化、新知识的伟大思想启蒙运动。此次运动取得初步胜利的最主要原因是中国工人阶级开始作为独立的政治力量登上政治舞台,成为运动的主力军。

五四运动促进了马克思主义在中国的进一步传播,使马克思主义同中国工人运动相结合,为中国共产党的成立在思想上和干部上做了准备,标志着新民主主义革命的伟大开端。

经典真题▶ (单选)五四运动标志着新民主主义革命的伟大开端。那么,五四运动的直接导火索是( )。

A.签订"二十一条"

B.中国在巴黎和会上的外交失败

C.十月革命

D.新文化运动的发展

【答案】B。

二、近现代重要战争

(一)清末侵华战争

清末主要的侵华战争及具体内容如下表所示:

战争	具体内容
第一次鸦片战争	1839 年 6 月，林则徐在广东虎门集中销毁鸦片。虎门销烟成为第一次鸦片战争的导火线。林则徐是中国"开眼看世界第一人"
	1840 年 6 月，英国发动了第一次鸦片战争。1842 年 8 月，英国迫使清政府签订了中国近代史上第一个不平等条约——《南京条约》。《南京条约》的主要内容：割香港岛给英国；赔款 2 100 万银元；开放广州、厦门、福州、宁波、上海五处为通商口岸；英国可派驻领事；中英协定关税
	第一次鸦片战争是中国近代史的开端，《南京条约》的签订标志着中国开始沦为半殖民地半封建社会
甲午战争	1894 年 7 月，日本不宣而战，发动了侵华战争。1895 年，中日双方签订了《马关条约》。《马关条约》的主要内容：割辽东半岛、台湾全岛及其所有附属各岛屿、澎湖列岛给日本；赔偿日本军费白银两亿两；开放沙市、重庆、苏州、杭州为商埠；允许日本在通商口岸开设工厂。甲午战争的失败，标志着洋务运动的破产
	《马关条约》的签订，大大加深了中国社会的半殖民地化程度
八国联军侵华战争	1900 年 6 月，英、俄、日、法、德、美、意、奥八国联军发动侵华战争。1901 年 9 月，清政府被迫同英、俄、德、日、法、美、意、奥、荷、比、西 11 个国家签订了丧权辱国的《辛丑条约》。《辛丑条约》的主要内容：中国向各国赔偿白银 4.5 亿两，分 39 年还清，本息共计 9.8 亿两，用海关等税收作保；拆毁大沽炮台，允许帝国主义派兵驻扎北京到山海关铁路沿线主要地区；永远禁止中国人民成立或加入反帝性质的组织，清政府保证禁止人民反对外国侵略；划定北京东交民巷为"使馆界"，界内不许中国人居住，由各国派兵保护
	《辛丑条约》使中国完全陷入半殖民地半封建社会的深渊

(二)北伐战争

1926 年 2 月，中国共产党提出了出兵北伐推翻军阀统治的政治主张；7 月 1 日，国民政府发出《北伐宣言》。在不到 9 个月的时间里，北伐军打垮了吴佩孚，消灭了孙传芳主力，发展到长江流域和黄河流域部分地区，沉重地打击了帝国主义和封建军阀的反动统治。

(三)抗日战争

1931 年 9 月 18 日，侵华日军发动九一八事变，抗日战争爆发。九一八事变后，中日民族矛盾逐渐超越国内阶级矛盾上升为主要矛盾。

1936 年 12 月 12 日，张学良、杨虎城发动西安事变，要求停止内战，联共抗日。西安事变的和平解决标志着十年内战局面基本结束，国共合作的抗日民族统一战线初步形成。

1937 年 7 月 7 日，日军在北平附近挑起卢沟桥事变，至此，抗日战争全面爆发。

1940 年下半年，八路军由彭德怀同志指挥，在华北战场发动了一次以破坏和袭击交通线及根据地内日军据点为重点的大规模对日军的进攻，陆续参战部队达到 100 多个团，史称"百团大战"。百团大战是抗日战争时期中国共产党领导的人民军队主动出击日军的一次最大规模的战役。

1945 年 8 月 15 日,日本宣布无条件投降。1945 年 9 月 2 日,日本代表在投降书上签字，历时 14 年的中国人民抗日战争以中国人民的最后胜利和侵略者的彻底失败宣告结束。这是近代以来中国人民反抗外敌入侵第一次取得完全胜利的民族解放斗争,也是世界反法西斯战争胜利的重要组成部分。

三、中共党史重要事件

1.中国共产党的诞生

1921 年,中国共产党正式诞生。中共一大、中共二大、中共三大的具体内容如下表所示:

会议	概况	内容	意义
中共一大	1921 年 7 月 23 日,在上海秘密召开,后转移至嘉兴南湖上的画舫,毛泽东、董必武等 13 名代表参加	成立党的中央机构——中央局,陈独秀任书记,决定今后党的中心工作是组织工人阶级,领导工人运动	宣告中国共产党的成立,这是开天辟地的大事变,中国革命的面貌焕然一新
中共二大	1922 年,上海	大会指出,党的最高纲领是实现共产主义;最低纲领,即民主革命纲领,是打倒军阀,推翻帝国主义压迫,统一中国为真正的民主共和国;通过了中国共产党第一个章程	第一次提出了明确的反帝反封建的民主革命纲领,为中国革命指明了方向
中共三大	1923 年,广州	主要讨论同孙中山领导的国民党的合作问题。大会确定共产党员以个人身份加入国民党,同时保持在政治上、思想上和组织上的独立性	推动国共统一战线的建立与国民党改组,促进了国民大革命的胜利进行

2.南昌起义

1927 年 8 月 1 日,周恩来、贺龙、叶挺、朱德、刘伯承等同志领导了南昌起义。南昌起义打响武装反抗国民党反动派的第一枪,标志着中国共产党独立领导革命战争、创建人民军队和武装夺取政权的开端。

3.八七会议

1927 年 8 月 7 日,党中央在湖北汉口召开紧急会议,即八七会议。会议确定实行土地革命和武装起义的方针,决定发动秋收起义。此外,毛泽东同志在会上提出"须知政权是由枪杆子中取得的"著名论断。八七会议是中国共产党由大革命失败到土地革命兴起的历史性转变。

4.秋收起义与井冈山革命根据地的建立

1927 年 9 月,毛泽东同志在湘赣边界打出了"工农革命军"的旗帜,领导工农革命军第一师发动秋收起义。1927 年 10 月,毛泽东同志率领起义部队到达井冈山地区,开始创建第一个农村革命根据地——井冈山革命根据地。井冈山革命根据地的建立,为中国革命的中心工作完成从城市到农村的伟大战略转移,走上农村包围城市,最后夺取城市,开辟了新的道路。

5.三湾改编

1927年,毛泽东同志在江西省永新县三湾村领导了举世闻名的三湾改编,创造性地确立了"党指挥枪""支部建在连上""官兵平等"等一整套崭新的治军方略。这次改编从组织上确立了党对军队的领导,成为创建中国共产党领导下的新型人民军队的重要开端。

6.古田会议

1929年12月,中国工农红军第四军第九次党的代表大会在福建上杭古田召开,即"古田会议"。会议通过了古田会议决议,解决了如何把一支以农民为主要成分的军队建设成为共产党领导下的新型人民军队的问题。古田会议决议是中国共产党和红军建设的纲领性文献,是党和人民军队建设史上的重要里程碑。古田会议所确定的思想建党和政治建军的原则,为后来的农村包围城市、武装夺取政权道路思想的形成、发展和成功实践奠定了基础。

7.红军长征

中央革命根据地第五次反"围剿"失败后,1934年10月,党中央率领中央红军8万多人被迫实行战略转移,开始长征。1936年10月9日,红四方面军到达甘肃会宁,与红一方面军胜利会师;10月22日,红二方面军到达甘肃隆德将台堡(今宁夏西吉将台堡),与红一方面军胜利会师。红一、红二、红四方面军突破国民党军队的围追堵截,在陕甘地区会师,是长征最后胜利的标志。

红军长征路线:突破四道封锁线、强渡乌江、遵义会议、四渡赤水、巧渡金沙江、强渡大渡河、飞夺泸定桥、爬雪山(翻越的第一座大雪山是夹金山)、过草地、到达吴起镇。其中,突破第四道封锁线时的湘江战役是中央红军长征以来最壮烈的一战。

8.遵义会议

1935年1月,中央政治局在长征途中举行遵义会议。会议事实上确立了毛泽东同志在党中央和红军的领导地位,开始确立以毛泽东同志为主要代表的马克思主义正确路线在党中央的领导地位,开始形成以毛泽东同志为核心的党的第一代中央领导集体,开启了党独立自主解决中国革命实际问题新阶段,在最危急关头挽救了党、挽救了红军、挽救了中国革命。这在党的历史上是一个生死攸关的转折点。

9.洛川会议

1937年8月,中国共产党在陕北洛川召开了中央政治局扩大会议,即"洛川会议"。会议为全国抗战制定了正确路线和战略总方针,阐明了中国共产党在抗日战争时期的基本政治主张,明确了我军的战略任务和战略方针。会议通过了《中国共产党抗日救国十大纲领》和《中共中央关于目前形势与党的任务的决定》,标志着党的全面抗战路线的正式形成。洛川会议是中国共产党在重大历史转折关头召开的一次重要会议。

10.党的七大

1945年4—6月,党的七大在延安举行。毛泽东同志主持大会并提交了《论联合政府》的政治报告。大会为建立新民主主义的新中国制定了正确路线方针政策,使全党在思想上政治上组织上达到空前统一和团结,确立了毛泽东思想为全党的指导思想并写入党章。

11.党的七届二中全会

1949 年 3 月,党的七届二中全会在河北西柏坡召开。会议提出了促进革命迅速取得全国胜利的各项方针,做出了中国共产党的工作重心由乡村转移到城市的决定。全会告诫全党在革命胜利后要警惕资产阶级"糖衣炮弹"的袭击,务必继续保持谦虚、谨慎、不骄、不躁和艰苦奋斗的作风。

党的七届二中全会是中国共产党在历史转折关头召开的一次重要会议,也是"进京赶考"前召开的最后一次中央全会。"进京赶考"即党的七届二中全会结束后的第十天(1949 年 3 月 23 日),党中央离开西柏坡向北平(今北京)进发。

12.中华人民共和国成立

1949 年 9 月,中国人民政治协商会议第一届全体会议在北平召开。会议主要内容有:①通过了起临时宪法作用的《中国人民政治协商会议共同纲领》;②选举毛泽东同志为中央人民政府主席,朱德、刘少奇等同志为副主席;③决定新中国的国名为中华人民共和国,定都北平,即日起改为北京,暂以《义勇军进行曲》为国歌,定国旗为五星红旗。

1949 年 10 月 1 日,开国大典举行,宣告中华人民共和国成立,标志着中国进入从新民主主义向社会主义过渡的历史时期,实现民族独立、人民解放,彻底结束了旧中国半殖民地半封建社会的历史,彻底结束了极少数剥削者统治广大劳动人民的历史,彻底结束了旧中国一盘散沙的局面,彻底废除了列强强加给中国的不平等条约和帝国主义在中国的一切特权,实现了中国从几千年封建专制政治向人民民主的伟大飞跃,也极大改变了世界政治格局,鼓舞了全世界被压迫民族和被压迫人民争取解放的斗争。

13.中共八大

1956 年秋,中共八大在北京召开。会议的具体内容如下表所示:

项目	具体内容
国内形势	社会主义改造基本完成
主要矛盾	国内主要矛盾已经不再是工人阶级和资产阶级的矛盾,而是人民对于经济文化迅速发展的需要同当前经济文化不能满足人民需要的状况之间的矛盾,是人民对于建立先进的工业国的要求同落后的农业国的现实之间的矛盾
全国人民的主要任务	集中力量发展社会生产力,实现国家工业化,逐步满足人民日益增长的物质和文化需要
重大决策	党和国家的工作重点必须转移到社会主义建设上来
经济建设方针	既反保守又反冒进,即在综合平衡中稳步前进
意义	为社会主义建设和党的建设指明了方向

14.中共十一届三中全会

1978 年 12 月,中共十一届三中全会在北京召开。全会确定了解放思想、开动脑筋、实事求是、团结一致向前看的方针;高度评价了真理标准问题的讨论;果断结束"以阶级斗争为纲"的错误方针;做出把党和国家的工作重心转移到经济建设上来,实行改革开放的伟大决策。中共十一届三中全会实现了中华人民共和国成立以来党的历史上具有深远意义的伟大转折,开启了改革开放和社会主义现代化建设新时期。